Uni-Taschenbücher   55

UTB
FÜR WISSEN
SCHAFT

Eine Arbeitsgemeinschaft der Verlage

Birkhäuser Verlag Basel · Boston · Stuttgart
Wilhelm Fink Verlag München
Gustav Fischer Verlag Stuttgart
Francke Verlag München
Harper & Row New York
Paul Haupt Verlag Bern und Stuttgart
Dr. Alfred Hüthig Verlag Heidelberg
Leske Verlag + Budrich GmbH Opladen
J. C. B. Mohr (Paul Siebeck) Tübingen
R. v. Decker & C. F. Müller Verlagsgesellschaft m. b. H. Heidelberg
Quelle & Meyer Heidelberg
Ernst Reinhardt Verlag München und Basel
K. G. Saur München · New York · London · Paris
F. K. Schattauer Verlag Stuttgart · New York
Ferdinand Schöningh Verlag Paderborn · München · Wien · Zürich
Eugen Ulmer Verlag Stuttgart
Vandenhoeck & Ruprecht in Göttingen und Zürich

Ursula Lehr

Psychologie des Alterns

Fünfte, durchgesehene Auflage

Quelle & Meyer Heidelberg

Ursula Lehr

ordentlicher Professor für Psychologie
Direktor des Psychologischen Instituts der Universität Bonn

CIP-Kurztitelaufnahme der Deutschen Bibliothek

Lehr, Ursula:
Psychologie des Alterns / Ursula Lehr. – 5.
Aufl. – Heidelberg : Quelle und Meyer,
1984.
  (UTB für Wissenschaft : Uni-Taschenbücher ; 55)
  ISBN 3-494-02004-3
NE: UTB für Wissenschaft / Uni-Taschenbücher

1. Auflage 1972
2., durchgesehene Auflage 1974
3., durchgesehene und erweiterte Auflage 1977
4., durchgesehene Auflage 1979
5., durchgesehene Auflage 1984

ISBN 3–494–02004–3

Satz und Druck: Georg Appl, Wemding
Einbandgestaltung: Alfred Krugmann, Stuttgart

Vorwort zur 1. Auflage

Vor bald einem Jahrzehnt wurde an die wenigen Forscher, die sich in der Bundesrepublik Deutschland mit Fragen der Gerontologie beschäftigten, der Wunsch nach einer zusammenfassenden Darstellung der psychologischen und sozialpsychologischen Erkenntnisse auf diesem Gebiet gerichtet. Damals glaubten Professor Thomae und ich, diesem Wunsch nur durch die Herausgabe einer Sammlung von repräsentativen Texten entsprechen zu können, da die gerontologische Forschung noch stark in der Entwicklung begriffen war.

Inzwischen sind auf diesem Gebiet jedoch in quantitativer und qualitativer Hinsicht wesentliche Änderungen eingetreten. Das Ausmaß von Veröffentlichungen zu Fragen des psychischen Alterns hat im In- und Ausland in den letzten Jahren rapide zugenommen. Darüber hinaus aber wurden manche Annahmen und Modelle, die damals noch unumstößlich zu sein schienen, einer Kritik unterzogen, die zu differenzierten Einsichten führte.

Aus diesem Grunde habe ich mich entschlossen, den Anregungen des Verlages zu folgen und mit dem vorliegenden Buch eine zusammenfassende Übersicht über die wesentlichsten Ergebnisse psychologischer Alternsforschung versucht. Meine Ausführungen stützen sich einerseits auf die Analyse der internationalen relevanten Literatur auf diesem Gebiet, andererseits auf Untersuchungen, wie sie am Psychologischen Institut der Universität Bonn seit mehr als 10 Jahren durchgeführt werden.

Mein Dank gilt in erster Linie Hans Thomae, auf dessen Initiative hin die Alternspsychologie wenigstens an einigen Universitäten der BRD in den letzten Jahren eine gewisse Förderung in Forschung und Lehre erfuhr. Darüber hinaus danke ich meinen früheren Kollegen und Mitarbeitern an der Universität Bonn für vielseitige Anregungen und Hilfe. Nicht zuletzt gilt mein Dank den Hörern meiner Vorlesungen und den Teilnehmern meiner Seminare, die durch ihr Engagement gezeigt haben, daß Alternsforschung auch bei jungen Menschen auf echtes Interesse stoßen kann.

Bonn, im Mai 1972   Ursula Lehr

Vorwort zur dritten Auflage

Nun sind seit dem Erscheinen der ersten Auflage gut fünf Jahre und dem der 2. Auflage 3 Jahre vergangen – eine Zeit, in der die Diskussion von Fragen des Alterns weiter zugenommen hat. Dafür spricht auch die Tatsache, daß dieses Buch inzwischen (1974) in einer holländischen Ausgabe erschienen ist. Eine italienische und eine spanische Ausgabe sind in Vorbereitung. Die Anzahl der Publikationen zur Alternsthematik zeigt eine stark aufsteigende Kurve, wenngleich man nach einer wissenschaftlichen Fundierung bzw. Absicherung mancher Schriften mit Ratschlägen für ein optimales Altern manchmal vergeblich sucht.

Die internationale Forschung der vergangenen fünf Jahre läßt immer noch eine gewisse Zentrierung auf Fragen der Veränderung der Leistungsfähigkeit erkennen. Nachdem mittlerweile BALTES und LABOUVIE (1973) wie auch BALTES und SCHAIE (1974, 1976) das Defizit-Modell des Alterns bekämpfen und einen *generellen* (d. h. alle Bereiche betreffenden) wie *universellen* (d. h. alle Personen betreffenden) Abbau von Fähigkeiten eindeutig verneinen, schenkt man auch der von uns 1969 bereits vorgetragenen und in der ersten Auflage dieses Buches deutlich herausgestellten Kritik am Defizit-Modell größere Aufmerksamkeit. Die in der Zwischenzeit zu dieser Thematik vorgelegten empirischen Studien bestätigen unsere These, so daß sich eine Überarbeitung dieses Kapitels als nicht notwendig erwies.

Allerdings erschien eine Ergänzung bzw. ein ausführlicher Nachtrag insofern sinnvoll, als die *Forderung nach einer »Differentiellen Gerontologie«* (THOMAE 1973, 1976) noch stärker als bisher zu erheben und zu begründen ist. Dem »Altern als sozialem Schicksal« ist ein neues Kapitel gewidmet; ein weiteres Kapitel behandelt »Altern als ökologisches Problem«.

Auch zur Frage nach den »Bedingungen für ein erfolgreiches Altern und Langlebigkeit« liegen neue Forschungserkenntnisse vor, die den Leser interessieren dürften. Schließlich rückte seit 1973 die »Interventionsgerontologie« stärker in den Vordergrund, basierend auf der Forderung, möglichst schnell Konsequenzen für den praktischen Umgang mit der zahlenmäßig stark ansteigenden Gruppe der älteren Bevölkerung aufzuzeigen.

Grundsätzlich ist der Praxisbezug wissenschaftlicher Forschung durchaus zu unterstreichen, allerdings muß vor voreiliger »Umsetzung in die Praxis« von methodisch nicht hinreichend abgesicherten Erkenntnissen der Grundlagenforschung gewarnt werden. Bei derartigen Maßnahmen kann dem älteren Menschen eher geschadet als geholfen werden!

Auf die Notwendigkeit einer differentiellen Gerontologie, auf die Beachtung inter- und intraindividueller Unterschiede, geht das letzte Kapitel ein. *Das Altern gibt es nicht* – und somit auch keine Allgemeinrezepte! Praktiker sollten um die Notwendigkeit vielfältiger differenzierender Maßnahmen wissen. Altern ist ein individueller Prozeß. Es gibt mannigfache *»Formen der Alternsprozesse«,* die man in ihrem Bedingungsgefüge noch weiter erforschen muß, um ihnen dann adäquat begegnen zu können: Das aber sind die Aufgaben der psychologischen Alternsforschung der nächsten Jahre.

Bonn, im Januar 1977   Ursula Lehr

Inhaltsverzeichnis

1. Einleitung: Die Stellung und Aufgabe der Psychologie innerhalb der Gerontologie

Die wissenschaftliche Erforschung der Alternsvorgänge wurde lange Zeit als alleiniger Zuständigkeitsbereich der Medizin betrachtet. Dabei mag der Wunsch nach Lebensverlängerung bzw. das Suchen nach Möglichkeiten und Mitteln, eine solche zu erreichen, ausschlaggebend gewesen sein. Außerdem stand die Frage, wie man möglichst »gesund« altern könne, möglichst lange im Vollbesitz seiner Kräfte bleiben könne, im Vordergrund – oder auch das Suchen nach Verjüngungsmöglichkeiten, nach dem sagenumwobenen Jungbrunnen, wie er uns in Märchen, Mythen und Sagen begegnet. Fragen nach Möglichkeiten der Lebensverlängerung und der Verjüngung bewegten die Menschheit zu allen Zeiten, wie man z. B. aus den 4000 Jahre alten Smith-Papyrus-Rollen mit dem vielversprechenden Einleitungssatz: »Der Anfang eines Buches der Hinüberführung eines alten Menschen in einen Jugendlichen« (vgl. STREIB u. ORBACH, 1967) entnehmen kann; wie man aber auch aus neueren Veröffentlichungen (u. a. COMFORT, 1964, 1969), die die Möglichkeiten der Einflußnahme auf physiologische, chemische und biochemische Prozesse zur Gesunderhaltung und Lebensverlängerung diskutieren, ersehen kann.
Von daher mag es verständlich sein, daß auch heute noch die meisten Versuche einer Definition oder Umschreibung des Alternsprozesses von biologischen Ansätzen ausgehen (vgl. CURTIS, 1966, 1968; BISCHOFF, 1969; PALMORE, 1970) und man mit biologisch-physiologischen Alternstheorien zunächst ausschließlich den Alternsvorgang zu erklären versuchte. Daß aus dieser Tradition heraus die Gerontologie auch heute noch vielfach als Gebiet der medizinischen Wissenschaft, evtl. noch der medizinischen Hilfswissenschaften, verstanden wird, zeigt sich einmal in der Tatsache, daß zumindest an den Universitäten in Europa Lehrstühle für Gerontologie ausschließlich von Medizinern besetzt sind, zeigt sich darüber hinaus aber auch in der Einführung der Begriffe »Psychogerontology« (gl. MUNNICHS, 1966) und »Social Gerontology« (TIBBITTS, 1960; STREIB u. ORBACH, 1967).
MUNNICHS bezeichnet die Psychogerontologie als einen »Zweig der Entwicklungspsychologie, vergleichbar mit der Kinderpsychologie« evtl. auch mit der Jugendpsychologie. TIBBITTS definiert die Sozialgerontologie als

»an organized field of knowledge concerned with the behavioral aspects of aging in the individual, with aging as a societal phenomenon, and with the interrelationships between the two«.

Eine solche Sicht betont jeweils bestimmte Aspekte des Alternsvorgangs und vergißt dabei offenbar, daß »Altern«, weitestgehend als »Vorgang der Veränderung« umschrieben, sich sowohl im biologischen-physiologischen Bereich abspielt, aber ebenso auch im psychischen und sozialen Bereich; man vergißt vielfach, daß diese Veränderungen nicht ausschließlich körperliche Funktionen betreffen, sondern auch seelisch-geistige Funktionen und soziale Strukturen.

Dieser Tatsache scheint die von LANSING (1959, S. 119) in Übereinstimmung mit der Gerontological Society gegebene Definition eher gerecht zu werden, die lautet:

»Gerontology is that branch of knowledge which is concerned with situations and changes inherent in increments of time, with particular reference to postmaturational stages.«

Eine solche Erfassung des Alternsvorganges – d. h. der Veränderungen menschlichen Erlebens und Verhaltens und deren mögliche innere Begründung, die sowohl im biologischen, im seelisch-geistigen Bereich oder in Umweltbedingungen gesehen werden kann – verlangt zweifelsohne eine Zusammenarbeit über die Grenzen der einzelnen wissenschaftlichen Disziplinen hinweg, verlangt einen mehrdimensionalen Ansatz der Forschung, in dem somatische, psychische und soziale Aspekte des Geschehens zu berücksichtigen sind.

Es gilt also einmal, den *interdisziplinären Charakter* der Gerontologie zu betonen. Zum anderen scheint es jedoch notwendig, die durch den Begriff »Gerontologie« implizierte Vorstellung vom »Geronten«, vom Menschen im hohen Lebensalter, zu korrigieren. *Gegenstand gerontologischer Forschung kann nicht nur das hohe Alter sein, sondern das Altern, der ganze Prozeß des Älterwerdens.* Von daher gesehen ist es durchaus notwendig, Personen des 3., 4. und 5. Lebensjahrzehnts in die gerontologische Forschung mit einzubeziehen. Um diesen Aspekt zu betonen, findet man vor allem in der anglo-amerikanischen Forschung den Begriff »Gerontology« mehr und mehr durch den Begriff des »Aging« ersetzt; Max BÜRGER änderte bereits 1939 die Bezeichnung »Altersforschung« in »*Alterns*forschung« und statt der »Alterspsychologie« oder »Alterssoziologie« (ROSENMAYR, 1969) sollte man lieber von einer »Psychologie (bzw. Soziologie) des Alterns« sprechen.

Die eigentliche Geburtsstunde einer so verstandenen systematischen *interdisziplinären Alternsforschung* wäre um das Jahr 1928 anzusetzen, in dem einmal an der HARVARD-Universität ein Zentrum für longitudinale Forschung geschaffen wurde, in dem Mediziner verschiedenster Fachrichtungen in Zusammenarbeit mit Psychologen, Soziologen und Sozialarbeitern den Prozeß der menschlichen Entwicklung, des »Älterwerdens«, vom Pränatalstadium an durch Längsschnittbeobachtungen zu erfassen versuchten. Hier wie auch bei anderen später durchgeführten Längsschnittstudien, die stärker auf das höhere Erwachsenenalter konzentriert waren (z. B. die Bethesda-Studie, 1963; die Duke-University-Studie, 1970), nehmen Fragen nach dem Zusammenhang zwischen köperlicher Entwicklung (bzw. Veränderungen im somatischen Bereich) einerseits und psychischer Entwicklung (bzw. Veränderungen im seelisch-geistigen Bereich) und sozialer Entwicklung andererseits eine zentrale Stellung ein. Allerdings kann gerade hierzu bis heute noch keine eindeutige Antwort gegeben werden.

Es liegen mittlerweile eine Reihe empirischer Untersuchungen vor, die sowohl die These einer Kovarianz körperlich-seelischer Entwicklungsverläufe stützen, wie auch solche, die die These einer Divergenz untermauern könnten. Allerdings wurden derartige Untersuchungen hauptsächlich im Zusammenhang mit der Accelerationsproblematik im Entwicklungsabschnitt der Adoleszenz durchgeführt (vgl. LEHR, 1969). – Bezüglich des höheren Erwachsenenalters liegen zu dieser Problemstellung bisher zwar viele Einzeluntersuchungen vor, jedoch an einer zusammenfassenden Übersicht mangelt es noch weitgehend, was nicht zuletzt an der Tatsache liegt, daß die interdisziplinäre Altersforschung zwar immer wieder propagiert wurde, jedoch bis heute noch nicht in dem erwünschten und auch notwendigen Ausmaß in die Realität umgesetzt werden konnte. Immerhin sind hier einige erfreuliche Ansätze zu verzeichnen.

Die vorliegenden Einzelresultate lassen zwar weitgehend einen gewissen Zusammenhang zwischen körperlicher und seelisch-geistiger Situation erkennen, der jedoch nicht eindeutig im Sinne eines Kausalverhältnisses zu interpretieren ist. Die Auffassung, daß ein schlechter Gesundheitszustand auch Abbauerscheinungen im seelisch-geistigen Erleben und Verhalten hervorruft, findet sich ebenso vertreten wie die Meinung, daß man bestimmte seelisch-geistige Qualitäten, vor allem Veränderungen im intellektuellen Bereich, für körperliche Abbauphänomene verantwortlich machen könne. Darüber hinaus wäre es durchaus möglich, daß ein dritter Faktor – wie zum Beispiel der sozio-ökonomische Status – sowohl für das Hervortreten körperlicher Altersveränderungen wie auch für das Erscheinen seelisch-geistiger Veränderungen verantwortlich gemacht werden könnte. Schließlich wären noch jene theoretischen Ansätze zu berücksichtigen, denen zufolge bei manchen Individuen ein Nachlassen körperlicher Kräfte mit einer zunehmenden psychischen Verjüngung einhergehen. ROTHACKER

(1939) prägte das Bild einer (geistigen) Reifungskurve, die sich mit der (biologischen) Alterskurve schneidet. Der jahrzehntelang verteidigte alleinige Anspruch der Medizin auf das Gebiet der Gerontologie, der sicher durch die Unfähigkeit oder Zurückhaltung der anderen Wissenschaftszweige zusätzlich genährt wurde, mag um so mehr erstaunen, wenn man bei dem Versuch eines historischen Rückblicks feststellt, daß große Dichter und Denker weniger die körperlichen Veränderungen des Alterns ansprachen als weit mehr auf Veränderungen im psychischen Bereich – sei es auf das nachlassende Gedächtnis, die zunehmende Weisheit und Abgeklärtheit, die nachlassende Begeisterungs- und Erlebnisfähigkeit oder ähnliches – hingewiesen haben.

2. Historischer Überblick der Erforschung der Alternsprozesse

2.1. Vorwissenschaftliche Äußerungen

Läßt man einen geschichtlichen Überblick mit dem Versuch beginnen, vorwissenschaftliche Äußerungen zum Alternsprozeß zu analysieren, so könnte zunächst eine kritische Sichtung des Alten Testaments sinnvoll erscheinen, in dem man die Würde und Weisheit des Alters, die besonderen Fähigkeiten zu höchsten Ämtern sowohl in der Führung der Gemeinden wie auch speziell zum Richteramt, immer wieder hervorgehoben findet.

Auch die alten Griechen schätzten die Weisheit des Alters und bei HOMER finden sich manche Hinweise auf die Fähigkeiten des Alters und auf die Bereitschaft Jüngerer, sich dem Rat oder Richterspruch der Alten zu beugen.

In seiner Politeia nimmt PLATON (427–347 v. Chr.) zum Alter Stellung, wobei Aspekte des Alternserlebens im Vordergrund stehen. PLATON betont vor allem die individuelle Komponente des Alterns und sieht das Erleben der Altersphase weitgehend durch die Lebensführung in Jugend und mittlerem Erwachsenenalter bestimmt. PLATON läßt Kephalos, den greisen Vater des Polemarchos feststellen, daß sich manche alten Menschen über die Behandlung, die sie von ihren Angehörigen erfahren, beklagen oder auch daß sie den vergangenen Freuden der Jugend nachtrauern, – doch das hinge mit der jeweiligen Sinnesart des Menschen zusammen. Von dem Einzelnen allein hinge es ab, wie man die Mühseligkeiten des Alterns wahrnehme und wie man ihnen begegne. Voraussetzung, um dem Altern mit Gelassenheit und Weisheit zu begegnen, sei jedoch ein rechtschaffenes Leben in den vorherigen Lebensabschnitten. So müsse schon die Jugend zu einem rechtschaffenen, auf Pflichterfüllung hin ausgerichteten Leben angehalten werden, um dann ein ruhiges Alter genießen zu können (vgl. auch SCHUBERT u. ZYZIK, 1968). In dieser Forderung findet die heute weitverbreitete Feststellung, derzufolge jede Geroprophylaxe bereits in der Kindheit und Jugend zu beginnen habe, einen geschichtlichen Beleg.

Ein negativeres Bild des alten Menschen zeichnet ARISTOTELES (384–322 v. Chr.), der in seiner »Rhetorik« (Buch II, XII, XIII–XIV, 3) auf die Streitsüchtigkeit im höheren Alter zu sprechen kommt und

Mitleid als Schwäche deutet (übrigens einer der ersten Ansätze zur soziologischen Altersbetrachtung, wie ROSENMAYR, 1969, feststellt). Während die mittleren Jahre des Lebens als dritte, zentrale Phase hervorgehoben werden, die die Vorteile von Jugend und Alter in sich vereine, wird das Alter trotz höherer Erkenntnis und Weisheit doch weitgehend als Abbau verstanden. In seiner Schrift »De generatione animalium« vertritt ARISTOTELES die Auffassung, daß »Krankheit vorzeitig erworbenes Alter, Alter aber natürliche Krankheit« sei, eine Auffassung, der SENECA (gest. 65 n. Chr.) noch Nachdruck verlieh, indem er das Alter als »unheilbare Krankheit« (senectus insanabilis morbus) bezeichnete. In medizingeschichtlichen Betrachtungen zum Alternsprozeß wird dem heftigst widersprochen, indem man sich schon auf GALEN VON PERGAMON (129–199 n. Chr.) beruft, der festgestellt hatte, daß Altern, auch wenn es nicht frei von Klagen ist, dennoch keine Krankheit sei, da Krankheit immer »gegen die Natur« sei, dieses Kennzeichen dem Alter aber fehle (STEUDEL, 1962).

Eine sehr ausführliche Darstellung des Alternsprozesses, in dem auch schon psychische wie auch soziale Veränderungen angesprochen werden, gibt uns CICERO (106–43 v. Chr.) in seiner Schrift »Cato Maior de Senectute«. Darin findet sich eine Fülle von Feststellungen über die Veränderungen geistiger Leistungsfähigkeit im höheren Alter, die vielfach mit Einzelbeispielen aus der römischen und griechischen Geschichte unter Hinweis auf große staatspolitische, wissenschaftliche und künstlerische Taten von bereits über 80jährigen belegt werden. So liest man u. a. bei CICERO in seiner Schrift über das Greisenalter, das für den Römer seiner Zeit mit 61 Jahren begann:

Fähigkeiten, »die sich auf die Welt des Geistes beziehen, wachsen bei einsichtsvollen und wohlangelegten Männern gleichmäßig mit dem Lebensalter ... – Denn die Greise sind es, die Verstand und Vernunft und Überlegung besitzen: und hätte es keine solchen gegeben, so hätte es überhaupt keine Staaten gegeben«. –
»Nicht mit körperlicher Kraft, Gewandtheit oder Schnelligkeit wird Großes ausgeführt, sondern mit den Gedanken, mit geistiger Überlegenheit und Geltendmachen der Ansicht, – Eigenschaften, deren das Alter nicht nur nicht beraubt zu werden, sondern die es in noch höherem Maße als zuvor zu *gewinnen* pflegt ...«

Freilich, so erfährt man weiter bei CICERO, sei eine Zunahme von Verstand und Vernunft, von Maßhalten und Toleranz, von Urteilsfähigkeit und Einsicht, von menschlicher Würde und Klugheit nur dann gegeben, wenn diese Fähigkeiten während des ganzen Lebens »geübt« würden. Nichtaufhören, Weitermachen, ständiges Üben in allem – das sei die Maxime! Die Kontinuität des Handelns und Übens, die Möglichkeit, auch im Alter Neues den vorhandenen Erfahrungen hinzuzufügen und zu integrieren, sei hierzu wichtige Voraussetzung (vgl. auch LEIBBRAND, 1968). Vier Gründe, die den Alternsprozeß negativ beeinflussen, werden herausgestellt: 1. die Verwehrung einer ergiebigen Tätigkeit, das Verurteiltsein zur Passivität, 2. die körperliche Schwächung und körperliche Beschwerden, 3. die Beraubung der Vergnügen, der Verzicht bzw. das Ausgeschlossenwerden von den angenehmen Erfahrungen und Freuden des Lebens und 4. schließlich das Bewußtsein der Todesnähe.

CICERO weist außerdem bereits auf die bedeutende Rolle der Gesellschaft hin, die das Alternserleben und damit auch den Alternsprozeß bestimmt, wenn er feststellt:

»Was gibt es Angenehmeres als ein Greisenalter, das umgeben ist von einer Jugend, die von ihm lernen möchte!«

Tritt man dem Älteren mit Hochachtung und Verehrung gegenüber und nicht nur mit Gefühlen der Hilfsbereitschaft und des Mitleids oder gar mit Vorurteilen hinsichtlich seiner Verantwortungs- und Leistungsfähigkeit, so beeinflußt man den Alternsprozeß selbst in ganz erheblicher Weise. So hängt es weitgehend von der Gesellschaft ab, die nun einmal die »Rolle des alten Menschen« bestimme, ob dem Einzelnen das Älterwerden zum Problem wird.

Diese Erkenntnis ist offenbar zwischenzeitlich ganz in Vergessenheit geraten und gewann erst im letzten Jahrzehnt unseres Jahrhunderts erneut an Bedeutung. Hier war es in Deutschland zweifelsohne THOMAE, der auf die Analysen empirischer Studien und auf zahlreiche Forschungsergebnisse seines Arbeitskreises gestützt, immer wieder die soziale Bedingtheit des Alterns hervorhob und forderte, diese der biologischen Bedingtheit der Alternsprozesse zumindest gleichgewichtig zuzuordnen: »Altern ist heute primär soziales Schicksal und erst sekundär funktionelle oder organische Veränderung« (THOMAE, 1969 a, S. 23).

ROSENMAYR (1969) geht in seinem kurzen historischen Überblick über die Entstehung und Entwicklung der Alterssoziologie (»ein Studium des Verhältnisses von Menschen verschiedenen Alters zueinander«) auch auf Vorformen und erste Ansätze soziologischer Betrachtungsweise ein. Während für eine Soziologie der Jugend seit der europäischen Antike bereits Betrachtungen über das Verhältnis Jugend und Gesellschaft nachzuweisen sind, »unterbleibt die Auseinandersetzung über das Verhältnis: höheres Alter und Gesellschaft« (S. 307), was ROSENMAYR auf die Tatsache zurückführt, daß ältere Menschen nicht »als Teilmenge der Gesellschaft ausdifferenziert wurden; sie standen nicht im Widerspruch zur Gesellschaft, wie das bei der Jugend der Fall war; das Wertsystem der Bejahrten wurde vielmehr von der Gesellschaft übernommen«.

Neben PLATON, ARISTOTELES und CICERO weist er auf HORAZ hin, der im Rahmen eines Briefes »Ars Poetica« das höhere Alter in literarischer Form sehr anschaulich charakterisiert. – Bei HORAZ (vgl. auch Carmina I, 33; II, 3; IV, 13)

»wird der Verlust oder zumindest die drastische Reduktion des Lebensglükkes im höheren Alter zum Thema erhoben, eine Voraussetzung und dadurch Stützung der Formel ›carpe diem‹, eines wichtigen Grundelementes des Epikuräertums. Denn wer die Beschwerden und das Ungemach des Alters in düsteren Farben malt und den Verlust der Jugend sehnsüchtig bedauert, fordert von allen, denen es möglich ist – und solange sie es vermögen –, den Genuß der Jugend. Dabei treten verhüllt und unverhüllt in der Spätblüte der römischen Elegie immer stärker (R. WEBSTER 1900) Klagen über die männliche Impotenz hervor – woraus sich gerade aus dem Vergleich mit den später ... behandelten Ergebnissen der neueren Forschung der »Verdacht« ableiten läßt, daß mit den wiederholten literarischen Anspielungen der Antike und Spätantike (aber auch noch des Mittelalters) auf die Unfähigkeit des alternden Mannes zu geschlechtlicher Lust eine Art normativer Typus ausgesagt und schließlich daraus ein Klischee präsentiert wurde. Allerdings könnten diese literarischen Verarbeitungen auch stärker deskriptiv und Fakten erfassend gedeutet werden, wenn man annimmt, daß die Potenz durch soziokulturelle Komponenten entscheidend mitbestimmt wird. So ist es möglich, daß sie in früheren Abschnitten der europäischen Geschichte über die Steuerung von Fremd- und Eigenerwartungen, als dem höheren Alter (normativ) »nicht mehr entsprechend« abgebaut wurde, während sie in der Gegenwartsgesellschaft, anderen Werten folgend, bewußt oder unbewußt länger aufrechterhalten wird«. (ROSENMAYR, 1969, S. 310).

Die Betrachtung vorwissenschaftlicher Äußerungen zum Alternsprozeß soll hier nicht systematisch fortgesetzt werden. Eine Vielzahl großer Dichter und Denker früherer Zeiten beschäftigte sich sehr eingehend mit dem Alternsprozeß, der zwar vielfach durch den Verlust körperlicher Kräfte ausgelöst gesehen, jedoch stärker noch als Veränderung im Erleben und Verhalten empfunden wurde.

In dieser Weise beschrieb SHAKESPEARE (1564–1616), für den der gesamte Lebenslauf in sieben Stufen gegliedert erscheint, die beiden letzten Altersstufen. In »Wie es Euch gefällt« (2:7) heißt es:

> ». . . *Das sechste Alter*
> macht den besockten, hagern Pantalon,
> Brill auf der Nase, Beutel an der Seite;
> Die jugendliche Hose wohl geschont,
> 'ne Welt zu weit für die verschrumpften Lenden,
> Die tiefe Männerstimme umgewandelt,
> zum kindlichen Diskante, pfeift und quäkt,
> in seinem Ton. *Der letzte Akt*, mit dem
> die seltsam wechselnde Geschichte schließt,
> ist zweite Kindheit, gänzliches Vergessen,
> Ohn Aug, ohn Zahn, Geschmack und alles.«

Hier bedeutet Altern Veränderung der Körpergestalt, Zeit körperlicher Gebrechen und körperlichen Abbaus – aber auch Veränderungen im Verhalten und Erleben und vor allem Verlust geistiger Fähigkeiten.

Auf Altersveränderungen körperlicher Funktionen spielt zweifellos indirekt auch SCHOPENHAUER (1788–1860) an, wenn er feststellt:

»Man pflegt die Jugend die glückliche Zeit des Lebens zu nennen, und das Alter die traurige. Das wäre wahr, wenn die Leidenschaften glücklich machten. Von diesen wird die Jugend hin und hergerissen, mit wenig Freude und vieler Pein. Dem kühlen Alter lassen sie Ruhe: denn die Erkenntnis wird frei und erhält die Oberhand.«

Hier werden die Altersveränderungen im seelisch-geistigen Bereich im Sinne einer zunehmenden inneren Harmonie und Ausgeglichenheit zu begreifen versucht. Allerdings muten derartige Reflexionen manchmal eher wie eine »Saure-Trauben-Reaktion« an; sie preisen zwar die zunehmende Abgeklärtheit und Friedfertigkeit des Alters, spiegeln dabei aber allzu deutlich das Bemühen wider, jenen Dingen nicht nachzutrauern, die man ohnehin nicht mehr haben kann! – So sagt auch zum Beispiel HÖLDERLIN (1770–1843) in seiner »Abendphantasie«:

»... zuviel begehrt
das Herz; doch endlich, Jugend!
verglühst du ja,
du ruhelose, träumerische!
friedlich und heiter ist dann das Alter!«

Ganz stark auf psychische Veränderungen, denen man durchaus positive Aspekte abgewinnen kann, geht v. HUMBOLDT (1767–1835) ein, wenn er das Alter beschreibt:

»Es ist sichtbar ein Vorzug des Alters, den Dingen der Welt ihre materielle Schärfe und Schwere zu nehmen und sie mehr in das innere Licht der Gedanken zu stellen, wo man sie in größerer, immer beruhigender Allgemeinheit übersieht.«

In diesen Aussprüchen wird Altern offenbar nicht nur als »schwierige Zeit« gesehen, sondern als Lebensabschnitt, der auch seine angenehmen Seiten hat.

Von anderen Dichtern und Denkern werden Ratschläge erteilt, wie der Mensch am sinnvollsten alt werden sollte, unter welchen Bedingungen Altern vielleicht nicht schwierig ist. Man freue sich über die kleinsten, bescheidensten Dinge des Alltags! Selbst das vorbeihuschende Eichhörnchen kann Grund zur Freude werden und im Alter den Tag vergolden! Man lerne, seine Erwartungen herunterzuschrauben!

So lesen wir in den Briefen von Gottfried KELLER (1819–1890):

»Am Ende ist uns wohler, wenn wir nicht zuviel von der Welt wollen und das, was sie uns freiwillig gibt, als gelegentlichen Fund betrachten.«

Eine reiche Fundquelle auch hinsichtlich des Alternserlebens bietet sich uns bei GOETHE (1749–1832), der sich sehr eindeutig gegen jede Restriktion im Verhalten, gegen jede Begrenzung des Verhaltensradius wendet. Er gibt Ratschläge, fordert zur Anpassung an die neue Situation auf und ermutigt zur Aktivität. In seinen »Maximen und Reflexionen« lesen wir:

»Man sagt sich oft im Leben, daß man die Vielgeschäftigkeit, Polypragmosyne, vermeiden, besonders, je älter man wird, sich desto weniger in ein neues Geschäft einlassen soll. Aber man hat gut reden, gut sich und anderen raten. Älterwerden heißt selbst ein neues Geschäft antreten; alle Verhältnisse verändern sich, und man muß entweder zu handeln ganz aufhören, oder mit Willen und Bewußtsein das neue Rollenfach übernehmen.«

»Das neue Rollenfach übernehmen . . .« – Vokabeln, die der modernen soziologischen und sozialpsychologischen Forschung heute keineswegs fremd sind! Viele Untersuchungen zeigen, daß diese »Übernahme neuer Rollen« eine der Hauptaufgaben des Menschen im höheren Erwachsenenalter ist, deren Gelingen oder Mißlingen die seelische Gesundheit im Alter weitgehend bestimmt.

Alle diese Einzeläußerungen über das Altern, das vorwiegend als Verlust, manchmal als Gewinn oder auch nur als Aufgabe betrachtet wird, spiegeln weitgehend die persönlichen Erfahrungen des jeweiligen Autors wider; eine Allgemeinverbindlichkeit ist ihnen jedoch kaum zuzusprechen.

2.2. Die Frühperiode wissenschaftlicher Erforschung psychischer Alternsprozesse

James BIRREN unterscheidet in seiner »Brief History of the Psychology of Aging« (The Gerontologist, Vol. I./2; 1961) drei geschichtliche Perioden der psychologischen Alternsforschung: die Frühperiode, von 1835 bis 1918 anzusetzen; den Beginn systematischer Alternsforschung zwischen beiden Weltkriegen und dann schließlich die »Expansionsphase der Alternsforschung«.

Während Alex COMFORT (1964) den Beginn der Frühperiode der Alternsforschung durch die Veröffentlichung des Buches von Francis BACON (1561–1626) »History of Life and Death« bereits im 17. Jahrhundert eingeleitet sieht, datiert BIRREN den Termin auf das Jahr 1835, in dem QUETELET (1796–1874) sein Buch »Sur l'home et le developpement de ses facultés« veröffentlich hat. Dieses Buch wird eingeleitet mit dem Satz:

»Der Mensch wird geboren, wächst heran und stirbt, entsprechend bestimmten Gesetzen, welche bisher noch nie exakt erforscht worden sind, – weder der Gesamtprozeß noch die Veränderúng einzelner Reaktionen.«

QUETELET, 1796 in Gent geboren, war der erste, der an der Universität in Gent in Mathematik promovierte (im Jahre 1819). Er war seinerzeit Direktor der belgischen statistischen Zentralkommission, forschte auf den Gebieten der Mathematik, Statistik, Astronomie, Anthropologie, Psychologie und Soziologie. Sein Interesse am statistischen Phänomen der Wahrscheinlichkeit löste zunächst seine Beschäftigung mit dem »Durchschnittsmenschen« aus, wobei er versuchte, sowohl Körper- wie auch Wachstumsmaße zu erfassen und auch schon die Frage nach der Veränderung intellektueller Fähigkeiten zu stellen.

QUETELET verglich beispielsweise – um nur ein Bild seiner Vielseitigkeit zu geben – das Wachstum und die Handgröße von über 400 Mänern und Frauen im Alter von 5 bis 60 Jahren. Auf Grund seiner Messungen von Körpergröße und Körpergewicht stellte er in seinem Buch »Anthropométrie« (Paris, 1871) fest, daß Kinder der ärmeren Bevölkerungsschichten niederere Maße erkennen ließen als Kinder und Jugendliche höherer sozialer Schichten, – eine Erkenntnis, die im Zusammenhang mit der Diskussion um die Accelerationsproblematik in der Mitte des 20. Jahrhunderts immer wieder aufgegriffen und erneut bestätigt wurde. Er interessierte sich auch für die Häufigkeit und Regelmäßigkeit, mit denen Verbrechen oder auch Suizid verübt wurde und überprüfte etwaige Zusammenhänge mit Lebensalter, Geschlecht, Beruf, wirtschaftlichen und religiösen Gegebenheiten. Er versuchte ebenso, eine Sterblichkeitsstatistik aufzustellen (soweit das damals möglich war) und die erreichbaren Daten mit Alter, Geschlecht, Wohngegend (Stadt-Land) und Nationalitätszugehörigkeit zu korrelieren.

Aber bereits 1835 nahm QUETELET manche neuere Arbeit zum Problem der Entwicklung die Intelligenz und der Höchstleistungen vorweg, indem er damals schon englische und französische Dramatiker in bezug auf ihre quantitative Leistung in den einzelnen Lebensjahren vergleichend erfaßte – ein Ansatz, der durch eine Vielzahl von Analysen von LEHMAN in den 50iger Jahren erneut bearbeitet wurde. Schon 1842 stellt QUETELET fest, daß sowohl in England wie auch in Frankreich das Talent der Dramatiker bereits vor dem 21. Lebensjahr zutage tritt, zwischen 25 und 30 Jahren sich überzeugend manifestiert; eine Zunahme ist bis etwa 50/55 Jahre zu verzeichnen, dann ist ein gradueller Abfall zu beobachten, besonders, wenn man den Wert der dann geschaffenen Werke berücksichtigt.

QUETELETS Bedeutung für die Alternsforschung liegt einmal darin, daß er sich gegen die unzulässige Verallgemeinerung von Einzelfeststellungen wandte und jeder kasuistischen Vorgehensweise den Kampf ansagte – zum anderen in der Tatsache begründet, daß er den Zusammenhang zwischen biologischen und sozialen Einflüssen gerade auch in bezug auf den Alternsprozeß überzeugend herausstellte. Bisherige Ansätze der Forschungen auf diesem Gebiet kritisierte er, indem er vorwarf, daß man spezielle Fähigkeiten nie in Relation zu den einzelnen Lebensaltern sah, noch nach möglicherweise modifizierenden Momenten fragte, noch sich dafür interessierte, wie sich einzelne Fähigkeiten gegenseitig beeinflussen.

BIRREN stellt dazu fest: »In these words and the data presented QUETELET clearly initiates the psychology of development and aging« (1961, S. 70).

QUETELET beschreibt das Ziel der Entwicklungspsychologie wörtlich:

»On je s'est guère occupé davantage d'étudier le développement progressif de l'homme morale et intellectuel, ni de reconnaître comment, à chaque âge, il est influencé par l'homme physique, ni comment, lui-même, il lui imprime son action.« Und füngt hinzu: »Ce beau sujet de rechercher est resté pour ainsi dire, intact«. (QUETELET, 25, 1835, Tome I, 2).

Von QUETELET wurde GALTON (1832–1911) beeinflußt, der in Birmingham und London Medizin studierte, später Vorlesungen in Mathematik in Cambridge gab, der sich auch der Geographie zuwandte und – nach der von PEARSON (1914) erstellten Biographie – sogar 1854 die Goldmedaille, eine hohe Auszeichnung der Royal Geographical Society in England, erhielt. Erst in einem späteren Lebensabschnitt wandte er sich der Anthropologie zu und über die Beschäftigung mit dem Problem der Vererbbarkeit gelangte er schließlich zur Psychologie. Nach einem siebenjährigen Spezialstudium gab er 1883 sein Buch »Inquiries into human faculty and its development« heraus. Er vermutete bereits Zusammenhänge zwischen der Dauer der Jugendzeit und der Differenziertheit der Persönlichkeit. – GALTON versuchte auf Grund anthropometrischer Daten Schlußfolgerungen über die menschliche Psyche zu ziehen, sah aber bald die Fragwürdigkeit eines solchen Ansatzes ein und entwickelte nun direktere Methoden zur Erfassung geistiger Fähigkeiten. Er veröffentliche eine Liste von Methoden »(for) measuring the quickness and the accuracy of the higher mental processes« (vgl. BIRREN, 1961, S. 71).

GALTON versuchte, die beim Älterwerden auftretenden Veränderungen des Organismus bzw. Körperbaus zu erfassen und mit eventuell feststellbaren Veränderungen auf dem Gebiet der Psychomotorik, der Wahrnehmungsprozesse und »höherer geistiger Prozesse« zu korrelieren. Dabei betonte er die Wichtigkeit häufiger Wiederholung solcher vergleichender Untersuchungen während des Lebensablaufs, um jeweils die Zuwachsrate der Entwicklung oder auch die Geschwindigkeit der Veränderung festzustellen. Von hier aus könnte man GALTON als den ersten Vertreter interdisziplinärer Längsschnittforschung bezeichnen.

1897 hat GALTON in Großbritannien – zu gleicher Zeit wie Wilhelm WUNDT in Leipzig – ein experimentelles Laboratorium gegründet. Im gleichen Jahre führte GALTON Untersuchungen über die obere Hörschwelle von Tönen durch und stellte deren Verschiebung nach unten mit zunehmendem Alter seiner Versuchspersonen fest. – BIRREN stellt die beiden Pioniere psychologischer Forschung einander vergleichend gegenüber und hebt WUNDT's Interesse an *alterskonstantem* Verhalten im Gegensatz zu GALTON's Interesse an der *Altersvariabilität* hervor. Etwas spöttisch bemerkt BIRREN zum Einfluß WUNDT's auf seine Schüler und deren Forschungsergebnisse:

»WUNDT trained many students, and since he was interested in the properties of the age-constant organism, his students acquired that outlook. It took almost a generation for Leipzig-trained students to become fully aware of the large differences in performance of subjects of different ages. For the early psychophysicists, large age differences in their experiments would have been an annoyance.« (BIRREN, 1961, S. 71).

GALTON hingegen wurde – wie PEARSON herausstellte – durch sein Interesse an der *Veränderung* bestimmter Erscheinungen im Zusammenhang mit dem Lebensalter dazu angeregt, erste Konzepte der Korrelationsstatistik zu entwickeln und den ersten Korrelationsindex zu erarbeiten.

»Many investigators now use methods of correlation, as in the correlation of some trait with age, without realizing that GALTON had the idea of correlation as early as 1877 and he described an index of correlation in 1886 (see PEARSON, 1914).« (BIRREN, 1961, S. 72).

Den fundamentalsten Beitrag zur Alternsforschung steuerte GALTON jedoch im Jahre 1885 bei. Auf der Internationalen Gesundheitsausstellung in London (1884) richtete er damals zwei Laboratorien ein, in denen Ausstellungsbesucher vor allem anthropometrisch untersucht wurden. Über 9000 Personen von 5 bis 80 Jahren wurden erfaßt und mit 17 verschiedenen Testmethoden untersucht. Unter anderem interessierte sich GALTON für das Augenmaß, indem seinen Versuchspersonen die Aufgabe gestellt wurde, eine vorgegebene Strecke zu halbieren und zu dritteln. Hierbei – und darauf hat v. BRACKEN (1939, 1952) hingewiesen – handelt es sich jeweils um Leistungen, die zwar geringe Beziehung zur Sinnesfunktion haben, stärker jedoch Aussagen über die geistige Leistungsfähigkeit erlauben. Derartige Genauigkeitsleistungen stiegen – nach GALTON – bis etwa zum Lebensalter von 20 Jahren an und hielten sich dann fast fünf Jahrzehnte hindurch auf gleicher Höhe. Ein deutlicher Altersabfall trat beim »Halbieren« erst in den 70iger Jahren auf, beim »Dritteln« zeigten sich keinerlei Altersunterschiede zwischen Jüngeren und Älteren. – Auch GALTON's Versuche, den »Sinn für senkrechte Stellungen« zu prüfen – in gewisser Hinsicht Vorläufer der Stab-Rahmen-Test-Untersuchungen von WITKIN –, erbrachten keine eindeutigen Altersunterschiede – und das, obwohl man sich so sehr bemühte, diese nachzuweisen!

Doch bei allem sollte man berücksichtigen, daß Entwicklung und Altern für GALTON keineswegs nur ein Gebiet der Statistik und des Maßnehmens gewesen ist! In der Biographie gibt PEARSON (Bd. III, s. 318) Belege für sozialpsychologische Betrachtungen GALTON's, für Erwägungen über das Verhältnis der Generationen zueinander, über die abweichenden Anschauungen und kritischen Einstellungen der Jugend, die einem Forscher eigentlich weiterhelfen, die er selbst in seinem eigenen höheren Alter jedoch vermißt habe.

Der wesentliche Beitrag dieser »Frühperiode der Altersforschung« bzw. des ausgehenden 19. Jahrhunderts ist zweifellos in dem Bemühen der Forscher um objektivierbare Maße zu sehen. Selbst wenn man teilweise auch noch deskriptive Methoden angewandt findet, bleibt doch festzustellen, daß solche Beschreibungen nicht mehr – wie wir es für die vorwissenschaftliche Periode aufgezeigt haben – auf Intuition oder Einzelbeobachtungen basieren, sondern daß ihnen Maßeinheiten, Quantitätsangaben und erste statistische Berechnungen zugrunde liegen.

Wenn man sich BIRREN anschließt und die »Periode der systematischen Alternsforschung» auch erst nach dem 1. Weltkrieg beginnen läßt, so wäre jetzt noch Ignatz L. NASCHER zu erwähnen, der »Vater der medizinischen Altersforschung« (STREIB u. ORBACH, 1967, S. 615), der 1909 den Begriff »Geriatrie« (»geriatrics«) in Analogie zum Begriff der Pädiatrie (»pediatrics«) eingeführt hatte und damit die Medizin auf ein neues Gebiet hinlenkte. Freilich waren – dem von STEUDEL, 1962 (S. 11/12) gegebenen historischen Abriß zufolge – bereits im 18. und 19. Jahrhundert eine Reihe Arbeiten über das Greisenalter, über Altersveränderungen und spezifische Krankheitserscheinungen erschienen (FISCHER, 1754; HUFELAND, 1796; SEILER, 1799;

Carus, 1829/30; Canstatt, 1839; Salpetriére wie auch Prus, 1840; Durand-Fardel, 1854; Charcot, 1868; Metchnikoff, 1908) – doch war es erst Nascher, der dem sozialmedizinischen Aspekt Gewicht verlieh. Streib bezeichnet ihn als »Pionier der Sozialmedizin«, da er versuchte, die Einflüsse sozialer Bedingungen auf physiologische Erscheinungen zu ergründen. Nascher wurde damals durch Beobachtungen an älteren Patienten in einem Wiener Krankenhaus auf diese Problematik aufmerksam, die er dann in »New York City's old-age colony« weiter verfolgte (Freeman, 1961; vgl. auch Streib u. Orbach, 1967).

2.3. Der Beginn systematischer Alternsforschung

Diese Bezeichnung gibt Birren der Periode von 1918 bis 1940, die im anglo-amerikanischen Raum vor allem durch experimentelle Einzelstudien unter Verwendung testpsychologischer Methoden charakterisiert ist und bei der Fragen der Intelligenz und Leistungsmessung, der Psychomotorik und der Reaktionsfähigkeit Forschungsschwerpunkte bildeten.

Letzteres trifft allerdings nicht ganz für Stanley Hall (1844–1924) zu, den man bereits auf Grund seiner ersten systematischen Studien über das frühe Kindesalter als »Vater der Kinderpsychologie« bezeichnet hat, der 1904 ein Werk über »Adolescence« vorlegte und 1922, als Endsiebziger sein Buch »Senescence, the last half of life« veröffentlichte, womit er nach seinen eigenen Worten einen Beitrag liefern wollte »to a better and more correct understanding of the nature and functions of old age, and also a psychologist's contribution to the long-desired but long-delayed science of gerontology« (Hall, 1922, V). Mit seinem Buch legt Hall die erste von der Psychologie her initiierte Studie zur Altersforschung in den USA vor, was Munnichs (1966) veranlaßt, ihn »den ersten Psychogerontologen« zu nennen.

Hall stellt fest:

»As a psychologist I am convinced that the psychic status of old people have great significance. Senescence, like adolescence, has its own feeling, thought, and will, as well as its own psychology, and their regimen is important, as well as that of the body. Individual differences here are probably greater than in youth.« (Hall, 1922, S. 100).

Hall trat in seinem Buch der damaligen weit verbreiteten Auffassung entgegen, Altern sei gleichsam die Umkehrung der Jugendentwicklung. In gewisser Hinsicht wandte sich damit Hall damals schon gegen ein »Defizit-Modell«, das von einer Zunahme von Kenntnissen und Fähigkeiten in der Jugend, einem Höhepunkt im mittleren Erwachsenenalter und einer dann im Alter irgendwann einsetzenden Abnahme von Fähigkeiten, einer »Rückentwicklung«, ausgeht. HALL verneinte quantitative und betonte qualitative Unterschiede und versuchte nachzuweisen, daß Jugend und Alter ihr eigenes spezifisches »Fühlen, Denken und Wollen«, ihre eigene Thematik haben.

Darüber hinaus hob HALL auf Grund seiner Untersuchungsergebnisse hervor, daß die individuellen Differenzen im höheren Lebensalter weit größer sind als in der Jugend; – eine Erkenntnis, die gerade im letzten Jahrzehnt immer wieder herangezogen und durch Ergebnisse neuerer Forschungen gestützt wurde, um die Problematik jeder chronologischen Altersgrenze (z. B. auch im Zusammenhang mit der Pensionierungsthematik – vgl. SCHUBERT, 1970) deutlich werden zu lassen.

HALL versuchte, gewisse Altersstereotypien durch empirische Forschungen zu korrigieren. So widersprachen z. B. seine Ergebnisse der allgemeinen Annahme, daß mit zunehmendem Lebensalter die Furcht vor dem Tode ansteige und dadurch bedingt auch die religiöse Bindung fester werde. Auf Grund von ausgedehnten Fragebogenerhebungen konnte er zeigen, daß jüngere Menschen eine weit stärkere Furcht vor dem Tode haben als ältere; außerdem, daß die Korrelationen zwischen Todesfurcht und religiöser Aktivität äußerst niedrig sind.

HALL wäre mißverstanden, wenn man ihn nur als Forscher des Lebensanfangs (Kindheit und Jugend) und des Lebensendes versteht, was zweifelsohne durch den Titel »Senescence« nahegelegt wird. Berücksichtigt man jedoch sein Gesamtwerk, dann wird sehr deutlich, daß er trotz der Betonung qualitativer Unterschiede das Alter nicht als völlig abgehobene Lebensperiode begreift. Und wenn man weiß, daß HALL den Beginn des Greisenalters bereits auf die 40iger Jahre festsetzt (wodurch auch der Untertitel »senescence – the *last half of life*« verständlich wird, obwohl man heute lieber von »*der zweiten Hälfte* des Lebens« spricht), dann löst sich dieser Verdacht vollends auf.

Die weiteren Forschungen in den USA wie auch die in England (vgl. WELFORD, 1958) waren weitgehend experimentell ausgerichtet und untersuchten den Alternsprozeß vom beginnenden Erwachsenenalter an, was sich auch in der Verdrängung der Bezeichnung »old age« und »senescence« durch die Bezeichnung »age« und »aging« sichtbar niederschlug.

Für die Altersforschung bedeutsam war zweifellos das Jahr 1928, in dem das erste größere Institut, das speziell der Erforschung der Probleme des Alterns bestimmt war, von MILES an der Stanford-Universität in Kalifornien gegründet wurde. Anlaß zu dieser Institutsgründung war die Feststellung, daß damals in der wirtschaftlich schlechten Zeit bereits über 40jährige Arbeitnehmer nur mit Schwierigkeiten Anstellung fanden. Von daher erklärt es sich, daß die Frage der Veränderung der geistigen Leistungsfähigkeit im Vordergrund der Forschung stand, zumal hier neben den praktischen Gründen sicher auch die Tatsache, daß die Methodenentwicklung psychologischer Untersuchungsverfahren auf diesem Gebiet am weitesten fortgeschritten war, eine gewisse Rolle spielte. Die wenigen bisher vorliegenden Untersuchungen, die an Rekruten (YERKES, 1921), an Krankenhauspatienten (FOSTER und TAYLOR, 1920) und an Schulkindern mit ihren Eltern (WILLOUGHBY, 1927) durchgeführt wurden, brachten wenig überzeugende Resultate. Der Trend der Untersuchungsergebnisse der MILES'schen Forschung zeigte jedoch mit den eben genannten insofern eine erhebliche Übereinstimmung, als das Nachlassen der intellektuellen Fähigkeiten mit zunehmendem Lebensalter auch hier deutlich zutage trat.

In Rußland wird die ebenso experimentell ausgerichtete Forschung zu dieser Zeit von PAWLOW (1894–1936) bestimmt, der physiologische und psychologische Aspekte, Funktionen des Nervensystems und beobachtbare Verhaltensweisen einander zu verbinden versuchte und so z. B. anhand von Tierversuchen nachweisen konnte, daß ältere und jüngere Hunde sich unterschiedlich konditionieren ließen, d. h., daß ältere langsamer bedingte Reflexe bildeten – also »langsamer lernten«. Außerdem fand PAWLOW schon 1926, daß bei zu schneller Aufeinanderfolge bestimmter Stimuli ältere Versuchstiere mit Verwirrung reagierten, da – wie er meinte – durch die herabgesetzte Leitfähigkeit der nervösen Bahnen die noch vorhandenen Spuren des letzten Stimulus bereits die Reaktion auf die nächsten Reize beeinflußten; – eine Theorie, die noch heute als Erklärung der Alternsvorgänge beim Lernprozeß angeboten wird (vgl. auch die historische Übersicht von NIKITIN, 1958).

Vielleicht ist es ganz interessant zu erfahren, daß die Bezeichnung »Gerontologie« im Jahre 1929 von dem russischen Forscher N. A. RYBNIKOV bereits eingeführt wurde, der Gegenstand und Aufgabe dieser neuen Disziplinen wie folgt umschrieb:

Gerontologie, die Erforschung des Verhaltens im höheren Alter soll ein Spezialgebiet der Verhaltenswissenschaften werden. Das Ziel dieser Wissenschaft ist die Erforschung der Ursachen und Bedingungen des Alterns wie auch die Erforschung und sorgfältige Beschreibung regulär fortschreitender Verhaltensänderungen, die zum Lebensalter in Beziehung stehen (vgl. STREIB u. ORBACH, 1966, S. 616).

Auch in Japan wandte man sich in den zwanziger Jahren der Psychologie des Alterns zu, wobei vor allem anthropometrische Veränderungen und damit einhergehende Veränderungen im geistigen Bereich interessierten. TACHIBANA (1959, 1966) gab in seinem Artikel »Trends in Gerontology in Japan« (1959) einen Überblick über die dortige Entwicklung der Altersforschung. Schon in den 20er Jahren wurden Untersuchungen zur Veränderung der Intelligenz durchgeführt, wobei von KIRIHARA (1934) 25 000 Fälle – Industriearbeiter und deren Familien – erfaßt wurden. Ein Altersabfall der Intelligenz wurde bereits vom 20. Lebensjahr an konstatiert; ebenso traten geschlechtsspezifische Unterschiede – d. h. erhebliche Minderleistungen weiblicher Versuchspersonen – deutlich hervor.

Die europäische Altersforschung – mit Ausnahme von England – zeigte sich in der Zeit zwischen 1918–1940 weniger systematisch und weniger methodenbewußt, wenngleich MUNNICHS auch glaubt, daß sie einen wertvollen Beitrag geleistet habe, wenn er feststellt:

»The most important point of difference between the American attitude and that of the Europeans up to now has been the fact that the Americans have been deriving their results from research on the subject of aging, while the Europeans have been trying to find conclusive material through a lively interaction with aging and the aged individuals themselves.« (MUNNICHS, 1966, S. 239).

Psychologische Erkenntnisse zum Alternsprozeß stammen aus dieser Zeit hauptsächlich aus der Feder der Psychiater. HOMBURGER (1923) analysierte die Motorik und etwaige krankhafte oder altersbedingte Veränderungen; COURBON veröffentliche 1927 eine Arbeit unter dem Titel »Sur la psychologie de la vieillesse«, wobei er vor allem auf die sich verändernde Zeitperspektive eingeht. Weiter wären die Arbeiten von MAEDER (1933), MARANON (1934) und KEHRER (1939) zu nennen, die jedoch stärker auf das 5. und 6. Lebensjahrzehnt bezogen sind. 1939 veröffentliche I. H. SCHULTZ Betrachtungen zum »Endgültigkeitsproblem«, das – zumindest vom medizinischen Standpunkt aus – im Klimakterium an Bedeutung gewinnt, wobei nicht die physiologischen Veränderungen, sondern vor allem die Reaktionen des Individuums auf diese Veränderungen bedeutsam werden.

Ein gewisser Markstein in der deutschen Alternsforschung ist in der Veröffentlichung von GRUHLE zu sehen, die in Band I der von Max BÜRGER gegründeten Zeitschrift für Alternsforschung (1938) erschien. Unter dem Titel »Das seelische Altern« werden Beobachtungen des Psychiaters über die Schwerfälligkeit der Umstellung, der Aneignung neuer Gedächtnisinhalte, über Vergeßlichkeit und Eigensinn, sowie über eine zunehmende Gereiztheit alternder Menschen geboten, die den »typischen Alternsprozeß« charakterisieren. Diese zweifellos durch die Konfrontierung mit Kranken gewonnene *pathologische*

Sicht determinierte lange Zeit weitgehend die Betrachtung der Norm seelischer Alternsvorgänge, gerade auch im ärztlichen Denken, und es scheint fast, als ob dieser Einfluß noch bis in die Gegenwart hinein weiterwirkt: Altern erscheint hier als eine pathologische Variante des »Normalen«, wie es offenbar nur in Kindheit, Jugend und früherem Erwachsenenalter zutage tritt. Diese negative Sicht der Alternsveränderungen im seelisch-geistigen Bereich, nämlich Altern als Prozeß des Abstiegs, des Abbaus, des Verlusts von Fähigkeiten und des Verlusts sozialer Kontakte herrschte eindeutig vor; etwaige positive Feststellungen einer »zunehmenden Abgeklärtheit und Weisheit« werden auch von GRUHLE schon als »Mangel an Affektivität« und als Ausdruck »beginnender Stumpfheit« gedeutet.

Abgesehen von psychiatrischen Feststellungen lassen sich zumindest im deutschen Sprachraum aus der Zeit zwischen den beiden Weltkriegen nur sehr vereinzelte Ansätze gerontologischer Forschung aufzeigen. Hier wäre zunächst einmal die Befragung von GIESE (1928) zum subjektiven Alternserleben zu nennen, sodann wäre ganz besonders auf Carlotte BÜHLER hinzuweisen, die in ihrem 1933 publizierten Buch »Der menschliche Lebenslauf als psychologisches Problem« die gesamte Lebensentwicklung von der frühen Kindheit bis zum Lebensende zu erfassen versucht hat, die sie nach Erlebnisphasen auf dem Hintergrund der Dimensionen »Expansion–Restriktion« und auf dem von Lebenszielen und Wertausrichtungen gegliedert sieht. Mag man dabei der manchmal etwas sehr schematisch anmutenden Stufeneinteilung des gesamten Lebensprozesses auch skeptisch gegenüberstehen, so bleibt zweifelsohne die Einführung der biographischen Methode in die entwicklungspsychologische Forschung ein hohes Verdienst dieser Wissenschaftlerin. Eine Fortsetzung dieser Bemühungen ist in den Arbeiten von FRENKEL-BRUNSWIK (1936), aber auch von HOFSTÄTTER aus dem Jahr 1937 zu sehen. Ebenfalls auf das Ende der 30er Jahre gehen die Bemühungen von H. v. BRACKEN zurück (1939), die psychologische Alternsforschung auch in Deutschland einzuführen. Neben Veränderungen der geistigen Leistungsfähigkeit interessierten v. BRACKEN auch die Veränderungen der »seelischen Innenwelt« (1939), bzw. generell die »Wandlungen der menschlichen Persönlichkeit im mittleren und höheren Alter«. – Schließlich wären unter diesen »Pionieren« der psychologischen Alternsforschung in den 30er Jahren noch ROTHACKER (1939), E. STERN (1931) und VISCHER (1943, 1948) zu nennen, die allerdings durch mehr philosophische und weniger empirisch begründete Feststellungen auf die Alternsproblematik aufmerksam machten.

2.4. Die Expansionsphase der Alternsforschung

Im Jahre 1939 erschien COWDRY's Buch »Problems of Aging«, das zunächst nur unter medizinischem Aspekt konzipiert war. Als COWDRY sich wegen Finanzierungsfragen dieser Veröffentlichung an die Macy-Foundation wandte, machte diese jedoch eine Erweiterung des Konzepts und eine Einbeziehung sozialer, psychologischer und psychiatrischer Aspekte zur Bedingung, der COWDRY dann zustimmte. So hatte 1937 die Macy-Foundation die vorgesehenen Autoren zu einem Wochenseminar nach Massachusetts eingeladen, wo die Entwürfe der einzelnen Kapitel gemeinsam besprochen und von allen Disziplinen diskutiert wurden. CLARK, WISSLER, DUBLIN, HAMILTON und MILES, DEWEY u. BIRREN nahmen an dieser Konferenz teil und diskutierten kulturelle, psychologische und persönlichkeitsspezifische Aspekte des Alterns.

Zu dieser Zeit (1939) wurde – ebenso von der Macy-Foundation mitfinanziert – der »Club for Research on Aging« in den USA gegründet, der jährlich zwei Konferenzen einberief, die der Anregung und Diskussion von Forschungen auf dem Gebiet der Gerontologie dienten. STREIB und ORBACH (1967) weisen allerdings darauf hin, daß auch damals die Gerontologie noch von den biologisch-medizinischen Wissenschaften allein bestimmt wurde, lediglich einer sehr physiologisch-orientierten Psychologie seien einige Konzessionen eingeräumt worden, während die Sozialwissenschaften zu dieser Zeit von der Gerontologie noch ziemlich ausgeschlossen gewesen seien (S. 616/17 u. 637); der einzige Vertreter im ersten Executiv-Bord sei Walter R. MILES gewesen.

Bald kam es dann durch Intervention des U. S. Public Health Service zur Gründung einer Sektion Gerontologie im National Advisory Committee, deren erster Sekretär der Mediziner Edward STIEGLITZ war, von Dezember 1941 an dann Nathan SHOCK, der sehr auf eine physiologische und auch psychologische Orientierung bedacht gewesen ist (BIRREN, 1961, S. 76).

Mehr und mehr wurden nun Altersprobleme systematisch angegangen. Nach verschiedenen vorbereitenden Colloquien kam es 1941 zu einer vom Public Health Service einberufenen Konferenz über »Mental Health Probleme im Erwachsenenalter und Alter«.

Durch kriegsbedingte Umstände ist es die folgenden Jahre auf dem Gebiet der Alternsforschung jedoch relativ ruhig gewesen, bis es 1945 dann zur Organisation der »Gerontological Society« in den USA kam, nachdem PRESSEY innerhalb der American Psychological Association eine Sektion »Maturity and Old Age« gegründet hatte. Seit

1946 erscheint das »Journal of Gerontology«, in dem Lawrence
K. FRANK in seinem Einleitungsartikel Gegenstand und Aufgaben der
Gerontologie umschrieb und den multidisziplinären Charakter dieser
Wissenschaft unterstrich, zu der sowohl Naturwissenschaften wie
auch Sozialwissenschaften ihren Beitrag leisten sollten.

Der erste Kongreß der Amerikanischen Gerontological Society wurde
im September 1947 in Detroit abgehalten; PRESSEY umriß in seiner
Präsidenten-Adresse die Ziele dieser Gesellschaft. Nachdem die Forschung der vorangegangenen Jahrzehnte schwerpunktmäßig auf die
Entwicklung in Kindheit und Jugendalter konzentriert war, komme
es nun darauf an, sich den höheren Lebensaltern zuzuwenden. Aber
nicht nur das Alter interessiert, sondern das Altern:

»It (the Division) is indeed much concerned with old age, but no less with
the other adult years, since it emphasizes that development and change go
on throughout the adult period, which should be seen as a whole. Throughout
the period there are problems – vocational, familial, social, economic –
towards a better understanding of which we hope to contribute. The division
believes that a true developmental psychology includes not simply the period
of growth, but the entire sweep of the human life span. Ultimately, a
union with that other developmental group concerned with the first two decades of life may therefore well be desirable. However, this division should
continue until the major purposes have some assurances of accomplishment;
until psychologists do think developmentally about the years after 20 as well
as the years before, and until problems of adult life which much need study
from that point of view are so dealt with. It has contributions to make, to
psychology and to human welfare.«
(nach BIRREN, 1961, S. 127)

Während man in den angelsächsischen Ländern von diesem Zeitpunkt
an bei der Erfassung gerontologischer Probleme Teamarbeit kannte,
versuchte in Deutschland immer noch jede Wissenschaft, für sich im
Alleingang weiterzukommen. Zwar war in Deutschland das Jahr
1938/39 für die Gerontologie auch ein historischer Zeitpunkt, zumal
damals die erste Zeitschrift für Altersforschung – bald unter Max
BÜRGER in »Zeitschrift für Alternsforschung« umbenannt – gegründet wurde. Der Psychiater GRUHLE, einer der Mitbegründer, bemühte
sich zwar, psychologische Fragestellungen in die Diskussion um
Altersprobleme mit einfließen zu lassen, doch eine echte fruchtbare
Zusammenarbeit zwischen den einzelnen wissenschaftlichen Disziplinen ergab sich erst seit dem Jahr 1967, in dem sich die Deutsche Gesellschaft für Altersforschung auch in Westdeutschland neu konsti-
tuierte. Beim ersten Kongreß in Nürnberg, der unter Leitung von
Prof. Dr. René SCHUBERT stattfand, wurde sie in »Deutsche Gesellschaft für Gerontologie« umbenannt und schloß von nun an eine Sektion »Psychologie« und eine Sektion »Soziologie« mit ein.

Hier hinkten wir in Deutschland der Internationalen Entwicklung etwas nach. Denn schon 1950 wurde bei einem *Kongreß in Lüttich* die »International Association of Gerontology« gegründet, die ein Zusammenschluß von Wissenschaftlern der verschiedensten Fachrichtungen ist, die sich die Erforschung der Alternsprozesse zur Aufgabe machten. Sicher ist es nicht ganz uninteressant zu erfahren, daß damals, beim ersten internationalen Kongreß, insgesamt 95 Personen teilnahmen und etwa 50 Vorträge gehalten wurden. Der *zweite Internationale Kongreß fand 1951 in St. Louis,* Missouri, unter Leitung von COWDRY statt; die Zahl der Vorträge verdoppelte sich, die Zahl der Kongreßteilnehmer verzehnfachte sich. Neben den bereits bestehenden Sektionen »Biologie« und »Klinische Medizin« wurde nun eine Sektion »Sozialwissenschaften« gegründet.

Der *dritte Internationale Kongreß fand 1954 in London* statt. (Die Kongreßbeiträge sind veröffentlicht in dem Buch «Old age in the modern world; report of the Third Congress of the International Association of Gerontology«, London, 1954, Edinburg, E. +S. Livingstone, 1955) unter der Präsidentschaft von J. H. SHELDON. Zur Entwicklung der Gerontologie in Großbritannien haben zweifellos BARTLETT und vor allem WELFORD einen großen Beitrag geleistet.

Der *vierte Internationale Kongreß fand 1957 in Meran und Venedig* statt. Präsident war E. GREPPI. Hier war besonders eine Zunahme der Vorträge von Soziologen und Sozialpsychologen bemerkenswert. Es wurde beschlossen, eine neue Sektion »Social Welfare« innerhalb der International Association zu gründen.

Daß die Bezeichnung »Expansionsphase der Alternsforschung« (BIRREN) gerechtfertigt ist, zeigen die ausführlichen Berichte der weiteren Kongresse: Der *5. Internationale Kongreß wurde 1960 in San Francisco* abgehalten; jede der vier Sektionen bestritt ein umfangreiches Programm. Die Teilnehmerzahl stieg auf über 1100 Wissenschaftler an; 32 Länder waren vertreten und 394 Vorträge wurden gehalten, die in vier stattlichen Bänden (»Aging around the world«: Bd. 1: Social and psychological aspects of aging; Bd. 2:Social welfare of the aging; Bd. 3: Biological aspects of aging; Bd. 4: Medical and Clinical aspects of aging) von TIBBITTS, SHELDON, ALDRIDGE, KAPLAN, BLUMENTHAL, SHOCK und DONAHUE 1962 veröffentlich wurden.

Der *6. Internationale Kongreß fand 1963 in Kopenhagen* statt; hier wurden 434 Vorträge gehalten; man verzeichnete ca. 1300 Teilnehmer aus 36 Ländern (Kongreßbericht, herausgegeben von FROM HANSEN: »Age with a future«, Munksgaard, Kopenhagen, 1964).

Der *7. Internationale Kongreß fand 1966 in Wien* (Präsident: W. DOBERAUER) statt; die 3000 registrierten Teilnehmer kamen aus

45 Ländern; die Abstracts und Kurzberichte sind in einem sieben-
bändigen Kongreßbericht veröffentlicht. Dabei entfallen auf den Bereich der Klinischen Medizin 300 Vorträge, den der Sozialmedizin 21,
den der Biologischen Wissenschaften 76, der Psychologie 68, der Sozialwissenschaften 63 und der »Social Welfare« 40 Vorträge.
Der *8. Internationale Kongreß wurde 1969 in Washington* (Präsident:
N. SHOCK) abgehalten; über 4000 Teilnehmer wurden gezählt. Die
Themen der gehaltenen Vorträge konzentrierten sich nicht mehr so
stark einseitig auf den Medizinischen Bereich (ca. 130), auch biologische
und physiologische Fragen (einschließlich Ernährungsphysiologie) wurden in ca. 120 Vorträgen behandelt; psychologische, sozialpsychologische und soziologische Themen wurden in etwa 130 Vorträgen diskutiert und 60 Referate befaßten sich stärker mit Fragen der angewandten Forschung und der Praktischen Sozialarbeit.
Der nächste für 1972 geplante *9. Internationale Kongreß für Gerontologie wird in Kiew* stattfinden.
Eine differenziertere Analyse der psychologisch-orientierten Kongreß-
Vorträge, die eine gewisse Spiegelung der Forschungsschwerpunkte
darstellen, läßt erkennen, daß bis 1960 der Thematik der Leistungs-
und Funktionsveränderung eine Vorrangstellung zukam, wobei man
vor allem nach biologisch-physiologischen Bedingungen derartiger
Veränderungen fragte. Mitte der 50er Jahre kündigte sich schon eine
gewisse Schwerpunktverlagerung an, d. h., eine zunehmende Zentrierung auf persönlichkeits- und sozialpsychologische Themen. Ebenso
gewann die soziologische Forschung mehr und mehr an Bedeutung,
obwohl hier die Feststellung ROSENMAYR'S: »Eine objektive, allgemein verbindliche Scheidung zwischen Alterspsychologie und Alterssoziologie scheint weder möglich noch auch nötig, wenngleich auch
Interessenschwerpunkte psychologischer und soziologischer Art un-
verkennbar sind.« (1969, S. 313), nur zu unterstreichen ist.
ROSENMAYR (1969) wie auch STREIB und ORBACH (1967) analysierten die Schwierigkeiten, die der Entwicklung einer eigentlichen Alterssoziologie entgegenstanden. Natürlich habe die Veränderung der Bevölkerungsstruktur die Diskussion soziologischer Probleme geradezu
auch seitens der Nicht-Fachwissenschaftler herausgefordert, die eigentliche Wissenschaft und die Auseinandersetzung mit wissenschaftlichen
Problemen aber nur bedingt gefördert. So stellen STREIB und ORBACH
fest:

»The social thinking of many nonsocial scientists was anything but sociological. It was ideological: couched in terms of emotional, financial, and welfare
needs of the poor and guided by paternalistic and philanthropic motives«
(1967, S. 617).

Auch Rosenmayr (1969) zeigt auf, wie sehr durch die durch praktische Bedürfnisse aufgeworfenen Fragestellungen (z. B. »die Überfüllung von Altersspitälern und Altersheimen, Fürsorgeprobleme mit alleinstehenden und alleinwohnenden oder von der Familie vernachlässigten alten Menschen . . . auch die Ausweitung gesetzlicher Renten- und Versicherungsverpflichtungen« usw.) einerseits die Entwicklung vorangetrieben wurde, andererseits jedoch zu einzelnen Forschungsschwerpunkten führte, so daß eine geschlossene systematische und empirisch fundierte Bearbeitung des gesamten Wissensgebietes erschwert wurde und eine »Begrenztheit der theoretischen Möglichkeiten dieses Forschungsbereiches« immer deutlicher wurde. Erst in den letzten Jahren bahne sich hier eine erfreuliche Entwicklung an: »Die Fragen der grundsätzlichen theoretischen Fundierung der Alterssoziologie rücken heute in einen immer engeren Zusammenhang mit den durch die Forschung bestätigten bzw. widerlegten Thesen mit klar begrenzten Aussagegehalt« (1969, S. 312).

Wie steht es nun mit der Altersforschung auf psychologischem Gebiet heutzutage?

3. Das Erwachsenenalter in entwicklungspsychologischer Sicht – ein vernachlässigter Forschungsaspekt?

Nahezu alle Standardwerke und Lehrbücher der Entwicklungspsychologie beschränken sich heute noch auf den Lebensabschnitt der Kindheit und der Adoleszenz. Nach der Erörterung menschlicher Entwicklungsvorgänge schon im dritten Lebensjahrzehnt, aber erst recht im mittleren und höheren Erwachsenenalter, sucht man vergebens. Eine Vielzahl von Gründen kann für diese Situation verantwortlich gemacht werden.

3.1. Theoretische Konzeptionen

Obwohl spätestens 1959 mit dem Erscheinen des Handbuchs der Psychologie, Bd. III, »Entwicklungspsychologie« auch für den deutschen Sprachraum klargestellt wurde, daß Entwicklung als Veränderung der Erlebens- und Verhaltensweisen im zeitlichen Kontinuum eines individuellen Lebenslaufs verstanden werden muß (THOMAE, 1959, S. 18), haben doch bisher die wenigsten Forscher die Konsequenzen gezogen und den gesamten Lebenslauf in ihre entwicklungspsychologischen Betrachtungen mit einbezogen.

Zwar rückt man mehr und mehr von früheren Entwicklungskonzepten, in denen Entwicklung als »Entfaltung« und »Ausdifferenzierung« von keimhaft Angelegtem verstanden wird, ab und gesteht der Vielzahl von Umwelteinflüssen mit Recht eine immer größere Bedeutung zu, dennoch scheint das Forscherinteresse weitgehend auf die Entwicklung in der Kindheit und Jugend beschränkt. Solange man Entwicklung als Prozeß der »Entfaltung von Anlagen« begriff, der mit dem Ende der Adoleszenz im großen und ganzen abgeschlossen war, mag man dazu berechtigt gewesen sein; auch solange man zwar schon exogenen Einflüssen, d. h. der Umwelt, eine weitgehende Prägung der sich entwickelnden Persönlichkeit zuschrieb, aber hier noch – psychoanalytischen Modellvorstellungen zufolge – die frühe Kindheit ausschließlich als prägungsintensive Phase herausstellte, mag die Begrenzung auf das 1. und evtl. 2. Lebensjahrzehnt noch verständlich gewesen sein. Aber schon die u. a. durch biographische Studien und systematische Analysen von Lebensgeschichten erlangte Erkenntnis, daß bestimmte Ereignisse und Erlebnisse auch nach der Zeit der frühen Kindheit, ja sogar noch im höheren Erwachsenenalter und Alter persönlichkeitsprägende Wirkung haben und »Entwicklung« bedeuten, erlaubt eine solche Beschränkung auf den Lebensanfang nicht, sondern ermöglicht und fordert geradezu die Einbeziehung des Erwachsenenalters und Alters in die entwicklungspsychologische Forschung. Denn wenn Entwicklung sowohl »Lernvorgänge« wie »Denkvorgänge« einschließt, wenn Entwicklung schon in frühester Kindheit in der Auseinandersetzung mit ganz bestimmten Umwelten vor sich geht, dann erscheint eine Begrenzung des Gegenstandes der Entwicklungspsychologie auf das erste und zweite Lebensjahrzehnt als Resultat einer willkürlichen Beschränkung.

Das gleiche Fazit ergibt sich aber auch aus einer persönlichkeitstheoretischen Überlegung. Persönlichkeit als ständig sich ändernde Konfiguration von Gedanken, Gefühlen und Handlungen, die sich in einer sozialen Umgebung abspielen und das ganze Leben hindurch anhalten (H. A. MURRAY, zit. nach H. THOMAE, 1968, S. 15), wird durch eine Psychologie, die mit dem 15. oder 18. Lebensjahr das Ende jeder Veränderung (bis zu einem angeblich totalen Defizitzustand irgendwann zwischen 50 und 90 Jahren) gekommen sieht, nicht adäquat erfaßt. Je mehr man sich somit in Persönlichkeitstheorie und Persönlichkeitspsychologie von allzu statischen Konzeptionen der menschlichen Natur entfernte, desto mehr mußte man seine Aufmerksamkeit gerade auch den Veränderungen von Persönlichkeit, Einstellung und Verhalten im Erwachsenenalter zuwenden. Diese persönlichkeitstheoretische Orientierung liegt z. B. den Beiträgen von R. W. WHITE (1964) zu einer biographisch fundierten Psychologie des Erwachsenenalters zugrunde.

Für eine »dynamische« Persönlichkeitstheorie im Sinn von RUBINSTEIN (1958), MURRAY, (1938) und THOMAE (1968) aber hat Persönlichkeitspsychologie ständig von dem Vergleich des Verhaltens in drei zeitlichen Einheiten auszugehen: der einzelnen Handlung, dem Tagesablauf und dem Lebenslauf. Die Psychologie des Erwachsenenalters und Alters ist integrierter und unbedingt notwendiger Bestandteil einer Psychologie der Persönlichkeit (so auch PECK, NEUGARTEN, RUBINSTEIN, MURRAY, THOMAE).

Es wird dann geradezu unverständlich, wie ein Buch, das unter dem umfassenden Titel »Moderne Entwicklungspsychologie« 1967 erscheint (und inzwischen die 9. Auflage erfahren hat) nur auf Kindheit und evtl. noch die Jugendzeit beschränkt bleibt. Dieses Buch »Moderne Entwicklungspsychologie« versucht, wie der Autor im Vorwort feststellt, »in einigen entwicklungspsychologischen Fragen ein Bild vom heutigen Stand der Dinge zu vermitteln und von dieser Sicht aus eine Kennzeichnung der seelischen Entwicklung *bis zum Erwachsenenalter* (Hervorhebung durch den Verfasser) vorzunehmen« (OERTER, 1967, S. 11). Freilich, die durch PIAGET und seine Epigonen hervorgehobene Bedeutung der frühen Kindheit für die Entwicklung im kognitiven Bereich wie auch die Erkenntnisse lernpsychologischer Forschung und der Nachweis der Bedeutung frühkindlicher Sozialisationseffekte rechtfertigt sicher eine solche Zuwendung zur ersten Lebenszeit, aber man sollte sich stets dessen bewußt sein, daß es sich dabei nur um ein kleines Teilgebiet der Entwicklungspsychologie – und nicht um die »Moderne Entwicklungspsychologie« – handelt.

Einsichten in entwicklungspsychologische Vorgänge, wie sie die neueren Forschungen an Menschen in verschiedenen Lebensabschnitten vermittelt haben, verlangen ein Abrücken von bisher stark vertretenen »Modell-Vorstellungen« hinsichtlich des Verlaufs des Entwicklungsprozesses. Die alte Kontroverse, die sich um das Problem »Anlage und Umwelt« zentriert, die den stärkeren Einfluß endogener Faktoren (z. B. Im Stufenmodell, Spiralmodell, Differenzierungsmodell) oder exogener Faktoren (Prägungsmodell) diskutiert, wird dabei hinfällig, wenn man »Entwicklung« zwar nicht in der ursprünglich von SPRANGER und PETZELT vertretenen Form der »aktiven Gestaltung«, sondern in der diesen Ansatz aufgreifenden Form der *aktiven Auseinandersetzung mit der jeweiligen Lebenssituation* versteht (ERIKSON, HAVIGHURST, PECK, THOMAE, LEHR). Das sich entwickelnde Individuum wird mit bestimmten – für das jeweilige Lebensalter »typischen« – Lebensaufgaben konfrontiert (HAVIGHURST spricht von »developmental tasks«), die sich erstens wohl aus der *körperlichen* Situation, d. h. dem biologischen Entwicklungs- und dem Gesundheitszustand ergeben, wie auch zweitens von den kulturellen Normen und Erwartungen der Gesellschaft abhängen, also von der *sozialen* Situation her definiert sind, und drittens von den höchst *individuellen* Erwartungen und Wertvorstellungen der Persönlichkeit. – Das Lösen dieser Aufgaben, die sowohl endogenen wie auch exogenen Ursprungs sind, verlangt eine Auseinandersetzung mit der neuen Situation, verlangt eine Umorientierung und bedeutet damit »Entwicklung« im Sinne von Veränderung menschlichen Erlebens und Verhaltens im Laufe eines Lebensprozesses, der die Zeit von vor der Geburt bis zum Tode umfaßt. Die »life span developmental psychology« versucht der einseitigen Beachtung nur einzelner Entwicklungsphasen entgegenzuwirken (GOULET und BALTES, 1970; FREEDMAN, 1971; HAVIGHURST, 1971; HENRY, 1971; LEVINE, 1971; LIEBERMAN und FALK, 1971; NEUGARTEN, 1971).

1969 wurde in Bonn die »International Association for the Study of Behavioral Development» gegründet, deren 1. Symposion 1971 in Nijmegen stattfand. Diese internationale Gesellschaft hat es sich zur Aufgabe gemacht, die Entwicklung während des *gesamten Lebensablaufs* von den verschiedensten Aspekten und Disziplinen aus zu studieren und nicht nur auf einen Lebensabschnitt – sei es nur die Kindheit, nur die Jugend oder auch nur das höhere Erwachsenenalter – beschränkt zu bleiben. Für die Idee des lebenslangen Entwicklungsprozesses, die in Forschung und Lehre eine stärkere Berücksichtigung finden sollte, will sich diese Internationale Gesellschaft besonders einsetzen und versuchen, dieser Forschungsrichtung stärkere Impulse zu geben.

3.2. Methodenprobleme

Lange Zeit standen methodische Gründe einer Erforschung des Erwachsenenalters im Wege und auch heute noch wirken sie durchaus hemmend auf manche Forscherinitiative. Sowohl die Auswahl der Stichprobe, wie auch die Auswahl der zur Anwendung gelangenden Untersuchungsverfahren, wie auch die Diskussion um die Adäquatheit der Durchführung von Längsschnitt- oder Querschnittuntersuchungen und schließlich die berechtigte Forderung nach interdisziplinären Untersuchungen werden hier zu Problemen.

Die *Auswahl der Stichprobe* bringt bei Personen des Erwachsenenalters weit mehr Schwierigkeiten mit sich als bei Kindern und Jugendlichen, die sich bei Mütterberatungsstellen, in Kindergärten, Schulklassen und Jugendgruppen viel leichter in einer gewissen Repräsentativität erfassen lassen. Bei Forschungen im frühen Erwachsenenalter griff man vielfach auf Studenten oder auch auf Rekruten zurück, oft ohne sich über die beschränkte Aussagefähigkeit der an einer solchen Stichprobe gewonnenen Daten bewußt geworden zu sein. – Andere Forscher gingen von Stichproben aus, die sich aus dem Klientel einer Beratungspraxis zusammensetzten und gewannen damit zweifelsohne recht einseitige Erkenntnisse über den Entwicklungsprozeß im Erwachsenenalter und Alter. Am verhängnisvollsten aber wirkte sich jedoch die Tatsache aus, daß man bei der Untersuchung von Altenheimbewohnern oder Pflegeheimbewohnern getroffene Feststellungen verallgemeinerte und damit zu einer zum Teil recht erheblichen – negativen – Verzerrung des Bildes des alten Menschen kam. Wenn man bedenkt, daß zum einen nur 3,6 bis 4% der über 65jährigen in Heimen leben, und daß zum anderen Altenheimbewohner von vornherein im

Hinblick auf ihre gesundheitliche, familiäre und soziale Situation oft – zumindest in früheren Zeiten – eine sehr extreme Auswahlgruppe darstellen (vgl. LEHR, 1970), dann wird die Fragwürdigkeit eines solchen Vorgehens deutlich.

Manche bekannten amerikanischen Untersuchungen basieren ausschließlich auf Daten der Mitglieder von Veterans-Clubs.

Wendet man sich Freiwilligen zu, sei es – wie bei der bekannten Bethesda-Studie (BIRREN et al., 1963) durch Zeitungsannoncen – oder versucht man durch Mund-zu-Mund-Propaganda im »Schneeballsystem« ältere Personen zu finden (ein Weg, den die in vieler Hinsicht richtungsweisende Duke-Längsschnitt-Studie, PALMORE, 1970, eingeschlagen hat), so wird die Stichprobe oft zu einer »positiven Auslese«. Aber selbst wenn durch randomisierte Auswahlverfahren – z. B. anhand der Karteien des Einwohnermeldeamtes – eine repräsentative Gruppe von Personen angesprochen wird, wie das zum Teil bei der Bonner Längsschnittstudie (THOMAE, 1968, 1969) und der Münsteraner interdisziplinären Altersstudie geschah, so bildet die Gruppe der Zusagenden doch eine positive Auslese im Hinblick auf Schulbildung, sozialen Status und Gesundheit. – Außerdem hat man festgestellt, daß bei Männern die Bereitschaft an der Teilnahme bei solchen Untersuchungen größer ist als bei Frauen.

Aber auch damit sind die Probleme noch nicht gelöst. Mit zunehmendem Lebensalter erhöht sich die Anzahl der möglichen intervenierenden Variablen. Gesundheitszustand, Art der Berufstätigkeit, Familienstand, biographische Bedingungen (Flüchtling, Kriegsteilnehmer, Kinderzahl usw.) schränken im Erwachsenenalter viel stärker als in der Kindheit und Jugend die Vergleichbarkeit von Gruppen ein.

Altersspezifische Gruppenvergleiche, wie sie auf Grund von *Querschnittsuntersuchungen* vorgenommen werden, sind für viele Fragestellungen nahezu unmöglich, und man sollte PALMORE (1970) recht geben, wenn er feststellt, daß gerade die beobachtete *individuelle* Veränderung einer Vielzahl von Individuen und nicht die gruppenspezifische Veränderung Aufschluß über den Alternsprozeß zu geben vermag, so daß sich eigentlich nur die *Längsschnittstudie* anbietet.

»One might raise the question why longitudinal and interdisciplinary methods were used to study normal aging. The answers are related to the nature of gerontology itself: ... First, since aging is a process of change over time, it would seem that the best way to study aging in longitudinally, by repeated observations over time ...« (PALMORE, 1970, S. VII)

Aber gerade solche Längsschnittstudien sind äußerst aufwendig und kostspielig, so daß – trotz aller Bedenken – sich die Stichprobe nur aus Freiwilligen, sog. »volunteers« zusammensetzen kann. Aufgabe der Forscher ist es dann lediglich festzustellen, inwieweit die erfaßte Gruppe dem Bevölkerungsdurchschnitt im Hinblick auf sozialen Status, Schulbildung, Einkommen, Familienstand und dergleichen entspricht, um etwaige Aussagen zu relativieren oder auch ihnen eine weitgehende Allgemeingültigkeit zusprechen zu können.

Weiterhin ist die Problematik der Schrumpfung der Stichprobe beim Längsschnittvergleich zu berücksichtigen. Dadurch wird die Ursprungsstichprobe mehr und mehr zu einer elitären Gruppe. Hier hilft nur eine vergleichende Analyse der Ausgangsdaten der in den wiederholten Untersuchungen Erfaßten mit denen, die vorzeitig – nach dem 1., 2. oder 3. Durchgang – von der Untersuchung abgesprungen sind. Außerdem sollten die Gründe für das Ausscheiden genauestens eruiert werden, wie das z. B. auch in der Duke-Längsschnitt-Studie geschah.

Eine weitere nicht zu übersehende Schwierigkeit war und ist durch die zur Verfügung stehenden *Untersuchungsmethoden* gegeben. Testverfahren zur Leistungsmessung waren noch am ehesten entwickelt und bestimmten damit zunächst den Forschungsschwerpunkt. Allerdings traten hier Probleme des unterschiedlichen Aufforderungscharakters verschiedener Aufgaben für Ältere und Jüngere auf, die in nicht vergleichbaren Stärkegraden Ältere und Jüngere unterschiedlich zur Mitarbeit motivieren konnten. Dies gilt ganz besonders auch für verschiedene Verfahren der Persönlichkeitsdiagnostik.

Ein bedeutender Zugang, auf den man in der Altersforschung nicht verzichten kann, ist das wissenschaftlich geführte Explorationsgespräch. Allerdings verlangt dieses ganz besondere Fähigkeiten in der Explorationstechnik und besonders sorgfältig abgesicherte und aufwendige Verfahren der Datenanalyse (vgl. hierzu THOMAE, 1968; LEHR, 1969). Man sollte nicht jede simple Befragung – möglichst noch mit direkt gestellten Fragen und vorgegebenen Alternativantworten – wie sie heute vielfach in soziologischen Studien zur Anwendung gelangt, zu den seriösen Forschungsmethoden der Altersforschung rechnen!

Ein besonderes Problem stellt die wohlbegründete Forderung dar, gerontologische Forschung *interdisziplinär* durchzuführen. In diesem Zusammenhang muß man darauf verweisen, daß zwischen der literarischen und programmatischen Verkündigung eines solchen Leitbildes (in der Terminologie des Wissenschaftsrates heute mit »Verbundforschung« bezeichnet) und seiner Verwirklichung ein sehr, sehr weiter Abstand besteht! Denn noch existiert in der Bundesrepublik ein Grundgesetz, nach dem die Freiheit der Forschung gewährleistet ist. Man kann also nicht, wie beispielsweise in manchen Universitäten der DDR, die so wichtige Forschung über psychologische Änderungen im

Erwachsenenalter etwa durch eine an bestimmte Hochschullehrer gerichtete ministerielle Verfügung aktivieren oder intensivieren. Vielmehr bleibt es den Kollegen der einzelnen Forschungsdisziplinen völlig freigestellt, ob sie der Anregung eines Wissenschaftlers folgen wollen, der sich auf gerontologische Probleme konzentriert. Und für viele erscheint die Bearbeitung einer solchen Thematik zu mühsam, zeitraubend und aufwendig!

Da nun aber neuerdings jede finanziell aufwendige und sehr langfristige Forschung in Deutschland nur noch als »Verbundforschung« gefördert wird, läßt sich mit einiger Sicherheit voraussagen, daß die bescheidenen Anfänge, welche die interdisziplinäre Altersforschung im letzten Jahrzehnt in unserem Lande machte, dem – seiner Grundidee nach durchaus begrüßenswerten – Plan, nur interdisziplinäre Forschung zu unterstützen, zum Opfer fallen werden.

3.3. Praxisbezogene Gründe

Neben theoretischen und methodischen Gründen, die einer wissenschaftlichen Erforschung des Alternsprozesses bisher im Wege standen, wären noch praktische Gründe – oder genauer: das Fehlen praktischer Gründe – zu nennen.

Pädagogische Fragestellungen, die die Kinder- und Jugendpsychologie anregten, schienen zunächst schon für das dritte Lebensjahrzehnt und erst recht darüber hinaus nicht mehr interessant. Erst in neuerer Zeit erlangte die »*Erwachsenenpädagogik*« zunehmende Bedeutung. Unter dem Stichwort »Bildungsurlaub« oder »education permanente« oder »continuing education« wird die Notwendigkeit und Möglichkeit ständiger Weiterbildung auch im Erwachsenenalter diskutiert. Sodann machten wirtschaftliche Umstrukturierungen – im Rahmen von Automations- und Rationalisierungsmaßnahmen – die Umschulung und Umsetzung von Arbeitskräften notwendig.

Außerdem läßt die zur Zeit wieder stärker propagierte *Wiederaufnahme der Berufstätigkeit der Frau* nach der Zeit sogenannter »aktiver Mutterschaft« oft erneute Anlernungsprozesse notwendig werden. Dadurch sieht sich die psychologische Forschung aufgefordert, zur Frage der geistigen Leistungsfähigkeit, der Lernfähigkeit und der Anpassungsfähigkeit im höheren Erwachsenenalter Stellung zu nehmen.

Weiterhin sei an die Diskussion um die »*Flexibilität der Altersgrenze*« erinnert, bei der die Frage der Leistungsfähigkeit bzw. des Leistungsabbaus immer wieder gestellt wird und die darüber hinaus zu Überlegungen hinsichtlich einer sinnvollen, befriedigenden, zum Wohle der seelisch-geistigen Gesundheit beitragenden Lebensgestaltung nach der Zeit der Berufsaufgabe führt.

Vor allem ist es aber die veränderte *Bevölkerungsstruktur,* der ständig zunehmende Anteil der über 65jährigen, der die Alterspyramide verzerrt erscheinen läßt (vgl. Abb. 1 a–d), die auch die Wissenschaft zu einer Beschäftigung mit dem Alternsprozeß herausfordert. Allerdings scheint es notwendig, mit Ethel SHANAS (1969) ausdrücklich darauf hinzuweisen, daß das Interesse der nationalen wie auch der internationalen psychologischen und soziologischen Forschung in erster Linie durch die steigende Anzahl der Älteren innerhalb der Bevölkerung begründet ist, außerdem durch die bisherige Vernachlässigung dieser Personengruppe; – nicht aber, wie so oft behauptet wird, weil ältere Menschen generell nun einmal mehr Probleme haben und deswegen verstärkter Hilfe bedürfen! Eine solche Ausgangsbasis vermag von vornherein die Weichen einer jeden Forschertätigkeit auf ein falsches Geleis zu lenken und die – zweifellos einseitige – pathologische Sicht der Alternsvorgänge zu begünstigen. Sicher gibt es solche Ältere, die einer »Problemgruppe« zuzurechnen sind (und sowohl Ärzte wie auch Sozialarbeiter werden in ihrer beruflichen Praxis gerade mit diesen konfrontiert), doch man sollte sich als Wissenschaftler davor hüten, an Extremgruppen gewonnene Einsichten als allgemeinverbindlich zu erklären.

Doch der Hinweis auf die Bevölkerungspyramide allein genügt nicht. Wichtiger noch ist der Hinweis auf einen *Umstrukturierungsprozeß im Lebenszyklus* des Menschen, der durch längere Berufsausbildung, vorverlegtes Heiratsalter, geringere Kinderzahl, vorzeitigeres Ausdem-Haus-Gehen der Kinder und höhere Lebenserwartung dank medizinischer Möglichkeiten ausgelöst ist. Dieser veränderte Lebenszyklus ist jedoch – und darauf haben NEUGARTEN und MOORE (1968) und auch MUNNICHS (1962) hingewiesen – gruppenspezifisch zu sehen. Frauen sind in stärkerem Maße davon »betroffen« als Männer; sozial niedere Schichten stärker als sozial höherstehende, wobei allerdings kulturelle Einflüsse modifizierend wirken. So hat sich z. B. – laut amerikanischer Statistik – das Durchschnittsalter des Schulabschlusses, der Eheschließung, der Geburt der Kinder, des Todes der Ehepartner erheblich verändert, was nicht ohne Implikationen auf die gesamte Lebensentwicklung und Lebensgestaltung im Erwachsenenalter bleibt (vgl. Tab. 1, Abb. 2 und 3), z. B. auf die zunehmende Berufstätigkeit der Frau.

Gerade dieser letztangeführte Gesichtspunkt der Umstrukturierung des Lebenszyklus macht aber auch deutlich, daß eine Beschäftigung mit »dem Alter« allein, d. h. etwa mit der Altersgruppe der über 60- oder

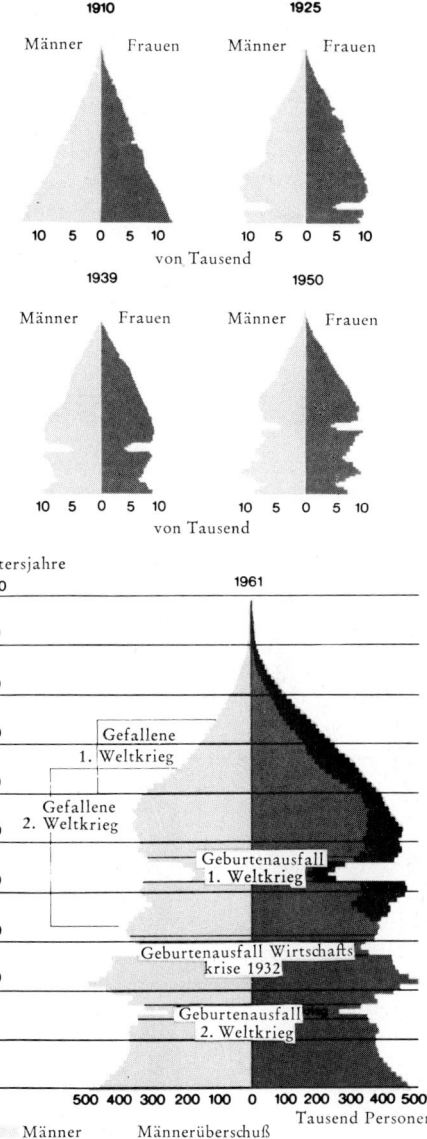

Abb. 1a: Die Altersverteilung der Bevölkerung in den Jahren 1910, 1925, 1935, 1950 und 1961

43

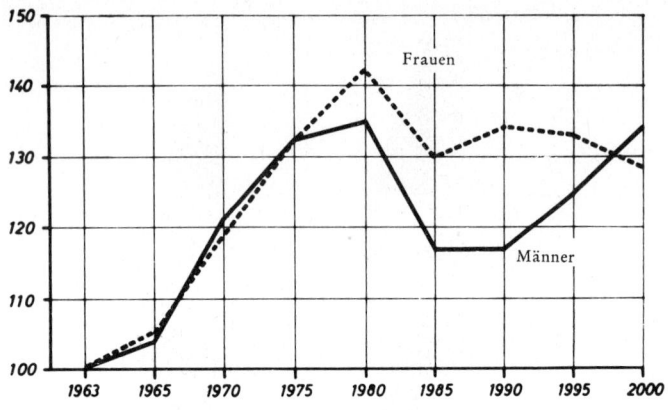

Abb. 1b: Die vorausberechnete Entwicklung der Altersgruppe der über 65jährigen in der BRD bis zum Jahre 2000. (1963 = 100).

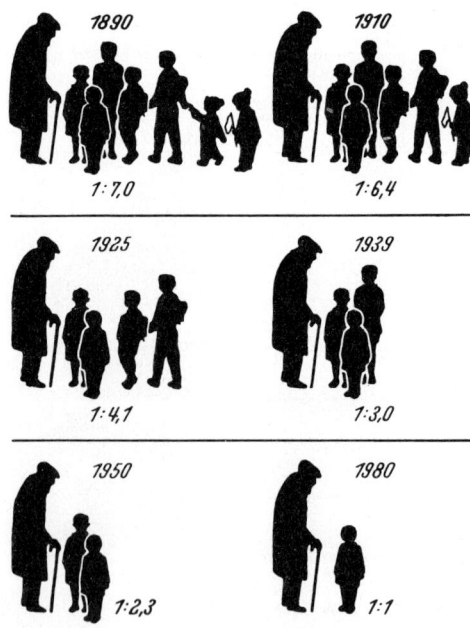

Abb. 1c: Das Verhältnis der unter 15jährigen zu den über 65jährigen 1890 bis 1980

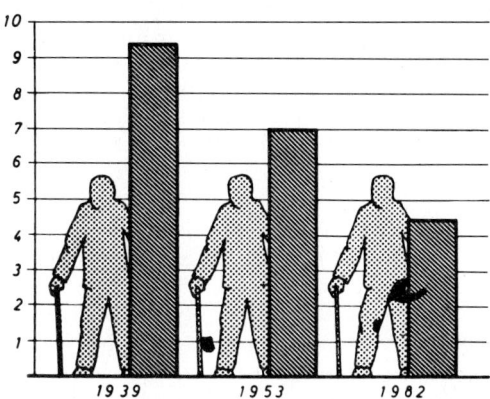

Abb. 1d: Anteil der Erwerbstätigen, die auf einen über 65jährigen kommen (in den Jahren 1939, 1953 und 1982)

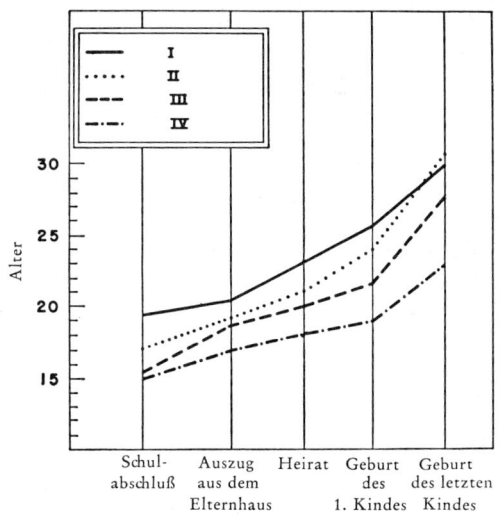

Abb. 2: Durchschnittsalter, in dem Frauen verschiedener sozialer Schichten (I höchste Schicht, II und III mittlere Schicht und IV niedere Schicht) die einzelnen Markierungspunkte des Lebenslaufs erreichen (Schulabschluß, Auszug aus dem Elternhaus, Heirat, Geburt des ersten Kindes, Geburt des letzten Kindes).

65jährigen, immer unbefriedigend bleiben wird. Ein Verständnis der Verhaltens- und Erlebensweisen im 7. und 8. Jahrzehnt ist erst dann möglich, wenn auch das mittlere Lebensalter in die Betrachtungen mit einbezogen wird. Denn, was für die medizinische Sicht des Alterns zutrifft – Altern beginnt mit der Konzeption, wie wir seit Max Bürger wissen – gilt in gleicher Weise für das Altern aus psychologischer Sicht.

Die Hemmnisse theoretischer, methodischer und praktischer Art, die sich psychologischer Altersforschung lange Zeit entgegenstellten, sind heutzutage bereits zum Teil überwunden. Um so mehr muß es erstaunen, daß bisher nahezu ausschließlich am Psychologischen Institut der Universität Bonn systematische Altersforschung betrieben wird.

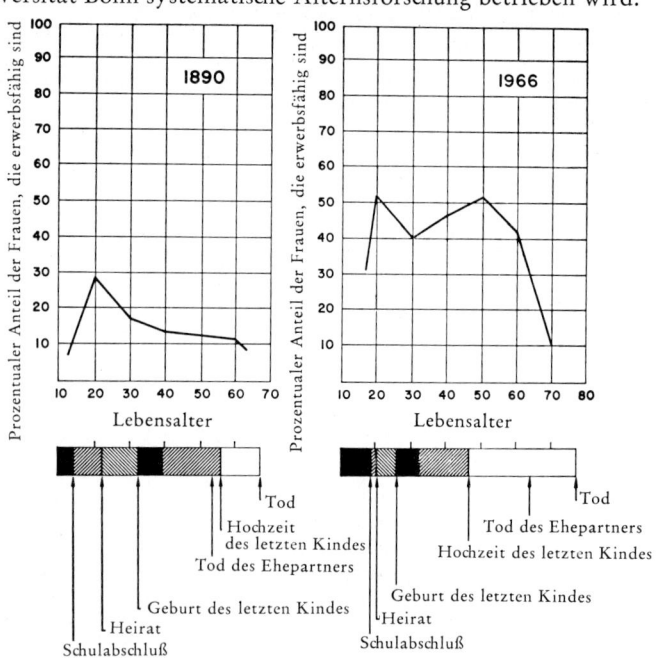

Abb. 3: Das Ausmaß der Berufstätigkeit in Beziehung zu den wichtigsten Markierungspunkten im Lebensablauf der Frau 1890 und 1966 (Schulabschluß, Heirat, Geburt des letzten Kindes, Tod des Ehepartners, Hochzeit des letzten Kindes, Tod)

Quellen: National Manpower Council, Womanpower. New York; Columbia University Press, 1957, p. 307. Der rechte Teil der Abbildung wurde überprüft, basierend auf der Arbeits-Statistik von 1967 aus dem Manpower Report, US. Department of Labor, Tabelle A-2, p. 202, und der Familienverlaufs-Statistik von Glick, Heer und Beresford, 1963, p. 12.

Tabelle 1: Durchschnittsalter des Ehemannes und der Ehefrau in bestimmten Lebensabschnitten; Altersangaben in den Vereinigten Staaten: 1890 bis 1980

Lebensabschnitt	1890	1940	1950	1959	1980
Mittleres Alter der Ehefrau bei der					
ersten Heirat	22.0	21.5	20.1	20.2	19.5–20.4
Geburt des letzten Kindes	31.9	27.1	26.1	25.8	27–28
Heirat des letzten Kindes	55.3	50.0	47.6	47.1	48–49
Tod des Ehemannes	53.3	60.9	61.4	63.6	65–66
Mittleres Alter des Ehemannes bei der					
ersten Heirat	26.1	24.3	22.8	22.3	22–23
Geburt des letzten Kindes	36.0	29.9	28.8	27.9	29–30
Heirat des letzten Kindes	59.4	52.8	50.3	49.2	51–52
Tod der Ehefrau	57.4	63.6	64.1	65.7	68–69

4. Zur Frage der Veränderung der geistigen Leistungsfähigkeit

4.1. Die Entstehung des »Defizit-Modells« der geistigen Entwicklung

Die wissenschaftlichen Forschungen zum Alternsprozeß, zur Frage der Veränderung des Erlebens und Verhaltens im Lebensablauf beginnen mit Intelligenzuntersuchungen, mit Untersuchungen zum Lernen und zur Reaktionsfähigkeit. Dies läßt sich einmal mit der Methodenentwicklung psychologischer Untersuchungsverfahren erklären: Leistungen sind noch am ehesten meßbar, werden sichtbar und sind objektivierbar, während Persönlichkeitsveränderungen, Einstellungen und Erlebnisweisen von Sozialkontakten weit schwieriger adäquat zu erfassen sind. Außerdem waren es auch hier praktische Fragestellungen, die der Forschung Impulse gaben.

Während des ersten Weltkrieges sah man sich in den USA vor die Notwendigkeit gestellt, aus Rekruten geeignete Personen für die Offizierslaufbahn auszulesen. Das damals sehr uneinheitliche Schulsystem in den Vereinigten Staaten und die uneinheitlichen Kriterien zur Bewertung schulischer Leistungen, die unterschiedliche nationale Herkunft und Sprache, boten keinerlei Basis für einen Leistungsvergleich der Offiziersbewerber. So entwickelte man 1917 die ersten Gruppenprüfverfahren zur Intelligenzmessung bei Erwachsenen. Auf Anregung der American Psychological Association begann im April 1917 ein Forschungsteam, dem BINGHAM, GODDARD, HAINES, TERMAN, WELLS, WHIPPLE und YERKES angehörten, mit Voruntersuchungen. »Ende Juni waren die vorläufigen Testformulare für Gruppen- und Individualprüfungen fertig und man plante die sorgfältige Kontrolle von Zuverlässigkeit und Anwendbarkeit. Es wurden vier Untersuchungsgruppen gebildet, die jeweils 1000 Mann im Gruppen- und 200 im Einzelversuch prüfen sollten. Die Ergebnisse wurden an eine zentrale statistische Auswertungsstelle in New York geschickt. Die Auswertung zeigte befriedigende Ergebnisse. Daraufhin dehnte das Kriegsministerium die psychologischen Prüfungen auf die gesamte Armee aus. Von September 1917 bis Januar 1919 wurden 1 726 966 Mann, darunter 42 000 Offiziere geprüft. Mehr als 83 000 Individualprüfungen sind in der Gesamtzahl enthalten.« (nach GROFFMANN, 1964, S. 181)

Die Ergebnisse der Anwendung dieser »Army-Alpha«- und »Army-

Beta«-Tests bei 18- bis 60jährigen Männern wurden 1921 von Yerkes veröffentlicht. Das in Einheiten der »Standard-Abweichungen« definierte Altersdefizit zeigt sich danach schon nach dem 30. Lebensjahr sehr beträchtlich. Yerkes hat jedoch damals schon darauf verwiesen und davor gewarnt, dieses Ergebnis im Sinne eines allgemeinen Intelligenzabfalls mit zunehmendem Alter zu deuten. Er machte auf besondere Auslesefaktoren der untersuchten Gruppe aufmerksam und gab zu bedenken, daß die in dieser Gruppe eingeschlossenen älteren Offiziere vielleicht auf Grund anderer Kriterien (wie Erfahrung, spezifische Geübtheit in militärischen Angelegenheiten u. a. m.) ausgewählt worden seien, während bei der Auswahl der jüngeren Offiziere die Intelligenz ausschlaggebend war (Yerkes, 1921; S. 813). Von dieser Feststellung aus ließen sich die niedrigeren Werte der älteren Gruppe nicht als Folge des Alterns, sondern ehe als Folge anderer Auswahlkriterien deuten.

Die von Yerkes entwickelte Punkte-Skala (Yerkes-Bridges-Point-Scale) wandten Foster und Taylor (1920) auch bei einer anderen Personengruppe an. Sie verglichen 59–84jährige Patienten eines Bostoner Krankenhauses mit einer jüngeren 20–30jährigen Patientengruppe von etwas höherem sozialen Status und mit einer dritten Gruppe von 10–19jährigen Schülern. Geht man vom Gesamt-Score aus, also von der Summe der Punkte, die für alle richtig gelösten Aufgaben gegeben wurden, so schnitten die Älteren wesentlich schlechter ab als die Jüngeren. Analysiert man jedoch die Punkte für die einzelnen Untertests, so zeigt sich ein Abfall im Wortassoziationstest (der allerdings von der Anzahl der innerhalb von 3 Minuten gebrachten Worte ausgeht, also einen »Zeitfaktor« mit einschließt); bei Aufgaben, bei denen man ein Muster aus dem Gedächtnis nachzeichnen mußte; bei Aufgaben, bei denen es galt, 3 gegebene Worte zu einem sinnvollen Satz zu formen (wobei eine gewisse Wendigkeit und Umstellungsfähigkeit gegeben sein muß) und schließlich bei Aufgaben, bei denen verlangt wurde, zerstückelte Sätze (Satzfragmente) zu einem Satzganzen zusammenzufügen. Während bei den eben beschriebenen Aufgaben ein Altersabfall deutlich wurde, erzielten Ältere höhere Punktzahlen bei Aufgaben, die den Wortschatz (Definition abstrakter Begriffe), die die Urteilsfähigkeit und auch das Auffassungsvermögen prüfen. Beim Gesamtergebnis schnitten jedoch Jüngere besser ab als Ältere, was im Sinne eines Abbaus geistiger Fähigkeiten gedeutet wurde, wobei aber auch die mangelnde Praxis, bestimmte Tätigkeiten zu üben, erwähnt wurde und schließlich auch die mangelnde Beweglichkeit der Älteren bzw. deren geringe Interessiertheit an diesen Aufgaben. Der Haupteinwand gilt jedoch der Zusammenstellung der Vergleichsgruppen, die sich im Hinblick auf Gesundheitszustand, sozialen Status und Schulbildung voneinander unterschieden.

Eine Kombination des Army-Alpha-Tests und anderer inzwischen entwickelter Testverfahren (National-Intelligence-Test und Stanford-Achievement-Test) diente WILLOUGHBY (1927) als Basis für eine Untersuchung, in der die Intelligenz einer Gruppe von 140 13jährigen Kindern mit der ihrer Eltern verglichen wurde. Er sammelte Daten von 100 Müttern, 90 Vätern und 280 sonstigen Familienangehörigen. Man hoffte damit, den Einfluß sozio-ökonomischer Faktoren konstant zu halten, vergaß aber offensichtlich dabei, daß dennoch die »Startbedingungen« für die Eltern ganz andere sein konnten, zumal sich Eltern und Kinder bzw. jüngere Familienangehörige schon hinsichtlich der Schulbildung voneinander unterschieden. Die Ergebnisse werden dahingehend interpretiert, daß jene Fähigkeiten, die in Testaufgaben, bei denen Erfahrung eine Rolle spielt, verlangt werden, eine größere Konstanz erkennen lassen; Fähigkeiten hingegen, die eher abstraktes Denkvermögen verlangen, mit dem Alter nachlassen. WILLOUGHBY legt diese Befunde dahingehend aus, daß jene Fähigkeiten, die sich in ihrer Entwicklung in »scharfen Gipfeln darstellen«, d. h., die sehr plötzlich Höhepunkte erkennen lassen und entsprechend auch sehr plötzlich Abfallerscheinungen zeigen, inneren Reifungsprozessen unterliegen, während jene Fähigkeiten, die keinen so deutlichen Gipfel erkennen lassen und bei denen nur ein ganz allmählicher Abfall mit zunehmendem Alter zu beobachten ist, stärker von Erfahrung und Übung beeinflußbar sind.

In diesem Zusammenhang wären sodann die Untersuchungen von JONES und CONRAD (1933) zu nennen. 1925/26 wurden in Landgemeinden 1191 10–60jährige Personen niederer sozio-ökonomischer Schicht mit dem Army-Alpha-Test und drei weiteren Verfahren untersucht. Die Kontaktaufnahme mit diesen Personen erfolgte anläßlich einer Gratis-Kino-Vorstellung. Von den acht Untertests des Army-Alpha zeigten sich bei Aufgaben, die den Wortschatz und die das Allgemeinwissen prüften, keine Altersunterschiede, hingegen schnitten Ältere weit schlechter ab, wenn es galt, Anweisungen zu verstehen, Analogien zu finden, Zusammenhänge aufzuzeigen und Zahlenserien zu ergänzen. JONES warnt vor jeder Generalisierung dieser Ergebnisse, zumal er schon damals feststellen mußte, daß die individuellen Unterschiede, die sich innerhalb einer Altersgruppe finden, weit stärker sind als die Unterschiede zwischen zwei Altersgruppen.

Aus dieser Zeit sind aber vor allem die Studien von MILES hervorzuheben, die Ende der 20er Jahre in Stanford durchgeführt wurden. MILES gründete 1928 an der Stanford-Universität das erste größere

Psychologische Institut, das sich die Erforschung altersbedingter Veränderungen im psychischen Bereich zur Aufgabe machte. Anlaß war für MILES die Feststellung, daß damals über 40jährige Arbeitnehmer Schwierigkeiten hatten, in der Industrie eine Anstellung zu finden. Von Industriefirmen finanziell unterstützt, versuchte MILES – aus methodischen Gründen – in seinen Forschungen zunächst Probleme der Alternsveränderungen im intellektuellen Bereich eingehender zu erhellen. Dabei wurden Wahrnehmungstests, Intelligenztests und psychomotorische Tests in einer »Batterie« zusammengefaßt, deren Durchführung bei jeder Person etwa 2 Stunden in Anspruch nahm. Es wurde dabei sehr darauf geachtet, die Tests so einzuführen, daß sie nicht zuviel Ängstlichkeit und Widerstand hervorriefen (so trug die Sammlung der Intelligenz-Tests den Titel »Good-Judgement-Question-Series«, etwa »Fragen, die ein gutes Urteilsvermögen prüfen«). Auch hier wird zunächst einmal ein erheblicher Leistungsabfall mit zunehmendem Alter festgestellt: während beim OTIS-Test der Durchschnitts-IQ der 20jährigen mit 114 angegeben wird, liegt bei dem gleichen Verfahren der Durchschnitts-IQ der 50jährigen bei 102. MILES hat die Intelligenzleistungen in 7 Güteklassen eingeteilt und für jede Altersgruppe den jeweiligen Anteil an den einzelnen Güteklassen errechnet. – Die Abnahme der Intelligenz wird deutlich, wenn man die unterschiedliche Verteilung der Altersgruppen auf die 7 »Güteklassen« der Intelligenz analysiert (vgl. Tabelle 2).

Tabelle 2: Verteilung von 7 Güteklassen der Intelligenzleistungen auf verschiedene Altersgruppen

| Güteklasse: | Altersgruppen: | | | | | | |
	20 J.	30 J.	40 J.	50 J.	60 J.	70 J.	80 J.
1. (beste)	42,3%	28,9%	35,6%	12,0%	10,8%	....	....
2.	37,2	31,1	8,9	21,4	14,7	16,9	....
3.	14,1	25,6	31,1	30,8	25,5	19,7	16,7
4. (Mitte)	6,4	10,0	14,4	23,1	21,6	28,2	27,8
5.	....	2,2	8,9	6,9	14,7	12,7	5,5
6	....	....	....	3,4	5,9	8,5	11,1
7. (schlechteste)	....	2,2	1,1	2,6	6,9	14,1	38,9
Gesamt	100,0	100,0	100,0	100,2	100,1	100,1	100,0
Anzahl der Fälle pro Altersgruppe:	78	90	90	117	102	71	18

Dabei zeigt sich deutlich, daß die Gruppen der Personen mit sehr hoher Intelligenz bei den 20–40jährigen, die Gruppen mit mittlerer und unterdurchschnittlicher Intelligenz eher bei den 50jährigen und älteren vertreten sind.

MILES hat bereits anhand dieser Ergebnisse den Einfluß von höherem und niederem Ausgangsniveau der Intelligenz diskutiert, indem er die Frage aufwarf, ob nicht Menschen mit höherer Intelligenz in ihren Leistungen – soweit in den Tests gemessen – zwar mit zunehmendem Alter auf einen durchschnittlichen Grad absinken, jedoch auf Grund ihrer größeren Erfahrung, Sicherheit und Lerntechnik diesen Abfall bis zu einem gewissen Grade kompensieren können und so ihren Beruf zweifellos erfolgreich fortsetzen können – also trotz geringerer IQ-Werte dennoch berufstüchtig sein können. Menschen mit niederer Intelligenz hingegen könnten wohl den Altersabbau kaum durch andere Verhaltensweisen kompensieren.

Mit der Erarbeitung der BELLEVUE-WECHSLER Intelligenzskala durch David WECHSLER (1944) trat die gesamte Forschung über Altersveränderungen der geistigen Leistungsfähigkeit in ein neues Stadium ein, denn dieses sehr sorgfältig erarbeitete und inzwischen in vielen Ländern neu standardisierte Verfahren bietet die Möglichkeit eines Vergleichs von Ergebnissen, die bei den verschiedensten Stichproben gewonnen wurden. Frühere Untersuchungen, bei denen verschiedenste Intelligenztests angewandt wurden, erschweren naturgemäß einen Vergleich, wenn sie ihn nicht gar unmöglich machen.

Die schon in den Untersuchungen mittels des Army-Alpha-Tests erkennbare typische Kurve der Alternsveränderungen der intellektuellen Leistung wurde in gewisser Weise bestätigt: Es findet ein Höhe-

Tabelle 3: Aufteilung der Untertests des WECHSLER-Intelligenz-Tests für Erwachsene hinsichtlich ihrer Altersbeständigkeit

---

Altersbeständig sind:

Allgemeines Wissen	
Allgemeines Verständnis	Verbalteil
Wortschatz	
Figurenlegen	Handlungsteil
Bilderergänzen	

Eher altersabhängig erwiesen sich:

Zahlennachsprechen	
Rechnerisches Denken	Verbalteil
Gemeinsamkeiten finden	
Zahlensymboltest	
Mosaiktest	Handlungsteil
Bilderordnen	

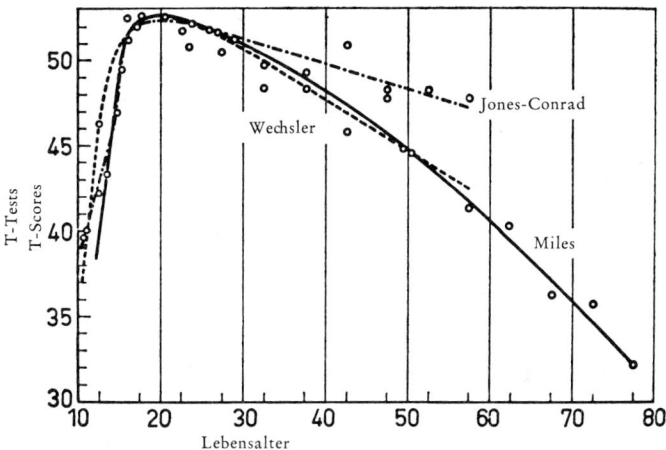

Abb. 4: Durchschnittsleistungen bei drei amerikanischen Intelligenztests in Beziehung zum Lebensalter.

punkt intellektueller Leistungsfähigkeit im 3. Lebensjahrzehnt und dann eine mehr oder minder deutliche Abnahme statt (Abb. 4).

Schon bei der Standardisierungsstichprobe traten dabei unterschiedliche Ergebnisse innerhalb der sprachlich gebundenen Tests und der sprachfreien Tests hervor. Im einzelnen zeigt sich jedoch, daß diese »Grobeinteilung« etwas irreführend ist (vgl. Tab. 3).

Von den Fähigkeiten aus gesehen, welche die genannten Tests messen sollen, zeigt sich also als altersbeständig der Wissensumfang, die praktische Urteilsfähigkeit, die Fähigkeit, sich in alltäglichen Problemsituationen zurechtzufinden, die sprachlichen Kenntnisse, aber auch Aufmerksamfähigkeit und Konzentration, die planende Phantasie und ein Unterscheidungsvermögen zwischen Wesentlichem und Unwesentlichem. Als weniger altersbeständig wäre auch hiernach das Gedächtnis und die Merkfähigkeit zu nennen, geistige Wendigkeit und Umstellungsfähigkeit, das abstrakt-logische Denken, ebenso die psychomotorische Geschwindigkeit und eine gewisse Kombinationsfähigkeit. Der Gesamt-Score läßt jedoch einen deutlichen Abfall der Intelligenz von der Mitte des 3. Lebensjahrzehnts sichtbar werden (vgl. Tab. 3 und Abb. 5).

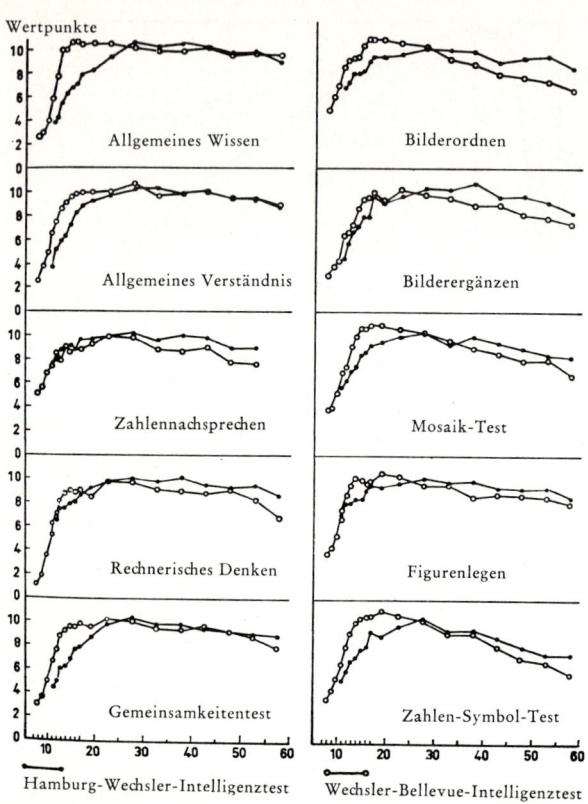

Wertpunkte

Allgemeines Wissen — Bilderordnen

Allgemeines Verständnis — Bilderergänzen

Zahlennachsprechen — Mosaik-Test

Rechnerisches Denken — Figurenlegen

Gemeinsamkeitentest — Zahlen-Symbol-Test

● Hamburg-Wechsler-Intelligenztest   ○ Wechsler-Bellevue-Intelligenztest

Abb. 5: Mittlere Wertpunkte in den Untertests des Intelligenztests in ihrer Beziehung zum Lebensalter.

Diese Kurve ist derart populär geworden, daß sie vielleicht an dem generellen *Defizit-Modell* des Alterns nicht ganz unschuldig ist und sicher zu manchen negativen Einstellungen und verallgemeinernden Aussagen geführt hat. So kam es, wie LÖWE (1970) richtig feststellt, zum Postulat einer »Adoleszenz-Maximum-Hypothese«, die an einer biologischen Betrachtungsweise orientiert ist.

Aber auch andere sehr populär gewordene Untersuchungen liefern zweifellos eine der stärksten Begründungen und Stützen für das Defizit-Modell: Die Untersuchungen von Harvey LEHMAN, der bei seinen Forschungen von der Fragestellung ausging: In welchem Lebensalter vollbringen Angehörige verschiedener Berufe, Wissenschaftler

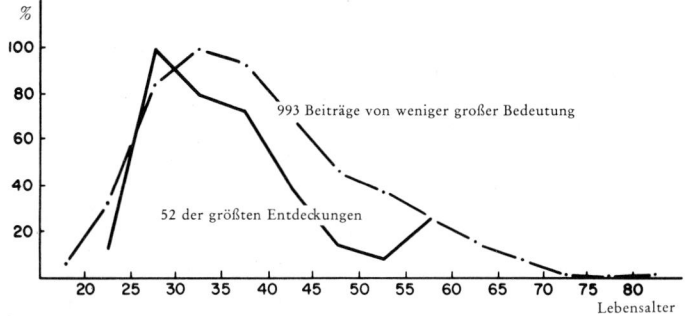

Abb. 6a: Alter und »Produktivität« bei Chemikern
Quelle: H. C. Lehman. *Age and Achievement* (Princeton: Princeton University Press, 1953)

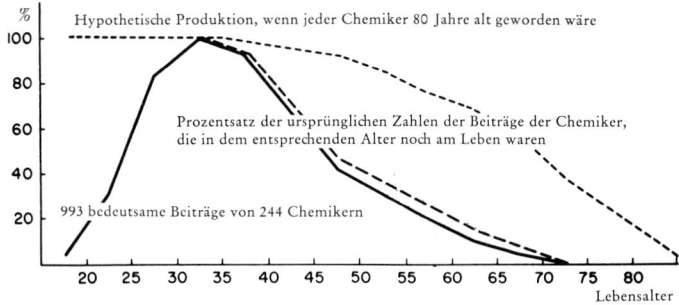

Abb. 6b: Alter und Leistungen bei Chemikern
Quelle: Ibid.

auf verschiedenen Arbeitsgebieten, ihre qualitativ besten Werke – und welche Lebensjahre erweisen sich insofern am produktivsten, als hier der »Ausstoß« an Werken quantitativ am größten ist. – Das qualitativ beste Werk wurde auf Grund der Häufigkeit des Zitiertwerdens durch andere Wissenschaftler festgestellt und nach einem bestimmten Punktsystem bewertet; die Quantität der Veröffentlichungen wurde anhand von Biographien und Schriftenverzeichnissen bestimmt.

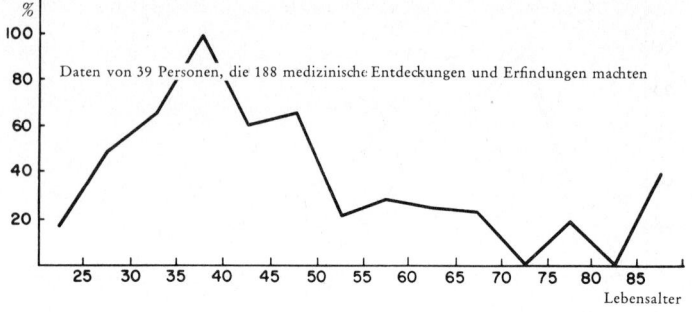

Abb. 6c: Entdeckungen und Erfindungen im Bereich der Medizin und ihre Beziehung zum Lebensalter.
Quelle: Ibid.

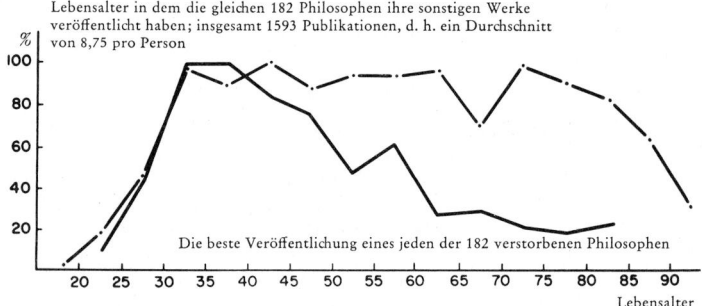

Abb. 6d: Qualität und Quantität philosophischer Veröffentlichungen und ihre Beziehung zum Lebensalter
Quelle: Ibid.

Auf Grund einer sehr eingehenden Analyse gelangt LEHMAN zu der Feststellung, daß die qualitativ besten Leistungen im Alter zwischen 25 und 35 Jahren vollbracht werden; bekannte Alterswerke großer Künstler seien nur Einzelleistungen. Kleine Unterschiede im Hinblick auf die Höchstleistungen ergeben sich innerhalb der einzelnen Arbeitsgebiete: Sportliche Leistungen zeigen den frühesten Höhepunkt und einen Abfall zu Beginn des 3. Lebensjahrzehntes, naturwissenschaftliche Leistungen (die Mut zum Risiko, Experimentierfreude und eine gewisse Wendigkeit im Aufgreifen neuer Forschungsergebnisse voraussetzen), lassen einen Höhepunkt zwischen 26 und 30 Jahren erkennen. Andere Berufsgruppen, wie Mediziner (bei denen

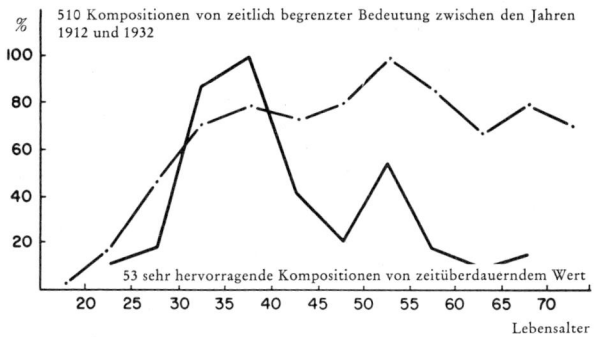

Abb. 6e: Kompositionen der Musiker und ihre Beziehung zum Lebensalter
Quelle: Ibid.

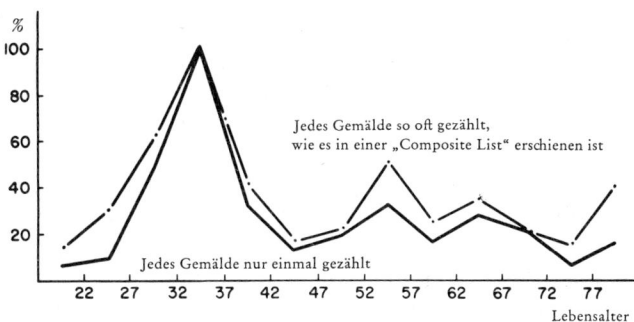

Abb. 6f: Lebensalter und beste Gemälde von 61 Künstlern, von denen jeder 60 Jahre und älter wurde.
Quelle: Ibid.

ein Überblick über eine Sachlage wesentlich ist), zeigen einen Leistungsgipfel im 4. Lebensjahrzehnt; während führende Persönlichkeiten in leitenden Stellungen – Staatsmänner, Kirchenführer – ihre bekanntesten Leistungen sogar erst nach 60 vollbringen, in einem Alter, das durch Erfahrung, Lebensweisheit und Anerkanntwerden gekennzeichnet ist (vgl. Abb. 6 a–h).

Als Erklärung für diesen bei den meisten Menschen deutlich werdenden Leistungsabfall im 3., evtl. im 4. Lebensjahrzehnt werden von

57

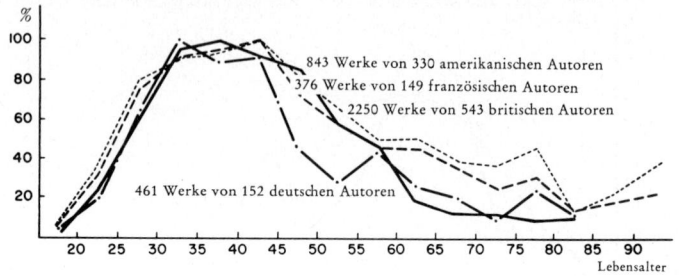

Abb. 6g: Alter und Produktion von verschiedenen literarischen Werken
Quelle: Ibid.

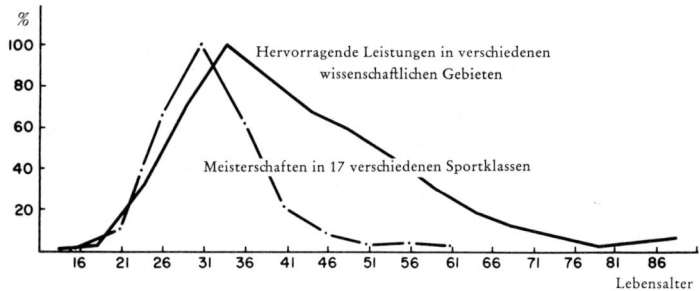

Abb. 6h: Alter und wissenschaftliche Veröffentlichungen – verglichen mit Alter und hervorragenden sportlichen Leistungen.
Quelle: Ibid.

LEHMAN vor allem physische Gegebenheiten angeführt (die Orientierungen an einer biologischen Alterskurve wird hier deutlich!); sodann eine Zunahme von Störungseinflüssen im sozialen Bereich, denen gegenüber der ältere Mensch auch eine größere Empfindlichkeit zeige als der Jüngere. Die fehlende Leistungsmotivation wird erwähnt, die wiederum ihre Wurzeln in finanziell ausgeglichenen Verhältnissen haben kann oder in einer Schaffenslähmung durch das Gefühl der Sinnlosigkeit, im fehlenden Aufstiegsstreben bzw. der Einsicht, daß weiterer Aufstieg nicht mehr möglich ist; eine Umorientierung der Werte zum »Genießen« der noch verbleibenden Lebenszeit wird als dritter Grund für den Abfall der Produktivitätskurve angegeben. Zuletzt beruft sich LEHMAN auf die Vergessenskurve der Älteren, auf deren verfestigte Einstellungen, auf die nachlassende Fähigkeit des Gedächtnisses, die der Erarbeitung eines neuen Wissensstoffes entgegenstehen. Diese LEHMAN'schen Arbeiten (er selbst ist äußerst produktiv bis ins höhere Alter hinein – an der Quantität des Ausstoßes gemessen) werden immer wieder zitiert, die sehr berechtigte Kritik an LEHMAN u. a. von RÉVÉSZ (1953), DUYKER (1956), GUTJAHR und MEHL (1963), KARSTEN (1965), DENNIS (1954, 1956, 1966) und LÖWE (1970) wird allerdings meistens verschwiegen. DENNIS setzte sich sehr eingehend mit diesen Forschungsergebnissen auseinander. DENNIS stellte einmal die Häufigkeit des Zitiertwerdens als sehr fragwürdiges Kriterium für die Qualität einer Leistung heraus, da a) neue, umstürzlerische Ideen bringende Arbeiten häufiger zitiert werden, als die qualitativ besseren Ausarbeitungen späterer Jahre; b) viele Arbeiten erst nach einem sehr langen Zeitraum nach ihrem Erscheinen entsprechend gewürdigt werden, und c) ein Vorurteil gegen Spätwerke mancher Wissenschaftler bestehe, da diese meist voraussetzungsvoller und schwerer verständlich sind. – Ein weiterer methodischer Einwand richtet sich gegen die Tatsache, daß LEHMAN die Früh-Verstorbenen nicht berücksichtigt hatte, die ja überhaupt keine Chancen hatten, in späterem Alter etwas zu sagen. DENNIS hat diesen Tatbestand in seiner Analyse berücksichtigt und konnte damit eine gewisse Korrektur am Defizit-Modell anbringen. Ein weiterer Punkt der Kritik weist darauf hin, daß von Jahr zu Jahr mehr Veröffentlichungen auf den einzelnen Gebieten erscheinen, und daß die zunehmende Anzahl eine schärfere Auswahl für eine Klassifizierung nötig macht.

BROMLEY ging von den Erkenntnissen LEHMANS aus, denen zufolge Quantität und Qualität der Arbeiten mit zunehmendem Alter abnehmen, und versuchte eine experimentelle Überprüfung derselben. Vier verschiedenen Altersgruppen wurde der SHAW-Test, der die Produktivität in qualitativer und quantitativer Hinsicht messen soll, vorgelegt, ebenso der Wechsler-Intelligenz-Test. Neben einer bereits im 3. Lebensjahrzehnt einsetzenden Abnahme der Produktivität wurde auch die Abnahme der intellektuellen Leistungsfähigkeit nachgewiesen (BROMLEY, 1956). Es fragt sich allerdings, wie weit ein solches Problem sich überhaupt in experimentellen Untersuchungen angehen läßt.

4.2. Die Kritik am Defizit-Modell auf Grund neuerer Ergebnisse der Intelligenzforschung

Eine Kritik am Defizit-Modell erscheint dem derzeitigen Forschungsstand entsprechend unter 9 Aspekten möglich:

4.2.1. Distanzierung vom Konzept der allgemeinen Intelligenz

Die Feststellung, daß mit zunehmendem Alter ein Nachlassen intellektueller Fähigkeiten gegeben sei, ist zunächst einmal insofern revisionsbedürftig, als man sehr bald erkannte, daß unterschiedliche psychische Funktionen und Fähigkeiten sich im Laufe des Lebens in unterschiedlicher Weise verändern. Bei der Diskussion um die Ergebnisse des WECHSLER-Tests wurde man auf die Notwendigkeit einer solchen differenzierenden Betrachtungsweise aufmerksam.

Eine zunehmend differenziertere Betrachtung der Intelligenzveränderungen im Erwachsenenalter wurde vor allem durch faktorenanalytische Studien möglich. Diese Ansätze bedeuteten ein Abgehen von dem Konzept der »Allgemeinen Intelligenz«. Nach ihnen muß diese vielmehr als eine funktionale Einheit von voneinander relativ unabhängigen »Primärfunktionen« gesehen werden, die bei der Lösung unterschiedlicher Problemstellungen in jeweils spezifischer Konstellation zusammenwirken (GROFFMANN, 1964). Im Hinblick auf die Altersveränderung scheint es, daß diese »intellektuellen Merkmale unregelmäßigen Verschiebungen und Reorganisationen innerhalb der Lebensabschnitte unterworfen sind« (RIEGEL, 1959), d. h., daß bestimmte Fähigkeiten zu unterschiedlicher Zeit ihren Höhepunkt erreichen – THURSTONE (1955) fand, daß z. B. die Auffassungsgeschwindigkeit schon mit 12 Jahren weitgehend »entwickelt« ist und schon 80% der Erwachsenenleistung bereits beträgt; für die »Raumvorstellung« wird der entsprechende Zeitpunkt mit 14 Jahren, für die Gedächtnisfähigkeit mit 16 Jahren angegeben (vgl. auch TREMBLEY und O'CONNOR, 1966) – und dementsprechend unterschiedliche Verlaufsformen erkennen lassen (BIRREN, 1952; SCHAIE, ROSENTHAL u. PERLMAN, 1953; HOFSTÄTTER, 1954; COHEN, 1957; RIEGEL u. RIEGEL, 1962; CATTELL, 1963). HORN und CATTELL (1966) stellten eine Abnahme für den Cluster all jener Fähigkeiten fest, die mit »fluid intelligence« zu umschreiben sind und eine Flüssigkeit der Umstellung, Wendigkeit, Kombinationsfähigkeit, Orientierung in neuen Situationen und dergleichen verlangen. Gleichzeitig ergebe sich jedoch mit zunehmendem Lebensalter eine Zunahme all jener Fähigkeiten, die unter

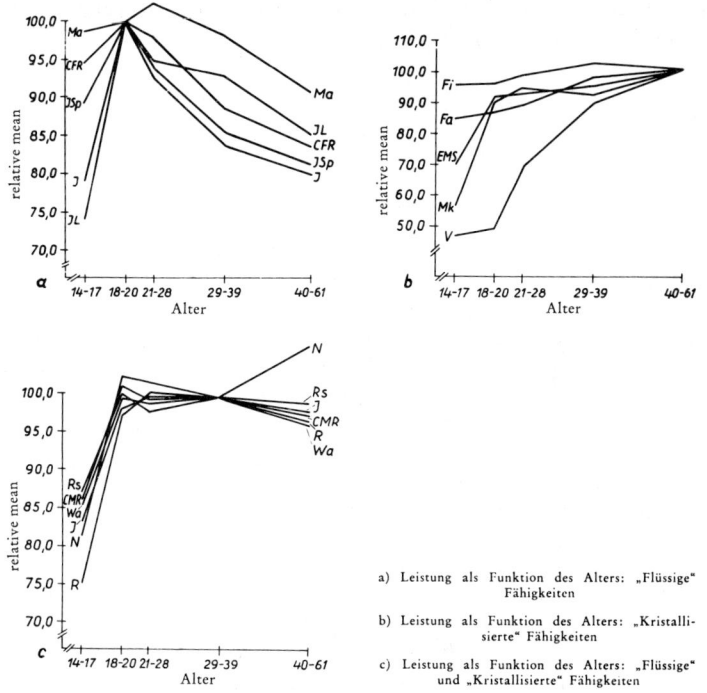

a) Leistung als Funktion des Alters: „Flüssige" Fähigkeiten

b) Leistung als Funktion des Alters: „Kristallisierte" Fähigkeiten

c) Leistung als Funktion des Alters: „Flüssige" und „Kristallisierte" Fähigkeiten

Abb. 7: Altersveränderungen verschiedener Intelligenzfaktoren (nach HORN u. CATELL, 1966).

dem Begriff der »cristallized intelligence« zusammenzufassen sind und Allgemeinwissen, Erfahrungswissen, Wortschatz und Sprachverständnis voraussetzen (vgl. Abb. 7). Ähnliche Ergebnisse erbrachten die Untersuchungen von MOL und WIMMERS (1971).
Eine neuere schwedische Studie, die mit faktoren-analytischem Ansatz der Frage der Leistungsveränderung im höheren Alter nachgeht, ist von HELANDER (1967) in einem Werk der Zellulose-Industrie durchgeführt worden (GRANATH und HELANDER, 1970). Bei ca. 400 35- bis 65jährigen Arbeitern wurden Intelligenz- und Leistungstests, psychomotorische Tests, Persönlichkeitstests und Fragebogen durchgeführt, ebenso medizinische und soziologische Daten erhoben.
Von den 5 Intelligenzfaktoren, die er an dieser Population von

35–65jährigen Arbeitern und Angestellten durch die Korrelation von ca. 32 Meßwerten für geistige Aktivität in der Testsituation gewann, korrelierte einer negativ und einer positiv mit dem Alter, die übrigen 3 zeigten keine Beziehungen zum Lebensalter. Abnehmende Werte fanden sich bei jenen Tests, die HELANDER im Faktor I mit dem Begriff »Allgemeine Testleistung« zusammenfaßte. Dabei sind u. a. insbesondere Leistungen vertreten, welche Formauffassung, Formunterscheidung und Abstraktion erfordern, also am ehesten der »fluid intelligence« im Sinne von HORN und CATTELL entsprechen. – Bessere Werte bei der älteren Personengruppe fanden sich bei Aufgaben, die das Sprachverständnis prüften. – Erstaunlich ist, daß der Faktor, der mit »psychomotorischem Tempo« umschrieben wurde, keine Beziehung zum Lebensalter erkennen ließ; das gleiche gilt auch für den Faktor »Raumauffassung« und jenen Faktor, der mehr globale Aspekte der Intelligenzleistung umschließt.

Auch die Ergebnisse anderer faktorenanalytischer Untersuchungen weisen auf die unterschiedlichen Altersveränderungen der einzelnen Intelligenzfaktoren hin (vgl. auch PALMORE, 1970; EISDORFER u. COHEN, 1961; EISDORFER, 1963; SAVAGE u. BRITTON, 1968).

4.2.2. Geschwindigkeitsfaktor

Ein zweiter kritischer Einwand gegen das Defizit-Modell bezieht sich auf die *Vernachlässigung des Geschwindigkeitsfaktors.* Man hat offenbar die schlechteren Resultate, die sich in den früheren Intelligenzuntersuchungen bei älteren Menschen zeigten (YERKES, 1921, JONES und CONRAD, 1933, MILES u. a., 1932), etwas vorschnell als »Verlust geistiger Fähigkeiten« gedeutet, obwohl die Fähigkeiten selbst noch vorhanden waren, lediglich zum Lösen bestimmter Aufgaben mehr Zeit beansprucht wurde. Bei Eliminierung des Zeitfaktors erwiesen sich in mehreren Versuchen ältere Personen in der Erledigung von entsprechenden Aufgaben im Vergleich mit jüngeren als gleich gut, wie es u. a. LORGE (1940) anhand der von MILES gewonnenen Daten nachgewiesen hat. Teilweise zeigte dieser Personenkreis dann sogar bessere Leistungen (BROWN, 1938, GOLDFARB, 1941, LORGE, 1936, 1940, EISDORFER, 1963, 1965, u. a.). Man folgerte daraus, daß die Älteren grundsätzlich die gleichen Leistungen vollbringen könnten wie die Jüngeren, nur auf einem geringeren Geschwindigkeitsniveau (vgl. auch UNDEUTSCH: »Schaltet man diesen (Zeit) Faktor aus, kann unter Umständen ein Leistungsanstieg bis zum 90. Lebensjahr nachgewiesen werden«, 1959, S. 95). Für BIRREN wurden diese und ähnliche Befunde, die sich auf die Reaktion und Informationsverarbeitung generell beziehen, zum Anlaß, die Verlangsamung des Verhaltens als *den* »primären Alternsprozeß« einzuführen (1965; S. 192/193).

Der Geschwindigkeitsfaktor beeinflußt eine Reihe von Verhaltensbereichen, er wird z. B. wirksam bei der Aktualisierung des Allgemeinwissens, er beeinflußt das Verhalten beim Problemlösen, wirkt sich auf die Kombinationsfähigkeit und auf viele der nichtverbalen Intelligenzaufgaben aus. Der Geschwindigkeitsfaktor macht sich zudem auch beim Lernprozeß bemerkbar und beeinflußt das Einprägen und damit auch das Behalten von vorgegebenem verbalem und nichtverbalem Material. Am meisten untersucht wurde der Geschwindigkeitsfaktor jedoch im Zusammenhang mit den psychomotorischen Fähigkeiten, zumal dabei sowohl der Geschwindigkeit der Auffassung, der Entscheidungszeit und der Reaktionszeit eine große Bedeutung zukommt. Da der Zeitfaktor jeweils in einem spezifischen Zusammenhang zu sehen ist, wird noch öfter darauf zurückzukommen sein.

Einige, zum Thema Zeitbegrenzung durchgeführte Experimente seien hier genannt:

MILES (1934) berichtet Resultate, die sich beim OTIS-Test mit Zeitbegrenzung ergaben und verglich diese Ergebnisse mit jenen, die sich bei demselben Test ohne zeitliche Einschränkung fanden. Vom frühen Erwachsenenalter, d. h. von 25 Jahren an bis in die 60er Jahre, zeigte sich ein zunehmender Leistungsabfall, bei dem ein Drittel des Altersabfalls jedoch durch einen Verlust der Geschwindigkeit entstand. – Im Alter zwischen 60 und 80 Jahren zeigte sich jedoch ein völlig anderes Ergebnis: Hier war der Leistungsabfall auch dann erheblich, wenn der Zeitfaktor nicht berücksichtigt wurde. MILES meint dazu, daß im frühen und mittleren Erwachsenenalter die Geschwindigkeit abgebaut werde, eine Verlangsamung eintrete, im hohen Erwachsenenalter aber erstrecke sich der Abbau auf das Leistungsvermögen selbst.

SCHAIE et. al. (1953) zeigten in einem Experiment, daß der Einfluß der Zeit je nach der Art des Tests variiert. Man legte den THURSTONE-Primary-Test 61 Personen zwischen 53 und 78 Jahren vor. Bei den üblichen Zeitbegrenzungen wurde ein Altersabbau in jeder Testaufgabe nachgewiesen. Bei unbegrenzter Zeit wurden alle Scores mit Ausnahme von 2 Aufgaben verbessert. Diese Verbesserung war jedoch bei den jüngeren Leuten weit größer als bei den älteren.

Ebenso berichtet GILBERT (1935), daß der altersbedingte Leistungsabfall bei Nichtbeachtung der Zeit vermindert wird. Er erhöht sich am stärksten bei Tests, die die Bildung neuer Assoziationen verlangen und ist bei einfachen Wortschatz-Aufgaben am schwächsten. –

1955 analysierte JONES erneut die Ergebnisse der früheren JONES-

Conrad-Untersuchung. Er verglich vor allem die Testaufgaben, die extreme Unterschiede in der Altersveränderung zeigten: Allgemeinwissen (mit geringem Leistungsabfall) und Analogien (mit starkem Altersabfall). Jones kommt zu dem Schluß, daß der geringe Leistungsabbau beim Wissenstest wohl im wesentlichen auf den Geschwindigkeitsfaktor zurückzuführen ist. Der steile Abfall im Analogietest, der flexible Anpassung und geistige Wendigkeit fordert, zeige jedoch, daß diese spezifischen Fähigkeiten mit dem Alter nachlassen und auch dann, wenn der Zeitfaktor ausgeschlossen ist, keine Korrektur erfahren können.

Von neueren Untersuchungen, deren Ergebnisse in diese Richtung weisen, wären jene von Chown (1968) zu nennen. Sie wandte bei 200 Männern (20–82 Jahre alt) eine Batterie von Intelligenztests, psychomotorischen Tests und Rigiditätstests an. Eines der wesentlichsten Resultate dieser Untersuchung bezog sich auf die Beziehung zwischen den verschiedenen Fähigkeitsfaktoren zum Alter. Zu diesen Fähigkeitsfaktoren gehörten neben Abstraktionsfähigkeit, Kombinationsfähigkeit u. a. die »Geschwindigkeit der Leistung«. Diese zeigte als einzige eine enge Beziehung zum Lebensalter. Die Tests zur Überprüfung der Schnelligkeit der Reaktion bildeten in der jüngsten Gruppe einen Faktor für sich und beinflußten keine anderen Leistungsbereiche. In der mittleren Altersgruppe war dies bereits weniger deutlich der Fall. In der ältesten Gruppe beeinflußten diese Geschwindigkeitsmomente vor allem den Faktor der nicht-verbalen Intelligenz. Insofern werden, wie Chown richtig feststellte, die Tests zur Überprüfung der Geschwindigkeit der Reaktionen für ältere Personen geradezu zu einem Maß der intellektuellen Leistungsfähigkeit im nichtverbalen Bereich. Bei Jüngeren ist dies nicht der Fall. –

Es fragt sich jedoch, ob die Analyse dieses Geschwindigkeitsfaktors, der auch in Untersuchungen über das Lernen und die Psychomotorik älterer Menschen nachgewiesen wird, überhaupt als Argument gegen die Gültigkeit eines Defizit-Modells der Intelligenzleistung angesehen werden kann, zumal Welford und Birren (1965) in den Feststellungen über eine generelle Verlangsamung der Reaktionszeit, der Informationsverarbeitung und des Problem-Lösungs-Verhaltens letzten Endes einen Beleg für eine Funktionsänderung des zentralen Nervensystems, insbesondere des Gehirns, sehen. Dies scheint jedoch problematisch, wenn man bedenkt, daß eine Zeitverzögerung sehr unterschiedlich begründet sein kann. So mag die Feststellung, daß ältere Menschen zum Lösen bestimmter Aufgaben mehr Zeit benötigen als jüngere, einmal in einer erschwerten Auffassung der Situation liegen; dies kann zum Teil sensorisch bedingt sein (Schwerhörigkeit, Sehbehinderungen), zumal bestimmte Aufgaben der Intelligenztests an die Funktionstüchtigkeit der Sinne hohe Anforderungen stellen. Die erschwerte Auffassung der Situation mag – nach BIRREN – aber auch auf Grund gehirnphysiologischer Vorgänge gegeben sein; eine nachlassende Speicherungsfähigkeit des Gedächtnisses wird hier genannt. – Es könnte jedoch auch der Fall sein, daß bei älteren Menschen die Zeit zum Erfassen der Situation keineswegs im Vergleich zu jüngeren Menschen verlängert ist, sondern daß lediglich die Entscheidungzeit für die Reaktion sich verzögert. Dies mag einmal auf eine zunehmende Unsicherheit oder Verunsicherung hinsichtlich der Richtigkeit der Reaktion zurückzuführen sein, oder aber auch nur auf eine – im Vergleich zur Jugend – abnehmende Risikofreudigkeit, die es erst bei einem höheren Sicherheitsgrad zu einer Reaktion kommen läßt. – Schließlich wäre noch zu überlegen, wie weit jüngere Menschen durch das tägliche Training im Berufsalltag stärker gewohnt sind, schnell auf Zeit zu arbeiten.

Zweifelsohne steht nach all diesen Forschungsergebnissen fest, daß der Geschwindigkeitsfaktor im höheren Lebensalter zunehmend an Bedeutung gewinnt und daß es auf vielen Gebieten zur Verlangsamung der Reaktionen kommt. Die Ursachen dieser Verlangsamung sind jedoch nicht hinreichend erforscht und somit kann bisher noch nicht sicher belegt werden, ob es sich um einen gehirnphysiologischen – und damit irreversiblen – Vorgang handelt, oder ob andere Prozesse der Verhaltensänderung (wie z. B. zunehmende Unsicherheit, abnehmende Risikofreudigkeit, geringes Training), die reversibel sind und durch entsprechende Maßnahmen verhindert oder sogar rückgängig gemacht werden können, weit ausschlaggebender sind.

4.2.3. Ausgangsbegabung

Die verallgemeinernde Feststellung eines Defizits geistiger Fähigkeiten mit zunehmendem Alter muß sodann auf Grund von Längsschnittuntersuchungen korrigiert werden.

Längsschnittuntersuchungen wurden in den USA Ende der 20er Jahre bzw. zu Beginn der 30er Jahre begonnen. Da es dabei um die möglichst langzeitige Beobachtung der gleichen Individuen geht, liegen wesentliche Ergebnisse, die sich auf die Veränderungen der geistigen Leistungsfähigkeit im mittleren und höheren Erwachsenenalter beziehen, erst seit etwa 15 Jahren vor.

Eine der wesentlichsten Studien dieser Art ist die von TERMAN, die er an begabten Schulkindern und Jugendlichen 1923 begonnen hatte, und die er bis ins 5. Lebensjahrzehnt hinein beobachtet hatte

(TERMAN und ODEN, 1947, 1959). Als zusammenfassendes Ergebnis ist die unverändert hohe Intelligenzleistung herauszustellen; in einigen Bereichen zeigte sich sogar eine Zunahme der Testwerte, was dem Defizit-Modell widerspricht. Man schloß daraus, daß bei Begabten, bei Personen mit einem höheren »Ausgangs-IQ«, ein etwaiger Abfall intellektueller Leistungsfähigkeit, wenn überhaupt, dann erst weit später einsetzt und dann einen nur sehr allmählichen Abfall der an sich altersabhängigen intellektuellen Leistungen zeigt, im Gegensatz zu Personen mit einem niederen »Ausgangs-IQ«.

Auch MILES hatte ja, wie bereits erwähnt, auf die größere geistige Leistungsfähigkeit bzw. den geringeren Altersabfall bei den Intelligenteren hingewiesen, nahm jedoch – im Gegensatz zu TERMAN und ODEN – an, daß der Abbauprozeß unabhängig vom »Ausgangs-IQ« bei allen Gruppen gleich sei, daß Intelligentere lediglich bessere Kompensationsmöglichkeiten hätten. Zweifellos spielen hier jedoch noch andere Faktoren (wie z. B. Training und Stimulation) eine Rolle.

Eine weitere wichtige Studie in diesem Zusammenhang ist die von OWENS (1953). Er testete im Jahre 1950 127 frühere Studenten des IOWA-STATE-COLLEGES, Geburtsjahrgang 1900, die er 1919 zum ersten Male mit dem ARMY-ALPHA-Test untersucht hatte. Nach diesen 31 Jahren Zwischenraum zeigte sich bei 4 Untertests ein erheblicher Gewinn, vor allem bei den Aufgaben, die Wissen und Wortschatz verlangen. Insgesamt kann man sagen, daß bei diesen Untersuchungen die Intelligenzleistung zunahm um den »Betrag«, der anderen Querschnittsuntersuchungen zufolge bei JONES und CONRAD als Abnahme der Intelligenzleistung erwartet wurde. Einen Teil der Zunahme sah man darin begründet, daß bei dieser Population 1919 die Ausbildung noch nicht abgeschlossen war.

Auch bei einer weiteren Nachuntersuchung, die OWENS 1961 bei den nun 61jährigen durchführte, erwies sich der Zeitraum zwischen 1950 und 1961 als ein solcher von relativ großer Konstanz; d. h., im Lebensalter zwischen 50 und 61 Jahren zeigte sich keine statistisch signifikante Abnahme intellektueller Leistungsfähigkeit, wenngleich OWENS auch auf die stärkere interindividuelle Variabilität hinwies. Für diese größere Variabilität werden die Veränderungen der äußeren Lebensumstände beruflicher und familiärer Art während des 6. Lebensjahrzehntes weitgehend mitverantwortlich gemacht (OWENS, 1966).

Die Beziehung zwischen Ausgangsleistung der Intelligenz und dem Grad der Veränderung der geistigen Leistungsfähigkeit mit zunehmendem Alter wird auch aus den Untersuchungsergebnissen von TUDDENHAM, BLUMENKRANTZ und WILKIN (1968) deutlich. Mittels des ARMY-GENERAL-CLASSIFICATION-Tests wurden 164 Männer, die nach 20jährigem Dienst aus der Armee entlassen wurden, untersucht. Die Ergebnisse wurden mit den Werten verglichen, die die einzelnen jeweils bei Eintritt in die Armee vor 20 Jahren erzielen konnten. Zwar zeigten die Gruppen-Mittelwerte eine geringfügige Abnahme im Laufe dieser Zeit, die jedoch auf einen starken Leistungsabfall der vor 20 Jahren als weniger intelligent eingestuften Personen zurückzuführen war, während die damals schon Intelligenteren kaum Leistungsveränderungen zeigten. TUDDENHAM und Mitarbeiter weisen außerdem auf die starke interindividuelle Variabilität hin.

Auf das höhere Alter beziehen sich Längsschnittuntersuchungen, die EISDORFER (1963) an der Duke-Universität (vgl. PALMORE, 1970) und THOMAE und Mitarbeiter (1968, 1969), RUDINGER und ERLEMEIER (1970), RUDINGER (1971) an der Bonner Universität durchgeführt haben. Bei einer Auswertung der Ergebnisse aus den ersten drei Jahren wurde in beiden Studien übereinstimmend eine relativ hohe Konstanz der Leistung hervorgehoben. Jedoch wurden auch hier interindividuelle Unterschiede deutlich, die noch im Sinne der Bedeutung der Ausgangsbegabung zu überprüfen sind.

Nach den durch RUDINGER (1971) vorgenommenen Auswertungen des HAWIE bewegen sich die Veränderungen der Wertpunktzahl vom 1. zum 3. Untersuchungsjahr für den Gesamttest im Zufallsbereich. Gleiches gilt für die Wertpunkte im Verbalteil. Nur im Handlungsteil findet sich eine signifikante Veränderung gegenüber dem ersten Jahr: Die 60jährigen Frauen erreichten im 3. Jahr einen signifikanten Leistungszuwachs – ein völlig unerwartetes Ergebnis, das – nach THOMAE (1969) – vor allem die immer bessere emotionale Anpassung an die Testsituation widerspiegelt.

Berücksichtigt man auch die nicht-signifikanten Änderungen der Wertpunktzahl, so ergibt sich ein überraschendes Bild, das zunächst gegen die These der »Ausgangs-Begabung« sprechen würde, die allerdings hier auf Grund der Erstuntersuchung im Alter von 60 Jahren zu definieren wäre. Eine Zunahme der Leistung wird vor allem bei jenen Personen verzeichnet, die im ersten Untersuchungsjahr eine niedrigere Gesamtpunktzahl aufwiesen, während Personen mit mittleren oder höheren Ausgangswerten beim 3. Durchgang gleiche Werte erzielten oder sogar geringfügige Abnahmen erkennen ließen. Zum Teil kam es geradezu zu einer Vertauschung der Positionen. THOMAE (1969) stellt zur Erklärung dieser Feststellung die Möglichkeit einer besseren emotional-affektiven Anpassung an die Untersuchungssituation der weniger Intelligenten zur Diskussion; zweifellos wurde bei der Wiederholungsuntersuchung der Unsicherheitsfaktor nicht so bedeutsam bzw. es war – wie EISDORFER für seine Population nachweisen konnte – eine Abnahme der Ängstlichkeit gegeben, die zu besseren Intelligenzleistungen führen konnte. Sicher wurde gerade bei der Gruppe der Intelligenteren die Unsicherheit und Ängstlichkeit bei der Erstuntersuchung nicht so gewichtig im Hinblick auf die erbrachte Testleistung, hingegen könnte hier eine eher negative Einstellung der Wiederholung des Tests gegenüber das Engagement herabgesetzt haben.

Die Resultate, welche auf die Bedeutung der Ausgangsintelligenz für die Alternsveränderungen der geistigen Leistungsfähigkeit hinweisen, können naturgemäß im Sinne einer erbtheoretischen Interpretation von Begabungskonstanz und allgemeiner Vitalität (RIEGEL, 1969) interpretiert werden. Wahrscheinlich aber würde eine solche Deutung die Einbettung der Intelligenzleistung in ganz bestimmte soziale und biographische Bedingungen ebenso vernachlässigen, wie die Bedeutung motivationaler Faktoren.

Auf jeden Fall aber wurde durch die Anwendung der Längsschnittmethode gezeigt, daß der Altersabbau der Leistungen durchaus nicht die Regel ist, und daß die Alterskurven der Intelligenzleistung, so wie sie von MILES (1934), JONES und CONRAD (1933) und WECHSLER (1944) erarbeitet wurden, sehr revisionsbedürftig sind, da in sie viele Momente eingingen, die nicht unmittelbar mit dem Altersfaktor zusammenhängen.

4.2.4. Schulbildung

Eine weitere Korrektur des Defizit-Modells muß auf Grund methodenkritischer Überlegungen vorgenommen werden. Die Querschnittuntersuchungen, die mehr oder minder »repräsentative Stichproben« bestimmter Geburtsjahrgänge im Hinblick auf ihre Leistungsfähigkeit miteinander verglichen, waren hinsichtlich der *Schulausbildung* unterschiedlich zusammengesetzt. Da höhere Altersgruppen vergleichsweise weniger Mittel- und Oberschüler einbezogen hatten als jüngere, ist der bei derartigen Untersuchungen festgestellte »Leistungsabfall« nicht nur auf Grund des Lebensalters, sondern weitgehend auf Grund unterschiedlicher Schulbildung zu erklären (u. a. GRANICK und FRIEDMAN, 1967).

GRANICK und FRIEDMAN führten ihre Untersuchungen an 77 Personen im Alter von 47–79 Jahren durch und stellten zunächst eine Abnahme der Intelligenzleistung bei 27 von insgesamt 33 Einzelwerten fest. Nach Eliminierung des Faktors »Bildung« (Anzahl der Schuljahre und erreichter Schulabschluß) korrelierten nur noch 19 der 33 Werte mit dem Lebensalter. Diese mit zunehmendem Lebensalter

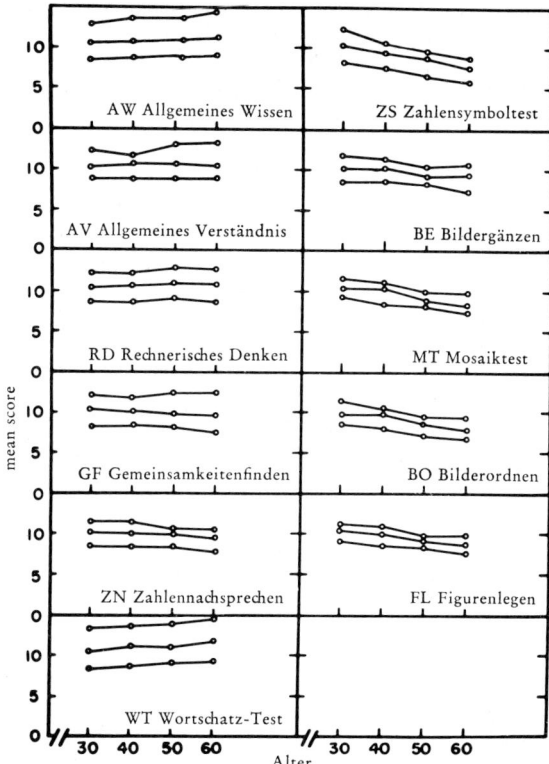

Abb. 8).

Abb. 8: Durchschnittswerte des Wais in Beziehung zu Lebensalter und Schulbildung. Die obere Linie gibt bei jedem der Untertests die Werte an, die Personen erzielten die eine Schulbildung von 13 und mehr Jahren erfahren haben, mittlere Linie: 8–12jährige Schulbildung; unterste Linie: weniger als 8 Jahre Schulbildung.

Quelle: J. E. Birren and D. F. Morrison. Analysis of the WAIS subtests in relation to age and education. (J. Gerontology, 1961, 16; 363–369)

niedrigeren Werte stehen in enger Beziehung zur »biologischen Leistungsfähigkeit« (Sinnesleistungen, Wahrnehmungsbereich, lange andauernde Aufmerksamkeit) und zum Geschwindigkeitsfaktor. Zeitbegrenzte Tests zeigten auch hier eine signifikante Leistungsabnahme

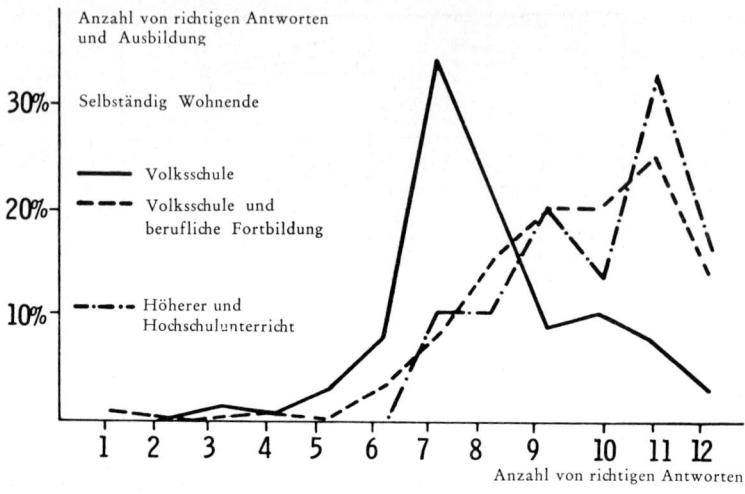

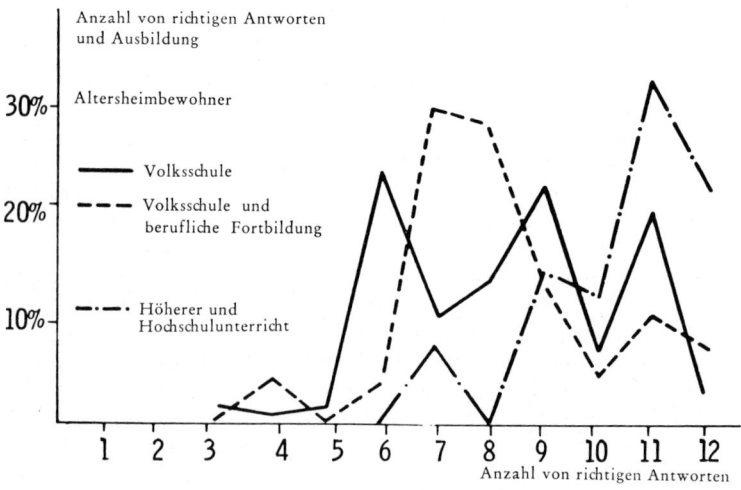

Abb. 9a und 9b: Zusammenhang zwischen der Anzahl der richtigen Aufgabenlösungen bei Personen unterschiedlicher Schulbildung, die in Privatwohnungen und in Altenheimen wohnen mit zunehmendem Alter. – Keine Leistungsabnahme erbrachten, sofern der Faktor »Ausbildung« konstant gehalten wurde, Lernaufgaben, Lang- und Kurzzeitgedächtnis, Allgemeinwissen, Raumorientierung und Aufgaben, die die visuell-motorische Koordination überprüften.

Auch BIRREN und MORRISON (1961) konnten den Einfluß der Schulbildung auf die verschiedenen Leistungen bei den Untertests des WECHSLER-Intelligenz-Tests bei vier Altersgruppen (25–34jährigen, 35–44jährigen, 45–54jährigen und 55–64jährigen) nachweisen (vgl. Abb. 8). Die neueren Untersuchungen von MOL und WIMMERS (1971), die bei einem Vergleich der intellektuellen Fähigkeiten von älteren selbständig Wohnenden und älteren Heimbewohnern den Faktor Schulbildung mit einbezogen, stellten fest:

»Der Zusammenhang zwischen Intelligenz und Ausbildung zeigt sich für beide Gruppen als positiv (beziehungsweise .25 und .31) und sehr signifikant (p <.01).
Aus den Graphiken (Abb. 9a und 9b) geht hervor, daß bei den selbständig wohnenden älteren Leuten die Gruppe, die nur die Volksschule hinter sich hat, sich deutlich von beiden Gruppen, die mehr Unterricht genossen haben, abhebt. Bei den Altersheimbewohnern bildet die Gruppe mit höherem und Hochschulunterricht eine deutlich von den übrigen unterschiedene Gruppe; bemerkenswert dabei ist in diesem »sample« die große Variation bei der Gruppe mit nur Volksschule.« (MOL und WIMMERS, 1971, 162)

Auch ANASTASI (1967), MEILI (1965), BAUER (1966) und LÖWE (1970) weisen auf den Zusammenhang zwischen der Länge des Schulbesuchs und der intellektuellen Leistungsfähigkeit im Erwachsenenalter hin. LÖWE stellt für derartige Korrelationen zwei mögliche Erklärungen zur Diskussion: »Erstens hebt der längere Unterricht das intellektuelle Niveau; zweitens besteht jedoch für klügere Individuen eine größere Wahrscheinlichkeit, der zunehmend schärferen Auswahl aufeinanderfolgender Stufen eines Schulsystems zu genügen« (S. 122), wobei man freilich mit ANASTASI u. LÖWE berücksichtigen muß, daß die Länge des Schulbesuchs auch noch von anderen Faktoren außer den intellektuellen Fähigkeiten bestimmt wird.

LÖWE berichtet von verschiedenen industriesoziologischen Untersuchungen in der DDR, die im Zusammenhang mit Maßnahmen der Erwachsenenbildung durchgeführt worden sind (FRIEBEL, 1954, SCHWARZ, 1968) die eindeutig eine Korrelation zwischen besserer Schulausbildung einerseits und einem verstärkten Interesse für eine Weiterbildung und Qualifikation im Erwachsenenalter andererseits erkennen lassen, während eine geringere Schulbildung meist mit einem geringeren Interesse zur Weiterbildung korreliere. LÖWE (1970, S. 123) berichtet:

»Schwarz führte die Erhebungen innerhalb unserer Forschungsgruppe an 769 Probanden der VVB Chemiefaserindustrie durch. Er stellt u. a. signifikante Unterschiede im Hinblick auf Interessiertheit an Qualifikationsmaßnahmen zwischen Arbeitern ohne Qualifikation und Meistern bzw. Hochund Fachschulkadern fest. Mit steigender fachlicher Qualifikation nimmt auch das Interesse an weiterer Qualifizierung zu (Signifikanz der Unterschiede auf dem 1%-Niveau). Ähnliche Tendenzen zeigen sich auch in den Untersuchungen von Fricke (1968) Laffin (1968) und Juch (1968), die innerhalb unserer Forschungsgemeinschaft als Diplomarbeiten durchgeführt wurden.«

Außerdem wäre in diesem Zusammenhang auf die *Bedeutung epochaler Einflüsse* hinsichtlich der »Allgemeinbildung« hinzuweisen (Kuhlen, 1963). So kann man z. B. davon ausgehen, daß der Volksschüler, der 1970 aus der Schule entlassen wird, durch Fernsehen, Zeitung, Reisen und dergleichen einen größeren Informationsgewinn und dadurch auch eine stärkere Stimulation im kognitiven Bereich erfährt als beispielsweise der 1930 entlassene Volksschüler. Ein Vergleich dieser Gruppen als 20- und 60jährige hätte diese zeitgeschichtliche Entwicklung zu berücksichtigen und die psychologische Erkenntnis mit einzubeziehen, daß derartigen Stimuli in einem früheren Lebensalter eine stärkere prägende Wirkung zukommt als in einem höheren Lebensalter. Insofern wären auch dann bei vergleichbarer Schulbildung etwaige Leistungsunterschiede nicht ohne weiteres als ein durch das Altern bedingter Leistungsabfall zu deuten!

4.2.5. Berufliches Training

Schließlich weist eine Reihe von Untersuchungsergebnissen darauf hin, daß die *Art der Berufstätigkeit* entscheidend intellektuelle Altersveränderungen zu beeinflussen vermag (Cattell, 1934, 1943; Vernon, 1947; Owens, 1966). Vernon (1947) konnte z. B. feststellen, daß jene Berufsgruppen, von denen am wenigsten bestimmte intellektuelle Funktionen verlangt wurden, die relativ eintönige und wenig anregende Tätigkeiten, die kaum Umstellungsfähigkeit erfordern, zu verrichten hatten, eher Abbauerscheinungen erkennen ließen, daß hingegen dort sogar eine Steigerung der intellektuellen Leistungsfähigkeit zu verzeichnen war, wo die Berufstätigkeit eine bestimmte »Übung« solcher Funktionen begünstigte. So fand man z. B. bei einem Vergleich jüngerer und älterer Bahnbeamter auch bei den älteren einen hohen Grad an Umstellungsfähigkeit und Merkfähigkeit; beim Fahrplanlesen zeigten z. B. in einer Studie Ältere bessere Leistungen als Jüngere.

Glanzer und Glaser (1959) untersuchten Flugpersonal und Piloten im Alter von 20–50 Jahren. Von einem Teil der Untersuchungsgruppe lagen Testergebnisse von einer 12 Jahre zuvor durchgeführten Untersuchung vor. Der Trend zu einer Verbesserung spezifischer Leistungen mit zunehmendem Alter wurde deutlich; in 8 von insgesamt 14 Tests zeigten sich in den Querschnittsuntersuchungen negative Korrelationen zum Lebensalter. In den Längsschnittuntersuchungen wurden außerdem mit zunehmendem Alter Verbesserungen bei jenen Aufgaben gefunden, die das Erlernen bestimmter Codes, das Aufdecken bestimmter Beziehungen oder das Herauslösen von kaum sichtbaren Figuren aus einem größeren Zusammenhang verlangten, schließlich bei solchen, die Orientierung in neuen Situationen forderten. Die Berufsbezogenheit dieser Aufgaben dürfte weitgehend für den Leistungsanstieg mitverantwortlich zu machen sein.

Die Rolle der durch den Beruf begünstigten Übung tritt auch bei dem Vergleich von jüngeren (Durchschnittsalter 31,2 Jahre) und älteren (Durchschnittsalter 50,2 Jahre) Unternehmern und leitenden Angestellten hervor, den WAGNER (1960) mittels Intelligenztests und Persönlichkeitstests durchführte. Die Älteren erzielten fast ebenso hohe, zum Teil sogar höhere Werte im WECHSLER-Intelligenz-Test und in einem Berufseignungstest. Allerdings war die Variabilität aller Maße bei ihnen größer als bei den Jüngeren.

Der Einfluß der Berufsgruppenzugehörigkeit auf verbale und nichtverbale Intelligenzleistungen im Laufe des Erwachsenenalters wird anhand der Untersuchungsergebnisse von FOULDS und RAVEN (1948) deutlich (vgl. Abb. 10a und 10b)

Altersunterschiede in der intellektuellen Leistungsfähigkeit stellen sich somit auch als ein Problem der Übung, bzw. der unterschiedlichen Übungsmöglichkeiten dar. Allerdings muß man dabei bedenken, daß eine »anspruchsvollere« Berufstätigkeit vielfach einen höheren Ausgangs-IQ und bessere Schulbildung voraussetzt, d. h. daß die Gruppe der »Begabteren« zum überwiegenden Teil in Berufen tätig ist, in denen sie Gelegenheit hat, bestimmte Fähigkeiten, die auch in Tests verlangt werden, zu üben. WELFORD spricht in diesem Zusammenhang von einem »occupational transfer effect« (1958, 1966) und meint damit die durch den Beruf gegebene Trainierbarkeit ganzer Fähigkeitsbereiche, die dann auch beim Lösen anders gearteter Aufgaben, wie sie in Testsituationen verlangt werden, sich positiv auswirkt. Insofern dürfte es schwer sein, den Einfluß der beruflichen Tätigkeit auf die Leistungsveränderungen klar abgegrenzt herauszustellen.

Außerdem wäre zu bedenken, daß der Trainings- oder Übungsfaktor nicht notwendigerweise im beruflichen Bereich fixiert sein muß.

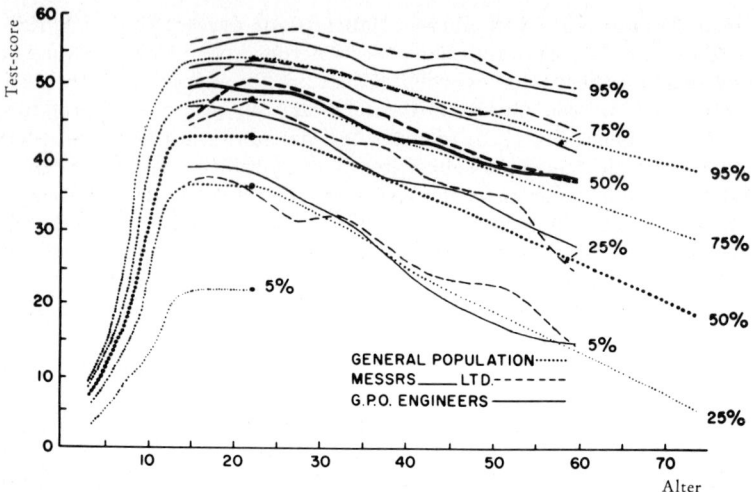

Abb. 10a: Leistungen bei einem nichtsprachlichen Intelligenztest (Raven) in ihrer Beziehung zum Lebensalter und beruflichen Status.
Quelle: G. A. Foulds and J. C. Raven. Normal changes in the mental abilities of adults as age advances. *J. Ment. Sc.* (1948), 94, 133–142

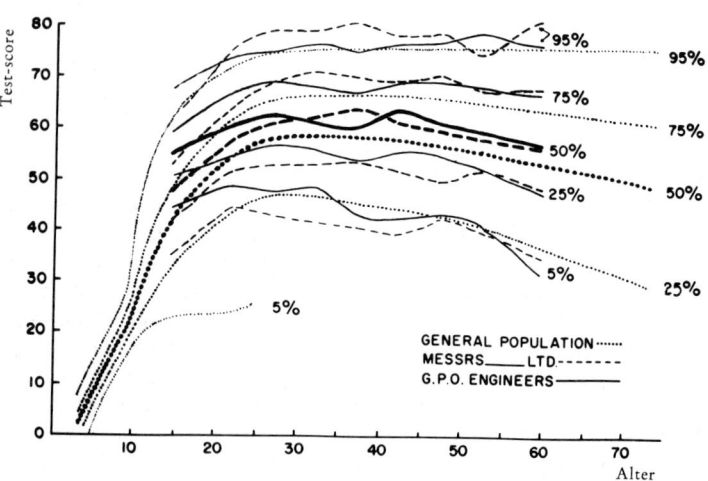

Abb 10b: Leistungen beim Mill-Hill-Vocabulary-Test in ihrer Beziehung zum Lebensalter und zum beruflichen Status
Quelle: Ibid.

BERKOWITZ und GREEN (1965) weisen in ihrer Studie an Bewohnern eines Heimes der Veteran Administration auf die generelle Bedeutung der »disuse-Hypothese« hin, die die alte Volksweisheit »wer rastet, der rostet« wissenschaftlich untermauert. Die Autoren sehen in einem festgestellten Leistungsabfall nicht die Bestätigung einer irreversiblen Defizit-Hypothese, sondern halten das fehlende Training für entscheidender als im einzelnen nicht geklärte physiologische oder organische Prozesse. Demnach wäre durch Training eine Erhaltung der geistigen Leistungsfähigkeit oder sogar auch eine Korrektur eines Leistungsabfalls möglich, so daß sogar ein etwaiges Defizit in gewissen Grenzen »reversibel« wäre.

4.2.6. Stimulierende Umgebung

In gewissem Zusammenhang mit dem letztgenannten Aspekt ist die Bedeutung einer *»stimulierenden Umgebung«* zu sehen. Diese ist für die Intelligenzentwicklung in früher Kindheit durch eine Vielzahl von Untersuchungen nachgewiesen worden. So konnten beispielsweise YARROW (1961), CASLER (1968) und O'CONNOR (1968) zeigen, daß die sensorische Deprivation (Mangel an sensorischen Stimuli) schlimmere Folgen haben kann als die soziale Deprivation, die vielfach zumindest seit René SPITZ (1945, 1946) und BOWLBY (1951) fälschlicherweise für das Hospitalismussyndrom allein verantwortlich gemacht wurde (vgl. LEHR, 1970).
Im Hinblick auf die Intelligenzentwicklung im mittleren Erwachsenenalter wären solche Einflüsse sensorischer Stimuli bzw. sensorischer Deprivation (wie sie u. U. bei bestimmten Monotonie-Arbeiten gegeben sein könnten) noch zu erforschen.
Empirisch untersucht wurden derartige Einflüsse allerdings im höheren Erwachsenenalter. WEINSTOCK und BENNETT (1968, 1969) verglichen Ältere, die in eine anregende und zur eigenen Aktivität ermunternde Umgebung kamen, mit »Untersuchungszwillingen« (d. h. Personen vergleichbar in Lebensalter, sozialem Status, Familienstand, Gesundheitszustand, Intelligenzquotienten bei der Erstuntersuchung), die in eine weniger anregende und auf Betreuung eingestellte Umgebung kamen. Innerhalb eines Jahres zeigte sich bei konstanten Leistungen der ersten Gruppe ein signifikanter Abfall geistiger Fähigkeiten bei der zweiten Gruppe.
In diesem Zusammenhang wären auch die von BERGLER (1966, S. 78) erwähnten Untersuchungen von TUCKMAN und LORGE (1952), PAN (1952) und FINK (1957) zu erwähnen, die zwar ursprünglich vom Vergleich zwischen Altenheimbewohnern und noch in Privatwohnungen

Wohnenden ausgehen, wobei die Gruppe letzterer als aktiver und aufgeschlossener bezeichnet wurde. Diese Feststellung mag zum Teil mit der Problematik solcher Vergleichsgruppen erklärt sein, da sich, wie bereits erwähnt, Altenheimbewohner von vorneherein in vieler Hinsicht von Nicht-Altenheim-Bewohnern unterscheiden (vgl. LEHR, 1970). Eine Überprüfung dieser Feststellungen im Hinblick auf den Stimulationsgrad der Umgebung würde jedoch sicher manche Bestätigung der »Enrichment- bzw. Deprivations-These« im Hinblick auf die geistige Leistungsfähigkeit bringen.

4.2.7. Gesundheitszustand

Bei Querschnittsvergleichen der intellektuellen Leistungsfähigkeit verschiedener Altersgruppen, die das Defizit-Modell begründeten, blieb vielfach der *Gesundheitszustand* unberücksichtigt. Man verglich vielfach kränkliche Ältere mit gesunden Jüngeren und deutete die gefundenen Unterschiede als einen durch das Altern bedingten Abbau geistiger Leistungsfähigkeit.

Die inzwischen weltbekannte interdisziplinäre »Bethesda-Altersstudie«, die von BIRREN, BOTWINICK und 20 weiteren Wissenschaftlern der verschiedensten Fachrichtungen durchgeführt wurde, bei der – allerdings nur 47 (!) – Männer während eines 14tägigen Aufenthaltes im National Institute of Mental Health in Bethesda – eingehend untersucht wurden, ging auch dieser Frage gründlich nach. Das Fehlen von Krankheitssymptomen war in diesem Falle geradezu Voraussetzung zur Mitarbeit bei diesen Versuchen. Anhand einer Vielzahl im Rahmen der medizinischen Untersuchungen erfaßten Kriterien (vgl. BIRREN et al.: »Human aging – a biological and behavioral study«, Bethesda, 1963; S. 13–25) wurden zwei Gruppen unterschieden: Gruppe I, 27 Männer mit »optimalem Gesundheitszustand« und Gruppe II, 20 Männer, mit etwas beeinträchtigtem Gesundheitszustand (vgl. Tab. 4).

Die Leistungen in den einzelnen Untertest des WECHSLER-Intelligenztests der Gruppe I waren jenen der Gruppe II deutlich überlegen, lediglich im »Zahlennachsprechen« (Kurzzeitgedächtnis) zeigten sich keine Unterschiede. Besonders auffällig waren jedoch die Leistungsunterschiede bei jenen Aufgaben, die »allgemeines Verständnis« für soziale Situationen verlangen, wo es darum geht, alltägliche Problemsituationen geschickt zu lösen; auch bei jenen Aufgaben, die logisches Denken und Abstraktionsvermögen fordern (»Gemeinsamkeitenfinden«), zeigten sich signifikante Unterschiede, ebenso wie bei den Aufgaben des »Mosaik-Tests« (vgl. Abb. 11).

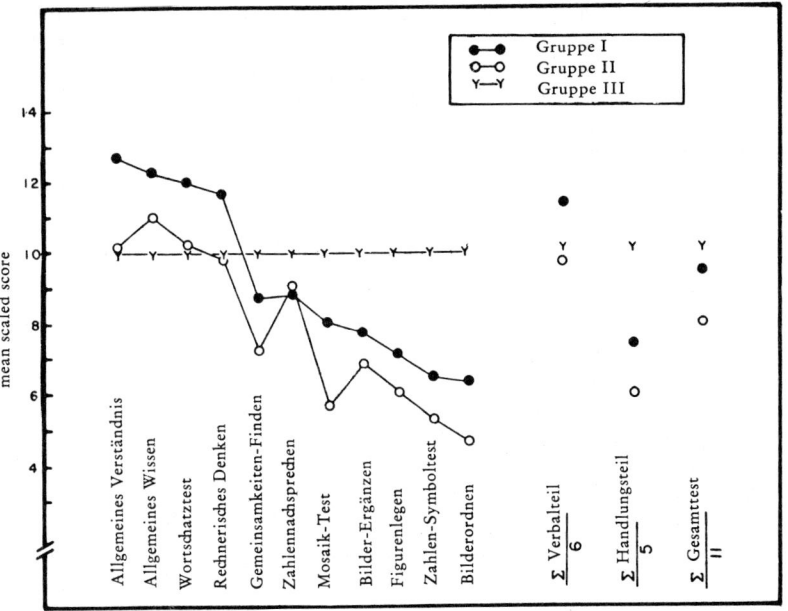

Abb. 11: Vergleich der Skores der Untertests beim WAIS bei drei Gruppen.
(Gruppe 1: ältere völlig gesunde männliche Personen; Durchschnittsalter 71 Jahre;
Gruppe 2: ältere Männer mit leichten Krankheitsanzeichen; Durchschnittsalter 73 Jahre;
Gruppe 3: Standardisierungsgruppe von Wechsler, Alter 25 bis 35 Jahre)

Quelle: J. E. Birren, R. N. Butler, S. W. Greenhouse, L. Sokoloff, and Marian R. Yarrow. *Humang Aging* (Washington, D.C.: Government Printing Office, Public Health Publication No. 986, 1963), p. 151

Zu ähnlichen Ergebnissen gelangten KLONOFF und KENNEDY (1966), die gesunde und bettlägerige – aber nicht geistig defekte – ältere Menschen miteinander verglichen und nachweisen konnten, daß Gesunde bei allen Subtests des WECHSLER-Tests wie auch bei den Aufgaben des BENDER-Tests besser abschnitten. KLONOFF und KENNEDY stellten den Faktor »Gesundheit« als *den* leistungsbestimmenden Faktor heraus, wobei allerdings zu fragen wäre, wie weit direkte gesundheitliche Beeinträchtigungen und mehr »indirekte«, nämlich die »weniger stimulierende Umgebung« der Bettlägerigen an diesem Ergebnis mitbeteiligt sind.

Tabelle 4: Medizinische Daten

Variable	Gruppe I				Gruppe II				Einheiten
	Anzahl	Mittelwert	S.E.	Schwankung	Anzahl	Mittelwert	S.E.	Schwankung	
Hämatokrit	27	44	0,6	38 −50	20	44	0,7	38 −51	Prozent
Hämoglobin	27	14,8	0,2	12,6 −16,7	20	14,9	0,2	13,2 −16,7	g/100 ml
Leukozytenzählg.	27	6552	278	4300 −10,900	20	6660	315	4000 −10,400	Zellen/mm³
ESR	27	22	3	2 −46	20	19	2	4 −48	mm i. d. 1. Std.
Blut-Harn-Nitrogen	27	17,9	0,6	13 −24	20	17,3	0,7	11 −23	mg/100 ml
Kreatin	27	1,1	0,03	0,6 −1,4	20	1,1	0,03	0,8 −1,4	mg/100 ml
resistenter Blutzucker	26	77,5	1,7	64 −101	17	77,2	2,2	66 −167	mg/100 ml
eiweißgebundenes Jod	26	5,4	0,2	2,9 −7,4	20	5,2	0,2	176 −387	mg/100 ml
Gesamtcholesterol	27	226	6	171 −313	20	243	10	176 −387	mg/100 ml
Gesamtprotein	27	6,67	0,08	5,8 −7,6	20	6,72	0,10	6,0 −7,5	g/100 ml
Albmuin	27	3,52	0,05	3,1 −3,9	20	3,46	0,06	2,9 −3,8	g/100 ml
Globulin	27	3,14	0,07	2,4 −3,9	20	3,20	0,13	1,6 −4,1	g/100 ml
Elektrophorese:									
Gesamtprotein	24	6,97	0,12	5,20 −8,00	19	6,87	0,11	6,07 −7,52	g/100 ml
Albumin	24	3,30	0,06	2,60 −3,88	19	3,24	0,06	2,71 −3,70	g/100 ml
Alpha-Globulin 1	24	0,39	0,02	0,25 −0,50	19	0,37	0,01	0,29 −0,46	g/100 ml
Alpha-Globulin 2	24	0,89	0,03	0,60 −1,20	19	0,88	0,03	0,70 −1,19	g/100 ml
Beta 1 + 2	24	1,14	0,03	0,88 −1,50	19	1,13	0,03	1,00 −1,37	g/100 ml
Gamma	24	1,35	0,07	0,78 −2,10	19	1,25	0,07	0,88 −2,00	g/100 ml

Eine sehr differenzierte Analyse der Beziehungen zwischen Gesundheitszustand und Leistungsfähigkeit im mittleren Erwachsenenalter (20–60jährige) wurde durch SPIETH (1965) vorgenommen. Hier wurden »vollkommen gesunde« und »gesunde und arbeitsfähige Personen, die aber an Herzkranzgefäßstörungen und Hypertonie« litten, miteinander verglichen, wobei sich herausstellte, daß letztere bei einer Reihe von Leistungstests und Reaktionstests den »vollkommen Gesunden« unterlegen waren. Dabei wurde hervorgehoben, daß die kardiovaskulären Störungen in keiner Weise mit cerebrovaskulären gekoppelt waren und daß die Kreislaufbeschwerden durch den Arzt als »leicht bis mäßig« eingestuft worden waren.

SPIETH (1965) faßt eine ganze Reihe von Untersuchungsergebnissen auch anderer Autoren zusammen und stellt fest: »der wichtigste Aspekt der vorliegenden Ergebnisse bezieht sich auf die Tatsache, daß ein wesentlicher Anteil der ›durchschnittlichen Altersveränderungen‹, wie sie bei Querschnittsuntersuchungen mit psychologischen Tests gefunden wurden, weit eher mit Krankheitsprozessen zusammenhängen, die *nicht unvermeidlich* mit höherem Alter eintreten – die allerdings mit zunehmendem Alter einfach wahrscheinlicher werden« (S. 264). Altern *kann* aber *muß nicht* Beeinträchtigung des gesundheitlichen Wohlbefindens und damit Beeinträchtigung der geistigen Leistungsfähigkeit bedeuten!

In diesem Zusammenhang taucht die Frage auf, wie weit gewisse medikamentöse Behandlungen das gesundheitliche Wohlbefinden im Alter und damit auch die geistige Leistungsfähigkeit erhöhen können. Die vorliegenden Untersuchungen, bei denen es sich jeweils nur um sehr begrenzte Einzelstudien handelt, wecken hier durchaus bestimmte Hoffnungen, bringen aber auch zum Teil recht widersprechende Ergebnisse. Dies wird verständlich, wenn man sich die Vielzahl der möglicherweise die Leistungsfähigkeit beeinflussenden Faktoren vergegenwärtigt. Eine eindimensionale Betrachtungsweise kann den geistigen Altersprozessen nicht gerecht werden. Von dieser Erkenntnis ausgehend, fordert THOMAE (1970), es müsse »jeder Versuch einer Beeinflussung des Alternsvorganges mehrdimensional angelegt sein. Dies gilt sowohl für die medikamentöse, die physiotherapeutische wie die psychische Beeinflussung dieser Vielzahl von Prozessen«.

4.2.8. Biographische Momente

Neben dem »Training« geistiger Fähigkeiten, sei es durch die Berufssituation oder die stimulierende Umgebung ausgelöst, und neben dem gesundheitlichen Wohlbefinden, zeigen weitere Aspekte der *biographischen Situation* Zusammenhänge mit der geistigen Leistungsfähigkeit im höheren Alter. Owens (1966) konnte bei der Analyse des Materials der Längsschnittuntersuchungen der um 1900 Geborenen, um 1920 erstmalig Erfaßten und in ihrer Entwicklung bis ins 6./7. Lebensjahrzehnt hinein Verfolgten hohe Korrelationen zwischen Erhaltung bzw. Zunahme intellektueller Fähigkeiten einerseits und Ausmaß des Berufserfolges, Ausmaß der allgemeinen Zufriedenheit mit dem Lebensschicksal auch im privaten Bereich, mit Persönlichkeitsvariablen wie Aktivität, Anregbarkeit, und auch mit der Bereitschaft zu Sozialkontakten andererseits feststellen.

Auch die ersten Ergebnisse der Bonner Längsschnittstudie deuten auf einen solchen Zusammenhang hin. K. G. Tismer (1969, 1970) analysierte die »Lebensthematik« älterer Menschen, die deren derzeitige biographische Gesamtsituation bestimmt, und fand einen Zusammenhang zwischen stärkerem Bemühen um Interessenausweitung, zwischen Bezugnahme auf frühere berufliche Erfolge, und zwischen Erhaltung der Sozialkontakte einerseits und höheren Leistungen beim Intelligenztest andererseits.

R. Schmitz-Scherzer (1969) konnte bei der gleichen Personengruppe zwischen intellektuellen Fähigkeiten einerseits und bestimmten Arten der Freizeitgestaltung (Reisen, Hobby) andererseits einen signifikanten Zusammenhang feststellen, wobei natürlich die Frage offenbleibt, ob bestimmte Verhaltensweisen (wie z. B. Reisen) die geistigen Fähigkeiten »wachhalten« (man erinnere sich an die Bedeutung der »stimulierenden Umgebung«!), – oder ob etwa auf Grund des höheren IQ häufiger Reisen unternommen werden.

Die biographische Momentansituation zeigt sich auch durch die Zukunftseinstellung bestimmt (Lehr, 1967; Schreiner, 1969). Wir konnten bei der gleichen Population der Bonner Altersstudie einen Zusammenhang zwischen positiver Zukunftseinstellung und höherer geistiger Leistungsfähigkeit (IQ über 115) feststellen; entsprechend zeigte sich bei eher negativer Zukunftseinstellung auch häufiger ein Intelligenzquotient unter 100. Interessanterweise findet man auch hierin bei der Männergruppe höhere Korrelationen als bei der Frauengruppe, bei den über 70jährigen höhere Korrelationen als bei den über 60jährigen (vgl. Abb. 12a). Im allgemeinen zeigten sich auch Korrelationen zwischen besserem Gesundheitszustand – durch den Arzt beurteilt – und positiverem Zukunftsbezug; lediglich bei der Gruppe der über 70jährigen Frauen ergab sich häufig trotz relativ guter Gesundheit ein mehr negativ getönter Zukunftsbezug (vgl. Abb. 12b).

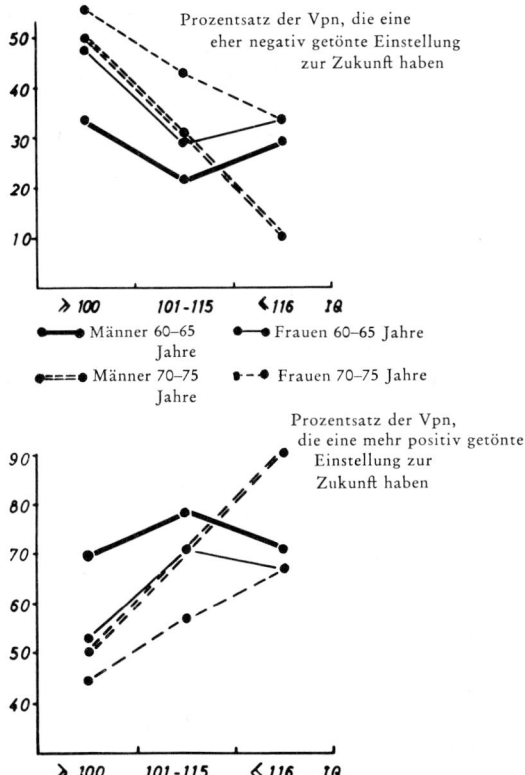

Abb. 12a: Einstellungen zur Zukunft und Intelligenzhöhe

4.2.9. Motivationale Bedingungen

Ein letzter Gesichtspunkt, den es bei der Diskussion um das Defizit-Modell zu berücksichtigen gilt, ist der der *motivationalen Bedingungen,* die bei den einzelnen Personen die Testsituation beeinflussen. Hier wird von verschiedenen Autoren auf die geringere Leistungsmotivation Älterer hingewiesen, für die solche Testuntersuchungen keineswegs eine Konkurrenzsituation bedeuten würden, da von dem Ausgang der Untersuchung für sie nicht wie bei Jüngeren irgendeine berufliche Entscheidung oder sonstige berufliche Vorteile abhängen würden. Eine etwaige Minderleistung wird hier mit fehlen-

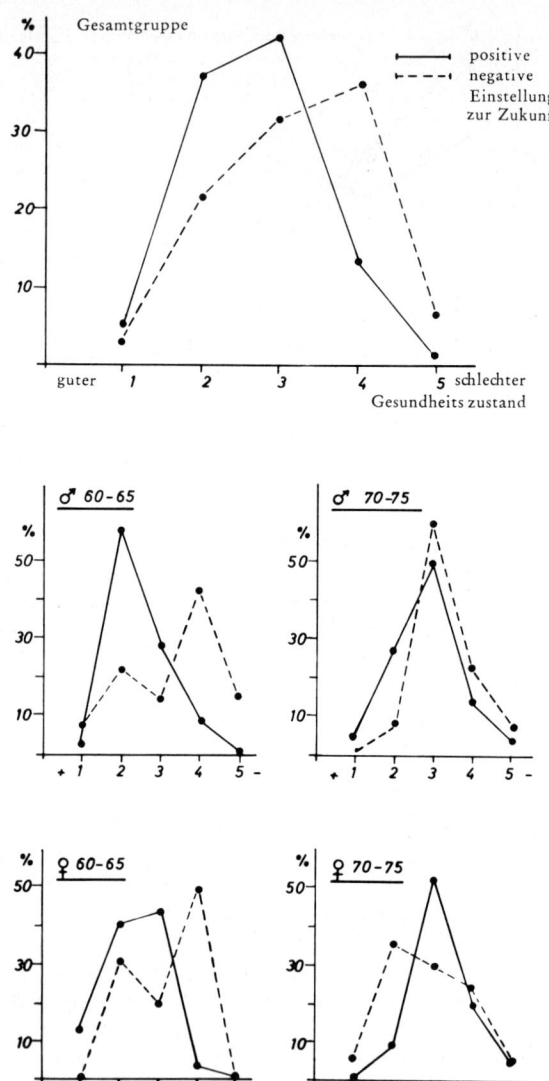

Abb. 12b: Einstellung zur Zukunft und Gesundheitszustand

der Motivation zu erklären versucht. Außerdem seien ältere Menschen generell weniger leistungsorientiert als jüngere. Von da aus gesehen müsse man die so häufig konstatierten Leistungsunterschiede eigentlich als Unterschiede der Motivation deuten.

Nun, man hat diesen Einwand oft zu widerlegen versucht, z. B. dadurch, daß man ältere Personen zur Mitarbeit gewann, indem man ihnen eine Spende für die Clubkasse oder für die Kasse ihrer Kirchengemeinde anbot, was natürlich auch wieder zu einer Auswahl der Aktiveren führte. Oft wirkten sich diese motivationalen Bedingungen jedoch nicht leistungssteigernd aus.

Auf der anderen Seite hob EISDORFER bei der Deutung von bestimmten Leistungsveränderungen hervor, daß gerade bei den Älteren vielfach eine besonders starke Motivation und hohes Engagement erkennbar würden. Gerade dadurch würde die Testsituation eine stärkere Erregung und so eine diffuse Angst auslösen, die von vorneherein eine Beeinträchtigung der Testleistung bedeute und manche Antwort blockiere, obwohl die Lösung einer Aufgabe intellektuell möglich wäre (EISDORFER, 1967).

Es ist von hier aus der Vermutung von OBERLEDER (1964) zuzustimmen, wonach »senil« anmutende Test-Mittelwerte, die man bei Älteren gewinnt, weit eher auf eine Fluchtreaktion oder auf andere Abwehrmechanismen hindeuten als auf einen geistigen Abbau (»Ehe ich etwas Falsches sage, sage ich lieber nichts.«) Vor allem stellt auch nach OBERLEDER die Angst einen sehr wichtigen Faktor dar, der die Testleistungen des älteren Menschen stark bestimme. Man müsse deshalb ein umfassendes Verständnis des älteren Menschen in seiner Situation gewinnen, um Testresultate aus dieser Altersgruppe wirklich beurteilen zu können.

Gerade diese Feststellungen sollten manchen methodenbewußten Forscher, der ein einwandfreies Untersuchungsdesign ausgearbeitet hat, das eine Reihe experimenteller Verfahren, die objektivierbare Daten gewährleisten, enthält, nachdenklich stimmen. Er sollte sich kritisch fragen, ob er die dieser Persönlichkeit mögliche Leistung mißt oder ob seine Daten letzten Endes nur etwas über eine allgemeine Belastbarkeit und spezifisches Streß-Verhalten aussagen. Gelegentlich haben es sogar Psychologen fertig gebracht, in dieser Beziehung Selbstkritik zu üben. So äußerte sich kürzlich BISCHOF: »In some ways it does not seem that much intelligence is used by the intelligence testers in testing intelligence for adults« (BISCHOF, 1969, S. 215).

4.3. Zusammenfassende Betrachtung

Berücksichtigt man diese in 9 Punkten zusammengetragenen Einwände gegen das Defizit-Modell und überprüft die verschiedenen Argumente, *so erscheint die Altersvariable nur als eine unter vielen anderen Determinanten der geistigen Leistungsfähigkeit im höheren Alter.* Gruppenvergleiche, die den möglichen intervenierenden Variablen (wie Ausgangsbegabung, Schulbildung, berufliches Training, stimulierende Umgebung, Gesundheitszustand, biographische Gesamtsituation, motivationale Bedingungen) Rechnung tragen, lassen Altersunterschiede zurücktreten, dagegen innerhalb ein und derselben Altersgruppe erhebliche Leistungsunterschiede deutlich werden.

Diese Feststellung konnte kürzlich erst erneut durch RUDINGER (1971) bestätigt werden. Auf Grund einer Varianzanalyse der Daten der Bonner Gerontologischen Längsschnittstudie konnte RUDINGER den Varianzanteil der Faktoren Lebensalter, Gesundheit, Schulbildung, Berufstätigkeit, Geschlechtszugehörigkeit sowohl an der Gesamtintelligenz wie auch an den Leistungen in den einzelnen Untertests berechnen. Bei der Erstuntersuchung 1965/66 beträgt der Varianzanteil, der dem »*Lebensalter*« zukommt nur 4–4,5% der Gesamtvarianz der »allgemeinen Intelligenz«; berücksichtigt man jedoch nur die Leistungen im Verbalbereich, so beträgt der durch das Alter erklärte Varianzanteil sogar nur 1%, bei den Leistungen im handlungsgebundenen Teil zwischen 6% und 7%. Im Verbalteil zeigte allein das »Zahlen-Nachsprechen« (Kurzzeitgedächtnis) eine gewisse Beeinträchtigung durch das Lebensalter, hier wird ungefähr zu 4% die Gesamtvarianz durch das Lebensalter determiniert. Im Handlungsteil erweisen sich auch nach RUDINGER's Berechnungen der Zahlensymboltest (ca. 12% Determinierung durch das Lebensalter) und der Mosaiktest (ca. 5%) als altersanfällig. Die auf das Lebensalter entfallenden Varianzanteile bei den übrigen Tests des Handlungsteils liegen zwischen 3% und 2%.

Der Prozentsatz der durch die *Gesundheit* erklärten Gesamtvarianz bewegt sich für die »allgemeine Intelligenz« zwischen 8% und 10% (RUDINGER, 1971, S. 87), allerdings zeigen sich bei den einzelnen Untertests erhebliche Unterschiede. So ist durch den Faktor »Gesundheit«

beim Allgemeinwissen	8,6%	
beim Rechnerischen Denken	5,3%	
beim Zahlen-Symboltest	3,7%	der Gesamtvarianz zu erklären.
beim Bilderordnen	4,1%	
beim Bild-Ergänzen	5,1%	
beim Mosaiktest	2,8%	

Der Prozentsatz der durch die *Schulbildung* erklärten Gesamtvarianz liegt hingegen außerordentlich hoch: Bei der Gesamttestleistung bei etwa 19%, bei der Leistung im Verbalteil um 21% und im Handlungsteil bei 13–14%. RUDINGER stellt hierzu fest:

»Die Inspektion der einzelnen Untertests macht deutlich, daß fast alle in gewissem Grade schulbildungsabhängig sind. Am heftigsten ›betroffen‹ ist das allgemeine Wissen . . . relativ unbeeinflußt scheint mir FL (Figurenlegen) zu sein.« (RUDINGER, 1971, S. 89)

AW wird	22,2%	
AV wird	3,6%	
ZN wird	7,2%	
RD wird	10,7%	
GF wird	19,6%	der Gesamtvarianz durch den
ZS wird	20,2%	Faktor »Schulbildung« bestimmt
BO wird	7,6%	
BE wird	4,3%	
MT wird	8,2%	
FL wird	2,8%	

Der Prozentsatz der durch die *Berufsgruppenzugehörigkeit* erklärten Gesamtvarianz beträgt bei der Männergruppe etwa 20% bei Leistungen der »allgemeinen Intelligenz«; im Verbalteil werden durch den Beruf 21–24% der Leistungen, im Handlungsteil ca. 12% der Leistungen durch den Faktor »Beruf« aufgeklärt.

Weitere 6–8,5% der Gesamtvarianz läßt sich aus der *Geschlechtsgruppenzugehörigkeit* erklären, wobei die Gesamtvarianz sprachlicher Leistungen zu 9–11%, der handlungsgebundenen Leistungen zu 1,5–4,5% durch das Geschlecht zu erklären sind. RUDINGER gibt für folgende Untertests Einzelwerte an:

AW:	10,7%
AV :	11,6%
RD :	7,4%
GF :	8,3%
BE :	11,5%

Auf Grund dieser und weiterer eingehender Analysen der Untersuchungsdaten wendet sich RUDINGER dagegen, Verhalten und Leistung als eine Funktion des Lebensalters aufzufassen. Die Attraktivität des Alters als psychologische Variable mag daran liegen, daß es – ähnlich wie das Geschlecht – ein gut sichtbares, einfach meßbares Kriterium sei (WOHLWILL, 1970; RUDINGER 1971).

Die Altersangabe ist

»bestenfalls eine Abkürzung für eine große Menge von Ereignissen, die stattgefunden haben und die ihrerseits ›verantwortlich‹ sind für Verhaltensänderungen . . . Oder nur eine Chiffre dafür, daß wir nicht wissen, was alles zum Verhalten beigetragen hat, wie es sich zu einem bestimmten Zeitpunkt darstellt . . .

Die Ereignisse, die stattgefunden haben, können allgemeiner Natur sein und sämtliche Angehörige ganzer Altersgruppen betroffen haben, wie z. B. bestimmte Schulsysteme oder Kriege oder andere epochale Veränderungen. Aber in genauso großem Ausmaß können solche Ereignisse, die sich hinter der kargen Angabe ›50 Jahre alt‹ verbergen, in der je persönlichen Lebensgeschichte eines einzelnen liegen.« (RUDINGER, 1971, S. 113)

Die Anzahl der Lebensjahre, die das Individuum hinter sich gebracht hat, wird keineswegs zu dem alleinigen oder auch nur überwiegend bestimmenden Faktor im Hinblick auf die geistige Leistungsfähigkeit; der Schulbildung, dem Beruf und der dadurch gegebenen Trainingsmöglichkeit wie auch der Gesundheit kommt eine weit größere Bedeutung zu.

4.4. Die Lernfähigkeit im Erwachsenenalter

4.4.1. Zum Begriff der Lernfähigkeit

Die bisher berichteten Veränderungen im intellektuellen Bereich haben vielfach in Einzelaspekten die »Lernfähigkeit« bzw. das »Kurzzeitgedächtnis« miteinbezogen. Dennoch kann die »Lernfähigkeit« nicht mit der »Intelligenz« identifiziert werden, wie LÖWE (1970, S. 131) unter Hinweis auf die Untersuchungen von WOODROW (1946) u. a. feststellt; in die Lernfähigkeit gehen viel mehr psychische Faktoren ein als nur die Intelligenz. Auch BERGIUS weist auf die Problematik sowohl der Definition wie auch der Meßbarkeit der sogenannten Lernfähigkeit hin wie auch auf die der Bestimmung der individuellen Unterschiede, von denen die Variation der Lernfähigkeit oft abhängig gesehen wird. »Die Annahme, daß es theoretisch sinnvoll sei, von einer qualitativ einheitlichen Lernfähigkeit zu sprechen, die wie ein universelles und generelles Merkmal quantitativ variiert, ist von vornherein fragwürdig.« (BERGIUS, 1964, S. 212–213)
Von daher gesehen scheint es unmöglich, mit einem einzigen Testverfahren die Lernfähigkeit zu erfassen, wie das in den »klassischen Lernversuchen«, wie wir sie seit EBBINGHAUS (1885), MÜLLER und PILZECKER (1900) und auch THORNDIKE (1927) kennen, die stärker auf »Gedächtnisleistungen« gerichtet waren, der Fall war. Die bei derartigen experimentellen Studien festgestellte Veränderung der Lernleistung bzw. Abnahme der Lernfähigkeit im mittleren und höheren Erwachsenenalter versucht man dann mit biologischen Theorien zu erklären, denen zufolge mit zunehmendem Alter ein Verlust an funktionsfähigen Hirnzellen bzw. eine entscheidende Funktionsveränderung der Ganglienzellen einhergeht. Fragt man jedoch – in Anleh-

nung an WELFORD u. BIRREN (1965) – in welcher »Phase« des Lernprozesses sich Unterschiede zwischen Jüngeren und Älteren zeigen, dann wird man erkennen, daß derartige biologische Erklärungsversuche allein nicht ausreichen.

Eine Beeinträchtigung des Lernprozesses bei Älteren könnte demnach 1. bereits bei der Wahrnehmung bzw. der Auffassung der Situation einsetzen, 2. in der Behinderung der Kurzzeitspeicherung, 3. in der Bildung einer dauerhaften Spur, 4. in der Erhaltung dieser Spur, 5. in der Erkennung einer neuen Situation, die zur Verwertung des aufgenommenen Materials auffordert, 6. in der Aktualisierung des Materials aus dem Gedächtnis und 7. schließlich in der Auslösung der Reaktion liegen. – Die meisten experimentellen Untersuchungen stellen bei Älteren eine Behinderung der Kurzzeitspeicherung fest oder auch eine Behinderung bei der Bildung einer dauerhaften Spur. Allerdings sollte man dabei berücksichtigen, daß bei den meisten dieser Experimente sinnloses Material (d. h. sinnlose Silben, sinnlose Gleichungen oder auch Wortassoziationen von geringem Assoziationswert) geboten wurde; hierbei zeigte sich eindeutig ein Lerndefizit mit zunehmendem Alter.

Es wäre jedoch falsch, von diesen Befunden ausgehend eine generelle Abnahme »der Lernfähigkeit« zu behaupten. »Lernen« ist ein Terminus, »der sehr verschiedene Klassen von individuellen Verhaltenseinheiten zusammenfaßt« (BERGIUS, 1964, S. 7). In die sogenannte »Lernfähigkeit« gehen nach einer Analyse von ENGELMAYER (1956) fünf Faktoren ein.

»Die Faktoren sind: *1. die Kapazität der Lernfähigkeit.* Hier geht es darum, wieviel vom Individuum aufgenommen und verarbeitet werden kann. Bei geringer Kapazität spricht man von Lernenge. *2. die Leichtigkeit des Lernens.* Hier handelt es sich um Fragen der Aufnahmefähigkeit, um die rasche oder langsame Auffassung. *3. die Nachhaltigkeit des Lernens.* Hiermit ist die Tiefe oder Oberflächlichkeit des Lernens, die Haftfähigkeit (Tenazität), die Erinnerungsfähigkeit gemeint. *4. die Anregbarkeit zum Lernen.* Darunter sind u. a. die Interessierbarkeit des Lernenden, das Interesse am Lernen zu verstehen. *5. die Lernintensität,* die man auch als ›Lerngewissen‹ (GUYER, 1960), als Lernbereitschaft bezeichnen kann. Hier handelt es sich um Fragen der Motivation des Lernens, um das Erlebnis von Pflicht und Verantwortung gegenüber der Notwendigkeit des Lernens. Diese Lernintensität wird oft als ›Seele der Lernprozesse‹ (GUYER, 1960), als die wichtigste Grundlage des Lernerfolges angesehen.
Die in der Literatur vorliegenden lernpsychologischen Untersuchungen im Erwachsenenalter lassen nun bei einer differenzierten Betrachtung der Lernfähigkeit unterschiedliche Entwicklungskurven der einzelnen genannten Faktoren bei ein und demselben Individuum erkennen, so daß eine globale Betrachtung der Lernfähigkeit in Abhängigkeit von Altersstufen der Erwachsenen auch unter diesem Gesichtspunkt unmöglich ist.« (LÖWE, 1970, S. 133)

Vor allem scheint es hierbei wichtig, darauf hinzuweisen, daß ein Lernbegriff, der von einem »Aneignen von Kenntnissen« ausgeht, zu eng ist. Unter »Lernen« sei hier – mit PARREREN (1966, S. 21) – jener »Vorgang mit relativ dauerhaften Resultaten, durch den neue Aktivitäten der Person entstehen oder bereits in ihrem Repertoire vorhandene sich verändern können« verstanden. Eine solche Umschreibung des Lernbegriffes erweitert den Blick von den »klassischen« Lernversuchen und bezieht jene Erfahrungen, die man bei beruflichen Umschulungsprozessen machen kann, bei denen es nicht nur auf verbales Lernen und Behalten und Reproduzierenkönnen von sinnlosen Silben ankommt, mit ein. Leider mangelt es bis heute gerade hierzu noch an Untersuchungen.

CLAUSS u. HIEBSCH gehen von einem solchen Lernbegriff der »erfahrungsbedingten Verhaltensmodifikation« aus und konstatieren:

»In dieser allgemeinen Fassung ist das Lernen auf keinen Entwicklungsabschnitt des Menschen beschränkt. Schon der Säugling erwirbt Erfahrungen, das heißt, er lernt. Und noch der Greis erweitert seinen Erfahrungsschatz: Auch er lernt.« (1961, S. 293)

Allerdings zeigen sich bestimmte qualitative Umstrukturierungen im Lernprozeß – wie z. B. eine zunehmende Bedeutung der Motivation, der Art der Darbietung der Lerninhalte, der Anschaulichkeit, aber »die Mechanismen des Lernprozesses sind jedoch relativ gleich« (LÖWE, 1971, S. 39; vgl. auch AEBLI, 1961, S. 14).

4.4.2. Experimentelle Untersuchungen

Eine der ersten Untersuchungen über den Zusammenhang zwischen Lernfähigkeit und Alter stammt von einem der Begründer der modernen Lernforschung, von E. THORNDIKE (1928). Sie bezog sich auf das Erlernen von Esperanto und verglich die Lernleistungen von graduierten Studenten, wobei die »jüngere« Altersgruppe unter 35 Jahre alt war, die ältere Altersgruppe über 35 Jahre. In drei von vier Tests, mit Hilfe derer der Lernfortschritt von einer ersten zu einer zweiten Lernstufe gemessen werden sollte ,ergaben sich zwischen Älteren und Jüngeren keine Unterschiede; bei einem Test (»oral-directions-test«) waren die Leistungen der Älteren schlechter. THORNDIKE selbst erklärte diesen und ähnliche Altersunterschiede nicht unter Hinweis auf eine organische Basis, sondern unter Hinweis auf die mangelnde Gewöhnung der Älteren an die Gepflogenheiten des schulischen Lernens. OLECHOWSKI (1969) hat kürzlich erst die einschlägige Literatur unter dem Gesichtspunkte einer Theorie der »Inaktivitäts-Atrophie« des alternden Gedächtnisses ausgewertet. Dabei wird dem Übungsfaktor – bzw. der mangelnden Übung – die entscheidende Rolle zugeschrieben. – Diese »disuse-Hypothese« wurde auch in Untersuchungen von SORENSON (1930) bestätigt, der drei Gruppen von Volksschullehrerinnen (Alter 20–56 Jahre) in ihren Leistungen beim Erlernen des Stoffes für die Erwerbung des Baccalaureats miteinander verglich. In Gruppe I war seit der letzten Ausbildungszeit die längste, in Gruppe III die kürzeste Zeit verstrichen. Eine deutliche negative Beziehung zwischen Lebensalter und der Lernleistung war jedoch nur in der Gruppe I zu finden. Die geringfügigen bzw. völlig zurücktretenden Altersunterschiede, die sich hier zeigten, können einmal mit dem relativ niederen Alter der älteren Gruppe, zum anderen mit dem Umstand erklärt werden, daß in beiden Experimenten *sinnvolles* Material (Esperanto als Mittel zur Verständigung ist sinnvoll) angeboten wurde.

Nach Untersuchungsergebnissen von PREOBRAZHENSKAYA et al. (1966) waren selbst 90jährige Russen ihren jüngeren Genossen wohl beim Erlernen von sinnfreiem Material, nicht aber von sinnhaftem Material unterlegen. Nach dem Bericht der Autoren zeigte sich da sogar eine gewisse Überlegenheit der Älteren.

Es muß einer Überprüfung überlassen bleiben, ob dieses Ergebnis zu verallgemeinern ist. Zunächst einmal ist jedoch festzustellen, daß die Grundlagenforschung über Lernen überhaupt, über Veränderungen der Lernfähigkeit in verschiedenen Lebensaltern, primär nicht mit sinnhaftem, sondern mit sinnfreiem Material, d. h., mit dem Erlernen ungewohnter Signalfolgen, Muster oder Bewegungsweisen vor sich ging – soweit sie sich nicht überhaupt des Tierversuches, insbesondere des Leistungsvergleiches von jüngeren und älteren Ratten, bediente, wie in den Studien von JEROME (1959), VERZAR und McDOUGALL (1957), BIRREN (1963), BOTWINICK, BRINLEY und ROBBIN (1958), GOODRICK (1968).

Die Veränderung der Leistungen im *Paar-Assoziations-Lernen* gilt als eines der eklatantesten Anzeichen für ein generelles Lerndefizit mit zunehmendem Alter. Zahlreiche Studien, die in immer neuen Varianten bis in die Gegenwart hinein durchgeführt werden, belegen die These von einem deutlichen Lerndefizit der Älteren, soweit Lernen durch die Fähigkeit definiert wird, Beziehungen zwischen vorher unverbundenen Elementen zu stiften.

RUCH (1934) konnte anhand von drei verschiedenen Untersuchungsreihen

1. Wortassoziationen: wie z. B. »Hans-Besuch«, »Blume-Baum«
2. sinnlose Gleichungen: wie z. B. $r \times s = Z$
3. falsche Gleichungen: wie z. B. $6 \times 3 = 5$

nachweisen, daß bei Lernleistungen mit hohem Assoziationswert (1. Untersuchungsreihe) kaum Altersunterschiede deutlich wurden, bei solchen mit geringem Assoziationswert (3. Untersuchungsreihe) jedoch stark hervortraten. KORCHIN und BASOWITZ (1957) wiederholten diese Lernexperimente und konnten den zunehmenden Altersabfall bestätigen (vgl. Tab. 5).

Tabelle 5: Durchschnittliche Anzahl der richtigen Assoziationen:

	Wortass.	sinnlose Gleichungen	falsche Gleichungen
Jüngere:	44,19	25,00	24,81
Ältere:	30,38	7,43	7,19

Allerdings stellte man hierbei auch altersbedingte Verhaltensunterschiede fest, die nichts direkt mit der Lernleistung zu tun hatten: Während bei einem Gefühl der Unsicherheit Jüngere eher drauflos »raten« (also »risikofreudiger« sind), verzichten Ältere eher auf eine Antwort. Ihre schlechteren »Lernwerte« wären damit auf Grund »größerer Vorsicht« zu erklären und wären so nicht auf eine Behinderung der Speicherungsfähigkeit oder der Bildung einer Spur zurückzuführen, sondern auf gewisse Hemmungen bei der Auslösung der Reaktion. – Eine weitere Analyse der Ausgangsdaten zeigt, daß der Altersunterschied schon beim ersten Reproduktionsversuch gegeben ist. Der »Lernzuwachs« aber verläuft in beiden Altersgruppen ähnlich. In ähnliche Richtung weisen die experimentellen Lernuntersuchungen von ZARETZKY und HALBERSTAM (1968). Man bot den Versuchspersonen ausschließlich Wortpaare, allerdings von unterschiedlichem Assoziationswert. Auch hier zeigte sich bei hohem Assoziationswert (z. B. Tisch–Stuhl; Hut–Mantel) kein Altersunterschied; bei mittlerem Assoziationswert (z. B. Auto–Schiff) schnitten Ältere geringfügig schlechter ab; bei nur sehr schwachem Assoziationswert der zu lernenden Wortpaare (z. B. Vogel-Hammer; Blume-Kälte) war der Altersabfall der Lernleistung erheblich.

HULICKA und GROSSMANN (1967) konnten nachweisen, daß ein solcher Altersabfall nicht an der nachlassenden Lernfähigkeit als solcher liegt, sondern an einer »Codierungsschwäche«, an der Ungeübtheit, einzelne Gedächtnisinhalte zu »verschlüsseln«. Ein Altersabfall liegt danach also an der Tatsache, daß Ältere weniger von »Gedächtnisstützen« Gebrauch machen, es ihnen also an einer gewissen »Lerntechnik« mangelt. Nachdem man die Versuchspersonen auf die Mög-

lichkeit solcher Gedächtnisstützen aufmerksam gemacht hatte (z. B.
»Mantel–Bett«: der Mantel liegt auf dem Bett), verbesserten Jüngere
ihre Lernleistung kaum (da sie diese Technik bereits angewandt hatten, und so von vorneherein höhere Lernleistungen erzielten); –
Ältere verbesserten ihre Lernleistung danach jedoch erheblich, so daß
die Leistungsunterschiede nahezu nivelliert wurden.
Auf qualitativ unterschiedliche Codierungsvorgänge machte CRAIK
(1968) auf Grund der Resultate seiner Untersuchungen an 20–80jähri-
gen aufmerksam. Den Ergebnissen zufolge behielten die älteren Versuchspersonen in gleichem Umfang wie die jüngeren ihnen unbekannte
Namen von Ziffern (z. B. einer fremden Sprache), dagegen schlechter
als die jüngeren die vertrauteren Namen. – Sie behielten in gleicher
Weise Farbnamen, dagegen schlechter in der Worstellung geänderte
Sprichwörter und Sätze (vgl. Tab. 6).

Tabelle 6: Gedächtsnisspanne für 3 verschiedene Lernmaterialien bei
20–79jährigen Versuchspersonen (nach CRAIK, 1968)

| Material: | Altersgruppen | | | | | |
	20–29	30–39	40–49	50–59	60–69	70–79
Sätze:	20.5	19.8	20.8	20.0	18.5	17.2
Farbnamen:	6.2	6.1	6.6	6.2	6.6	5.9
In der Satzstellung verzerrte Sprichwörter:	7.0	7.0	6.9	6.4	6.4	6.3

Dieses Ergebnis läßt die Verschlechterung des Kurzzeitgedächtnisses
nicht als bloße Folge eines »Spurenverfalls« oder der Interferenz erscheinen, sondern als Folge eines zunehmenden Defizits in der *Ver-*
schlüsselung und *Registrierung* von neu aufgenommenem Material.
Diese Deutung findet CRAIK (1968) auch in Experimenten bestätigt,
in denen Listen mit jeweils 30 Worten zu behalten waren, die unterschiedliche Grade von Ähnlichkeit zu englischen Worten hatten (vom
Ähnlichkeitsgrad 0 über 1, 3, 5 bis zur Identität mit einem englischen
Text). Mit steigendem Ähnlichkeitsgrad zeigte sich bei den jungen
(20–39), mittleren (40–49) und älteren (60–79) Versuchspersonen in
gleicher Weise ein deutlicher Anstieg der Zahl der behaltenen Worte.
Dieser Anstieg war jedoch in den älteren Altersgruppen geringer (vgl.
Tab. 7). Die Unterschiede zwischen der jüngsten und ältesten Gruppe
sind statistisch signifikant. Die Erhaltung des Kurzzeitgedächtnisses für
sinnvolles Material bis zu 69 Jahren ist bemerkenswert.
CRAIK entnimmt diesen Befunden die Feststellung, daß es nicht einfach eine leichtere »Verwischbarkeit« der Gedächtnisspur sei, die die

Tabelle 7: Durchschnittliche Zahl von erinnerten Worten von unterschiedlicher Ähnlichkeit zum Englischen aus Listen mit je 30 Worten (nach CRAIK, 1968)

Altersgruppe:	Grad der Ähnlichkeit der Worte zum Englischen:				
	0	1	3	5	Englisch
20–39	5.8	8.9	13.5	15.5	20.1
40–59	5.1	8.1	11.5	13.3	18.5
60–79	3.1	5.9	9.0	10.4	13.9

Schwäche des Kurzzeitgedächtnisses mit zunehmendem Alter verursache, sondern eine gewisse Unfähigkeit, das Aufgenommene in übersichtliche Einheiten zu integrieren. Wo dies dem Material nach ohnehin nicht möglich ist, verwischen sich danach die Altersunterschiede; im anderen Fall treten sie jedoch stärker hervor.

Versucht man die vielfältigen Einzelergebnisse experimenteller Studien zur Lernfähigkeit im Alter zusammenzufassen, so ergibt sich:

1. Ältere lernen bei sinnlosem Material schlechter; bei sinnvollem Material – d. h. bei Einsichtigwerden des Sinnzusammenhangs – sind die Lernleistungen mit denen Jüngerer durchaus vergleichbar.

2. Älteren fehlt es oft an einer gewissen Lerntechnik (»Codierungsschwäche«), die sich jedoch beheben läßt, so daß ein dadurch bedingtes Lerndefizit ohne weiteres ausgeglichen werden kann.

3. Zu schnell gebotener Lernstoff behindert Ältere mehr als Jüngere. Bei Eliminierung des Zeitfaktors nivellieren sich die Altersunterschiede.

4. Der Übungsgewinn bei den einzelnen Aufgabenwiederholungen ist bei Älteren und Jüngeren gleich. Allerdings gilt es zu berücksichtigen, daß bei Jüngeren im Allgemeinen eine höhere Ausgangsbasis gegeben ist – und insofern bei Älteren mehr Wiederholungen nötig werden, um den gleichen Stand zu erreichen (ROTH, 1961).

5. Schlechtere »Lernleistungen« bei Älteren sind häufig weniger ein Zeichen nachlassender »Lernfähigkeit«, sondern ein Zeichen von Unsicherheit, die einer Reproduzierung des bereits Gelernten im Wege steht.

6. Ältere lernen leichter, wenn der gebotene Lehrstoff übersichtlich gegliedert ist, d. h., wenn er einen geringen Komplexitätsgrad aufweist.

7. Der Lernprozeß bei Älteren ist störanfälliger als der Lernprozeß bei Jüngeren. Während der Übungsphase eingeschaltete Pausen führen häufig zur Verbesserung der Lernleistung Jüngerer, aber eher zur Verschlechterung der Lernleistung Älterer (ROTH, 1961).

8. Lernen in Teilen begünstigt Jüngere; Lernen im Ganzen begünstigt Ältere (Downs, 1965).

9. Außerdem fand man auch bei Lernexperimenten, daß weniger der Altersfaktor als vielmehr der »Begabungsfaktor« (d. h. die »Ausgangsbegabung«) eine Rolle spielt (Keevil-Rogers u. Schnore, 1969).

10. Weiterhin kommt dem »Übungsfaktor«, dem Ausmaß des Trainings während des ganzen Erwachsenenalters (Crovitz, 1966; Olechowsky, 1969) große Bedeutung zu.

11. Schließlich spielt auch der »Gesundheitsfaktor« (u. a. Birren, Botwinick et al., 1963) beim Lernvorgang eine erhebliche Rolle.

12. Von besonders starkem Einfluß erwiesen sich außerdem Lernaktivität und motivationale Faktoren, d. h. die innere Bereitschaft, einen gebotenen Stoff aufzunehmen und zu behalten (vgl. hierzu die Untersuchungen von Löwe, 1968, 1969, 1970, 1971).

Die hier referierten Befunde machen deutlich, daß für ein etwaiges durch experimentelle Forschungen festgestelltes Lerndefizit nicht primär der Alternsprozeß verantwortlich zu machen ist, sondern daß vielmehr eine Reihe von somatischen, sozialen, psychischen, pädagogischen und biographischen Faktoren wirksam wird. Diesen Sachverhalt hat Löwe (1969) auf Grund der Ergebnisse seiner Untersuchungen recht überzeugend wie folgt zusammengefaßt: »Die Lernfähigkeit – im Sinne eines Lernfortschritts – ist nicht eindimensional vom Alter der Erwachsenen abhängig, wie das in vielen bisherigen Untersuchungen zu lernpsychologischen Fragen im Erwachsenenalter behauptet wird (vgl. das Sammelreferat von Riegel, 1958) und zur Aufstellung einer »Adoleszenz-Maximum-Hypothese« führte. Soziale Faktoren wie Herkunft, bisherige Schulbildung und spezieller Beruf (rollenspezifische Aspekte) spielen eine weitaus größere Rolle für den Lernerfolg im Erwachsenenalter als sogenannte biologisch bedingte und ein für allemal feststehende ›Altersbesonderheiten‹.« (Löwe, 1969, S. 73)

Löwe weist jedoch gleichzeitig darauf hin, daß die Lernfähigkeit im Laufe des Lebens eine Umstrukturierung erfährt, daß z. B. die von Engelmayer zusammengestellten 5 Faktoren der Lernfähigkeit in den einzelnen Lebensaltern unterschiedliche Verlaufskurven aufweisen.

Das in manchen lernpsychologischen Untersuchungen festgestellte schlechtere Abschneiden älterer Personen beruht oft auf der nachlassenden Funktionsgeschwindigkeit und kann durch eine höhere Leistungsgenauigkeit, durch größere Sorgfalt und Ausdauer kompensiert werden (vgl. u. a. Löwe, 1970; Riegel, 1958; Bauer, 1966).

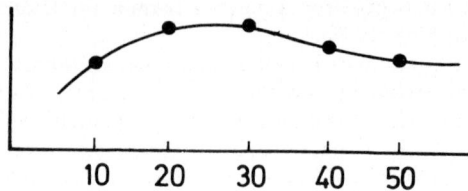

Abb. 13: THORNDIKE's allgemeine Kurve der Lernfähigkeit in ihrer Beziehung zum Alter

Die Defizit-Kurve der Lernfähigkeit, die seit THORNDIKE (1928) ihren Einfluß ausübt (vgl. Abb. 13) und die auch heute noch zu der weitverbreiteten Annahme eines Nachlassens der Lernfähigkeit vom 30. Lebensjahr an führt, kann höchstens die Entwicklung der Gedächtnisleistungen bzw. der Merkfähigkeit (unter ganz spezifischen Bedingungen) wiedergeben, die früher – fälschlicherweise – als die Kriterien der Lernfähigkeit betrachtet wurden.

4.4.3. Die Bedeutung der Lernforschung für die Erwachsenenpädagogik

Gerade in den letzten Jahren ist immer wieder auf die Bedeutung der Erwachsenenpädagogik hingewiesen worden; die Notwendigkeit beruflicher Weiterbildung und Qualifikation gerade in unserer Zeit des technischen Fortschritts und der industriellen Entwicklung wird nirgends in Zweifel gestellt. Neben dem beruflichen Bereich versucht die Erwachsenenbildung auch in sonstige Lebensbereiche vorzustoßen und den Menschen für seine vielfältigen Lebensaufgaben – der Familie, den heranwachsenden Kindern, aber auch dem Staat und der Gesellschaft gegenüber – »lebenstüchtig« zu machen. Kurse zur beruflichen Weiterbildung werden neben in ihren Themen sehr breit gefächerten Volkshochschulkursen angeboten und neben speziellen Kursen zur Elternbildung und Mütterschulung.

Allerdings gilt hier wohl auch für unsere Situation in Westdeutschland, was SZEWCZUK 1959 bereits für östliche Gebiete festgestellt hat: »Auf dem Gebiet der Erwachsenenpädagogik herrscht eine Praxis vor, die mehr auf dem Enthusiasmus der Praktiker als auf allseitigen und gründlichen Forschungen von Wissenschaftlern aufgebaut ist.« (1959, S. 87) Die 1971 von PÖGGELER herausgegebene Schrift »Erwachsenenbildung im Wandel der Gesellschaft« kann eine solche Feststellung nur unterstreichen.

Ein Versuch, wissenschaftliche Erkenntnisse der Lernforschung für die Andragogik zugänglich zu machen, ist in den letzten Jahren von dem Leipziger Psychologen Hans Löwe unternommen worden. In seinen beiden Werken »Einführung in die Lernpsychologie des Erwachsenenalters« (1970) und »Beiträge zur Erwachsenenqualifizierung« (1971) versteht er es, Lerntheorien, Ergebnisse experimenteller Lernforschungen und Erkenntnisse seiner eigenen – recht lebensnahen – empirischen Untersuchungen zur Frage der Motivation, der Aktivität und des Lernerfolgs im Erwachsenenalter kritisch darzustellen und pädagogische Schlußfolgerungen abzuleiten.

»Aus der Kenntnis der Lerntheorien, die sich aus lernpsychologischen Untersuchungen ergeben, lassen sich für die Praxis der Erwachsenenbildung – für alles Lernen (Bildung und Erziehung) überhaupt – folgende Prinzipien ableiten:

1. Aktivität des Lernenden begünstigt Lernerfolge. Das heißt, man kann annehmen, daß die Anzahl und Intensität der Kontakte zwischen Lernenden und Situation, der Grad der individuellen Beteiligung Einfluß auf den Selektionsvorgang ausüben. Bei rezeptiv-passiver Haltung ist die Erfolgschance geringer als bei zugreifend-aktiver Haltung. Man muß deshalb beim Schüler eine optimale Lernaktivität auslösen.

2. Situationsanalyse durch den Lernenden begünstigt Lernerfolge. Da eine feine Abstimmung von Operationen und den spezifischen Anforderungssituationen angestrebt wird, ist es ratsam, den Schüler zu veranlassen, äußerlich ähnliche Situationen, die sich aber konditionalgenetisch unterscheiden, folglich auch unterschiedliche Reaktionen erfordern, zu analysieren. Was Landa (1969) ›Ausbildung von Erkennungsalgorithmen‹ nennt, gehört hierher. Man muß jeden Drill auf ein festgelegtes Situations-Auslöse-Schema vermeiden. Statt dessen sollen die Aufgaben und Handlungssituationen in der Lernphase mannigfach variiert werden.

3. Erfolgsinformation ist conditio sine qua non für alles Lernen. Das heißt, wenn der Schüler klar, verständlich und eindeutig erfährt, welche seiner Aktionen falsch und welche richtig, welche gut oder schlecht, zweckmäßig oder zweckwidrig war, dann ist mit einer zügigen Lernleistung zu rechnen. Deshalb kommt es darauf an, den Schüler darüber zu informieren, welchen Erfolg jede seiner Aktionen mit Rücksicht auf die jeweilige Situation hatte.

4. Das Tempo des Lernfortschritts hängt von der Länge des Zeitintervalls ab, das zwischen Handlung und Erfolgserfahrung liegt. Das heißt, die Wahrscheinlichkeit eines spezifischen Verhaltens ändert sich im allgemeinen um so zügiger, je kürzer das Zeitintervall zwischen Handlung und Erfolgserfahrung ist. Folglich muß dem Schüler möglichst rasch nach einer Antwort Klarheit darüber verschafft werden, ob diese richtig oder falsch ist. Klassenarbeiten sollten so schnell wie möglich korrigiert zurückgegeben werden. Erfolgt dies erst nach 4 Wochen oder einem noch längeren Zeitraum, dann ist die Resonanz der Zensuren sehr gering. Gleiches gilt für anerkennenswerte Leistungen im Zusammenhang mit der Ausführung gesellschaftlicher Funktionen. Es sollte nicht erst bis zur nächsten Prämierungsmöglichkeit gewartet werden, sondern die positive Bewertung (Lob und Anerkennung) sollte sofort nach der Erfüllung eines gesellschaftlichen Auftrages erfolgen – was eine nachträgliche Prämierung nicht ausschließt.

5. Verhaltensweisen, die keine positiven Folgen zeitigen, werden bald aufgegeben. Das heißt, um jemandem unerwünschtes Verhalten abzugewöhnen, kann man es durch negative Folgen bestrafen. Noch wirksamer ist – im Gegensatz zu einer weit verbreiteten Annahme – die Nichtbekräftigung. Folglich sollten unerwünschte Verhaltensweisen dadurch eliminiert werden, daß sie nicht bekräftigt werden. Diese Regel ist allerdings sehr differenziert zu handhaben. Keinesfalls bedeutet sie, daß z. B. die Unpünktlichkeit eines Erwachsenen im Betrieb keine Rüge erfahren sollte. Die Rüge hat aber nur dann Erfolg, wenn sie von einem Leiter (bzw. einem Lehrer) ausgesprochen wird, der Autorität besitzt, und wenn sie darüber hinaus vom gesamten Kollektiv akzeptiert wird.

6. Verhaltensweisen werden im allgemeinen nicht durch einmalige Bekräftigung erworben, sondern bedürfen der fortlaufenden Bekräftigung. Folglich müssen wünschenswerte Verhaltensweisen auch dann noch eine Zeitlang wiederholt, geübt und bekräftigt werden, wenn sie bereits eingetreten sind. Das ist um so notwendiger, je mehr sich falsche Verhaltensweisen bei Erwachsenen verfestigt haben.

7. Die angemessene Anzahl und zeitliche Abfolge von Bekräftigungen sind individuell und je nach dem Lerngegenstand verschieden, jedoch optimierbar. Folglich muß man danach trachten, dem Schüler nicht mehr, aber auch nicht weniger Übungen, Wiederholungen und Bekräftigungen zu bieten, als für den wünschenswerten Lerneffekt erforderlich und ausreichend sind.

8. Der Lernerfolg wird durch angstfreie Situationen begünstigt. Manche Lehrer und Erzieher glauben, daß sie mit dem Setzen von Barrieren (Auslösung von Angst, Androhung von Strafen) den Lernerfolg verbessern könnten. Diese sogenannte ›Barriere-Druck-Situation‹ (METZGER) kann nur vorübergehend einmal erfolgreich sein. Auf die Dauer werden dadurch nur die vorhandenen Aversionen gegenüber dem Lernziel verstärkt, und der Lernerfolg wird gemindert. Eine ›Ziel-Zug-Lage‹ (METZGER), die Ausdruck einer positiven Motivation ist, führt mit größerer Sicherheit – bei einem geringeren Energieaufwand – zu dem gewünschten Lernerfolg.

9. Negative Verhaltenseigenschaften eines Menschen lassen sich mit um so größerer Wahrscheinlichkeit beseitigen, je mehr man bestrebt ist, die positiven Eigenschaften zu erkennen und diese zu bekräftigen. Diese lernpsychologische Regel hat besondere Bedeutung für die Erziehung von fehlentwickelten Kindern. Sie ist aber nicht weniger bedeutsam für die oftmals relativ verfestigten fehlerhaften Fertigkeiten und Gewohnheiten von Erwachsenen. Wenn man dem Menschen immer nur seine negativen Eigenschaften vorhält, dann sind die Folgen oftmals Resignation oder gar Opposition. Bemüht man sich jedoch, den Menschen mit seinen positiven Eigenschaften einmal zum ›Mittelpunkt‹ der Gemeinschaft werden zu lassen, dann sind Lernerfolge sehr viel schneller zu erreichen.

10. Alle äußeren Ursachen (Einwirkungen) werden durch die beim Individuum vorhandenen inneren Bedingungen gebrochen. Dieser von RUBINSTEIN formulierte Satz verlangt, daß die oben genannten allgemeinen lernpsychologischen Prinzipien einer differenzierten Handhabung bedürfen, um die Bildungs- und Erziehungsarbeit (den Lernprozeß) jeweils erfolgreich zu gestalten.« (LÖWE, 1970, S. 87–89)

Immerhin wird hier der lobenswerte Versuch unternommen, aus dem Elfenbeinturm der Wissenschaft herauszutreten und durch diese und weitere »Regeln für die Ökonomie des Lernens im Erwachsenenalter« (vgl. S. 146–156), die die Lerntechnik und die Organisation des Lernprozesses betreffen, dem in der Praxis der Andragogik Tätigen wertvolle Anleitung zu geben. Freilich sollte man dabei diese Darlegungen auf ihren sehr fundierten sachlichen Gehalt reduzieren und einigen ideologisch gefärbten Interpretationen einseitiger gesellschaftspolitischer Relevanz kritisch und distanziert gegenüberstehen.

4.5. Zur Frage der Veränderung psychomotorischer Fähigkeiten

4.5.1. Zum Begriff der »psychomotorischen Fähigkeiten«

Unter »psychomotorischen Fähigkeiten« sollen mit WELFORD jene erworbenen Verhaltensmuster von völlig aufeinander abgestimmten koordinierten willentlichen Bewegungen, die auf eine bestimmte Situation bzw. auf einen bestimmten Stimulus hin erfolgen, verstanden werden.

Wenn auch »psychomotorische Fähigkeiten« mehr als Sammelbegriff, d. h. als übergreifende Einheiten der Organisation des Verhaltens zu verstehen sind, die – sofern sie nicht gestört werden – als »automatischer« (automatisierter) Prozeß ablaufen, so sollte man sich klar darüber sein, daß im Moment der Störung diese »übergreifende Verhaltensorganisation« wieder in ihre Elemente zerlegt wird.

BIRREN bringt zur Verdeutlichung das Beispiel des Laufenlernens, was beim 2–3jährigen ein völlig automatisierter Prozeß ist: Jedes Element der Einzelbewegung ist ein Signal für die nächste »response«. –
In dem Moment, wo jedoch das Laufen schwierig wird – sei es durch äußere (Dunkelheit, glitschiger Boden) oder innere Bedingungen (Fuß verstaucht, Rheuma) – wird diese übergreifende Verhaltensorganisation wieder aufgelöst: Das Individuum schaut auf seine Füße, überlegt jeden Schritt, jede Bewegung – und seine Aufmerksamkeit ist von den sonstigen Gegebenheiten der Umwelt abgelenkt.

»Psychomotorische Fähigkeiten« sind auch insofern als Sammelbegriff zu verstehen, da die Anforderungen bei solchen psychomotorischen Testaufgaben unterschiedlicher Art sind. Bei den sogenannten »psychomotorischen Leistungen« handelt es sich um ein Zusammenspiel verschiedener Funktionsbereiche, die je nach Aufgabenart unterschiedlich stark gefordert werden. So liegt z. B. bei bestimmten psychomotorischen Aufgaben der Schwerpunkt bei sensorischen Prozessen (z. B. bei Diskriminierungsaufgaben, bei denen es darauf ankommt, kürzere und längere Strecken voneinander zu unterscheiden und bei der kürzeren jeweils möglichst schnell eine Taste einklinken zu lassen), bei anderen Aufgaben in kognitiven Prozessen (z. B. bei Aufgaben, bei denen es um die Integration und die adäquate Verarbeitung verschiedener Signale geht), bei anderen Aufgaben, die komplizierte Bewegungsabfolgen verlangen, liegt der Schwerpunkt in motorischen Prozessen. PAWLIK (1968) erwähnt einzelne Faktoren, die bei psychomotorischen Leistungen Bedeutung gewinnen: 1. Koordination, 2. »Aiming« (zielen), 3. »Wrist-finger-speed« (Handgelenk-Finger-Geschwindigkeit), 4. Handgeschicklichkeit, 5. Fingerfertigkeit, 6. Reaktionsgeschwindigkeit, 7. Belastbarkeit.

4.5.2. *Probleme der Messung psychomotorischer Fähigkeiten*

Gütekriterien einer psychomotorischen Leistung sind einmal die Reaktionszeit, zum anderen die Anzahl der Fehler. – Veränderungen psychomotorischer Leistungen im Erwachsenenalter wurden vor allem von WELFORD (1958, 1959, 1966) und seinem Arbeitskreis untersucht. Die ersten Ergebnisse zeigten ein schlechteres Abschneiden mit zunehmendem Alter und stützten damit das Defizit-Modell der Leistungsfähigkeit. Bald jedoch schränkte man die These eines generellen Abbaus insofern ein, als man – auf Grund von Untersuchungen – betonte: »Ältere arbeiten zwar langsamer, aber dafür genauer. Jüngere arbeiten schneller, aber häufiger mit mehr Fehlern.«

Während der letzten 10 Jahre ist auch in der DDR auf dem Gebiet der »Ingenieur-Psychologie«, innerhalb dessen den Fragen der Psychomotorik besonderes Gewicht zukommt, eine äußerst intensive Forschungsaktivität zu beobachten (vgl. Kongreßberichte des 1. und 2. Kongr. d. Ges. für Psychologie, 1964, 1968). Man weist dort darauf hin, daß zwar in Deutschland die ersten Reiz-Reaktions-Versuche schon im Laboratorium von WUNDT systematisch durchgeführt worden sind, sodann aber etwas in den Hintergrund traten und erst im Zusammenhang mit industriellen Fragen, vor allem mit der »zunehmenden Komplexität technischer Systeme« wieder an Aktualität gewonnen haben.

In diesen neueren Studien geht es allerdings mehr generell um Probleme der Reaktions- und Informationsverarbeitung auf die verschiedensten Arten und Formen der Signal- und Reizdarbietung hin. Man fragt z. B., wieviel Signale unter günstigsten wie auch unter gegebenen Bedingungen gerade noch verarbeitet werden können und versucht, den Einfluß der unterschiedlichsten Bedingungen der Signaldarbietung auf die Verarbeitungszeit und die Fehlerzahl zu eruieren. Interessanterweise wird bei den sonst äußerst sorgfältig geplanten Studien die Frage nach Altersveränderungen oder überhaupt nach Altersunterschieden solcher psychomotorischer Fähigkeiten oft völlig ausgespart. So stellte man z. B. den Einfluß von sog. objektiven Gegebenheiten innerhalb eines Signalangebots auf die Reaktionsverarbeitung fest. Zu den objektiven Gegebenheiten zählen dabei 1. Anzahl der Reizalternativen, 2. die Intensität und Größe der Reize, 3. das Darbietungstempo, 4. die Kontrasterscheinungen u. ä. m. Darüber hinaus versuchte man auch den Einfluß sogenannter subjektiver Gegebenheiten – wie u. a. Ermüdung, innere Einstellung zu bestimmten Aufgaben und schließlich in einer Untersuchung neuesten Datums in einem sächsischen Industriebetrieb (SCHNEIDER, 1969) den *Einfluß der persönlichen Bedeutsamkeit eines Reizes für die Reaktionsverarbeitung* zu eruieren. In einer betriebsnahen Studie wurden solche Reizreaktionsversuche an 24 verschiedenen Geräten durchgeführt, die von unterschiedlicher Bedeutung für die einzelnen Versuchspersonen waren. Es zeigten sich dabei mit zunehmender Bedeutung eines Gerätes für den einzelnen auch zunehmend kürzere Reaktionszeiten, was man mit der Tatsache zu erklären versucht, daß die Bedeutsamkeit zu größerer Aufmerksamkeitsleistung führe und so eine »Klassifizierung des Wahrnehmungsfeldes« (SCHNEIDER, 1969) bewirke.

Wenn man dieses und in ähnliche Richtung weisende Ergebnisse berücksichtigt, wird man wieder wie auch bei manchen Intelligenzuntersuchungen die generelle Frage aufwerfen müssen, in wieweit bei Laborversuchen bzw. bei Experimenten, die von vorneherein für Ältere und Jüngere von unterschiedlicher Bedeutsamkeit sind, überhaupt zuverlässige Aussagen über Altersveränderungen gewonnen werden können. Vor allem scheint es angesichts solcher Ergebnisse in Frage gestellt, die meist festgestellte mit dem Älterwerden einhergehende zunehmende Reaktionszeit von Veränderungen der Funktionen des zentralen Nervensystems abhängig zu machen, wie es BIRREN und WELFORD immer wieder hervorheben (vgl. BIRREN, 1964, S. 133).

4.5.3. Prämotorische und motorische Reaktionszeit

Die Feststellung, daß ältere Menschen grundsätzlich langsamer reagieren, läßt sich nicht verallgemeinern. Zunächst einmal ist bei der Reaktionszeit zwischen einer »prämotorischen« und einer »motorischen« Komponente zu unterscheiden. Während sich die prämotorische Zeit (d. h. die Zeit vom Erscheinen eines Signals bis zum Beginn der dadurch ausgelösten Bewegung) mit zunehmendem Alter verlängert, scheint die motorische Zeit (d. h. die Zeit vom Beginn der Bewegung bis zum Ende der Bewegung) nicht in dem Maße altersanfällig zu sein (SZAFRAN, 1951; TALLAND, 1962, 1964, 1968; BOTWINICK und THOMPSON, 1966).

Untersuchungen, die zwischen prämotorischer und motorischer Zeit unterscheiden, zeigen weitgehend übereinstimmend eine Verlängerung der prämotorischen Zeit – also der Zeit, die man zum Erfassen der verschiedenen Reizgegebenheiten braucht – mit zunehmendem Alter, jedoch eine nahezu gleiche eigentliche »Reaktionszeit«.

Eine der frühesten Studien hierzu ist die von SZAFRAN (1951): Personen verschiedener Altersgruppen mußten auf ein Lichtsignal hin einen Hebel in Richtung auf eine mit dem Licht korrespondierende Scheibe betätigen. Es wurde dabei sowohl die Zeit vom Aufleuchten des Lichtes bis zum Beginn der Bewegung (Berührung des Hebels) gemessen, wie auch die Zeit vom Beginn der Bewegung bis zum Ende der ausgeführten Bewegung. Während die prämotorische Zeit mit steigendem Alter sehr deutlich zunahm (vgl. Tab. 8), zeigte die eigentliche motorische Zeit keinerlei Altersunterschiede:

Tabelle 8: Prämotorische und motorische Komponente der Reaktionszeit bei verschiedenen Altersgruppen (in Sekunden)

| Zeit (in Sek.) | Altersgruppen | | | |
	3. Jahr-zehnt	4. Jahr-zehnt	5. Jahr-zehnt	6. Jahr-zehnt
prämotorische	0,86	0,99	1,29	1,37
motorische	1,18	1,20	1,14	1,22

Zu ähnlichen Ergebnissen – verlängerte prämotorische Zeit mit zunehmendem Alter bei gleichbleibender motorischer Zeit – gelangten bei ihren experimentellen Untersuchungen LEONARD (1952), GRIEW (1964), TALLAND (1964) und BOTWINICK und THOMPSON (1966). Letztere Autoren verglichen 47 Männer und Frauen zwischen 67 und 87 Jahren mit 44 Männern und Frauen zwischen 18 und 35 Jahren hinsichtlich ihrer Reaktionszeit. Auf ein akustisches Signal hin mußte eine Morsetaste betätigt werden. Mit Hilfe elektronischer Aufzeichnungen wurde jeweils auf einer Zeitachse das Signal, das Einsetzen muskelnervöser Aktivität und das Niederdrücken der Morsetaste eingetragen. Ältere Personen erwiesen sich dabei als signifikant langsamer in der prämotorischen Zeit, die durchschnittlich 84% der Gesamtreaktionszeit ausmachte, während die motorische Reaktionszeit 16% betrug. Von diesen und ähnlichen Befunden ausgehend schloß man, daß mit zunehmendem Alter nur die Zeit zur Erfassung der verschiedenen Reizgegebenheiten verlängert ist. Das bedeutet, daß der ältere Mensch zwar mehr Zeit braucht, um sich einen Überblick über eine gegebene Situation zu verschaffen, daß jedoch dann, wenn der Überblick einmal da ist, die Reaktion in gleicher Schnelligkeit erfolgt wie bei jüngeren Altersgruppen.

4.5.4. Die Bedeutung des Vorsignals

Weiterhin erkannte man, daß ein Vorsignal – im richtigen Abstand zum Hauptsignal geboten – die Reaktionszeit bei älteren Menschen verkürzen kann (BOTWINICK). Durch das Vorsignal werde eine »Erwartungshaltung« ausgelöst, in der eine Antizipation des Hauptsignals erfolge, so daß dann die Reaktion selbst auf das Hauptsignal verkürzt sei. Damit dürften Altersunterschiede nicht so deutlich zutage treten. Dabei erwies sich ein akustisches Vorsignal und ein optisches Hauptsignal für Ältere am günstigsten, für Jüngere hingegen ein optisches Vorsignal und akustisches Hauptsignal.

Verschiedene Experimente zu dieser Fragestellung erbrachten jedoch einander widersprechende Ergebnisse, die zum Teil auf die Tatsache zurückzuführen sind, daß sich der zeitliche Abstand zwischen Vor- und Hauptsignal erheblich auf die Reaktionszeit auswirkt. Sowohl zu lange, wie auch zu kurze Zeitintervalle beeinflussen die Reaktionszeit negativ; erstere vor allem bei jüngeren Menschen, letztere vor allem bei älteren. BOTWINICK et al. (1957) haben beim Vergleich von 20–30jährigen und 61–83jährigen festgestellt, daß es bei Jüngeren zu einer zusätzlichen Verlangsamung der Reaktionszeit kommt, wenn das Vorsignal etwa 2,5 Sekunden vor dem Hauptsignal erscheint (zu langer Abstand). In einer späteren Studie fanden BOTWINICK et. al. (1959), daß für Ältere eine Vorbereitungszeit unter 0,5 Sekunden zu kurz sei und keinerlei Wirkung auf eine Reaktionszeitverkürzung habe, ja sogar eher irritiere. Auch WELFORD (1952) stellte Verzögerungen der Reaktionszeit bei älteren Menschen dann fest, wenn Vorsignale und sehr kurz darauf folgende Signale seriell gegeben werden. Er versucht das damit zu erklären, daß bei zu kurzfristig erfolgendem Hauptsignal ein Zentralmechanismus noch damit beschäftigt sei, den vorhergehenden (Vorsignal-)Reiz zu »verarbeiten« und so noch nicht »frei« sei für eine adäquate Reaktion. Die Verlangsamung wird also hier in der Informationsverarbeitung gesehen.

4.5.5. Die Art des Informationsangebotes

Der Art des Informationsangebots kommt ebenso eine gewisse Bedeutung zu: Eine zur gleichen Zeit gebotene Vielzahl von Informationen benachteiligt Ältere stärker als Jüngere. Dies sieht BIRREN bei älteren Menschen in der Unfähigkeit des zentralen Nervensystems begründet, große Mengen von Reizen über das Rezeptorensystem zur gleichen Zeit zuzuführen. EISDORFER hingegen glaubt nachweisen zu können, daß es auch hier das größere Sicherheitsstreben der Älteren ist und ihr Bemühen um größere Sorgfalt und Exaktheit, was eine schnelle Reaktion verhindert. – Dieses größere »Sicherheitsstreben« konnten auch WALLACH und KOGAN (1961) belegen: Waren bei bestimmten Aufgaben 2 Lösungswege geboten, von denen der eine zwar mit Risiko verbunden war, aber eine Belohnung in Aussicht stellte, der andere Lösungsweg hingegen ohne Risiko war, aber keinerlei Belohnung erbrachte, wählten Ältere sehr signifikant häufiger den zweiten Weg, Jüngere entschieden sich für den ersteren.

Bei wenig eindeutiger Information – z. B. bei zwei sehr ähnlichen Reizen mit geringen Größen-, Gewichts- oder Längenunterschieden, die jeweils spezifische Reaktionen verlangten (z. B. Tastendruck jeweils auf der Seite, wo die kürzere Linie gezeigt wurde) – nahm die Reaktionszeit älterer Personen zu. Bei derartigen Diskriminationsaufgaben, bei denen vor der Bewegungsreaktion eine Entscheidung zu fällen war, zeigte sich sowohl die Reaktionszeit als auch die Fehlerzahl vom jeweiligen Schwierigkeitsgrad – d. h. von der Größe der Unterschiede – bestimmt.

CROSSMAN und SZAFRAN (1956) ließen Karten sortieren. Bei Jüngeren Vpn nahm die Reaktionszeit mit dem Grad der Schwierigkeit linear zu; dabei unterschieden sich die 40–59jährigen kaum von den 20–39jährigen. Aber die Reaktionszeit der über 60jährigen, die bei geringen Schwierigkeitsgraden (d. h. eindeutiger Information, erkennbare Unterschiede) mit der der jüngeren Altersgruppe nahezu gleich war, ging sprunghaft in die Höhe, sobald der Schwierigkeitsgrad zunahm, sobald der Reaktion eine Wahl hinsichtlich der (kaum merkbaren) Unterschiede vorauszugehen hatte. BIRREN und BOTWINICK (1955), BOTWINICK, ROBBIN u. BRINLEY (1960) machten die gleichen Feststellungen. Während in der eben genannten Untersuchung von 1960 stark darauf hingewiesen wurde, daß Ältere offenbar eine größere Sicherheit brauchen, bevor sie reagieren, und mit diesen »größeren Vorsichtsmaßnahmen« die Verlangsamung erklärt wird, stellen BOTWINICK und BIRREN diese Deutung auf Grund einer erneuten Untersuchung (1963) in Frage. Hier fand man, daß auch bei Experimenten, bei denen keinerlei Entscheidung verlangt war, Ältere auffallend verzögert abschnitten (z. B. Reaktionen auf einfache akustische Reize erfolgten bei Älteren nach durchschnittlich 0,23 Sekunden, bei Jüngeren nach 0.18 Sekunden).

4.5.6. Die Komplexität der Aufgaben

Weiterhin ergaben sich entscheidende Altersunterschiede bei psychomotorischen Aufgaben dann, wenn eine große »Komplexität« der Aufgaben gegeben war. KAY (1954) fand, daß bei übersichtlichen und wenig komplexen psychomotorischen Aufgaben Ältere und Jüngere nahezu gleichgut abschneiden, die Unterschiede hinsichtlich Reaktionszeit und Fehler zumindest unterhalb der Signifikanzgrenze bleiben; bei zunehmender Komplexität der Aufgaben steigt jedoch sowohl die Zeit wie auch die Fehlerzahl Älterer unverhältnismäßig stark an. – KAY führte Reaktionsversuche in drei verschiedenen Schwierigkeitsgraden durch:

1. Wenn eines von 12 Lichtern einer Reihe aufleuchtete, hatte man den entsprechenden Knopf einer in gewisser Entfernung unterhalb angebrachten Schaltknopfreihe zu drücken (vgl. Abb. 14, Pos. A).
2. Hier wurde zunächst bei der Schaltknopfreihe (bei einem 2. Versuch unterhalb der Licht-Reihe) ein Ziffernblatt angebracht, auf dem die Zahl 1 bis 12 in beliebiger Reihenfolge auftauchten. Je nachdem, welches Licht aufleuchtete, mußte man die entsprechende Ziffer oberhalb der Schaltknopfreihe suchen und dann den entsprechenden Knopf drücken (vgl. Abb. 14, Pos. B) bzw. man hatte unterhalb der Lichtreihe die entsprechende Ziffer zu suchen und dann den Knopf auf der Schaltreihe zu drücken (vgl. Abb. 14, Pos. C).
3. Sowohl bei der Lichtknopfreihe wie auch bei der Schaltknopfreihe waren Zifferblätter angebracht, so daß man beim Aufleuchten eines Lichtes auf die Ziffer schauen mußte, sodann die gleiche Ziffer auf dem Ziffernblatt oberhalb der Schaltknopfreihe suchen mußte und dann den entsprechenden Knopf zu drücken hatte (vgl. Abb. 14. Pos. D).

Die Ergebnisse dieser Versuchsreihe von jeweils 20 Versuchen bei Versuch 1, 2 und 3, gehen aus Tabelle 9 hervor (vgl. auch Abb. 15):

Der Frage der Belastungsfähigkeit und der Exaktheit psychomotorischer Reaktionen bei lange andauerndem Informationsangebot ging man in *Vigilanz-Untersuchungen* nach. – Unter »Vigilanz« versteht man im psychologischen Sinne einen Zustand erhöhter sensorischer Bereitschaft in Dauerbelastungssituationen, in denen Signale verschiedener Art unterschieden und mit unterschiedlichen Reaktionen beantwortet werden müssen.

Die arbeitswissenschaftliche Bedeutung der Vigilanz gerade bei der Bedienung und Überwachung von automatischen Steuerungsanlagen wurde u. a. in den Untersuchungen von REHBERG und NEUMANN (1969) an-

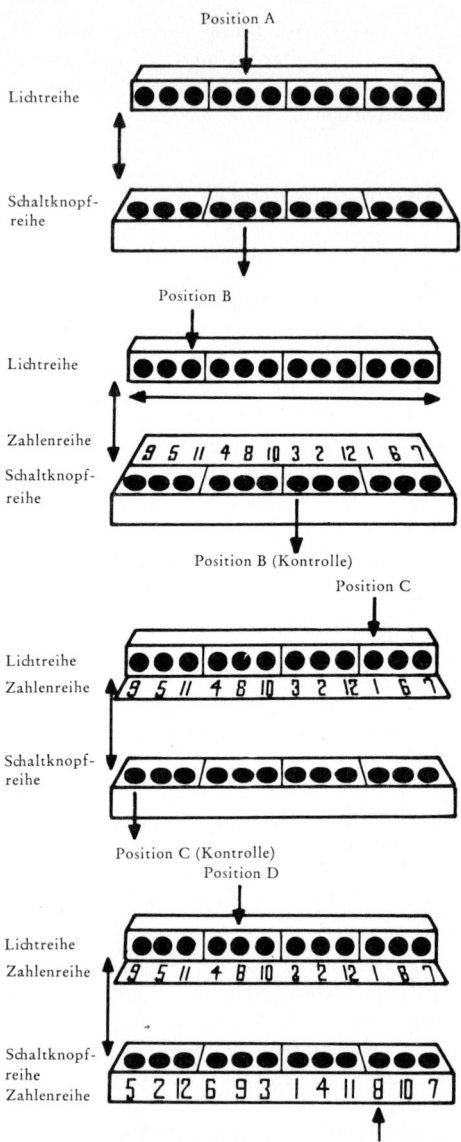

Abb. 14: Versuchsanordnung nach Kay (1954), die räumliche Transposition mit symbolischer Übersetzung kombiniert

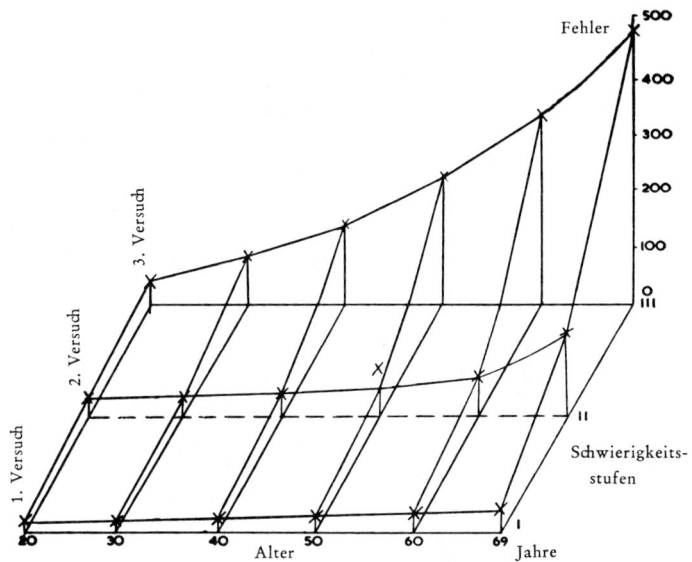

Abb. 15: Graphische Darstellung der Ergebnisse von KAY: die erbrachte Leistung in ihrer Beziehung zur Schwierigkeit der Aufgabe und zum Lebensalter

Tabelle 9: Reaktionszeit und Fehler beim Experiment von KAY (1954) – Durchschnittswert der jeweiligen Altersgruppe bei 20 Versuchen

Altersgruppe	Zeit (in Sek.)			Fehlerzahl		
15–24	56,4	70,8	84,8	1,2	2,9	4,0
25–34	54,2	71,7	111,6	1,3	3,2	8,5
35–44	62,0	85,7	137,1	2,6	4,5	13,6
45–54	54,1	96,3	174,7	2,6	8,5	23,5
55–64	73,7	124,8	229,3	3,6	7,3	33,6
65–72	84,7	198,7	445,3	3,1	15,0	47,9
Versuchs-reihe	1	2	3	1	2	3

gegangen. Diese Studien sollten Aufschluß über die Dauerleistung bei industriellen Überwachungsaufgaben geben. Dabei fand man einen interessanten – und unerwarteten – Zusammenhang von Leistungsänderungen im Laufe der Beobachtungszeit von 3 Stunden und der Komplexität der Anforderungen. Mit zunehmender Komplexität der Struktur einer Tätigkeit, d. h., mit zunehmender Komplexität der Informationsverarbeitung (auf Grund bestimmter Signale waren Klassifizierungsaufgaben auszuführen) wurden die Leistungen mit längerer Zeitdauer zunehmend stabiler. Die Anforderungskomplexität der Situation war dabei durch die Faktoren: Anzahl und Art der Signale, Signalfrequenz, kognitive Struktur einer Aufgabe und der Nebentätigkeit bestimmt. – Die Autoren weisen darauf hin, daß heutzutage im automatisierten Betrieb zunehmend Dauerleistungen bei Überwachungstätigkeiten und dergl. verlangt werden, und daß insofern eine isolierte Betrachtung von Mechanismen der Reaktionsaufnahme bzw. -verarbeitung unzureichend seien und zu verzerrenden Ergebnissen führen müßten.

Nach den experimentell gewonnen Untersuchungsergebnissen von YORK (1962), GRIEW und DAVIS (1962), DAVIS und GRIEW (1965) konnten keine Unterschiede in der Fähigkeit zur Signalentdeckung bei jüngeren (Durchschnittsalter 33 Jahre) und älteren (Durchschnittsalter 54 Jahre) Versuchspersonen festgestellt werden. Auch die Länge des Intervalls zwischen den zu entdeckenden Signalen war dabei ohne Bedeutung. Ebenso waren unter der Bedingung einer relativen »sensorischen Deprivation« (Beobachtung unter Bedingungen der Isolierung, der Dunkelheit oder der geringen und monotonen akustischen Stimulierung) keine Unterschiede hinsichtlich der Fehlerhäufigkeit bzw. der Zahl der entdeckten Signale zwischen den Altersgruppen zu finden. Nur dann, wenn die Signalwahrnehmung nicht mündlich, sondern durch Niederschreiben registriert werden mußte, traten Altersunterschiede hervor.

Zur Erklärung dieser Tatsache reicht nach DAVIS und GRIEW (1965) das relativ »niedrige« Durchschnittsalter der älteren Versuchspersonen von 54 Jahren nicht aus, denn auch die über 60jährigen wiesen keine Unterschiede bei den Vigilanz-Aufgaben gegenüber den Jüngeren auf. Vielmehr müsse man das Resultat zu dem höheren Motivationsniveau der Älteren in Beziehung setzen. Dieses höhere Motivationsniveau kann sich hier positiver auswirken, da weder spezielle Fähigkeiten, noch ein spezielles Training für solche »Signal-Entdeckungs-Aufgaben« von Bedeutung sei.

4.5.7. Zur Problematik von Querschnittsuntersuchungen

Weiterhin ist zu diesem Bereich zu bemerken, daß die Frage der Veränderung psychomotorischer Fähigkeiten mit zunehmendem Alter bisher fast ausschließlich in Querschnittsuntersuchungen angegangen worden ist, so daß die im Zusammenhang mit der Diskussion um die Veränderung intellektueller Fähigkeiten gebrachten Einwände hinsichtlich der Vergleichbarkeit in der Zusammensetzung der verschiedenen Altersgruppen (unterschiedliche Schulbildung, Gesundheitszustand, berufliches Training und dergleichen) hier ebenso erhoben werden müßten.

MATHEY (1970) hat das Material der Bonner Längschnittstudie, vor allem die von 60–65- und 70–75jährigen erzielten Ergebnisse beim Kieler Determinationsgerät nach MIERKE* ausgewertet und nach den intraindividuellen Veränderungen im Laufe von drei Untersuchungsjahren gefragt. Hierbei stellte sich heraus, daß zwar bei einem Querschnittsvergleich eines jeden Untersuchungsjahres die Gruppe der 70-jährigen schlechter abschnitt als die Gruppe der 60jährigen, und daß innerhalb jeder Gruppe Männer bessere Werte erzielten als Frauen. (Innerhalb der Frauengruppe jedoch zeigten sich eindeutige Besserleistungen bei jenen Frauen, die irgendwann einmal berufstätig gewesen sind – was MATHEY durch einen durch die Berufssituation gegebenen »Trainings-Effekt« im Hinblick auf Streß-Situationen plausibel zu erklären versucht.) – Verfolgt man jedoch die Veränderung der psychomotorischen Leistungsfähigkeit innerhalb der drei Jahre, so bleibt bei den 60jährigen Männern und Frauen und bei den 70jährigen Männern die Leistung relativ konstant bzw. es zeigt sich ein leichter Anstieg der

---

* Das »Kieler Determinationsgerät« wurde entwickelt von Karl Mierke. In der benutzten Versuchsanordnung war auf das Aufleuchten verschiedenfarbiger Lichter durch Niederdrücken entsprechend gefärbter Handtaster zu reagieren. Zugleich war das Aufleuchten zweier weiterer Lampen, die in einem getrennten Darbietungsfeld angeordnet waren, durch Bedienung entsprechender Fußtaster zu beantworten.
Die Versuchsanordnung wurde insofern als sensomotorische Belastungssituation verwendet, als durch stufenweise Erhöhung des Tempos der Reizdarbietung schließlich eine erhebliche Überbelastung des Leistungssystems, nämlich der Koordinationsleistung zwischen sensorischer Reizerfassung und adäquater Reaktion verschiedener motorischer Bereiche erzielt wurde. Dabei wurde die Belastungseinwirkung in folgender Weise standardisiert und individuell angepaßt: Nach einer ausreichenden Einarbeitung in niedrigen Tempostufen der Reizdarbietung wurde danach diejenige Tempostufe ermittelt, bei der die Probanden noch 50% Treffer (im Sinne von richtigen Reaktionen) erzielten. Nach empirisch gewonnenen Ergebnissen von Graf Hoyos, Kottenhoff, Müller und von Uslar ist bereits bei einer geringfügigen Überschreitung dieses »kritischen« 50%-Treffer-Niveaus mit einer zunehmenden Belastungsauswirkung zu rechnen. Eine erhebliche Belastung unserer Probanden wurde dadurch erzeugt, daß deren individuelles 50%-Treffer-Niveau zunächst um eine und unmittelbar darauf um zwei Tempostufen überschritten wurde. Bei zwei sich ohne Unterbrechung des Ablaufs anschließenden Wiederholungen nach dem gleichen Verfahrensmodus diente jeweils das zuletzt erreichte 50%-Treffer-Niveau als Ausgangsbasis. Es kam somit insgesamt zu einer dreimaligen standardisierten Belastungseinwirkung. (MATHEY, 1970)

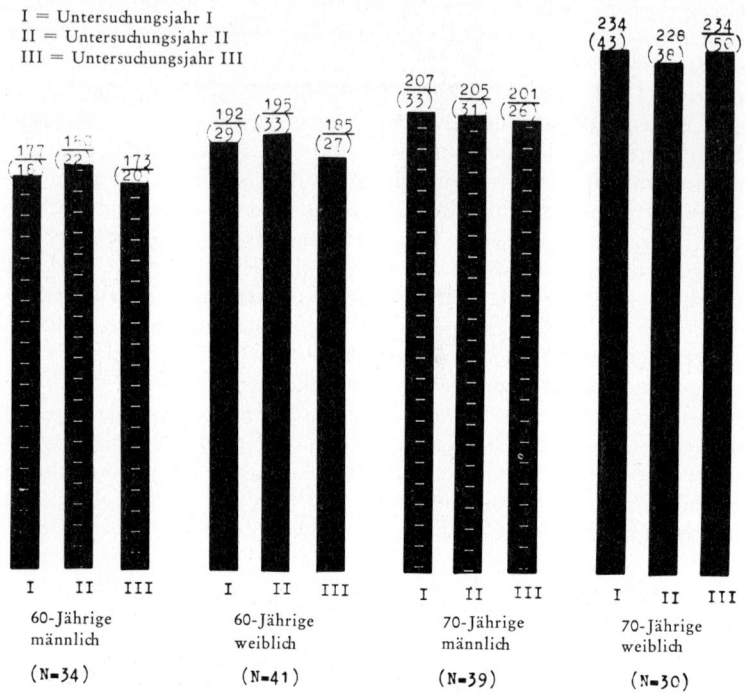

Mittelwerte unterstrichen (sigma-Werte in Klammern)

I = Untersuchungsjahr I
II = Untersuchungsjahr II
III = Untersuchungsjahr III

I   II   III
60-Jährige
männlich
(N=34)

I   II   III
60-Jährige
weiblich
(N=41)

I   II   III
70-Jährige
männlich
(N=39)

I   II   III
70-Jährige
weiblich
(N=30)

Abb. 16 Belastungsversuch. Längsschnittliche Entwicklung der Mittelwerte, die bei den gleichen Personen in drei aufeinanderfolgenden Untersuchungsjahren gewonnen wurden (durchschnittliche Umlaufszeiten – in sec –, bei denen noch 50% richtige Reaktionen erzielt wurden). Mittelwerte unterstrichen (Sigma-Werte in Klammern) (nach MATHEY, 1971)

Leistung im letzten Untersuchungsjahr (vgl. Abb. 16); bei den 70jährigen Frauen zeigt sich jedoch im gleichen Zeitraum ein Leistungsabfall. Man könnte den Anstieg zwar als »Übungserfolg« deuten – dann wäre immerhin die Lernleistung beachtlich! Man könnte jedoch auch die Besserleistungen in den Wiederholungsuntersuchungen durch den Wegfall von Unsicherheitsfaktoren, d. h. durch den höheren Bekanntheitsgrad dieses Versuches, gegeben sehen – was eine Stützung der These von EISDORFER: »Minderleistungen älterer Personen sind kein Ausdruck der eigentlichen Leistungsfähigkeit sondern ein Ausdruck der größeren Ängstlichkeit« bedeuten würde.

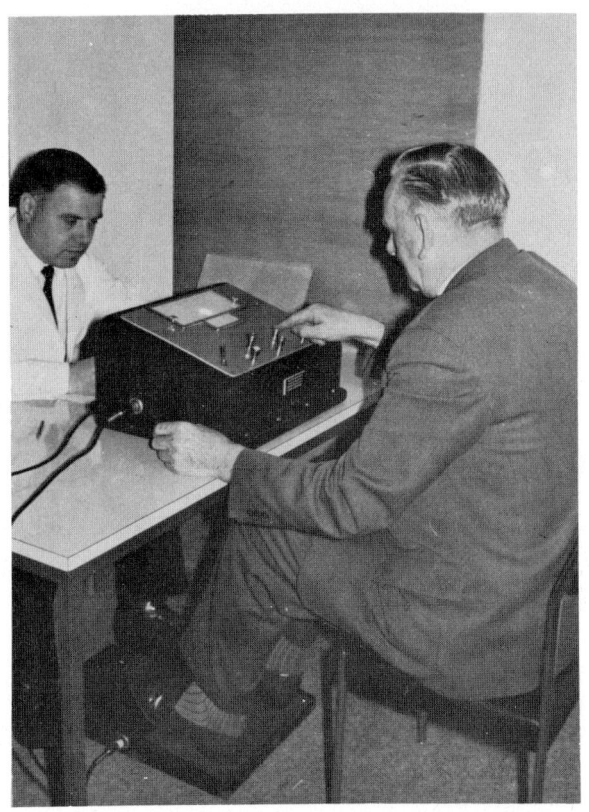

Abb. 16a.: Einer der Probanden der Bonner gerontologischen Längsschnitts-
studie bei der Durchführung der Aufgaben am Kieler Determinationsgerät
nach MIERKE.

MATHEY (1970, 1971) konnte anhand des gleichen Materials weiterhin
nachweisen, daß auch die psychomotorische Leistungsfähigkeit und
ihre etwaige altersbedingte Veränderung im Zusammenhang mit anderen Variablen gesehen werden muß. Es zeigten sich zunächst einmal
hohe Korrelationen zwischen den psychomotorischen Leistungen und
den erzielten Ergebnissen im Intelligenztest, besonders im Handlungsteil (vgl. Tab. 9a), sodann auch mit bestimmten Persönlichkeitsmerkmalen (vgl. Tab. 9b).

Tabelle 9a. Korrelationen zu den Untertest-Ergebnissen des HAWIE (Hamburg-Wechsler-Intelligenztest für Erwachsene) (Untersuchungsjahr III) (nach MATHEY, 1971)

** = hochsignifikant (auf dem 1%-Niveau); * = signifikant (auf dem 5%-Niveau); – = nicht signifikant

Belastungsversuch

	Gesamt-Test	Verbal-Teil	Handl.-Teil	Verbal-Untertests					Handlungs-Untertests				
				AW	AV	ZN	RD	GF	ZS	BO	BE	MT	FI
60 J., männl. (N = 39)	–	–	–	–	–	–	**	–	*	–	–	–	–
60 J., weibl. (N = 47)	**	**	–	**	–	–	*	–	**	**	**	**	**
70 J., männl. (N = 44)	**	*	**	–	–	*	–	**	**	*	**	**	**
70 J., weibl. (N = 33)	**	*	**	–	**	–	–	–	**	**	–	–	–

Tabelle 9b. Zusammenhang mit sonstigen Merkmalen (falls in einem oder beiden Untersuchungsjahren für die Gesamtgruppe eine signifikante Korrelation festgestellt wurde) (nach MATHEY, 1971)

I = Untersuchungsjahr I; II = Untersuchungsjahr II; * = signifikant; T = starke Tendenz; – = keine Tendenz

Belastungsversuch

	Größe der Aktivität	Steuerung	Gesundheitl. AZ		Zufriedenheit	Sozial-Status		Ein-kommen		Schul-bildung		Männer Angest./Arbeiter		Frauen Berufstätigkeit	
	II	II	I	II	I	I	II	I	II	I	II	I	II	I	II
60 J., männl.	–	–	T	*	*	*	*	*	*	*	*	T	T		
60 J., weibl.	–	–	*	T	T	*	T	*	*	*	T			T	T
70 J., männl.	T	T	T	T	T	–	–	–	–	–	T	T	T		
70 J., weibl.	*	T	T	T	T	*	T	–	–	*	*			T	T

Während sich bei älteren im Gegensatz zu jüngeren Personen kein eindeutiger Zusammenhang zwischen den beim Kieler Determinationsgerät erzielten Leistungen einerseits und Leistungen beim Pursuit-Rotor-Versuch ergaben (bei dem die Aufgabe gestellt wird, mit einem Kontaktstift einen Kontaktpunkt auf einer sich drehenden Scheibe zu verfolgen, wobei die Zeit gemessen wird, während derer der Kontakt erhalten bleibt), konnte hier eine hohe Korrelation zwischen bestimmten mit dem Pursuit-Rotor erfaßten Fähigkeiten (wie motorische Anpassung an ein vorgegebenes Tempo, Belastungsfähigkeit, Lernleistung bei Wiederholungsversuchen) und dem Gesundheitszustand nachgewiesen werden, vor allem eine gewisse Abhängigkeit der Pursuit-Rotor-Leistung vom Grad der Sklerose (SCHMITZ-SCHERZER). Eine Verbesserung des Gesundheitszustandes ging vor allem mit einer Verbesserung psychomotorischer Lernleistungen (FRÖHLICH, LEHR, REICHERTZ, 1968) einher. Außerdem erzielten intelligentere Versuchspersonen (höhere IQ, vor allem höhere Werte beim Mosaik-Test des HAWIE) bessere Leistungen beim Pursuit-Rotor-Verfahren (SCHMITZ-SCHERZER).

4.5.8. Zusammenfassung

Zusammenfassend läßt sich die Frage nach einer Veränderung der psychomotorischen Leistungsfähigkeit im höheren Erwachsenenalter dahingehend beantworten, daß eine generelle Altersbedingtheit nicht eindeutig nachweisbar wird. Eine Reihe von Faktoren – wie Darbietungsarten der auslösenden Stimuli, Vorsignal, Vielzahl und Eindeutigkeit der Informationen, Grad der Komplexität derartiger Aufgaben und vor allem Momente, die die biographische Situation bestimmen (Persönlichkeitsstruktur, intellektuelle Leistungsfähigkeit, sozialer Status, Schulbildung, Berufserfahrung und Gesundheitszustand) – wirken hier modifizierend.

4.6. Untersuchungen zur Frage der Langlebigkeit – eine Stütze des Defizit-Modells?

Die Frage, wodurch sich Personen, die ein hohes Alter erreichen, von jenen Personen unterscheiden, die relativ früh sterben, wurde zunächst durch medizinische Untersuchungen, dann aber durch die Erhebung soziologischer Daten zu klären versucht.

Dabei erfaßte man Personen, die ein hohes Alter erreicht hatten, und analysierte deren Lebensgewohnheiten und Lebensbedingungen und verglich die Daten mit den entsprechenden Angaben (oder Annahmen) für die Gesamtbevölkerung. So machte man bestimmte geographische Bedingungen, Lebensgewohnheiten im Hinblick auf Diät, Rauchen, Alkoholkonsum verantwortlich, aber auch konstitutionelle Faktoren (vgl. Franke, 1971; Ciucă, 1967; Sachuk, 1970; Rose, 1968 u. a.). Psychologische Daten konnten bei diesem Untersuchungsansatz nicht erfaßt werden; außerdem wäre keinerlei Basis für einen Vergleich gegeben. Erst die Methode der Längsschnittforschung – zum Teil auch die der mehr soziologisch-orientierten Follow-up-Studien – bringt hier Erkenntnisse. Die an jede Longitudinalforschung herangetragene Forderung, die während der Jahre auftretende Reduzierung der Stichprobe möglichst genau zu analysieren, und zu überprüfen, in wieweit die nach dem 5., 8., 10. oder 12. Untersuchungsjahr noch vorhandene Schrumpfstichprobe mit der Ursprungsstichprobe vergleichbar ist, hat zu interessanten Einsichten geführt.

Von Vergleichen der medizinischen, soziologischen und psychologischen Daten der Erstuntersuchung ausgehend, versuchte man die »drop-outs«, die Ausfälle der Wiederholungsuntersuchungen, genau zu bestimmen, – von denen freilich nur ein Teil durch Tod bedingt waren.

Streib gab im Jahre 1966 einen Überblick über »participants and drop-outs in a longitudinal study« und analysiert die insgesamt 25 in den USA an Erwachsenen durchgeführten »Längsschnittstudien« (von denen freilich einige in die Kategorie der Follow-up-Studien fallen) und versuchte, die »Charakteristik der drop-outs« zu erarbeiten. Übereinstimmend zeigte sich, daß Personen von niederem sozioökonomischen Status eher zu der Gruppe der Ausfälle zählen als Personen höheren Status (Belson, 1960; Berelson, Lazarsfeld und McPhee, 1954; Benny, Gray und Pear, 1956), entsprechend auch jene Personen, die eine geringere Schul- und Berufsausbildung erfahren hatten (Berelson et al. 1954; Reeder, 1960).

Da jedoch das Interesse an der Fragestellung sich als starkes Motiv der Mitarbeit der Versuchspersonen über Jahre hinweg erwies, lassen sich – zumindest bei Ausfällen, die nicht durch den Tod bedingt sind – nur schwer allgemeingültige Feststellungen treffen. – Bei der Wiederholungsstudie, die z. B. das Wählerverhalten erforschte, fanden Berelson und Mitarbeiter, daß die politisch Interessierten, besser Informierten und stärker Engagierten mitmachten, daß hingegen die Ausfälle unter den politisch Indifferenten jedoch erheblich waren. – Ähnliches stellte man bei einer 5-Jahres-Wiederholungsstudie fest, die die Situation der Chronisch-Kranken in der Familie erforschen wollte: Jene Familien, die selbst durch chronische Krankheiten nicht betroffen und somit weniger motiviert waren, verweigerten stärker jede Wiederholungsuntersuchung (Downes, 1952).

Bei der Kansas-City Studie (Cumming und Henry, 1961) ergab eine sorgfältige Analyse der Ausfälle, daß gerade jene Personen, die wenig Sozialkontakte hatten und sich isoliert vorkamen, die Wiederholungsuntersuchung verweigerten, – ebenso aber auch jene, die extrem aktiv waren und angaben, derart beschäftigt zu sein, daß sie zur Untersuchung keine Zeit hätten.

Überprüfungen, ob Jüngere oder Ältere stärker zu den Ausfällen zählen, oder ob Männer oder Frauen eher eine Wiederholungsuntersuchung verweigern, lassen keine generellen Antworten zu; hierbei ist offenbar die Fragestellung der Untersuchung entscheidend (Lowe u. McCormick, 1955; Streib, 1966).

Streib selbst wertete die Daten der Cornell-Pensionärs-Studie aus, in der insgesamt 3793 Männer und Frauen im Alter von 64 Jahren, die noch im Arbeitsprozeß standen, erfaßt wurden. Allerdings handelte es sich nur um eine Fragebogen-Studie, bei der die Fragebogen durch die Post zugeschickt wurden und die die Befragten schriftlich zu beantworten hatten. 18 Monate nach der Ersterhebung wurde wiederum ein Fragebogen zugeschickt, den 75% der Erststichprobe beantwortete; nach einem nochmaligen Abstand von 2 Jahren antworteten immerhin noch 65% der Ursprungsstichprobe, allerdings konnte man die Gründe der Ausfälle (Tod, Verhinderung, Verweigerung) nicht erfassen. Ein Vergleich der Ausfälle mit der Ausgangsstichprobe zeigte, daß Frauen bereitwilliger zur Wiederholungsuntersuchung waren als Männer; jene Personen, die eher zur Arbeiterklasse zu rechnen waren, die geringeres Einkommen hatten, die eine kürzere Schulzeit hatten, zählten signifikant häufiger zu der Gruppe der Ausfälle. Außerdem schienen jene Personen eine Wiederholungsbefragung zu verweigern, die schon bei der Erstbefragung eine negativere Einstellung zur Pensionierung erkennen ließen, die stärker beruflich engagiert waren. Jene Personen, die generell eine positivere Zukunftseinstellung hatten, die sich bei der Selbstbeurteilung des Gesundheitszustandes positiver einschätzten, waren stärker bei den Wiederholungsuntersuchungen vertreten.

In diesem Zusammenhang interessierte jedoch stärker die Gruppe jener Ausfälle, die durch Tod bedingt sind. Allerdings stellte Riegel (1969), der 1956/57 in Norddeutschland eine Altersuntersuchung durchgeführt hatte und 5 Jahre später, 1961/62 denselben Personenkreis zu erfassen versuchte (wobei von ursprünglich 380 Personen nur noch 202 untersucht werden konnten; 62 waren zwischenzeitlich verstorben, 116 verweigerten die Untersuchung; – vgl. K. Riegel, Riegel, R. und Meyer, 1968), fest, »daß die Bereitschaft zur Wiederholungsuntersuchung eine eindrucksvolle Vorhersage der Überlebenschance« sei (RIEGEL, 1969, S. 455). Denn bei einer 2. Wiederholungsuntersuchung im Abstand von wiederum 5 Jahren, waren von der Ursprungsstichprobe (380) 160 verstorben, und zwar 41,9% der 116 »Verweigerer« der ersten Wiederholungsuntersuchung und nur 24,7% der 202 Personen, die wiederholt untersucht wurden. RIEGEL folgert daraus eine größere Lebensgefährdung der Verweigerer von Wiederholungsuntersuchungen. Ein Vergleich auf Grund einer Analyse der Werte der Erstuntersuchung der Vorzeitig-Verstorbenen mit denen der noch bei der 2. Wiederholungsuntersuchung Erfaßten erbrachte, daß Langlebigkeit mit höheren Werten im Verbalteil des Hamburg-Wechsler-Intelligenz-Tests korreliert, ebenso mit einer differenzierteren Interessenstruktur und mit geringeren Rigiditäts- und Dogmatismuswerten einherging. Die Gruppe der frühzeitig Verstorbenen war weniger intelligent und erzielte vor allem im Verbalteil niedere Werte; war weniger interessiert und erlangte geringere Aktivitätsscores; sie war außerdem finanziell schlechter gestellt und entstammte häufiger größeren Familien als die Gruppe der »Langlebigen«. Außerdem erwies sich das bei der Erstuntersuchung erfaßte Ausmaß der körperlichen Aktivität und das gesundheitliche Wohlbefinden als sicherer Vorhersagefaktor für die Langlebigkeit (RIEGEL, 1969).

Diese auch auf Grund anderer Untersuchungen getroffene Feststellung, derzufolge frühzeitig Verstorbene (»non-survivors«) im Gegensatz zu den Langlebigen (»survivors«) niedere Intelligenzwerte haben (JARVIK, 1962, 1967; RIEGEL, 1969; BRITTON, 1969; GRANICK und BIRREN, 1969; PALMORE, 1969) führte zu einer erweiterten Diskussion des Defizit-Modells geistiger Fähigkeiten im höheren Alter. Man argumentierte, daß der an sich schon beobachtete Abfall intellektueller Fähigkeiten mit zunehmendem Alter an sich noch weit stärker sei und nur deswegen nicht so eindeutig nachweisbar wäre, weil die »weniger Intelligenten« früher sterben und so jene Personen, die man überhaupt noch testen kann, eine positive Auslese darstellen. – Eine sehr heiß umstrittene Feststellung, die auf dem Vergleich der Ausgangsdaten bei Alters-Längsschnittuntersuchungen basiert, bei denen die Testwerte der Überlebenden (»survivors«), die bei der Wiederholungsuntersuchung erfaßt werden konnten, den Ausgangstestwerten der inzwischen Verstorbenen (»non-survivors«) gegenübergestellt wurden!

Die gerontologischen Längsschnittstudien in den USA, die bereits seit 10–12 Jahren laufen, haben zum letzten Gerontologenkongreß (1969 in Washington) unter diesem Aspekt des Vergleichs »survivors« und »non-survivors« eine Auswertung erfahren (GRANICK und BIRREN;

YOUMANS und YARROW; PFEIFFER), ebenso wie auch die Studie von RIEGEL. Die Ergebnisse der verschiedenen Studien zeigen weitgehende Übereinstimmung, indem die Überlebenden bereits zu Beginn der Untersuchung, d. h. 10 bzw. 12 Jahre zuvor, schon eine höhere Aktivität, einen weitreichenderen Zukunftsbezug, ein größeres Ausmaß an Sozialkontakten, längere Schulbildung, höheren sozialen Status – und vor allem: sehr signifikant höhere Werte bei den Intelligenztests erkennen ließen als die inzwischen Verstorbenen. Lediglich die Studie von BRITTON und BRITTON (1969), in die auch Frauen einbezogen waren, stellte zwar hohe Korrelationen zwischen Überlebensrate und Aktivität und Zukunftsbezug und Ausmaß an Sozialkontakten fest, ebenso sehr signifikante Korrelationswerte zwischen Überlebensrate und Sozialstatus – jedoch keine gesicherten Zusammenhänge zwischen Intelligenzquotient und Überlebensrate bei den Frauen im Gegensatz zur Männergruppe.

Gerade dieses letztgenannte Ergebnis sollte hellhörig machen: Ist es wirklich, wie diese Forscher meinen, die Intelligenz, die eine höhere Überlebenschance gewährt, – oder ein Merkmal, das sich eben bei Intelligenteren im allgemeinen häufiger findet, wie z. B. der »soziale Status« bzw. die finanzielle Situation? – Oder aber ist es eine generelle Aktivität, die einerseits für Anregung (d. h. für sensorische und soziale Stimuli) sorgt und damit ein gewisses »training« intellektueller Fähigkeiten bewirkt, und andererseits auch problematische Lebenssituationen (wie Krankheitsfälle) durch aktiven Einsatz »lebenstüchtiger« meistert und bewältigt?

Sicher weisen all diese Forschungsergebnisse auf ein interessantes Problem hin; dennoch scheint es zum gegenwärtigen Zeitpunkt und beim jetzigen Stand der Forschungslage verfrüht, Theorien in bezug auf lange Lebenserwartung daraus abzuleiten! Vor allem fehlt bisher bei nahezu all den erwähnten Studien die Berücksichtigung der Todesursache, die sicher einige Modifizierungen bringen würde. – Immerhin ist die Eruierung von Vorhersagekriterien für eine Langlebigkeit jetzt auch innerhalb der Psychologie zu einem aktuellen Forschungsthema geworden, zumal eine Reihe von Studien Zusammenhänge zwischen psychischen Merkmalen und Lebensdauer nachweisen.

Interessant ist in diesem Zusammenhang die Studie von JARVIK und FALEK (1963) und die von JARVIK (1967), die bei Längsschnittuntersuchungen (1946–1958) an 164 Zwillingspaaren, die bei der Erstuntersuchung ca. 60 Jahre alt waren, recht differenzierende Ergebnisse erhalten konnten. JARVIK bezog neben den Ausgangsdaten von 1946 auch die Testwerte der verschiedenen Wiederholungsuntersuchungen mit ein und glaubt, daß die bei einem intraindividuellen Längsschnittvergleich feststellbare Abnahme bestimmter kognitiver Funktionen – wie z. B. Gedächtnis, Abstraktionsfähigkeit, Fähigkeit zu Analogieschlüssen – bei sonst gleichbleibenden Leistungen bei psychomotorischen Aufgaben – spezifisch mit Hirnveränderungen korrelieren und so einen sehr empfindlichen Indikator für Veränderungen der zerebralen Funktion darstellen, die gewisse Schlußfolgerungen auf das nahende Lebensende ermöglichen.

Die Vorhersage einer Langlebigkeit auf Grund physiologischer, seelisch-geistiger und sozialer Faktoren versuchte auch PALMORE (1969; 1970), der sogar zur Entwicklung eines »LQ« (»longevity-quotient«) kam. Dabei ging man von dem Ausgangsalter bei der Erstuntersuchung aus und berechnete auf Grund vorliegender Statistiken die noch zu erwartende Lebensdauer und dividierte durch die danach erfolgte wirkliche Lebenszeit.

PALMORE (1969) korrelierte dann die Langlebigkeit sowohl mit der statistischen Lebenserwartung, mit dem auf Grund vieler Einzeldaten und Laborbefunde von den Medizinern erstellten Wert für den »Gesamt-Gesundheitszustand«, mit der auf Grund der psychologischen Untersuchung festgestellten »Zufriedenheit mit dem Lebensalltag« und der Intelligenz. Bei der Gesamtgruppe der 268 60–94jährigen, von der zur Zeit dieser Auswertung noch 147 am Leben waren, ergaben sich sehr signifikante Korrelationen zwischen Langlebigkeit und statistischer Lebenserwartung und Gesundheitszustand; signifikante Korrelationen zur Zufriedenheit und Intelligenz.

Im einzelnen ergaben sich folgende Korrelationen zur Langlebigkeit bei älteren Personen:

1. die statistische Lebenserwartung ist der beste Prädiktor $r = .56$
2. die medizinische Beurteilung des Gesundheitszustandes (bei Abwesenheit von Herz-Kreislaufkrankheiten: $r = .29$) $r = .43$
3. Handlungs-Wertpunkte des Wechsler-Intelligenztests $r = .31$ (Handlungsscore korrelierte höher mit Langlebigkeit als Verbalscore)
4. Gesamtaktivität, bzw. Freizeitaktivität $r = .23$
5. Einstellungsscores: Selbst-Rating der Gesundheit $r = .19$
   Zufriedenheit mit Beruf $r = .19$
   Gefühl, gebraucht zu werden $r = .16$
6. Gruppenaktivität (in Clubs etc.)
   und Lesen, TV-Sehen etc. $r = .24$

Interessant ist nur, daß für Männer und Frauen, für Jüngere und

Ältere offenbar unterschiedliche Faktoren einen Voraussagewert für eine Langlebigkeit erkennen lassen (vgl. Tab. 10).

Tabelle 10. Korrelation zwischen Langlebigkeit und Lebenserwartung, Gesundheit, Zufriedenheit und Intelligenz

	Ges. Gruppe	alle Männer			alle Frauen		
			60–69 j.	üb. 70 j.		60–69 j.	üb. 70 j.
statistische							
Lebenserwartung	ss	ss	s	ss	ss	ss	ss
Gesundheit	ss	–	–	–	ss	ss	–
Zufriedenheit	s	s	ss	–	–	–	–
Intelligenz	s	ss	–	ss	–	–	s

So scheint für die Vorhersage der Langlebigkeit für Frauen, besonders für die 60–69jährigen, der Gesundheitszustand bedeutsamer als für Männer, während die Zufriedenheit mit der täglichen Arbeit gerade für 60–69jährige Männer ein gutes Vorhersagekriterium zu sein scheint, die Intelligenz hingegen als Vorhersagekriterium besonders bei den über 70jährigen an Bedeutung gewinnt. – Bei all dem sollte man jedoch bedenken, daß festgestellte Zusammenhänge nicht etwa Kausalität bedeuten.

Diese neuen Forschungsansätze zur Frage der Langlebigkeit sind zweifellos interessant, jedoch zum jetzigen Zeitpunkt noch zu wenig abgesichert, um von hier aus generalisierende Schlußfolgerungen für den Alternsprozeß ziehen zu können.

5. Das Problem der Persönlichkeitsveränderung im höheren Lebensalter

5.1. Allgemeine Feststellungen und Probleme der methodischen Fundierung

Während eine Entwicklungspsychologie des Kindes- und Jugendalters eine Vielzahl von Erkenntnissen in bezug auf Persönlichkeitsveränderungen gebracht hat, hat man bei der Erforschung des Erwachsenenalters und Alters den Bereich der Persönlichkeitsveränderungen weitgehend ausgespart und sich mit der Erforschung der Veränderungen im Bereich der geistigen Leistungsfähigkeit und der sozialen Interaktionen begnügt. Dabei muß man bedenken, daß die Anstöße zu einer Ausweitung des Entwicklungsbegriffes auf das Erwachsenenalter weniger von Hinweisen auf Vorgänge im intellektuellen Bereich ausgingen als vielmehr von Hinweisen auf Veränderungen des Erlebens und Verhaltens. Charlotte BÜHLER (1933) hob den sich um die Lebensmitte vollziehenden Wandel von einem auf Expansion gerichteten Verhalten zu einem mehr auf Restriktion gerichteten hervor. GRUHLE (1938) sieht das »seelische Altern« durch »zunehmende Abgeklärtheit und Weisheit«, – die seiner Meinung nach häufig jedoch auf einen »Mangel an Affektivität« hinweisen oder als Ausdruck »beginnender Stumpfheit« gesehen werden sollte, – gekennzeichnet. – Veränderungen im Gefühlsleben werden immer wieder behauptet; während man allgemein von einer Abnahme der Gefühlsintensität überzeugt ist – Martha MOERS (1953) spricht von einem »merklichen Abnehmen der Fühlfähigkeit« –, betont v. BRACKEN (1939, 1952) unter Hinweis auf Stanley HALL (1922), ALLPORT (1950) und andere die Umstrukturierung des Gefühlslebens:

»Der ältere Mensch ist nicht gleichgültig – er fühlt nur anders! Die Stürme der Pubertät und Adoleszenz fehlen; es mag sogar sein, daß die Gefühlsregungen des bloßen Daseins und des einfachen Selbstseins schwächer werden; dafür bieten die höheren Gefühle ungeahnte Entwicklungsmöglichkeiten. Immer neue Erlebnisqualitäten sind in Musik und bildender Kunst in Dichtung und Geschichte zu erschließen.« (v. BRACKEN, 1952, S. 311)

Weiterhin sieht man Persönlichkeitsveränderungen im höheren Alter durch nachlassende Antriebsstärke oder gar Antriebsmangel ausgelöst. So meint v. BRACKEN (1952, S. 312): »Besonders in dem 5. und 6. Jahrzehnt setzt bedauerlich oft eine Egokyminsuffizienz ein mit Mattigkeit, Lustlosigkeit, Antriebsmangel, die sich ergeben, wenn die Kraft des Ich nachläßt, wie Denkträgheit und Störungen des Denkverlaufs, Wehleidigkeit, Reizbarkeit, überhaupt Abnahme der Selbstkontrolle«. Freilich hat v. BRACKEN einmal auf die individuellen Differenzen in diesem seelischen Alternsprozeß aufmerksam gemacht, zum anderen schon vor 20 Jahren auf die Möglichkeit der Entwicklung der Medizin hingewiesen, »z. B. durch Hormontherapie zu wirksamen Behandlungsmethoden der Egokyminsuffizienz zu kommen. Auf diese Weise könnte sich das Bild der Persönlichkeit des Menschen vom 5. Jahrzehnt ab erheblich ändern« (1952, S. 312). Ein »ständiges Absinken all jener Antriebe, die eine stark vitale Komponente haben«, glaubt MOERS mit zunehmendem Alter gegeben.

Man könnte die Aufzählungen bezüglich festgestellter – bzw. behaupteter – Veränderungen des Seelischen im höheren Erwachsenenalter endlos fortsetzen; sie beruhen jedoch nicht auf fundierter empirischer Forschung, so daß diesen Aussagen gegenüber eine gewisse Zurückhaltung geboten erscheint. Persönlichkeitsveränderungen wurden bisher weit weniger untersucht als etwa solche der Intelligenz. Dies ist nicht etwa auf eine Überbetonung des Leistungsaspektes in unserer Leistungsgesellschaft zurückzuführen, sondern dürfte vor allem methodische Gründe haben.

Testverfahren, die solche Persönlichkeitsänderungen messen könnten, sind erst in sehr unzureichendem Maße entwickelt, insbesondere aber fehlt zumeist die geeignete Adaptierung für das höhere Alter. Diese Adaptierung ist aber für die hier zu untersuchenden Persönlichkeitsbereiche noch wichtiger als für die Aufgaben der Intelligenz- oder Gedächtnismessung. – Fragebögen zur Messung von Persönlichkeitseigenschaften sind einmal meist nur an Angehörigen jüngerer Personengruppen entwickelt worden, zum anderen sind es jeweils ganz bestimmte Personengruppen (wie z. B. untere Semester von Psychologie-Studenten, oder Krankenschwestern oder Patienten psychiatrischer Kliniken), an denen solche Methoden erprobt wurden. Dadurch muß natürlich der Inhalt mancher dieser Fragebögen sehr wenig altersspezifisch ausfallen. Viele dieser Instrumente sind zu komplex, zu lang und oft in ihrer Bedeutung für ältere Menschen von vornherein völlig anders. So bedeutet z. B. die Frage, ob man lieber »neue« statt »alte« Möbel wolle – von bestimmten Modeerscheinungen abgesehen – für einen 30jährigen etwas ganz anderes als für einen 70jährigen. Den Wunsch, seine alten Möbel behalten zu wollen, dann jedoch als Indikator für »Rigidität« zu werten, ist problematisch und stellt die Bewertung einer Antwort vom Standpunkt einer jüngeren Altersgruppe, – aber nicht eine objektive Feststellung dar. Schließlich ist die Einwirkung von Voreinstellungen (»response sets«), welche das Testergebnis verfälschen, gerade in diesem Alter schwer zu kontrollieren.

Auch die zweite Gruppe von Methoden, auf die sich die Persönlichkeitspsychologie stützt, nämlich die projektiven Verfahren, kann nur mit Vorsicht bei durchschnittlichen älteren Personengruppen angewandt werden. Erprobt wurden auch diese Verfahren bei Studenten oder bei Patienten. Veränderungen, die man mittels dieser Methoden feststellt – etwa gar unter Zugrundelegung von Normwerten jüngerer Gruppen, die man der Literatur entnimmt, – können also niemals nur auf das Lebensalter zurückgeführt werden.

Darüber hinaus stellt sich auch hier die grundsätzliche Frage, ob nachweisbare Unterschiede bezüglich bestimmter Persönlichkeitsmerkmale zwischen 30-, 40-, 50-, 60- und 70jährigen entwicklungsbedingt bzw. altersbedingt sind oder auf bestimmte Umwelteinwirkungen bzw. zeitgeschichtliche Ereignisse zurückzuführen sind, die unter Umständen bei einem 20jährigen ähnliche Verhaltensreaktionen auslösen können und zur Umstrukturierung der Erlebensqualitäten führen, wie man sie bei 60- oder 70jährigen festgestellt hat. Auf diese Problematik weist NEUGARTEN hin, wenn sie feststellt:

»The problems are how to delineate those personality processes which are the most salient at successive periods in adulthood; how to describe those processes in terms which are appropriate to the phenomena; and how to isolate the changes that relate to age from those that relate, say, to illness on the one hand or to social and cultural change, on the other.« (1966, S. 61)

Die Frage nach Persönlichkeitsveränderungen mit zunehmendem Erwachsenenalter läßt sich ohne Längsschnittuntersuchungen nur unzureichend klären. Ein gewisser erster Ansatz besserer methodischer Fundierung ist durch die »biographische Methode« (THOMAE 1952, 1968) gegeben. THOMAE (1951) weist in seinem Buch »Persönlichkeit – eine dynamische Interpretation« auf die Mannigfaltigkeit der »Veränderungen der Lebenshöhe« (S. 100 ff.) hin, die sowohl in einer Versachlichung, einer »Verinnerlichung« oder »Veräußerlichung«, einer »Vertiefung« oder »Verflachung«, einer »Distanzierung« als Abhebung des indivduellen Selbst von der sozialen Umgebung gesehen werden kann. Dabei betont THOMAE immer wieder einerseits die individuelle Variationsbreite, die spezifischen Ausprägungsweisen von Grundvorgängen, andererseits die Unmöglichkeit der Zuordnung solcher und ähnlicher Phänomene zu bestimmten Phasen des Lebensablaufs. –

Da die Erfassung von Persönlichkeitsmerkmalen ohnehin – wie aufgezeigt – eine Reihe von methodischen Problemen mit sich bringt, haben auch die meisten amerikanischen Längsschnittstudien der Erforschung der Veränderung der Leistungsfähigkeit den Vorzug gegeben. Da wir uns hier aber auf die Darstellung wenigstens einigermaßen gesicherter Ergebnisse hinsichtlich der Persönlichkeitsveränderungen im höheren Alter konzentrieren wollen, dürfte dieser Abschnitt weniger umfangreich werden als jener Teil, der die Veränderungen im kognitiven Bereich behandelt. Darüber hinaus wird hier noch stärker hervorzuheben sein, daß manches angeblich »gesicherte« Expertenurteil methodisch auf schwankendem Grund steht und manches auch wissenschaftlich gestützte Stereotyp von der Persönlichkeit des älteren Menschen einer Revision bedarf. –

5.2. Hinweise und Einzelbefunde aus dem klinischen und forensischen Bereich

Angesichts der schwierigen methodischen Situation einer Psychologie der »alternden Persönlichkeit« erscheint es hier auch zweckmäßig, alle Möglichkeiten auszuschöpfen und auch das Erfahrungsgut – zum Teil von Nachbarwissenschaften erhoben – heranzuziehen, das mehr indirekte Aussagen zur Persönlichkeitsveränderung erlaubt. Hierbei wäre es möglich, Ergebnisse der Klinischen Forschung (Psychoanalyse, Psychotherapie und Psychiatrie) wie auch jene der Kriminologischen Wissenschaften zu analysieren. Dabei sollte man jedoch nicht vergessen, daß hier nur Extremgruppen von Persönlichkeiten erfaßt werden, so daß sich eine direkte Übertragung auf den Normbereich geradezu verbietet. Es läßt sich lediglich bei aller gebotenen Vorsicht die Frage aufwerfen, ob die hier angestellten Beobachtungen – wie auch in anderen Bereichen der Persönlichkeitsforschung – unter Umständen Hinweise auf Prozesse liefern, die sich in abgeschwächter Form auch im Normalbereich beobachten lassen.

Nach GROFFMANN (1970), der sich auf C. S. HALL und LINDZEY (1957) beruft, war FREUD der erste, der die Probleme der entwicklungsbedingten Persönlichkeitsveränderung deutlich herausstellte, wenngleich dabei die Theorie der Libidoentwicklung zunächst überbetont wurde und der frühen Kindheit besonderes Gewicht zugesprochen wurde. Ab 1920 jedoch im Zusammenhang mit der Auseinandersetzung um den Todestrieb sieht GROFFMANN bei FREUD eine Ausdehnung der psychoanalytischen Entwicklungstheorie auf die gesamte Lebensspanne gegeben. – Auch ADLER mit seinem Konzept der »Lebensleitlinie« und des »Kreativen Selbst« wäre in diesem Zusammenhang zu nennen; ebenso JUNG, der die Persönlichkeitsentwicklung als weit in das Erwachsenenalter hinein sich erstreckenden Prozeß der Selbstverwirklichung, Selbstidentifikation und Selbstwerdung begreift und die »Individuationskrise« als Wendepunkt herausstellt.

Wenn auch Feststellungen seitens der *Psychoanalyse,* die meistens auf einzelnen Fallstudien gestörter Persönlichkeitsentwicklung beruhen, Hinweise auf Persönlichkeitsveränderungen im Laufe des Erwachsenenalters bieten, so ist doch die Frage der Übertragbarkeit auf den Normbereich kritisch zu überprüfen.

Dies gilt in verstärktem Maße im Hinblick auf jene Aussagen von altersbedingten Persönlichkeitsveränderungen, die auf Grund des Studiums *psychiatrischer Fälle* vorgenommen wurden. So schildert z. B. BÜRGER-PRINZ (1950) verschiedene Formen der Persönlichkeitsveränderung; durch die Analyse von »Spätschicksalen sogenannter hyperthymer Persönlichkeiten« gelangt er zu einer Vielzahl von Entwicklungsverläufen und weist dabei darauf hin, daß das Verhalten immer ungehemmter, rücksichtsloser, umtriebiger und bedenkenloser werde! Nach BÜRGER-PRINZ wird die Persönlichkeit mit zunehmendem Erwachsenenalter entweder verschwommener, »das Gefüge wird durchlässiger; aber auch das Gegenteil setzt ein: Aus der Persönlichkeit wird nicht mehr wandlungsfähige, siegelhafte, kompakt-eingeengte Starrheit«.

Hingegen hebt der Psychiater W. SCHULTE (1962) die Mehrdimensionalität der Verhaltensveränderungen hervor und weist neben zunehmender Egozentrizität, Abnahme der Selbstkritik, »allgemeiner Niveausenkung und Entdifferenzierung« auch auf die Entfaltung von Wesenszügen wie Güte und Dankbarkeit, Milde und Heiterkeit hin. »Wollte man die Psychologie des Alterns nur im Sinne einer Minusvariation sehen, würde man der Alterspersönlichkeit nicht gerecht werden« (S. 63). – Die bereits zitierten Feststellungen des Psychiaters GRUHLE über »das seelische Altern« (1938) lassen die Problematik, an Extremgruppen gewonnene Feststellungen für allgemeingültig zu erklären, deutlich werden. –

Eine weitere Gruppe von Hinweisen auf Persönlichkeitsveränderungen lassen sich dem *forensischen Bereich* entnehmen, innerhalb dessen vor allem die Analyse der Suizid-Rate, die der Rückfalldelikte wie auch jene der Sittlichkeitsdelikte indirekte Aussagen über Persönlichkeitsveränderungen zulassen.

Auf die mit zunehmendem Alter deutlich ansteigende *Selbstmordquote* hat bereits GRUHLE 1940 hingewiesen und die Problematik einer »Motivstatistik« aufgezeigt. Immerhin meint GRUHLE, daß eigentliche Alterspsychosen beim Selbstmord im Alter kaum eine Rolle spielen, sondern daß es vielmehr »psychologisch verständliche Motive« seien (vgl. auch DE BOOR, 1965). Mittlerweile ist die Literatur zum Problem des Suizids auch speziell des Alterssuizids sehr angewachsen. Einen Überblick über den »Altersselbstmord« gibt SAINSBURY (1965). Auch

er stellt – zunächst für England – fest: »Die Selbstmordziffern steigen für beide Geschlechter mit zunehmendem Alter ... In der Lebensmitte ist ein starker Anstieg zu verzeichnen und ein weiterer im fortgeschrittenen Alter; die letztere Tendenz ist bei Männern stärker ausgebildet als bei Frauen« (1965, S. 179). Diese Feststellung wird durch Abb. 17 u. Abb. 18 verdeutlicht. Laut Statistiken der Weltgesundheitsorganisation trifft der Anstieg der Selbstmordfälle für die meisten Länder zu. – Für Deutschland gibt THIEDING (1965) folgende Übersicht (vgl. Tab. 11), die ebenso eine Häufung der Selbstmordquoten zwischen dem 45. und 65. Lebensjahr deutlich werden lassen. Bezieht man die Zahlen jeweils auf den Anteil der lebenden Bewohner gleichen Alters, so ergibt sich bei der Männergruppe ein auffallender Anstieg bei den über 70jährigen (vgl. Abb. 18). Dabei ist zu berücksichtigen, daß die Häufung der Selbstmord*versuche* mit zunehmendem Alter abnimmt, die der vollendeten Selbstmorde jedoch zunimmt. Als Ursache des Suizids wird weithin auf die mit dem Alter einhergehende depressive Stimmungslage hingewiesen, die man auf grundsätzlich altersbedingte Persönlichkeitsveränderungen, vielfach aber auch auf Vereinsamung und Armut zurückführt. SAINSBURY (1955) konnte eine signifikante positive Korrelation zwischen dem wirtschaftlichen Status und dem Selbstmord aufzeigen, wobei aber vor allem im mittleren Lebensalter Wohlhabenheit und nicht etwa Armut im Zusammenhang mit Selbstmord auftreten. Für die einzelnen Altersgruppen getrennt gibt SAINSBURY (1965, S. 183) folgende Übersicht über die Motive, soweit solche überhaupt erfaßbar sind (vgl. Tab. 12).
Durch weitere Analysen der Suizidhäufigkeit bei Männern verschiedener Berufsgruppen wird jedoch nachgewiesen, daß die Selbstmordrate in der Gruppe mit höherem sozialen Status nach der Pensionierung – im Vergleich zur Gruppe der 20–64jährigen – abnahm, jedoch in der Gruppe mit niedrigerem sozialen Status zunahm. Die Unterschiede sind signifikant. Man könnte hier einen Zusammenhang zu den mehr oder weniger gesicherten wirtschaftlichen Verhältnissen sehen. SAINSBURY meint jedoch: »Das muß nicht der kritische Faktor sein, aber, da die höheren Klassen oft im Ruhestand ihren verschiedenartigen Interessen nachgehen können und sich so einen Ausgleich schaffen, scheint es mir evident, daß sie diese Tatsachen vor dem Selbstmord bewahren«. (1965, S. 184)
HEDRI (1969) sieht auf Grund einer Analyse der Selbstmordfälle älterer Personen, die sich zwischen 1961 und 1965 in Zürich ereignet haben, ein Überwiegen somatischer Bedingtheit; immerhin wird jedoch für 17,5% der Fälle auch die »soziale Isolation« verantwortlich gemacht. – FLOREA (1969) hat 71 Fälle von mißglückten Selbstmord-

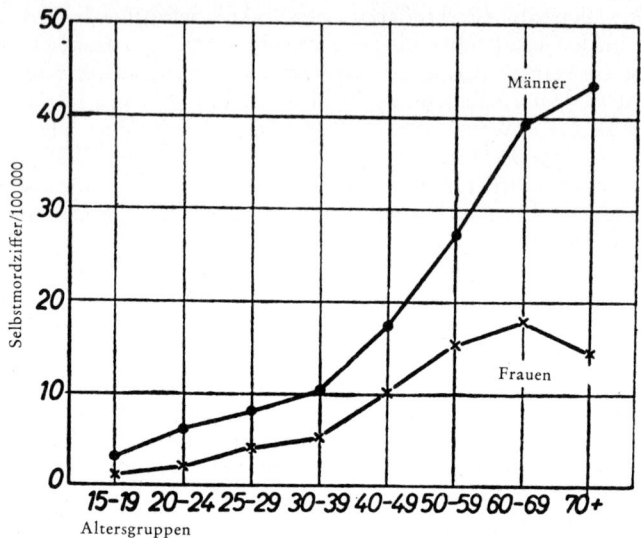

Abb. 17: Anzahl der Todesfälle durch Selbstmord in den verschiedenen Altersgruppen in England und Wales 1956. P. Sainsbury. Der Altersselbstmord. Geront. Clin. 1962, 4, 161–170 (S. Karger Verlag, Basel-New York.)

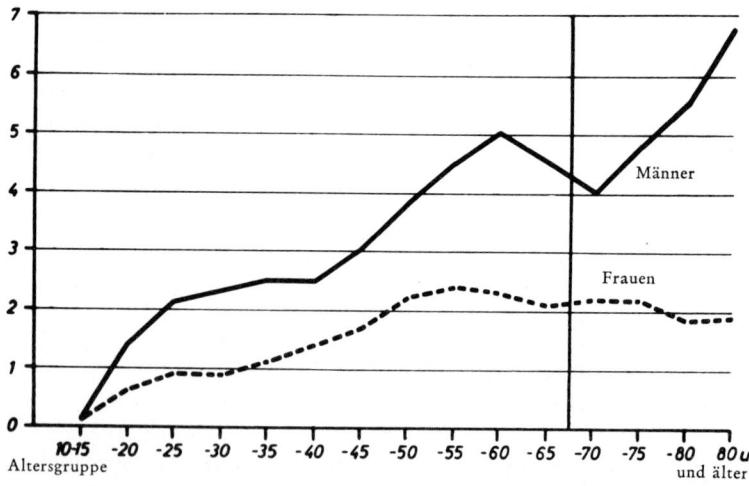

Abb. 18: Anzahl der Todesfälle durch Selbstmord nach Altersgruppen auf jeweils 10 000 lebende Bewohner gleichen Alters in der BRD 1971

Tabelle 11: Die Todesfälle durch Selbstmord in der Bundesrepublik 1961, nach Altersgruppen

Altersgruppe	absolute Zahlen		in % der	Gesamtzahlen
	Männer	Frauen	Männer	Frauen
10–15	22	11	0,3	0,3
–20	254	101	4,0	2,7
–25	514	196	8,0	5,3
–30	452	159	7,0	4,3
–35	474	205	7,4	5,5
–40	396	293	6,2	7,9
–45	357	269	5,6	7,3
–50	567	428	8,9	11,6
–55	777	520	12,1	14,0
–60	847	449	13,2	12,1
–65	592	362	9,2	9,8
–70	362	291	5,7	7,9
–75	320	216	5,0	5,8
–80	246	115	3,8	3,1
–85	139	67	2,2	1,8
85 u. älter	87	22	1,4	0,6
zusammen	6404	3704	100,0	100,0

Tabelle 12: Häufigkeit in % von Faktoren, die in drei Altersgruppen zu 409 Selbstmorden führten.

	Einsam-keit	Verlust Nahe-stehender	Wirt-schaftliche Not	Verlust der Be-schäfti-gung	Störun-gen im menschl. Kontakt	Körper-liche Krank-heiten
in der Jugend 20–39	17	5	7	17	35	10
in der Lebens-mitte 40–59	23	9	17	22	11	27
im Alter 60+	39	16	15	21	8	35
P =	< 0,001	< 0,02	ns	ns	< 0,001	< 0,001

ns = nicht signifikant

versuchen älterer Personen untersucht und die Persönlichkeitsdaten mit jenen von 132 erhobenen Kontrollfällen verglichen. Die Selbstmordkandidaten unterschieden sich hinsichtlich einer größeren Pas-

125

sivität, eingeschränkterem Interessensradius, stärkerer Ausprägung des sozialen Disengagements und auch häufigeres Vorkommen intrapunitiver Reaktionen, wie sie mit dem PFT meßbar werden. – Einen anderen methodischen Ansatz wählte man bei Untersuchungen einer allerdings sehr kleinen Stichprobe älterer Menschen im Raum Köln (WIENDIECK 1970). Von insgesamt 56 unauffälligen älteren Personen gaben im Rahmen eines standardisierten Interviews 20% auf direkte Befragung hin Suizidgedanken zu. Dabei zeigte sich eine positive Korrelation zu niedriger Lebenszufriedenheit. – Wie weit allerdings dieses Ergebnis spezifisch für das höhere Lebensalter ist, läßt sich nicht ohne weiteres feststellen. Wahrscheinlich wird man STAUDACHER (1970) Recht geben müssen, der aufgrund seiner Untersuchungen an über 60jährigen Suizid-Patienten, die in die Entgiftungsabteilung der Nürnberger Medizinischen Klinik eingeliefert wurden, auf »multikonditionelle« Faktoren für derartige Verhaltensweisen aufmerksam macht. Wenn auch häufig eine endogene Bedingtheit dominiere, wenn auch »durch Abbauprozesse bedingte Wesensänderungen« oft zu einem solchen Verhalten führen, wirken exogene Komponenten (wie vor allem Ehestreitigkeiten und zerrüttete Familienverhältnisse) häufig als auslösendes Moment; ökonomische Schwierigkeiten dagegen erwiesen sich nach STAUDACHER's Feststellungen als weniger bedeutsam.

Immerhin scheinen die im Zusammenhang mit der Selbstmordproblematik gewonnenen Feststellungen darauf hinzudeuten, daß eine adäquate Konfliktbewältigung, ein aktives Auseinandersetzen mit Belastungssituationen für viele Menschen mit zunehmendem Alter schwieriger wird. –

Bei der Feststellung eines Ansteigens von *Sittlichkeitsdelikten* mit höherem Alter wird häufig auch auf Persönlichkeitsveränderungen hingewiesen. So weist THIEDING (1965, S. 37) auf die »seelische Vereinsamung« hin, die oft ältere Männer dazu führe, unzüchtige Handlungen an Kindern vorzunehmen, während SCHULTE (1962) meint, der ältere Mensch werde »aus Schwäche« kriminell. Man könnte hierin einen Hinweis auf die mit zunehmendem Lebensalter nachlassende »Ich-Stärke« oder »ego-control« sehen, aber auch eine nachlassende generelle Aktivität und Bindungsfähigkeit im mitmenschlichen Bereich vermuten, wobei zu überprüfen wäre, ob derartige Veränderungen auch bei nicht auffällig werdenden Personen mit zunehmendem Lebensalter – allerdings in abgeschwächter Form – deutlich werden. SCHULTE warnt jedoch vor einer Überbewertung dieser Delikte und stellt fest: »Wenn die Zahlen der Sittlichkeitsverbrechen im Alter hoch erscheinen, beruht das nicht auf einer absoluten Zunahme, sondern auf dem Rückgang aller anderen Delikte in diesem Lebensabschnitt« (1962, S. 66).

Weitere Hinweise auf mögliche Persönlichkeitsveränderungen mit zunehmendem Alter lassen sich der *Kriminalitätsstatistik* entnehmen, wenn man die »*Rückfallquoten*« analysiert. Es gehört zu den am besten gesicherten Erfahrungssätzen der Kriminologie, daß die Rückfallquote von Delinquenten, die älter als 40 Jahre sind, erheblich sinkt (EXNER, 1949, STEIRER, 1968, ROTTHANS, 1971).

Man könnte auch diese Feststellung im Sinne einer Abnahme der – in diesem Fall sozialstörenden – Aktivität deuten, die es dann zu einer zumindest äußeren Anpassung an die gegebene Realität kommen läßt und einem erneuten Straffälligenwerden entgegensteht. Andererseits dürfte eine solche Deutung etwas sehr einseitig sein; auch die Daten von TÖLLE (1966) stellen eine Erklärung der Resozialisierung solcher ehemals straffällig gewordener Personen durch eine angeblich altersspezifische Aktivitätsminderung stark in Frage. THOMAE (1968) weist in diesem Zusammenhang auf Lerneffekte hin, die von verschiedenen sozialisierenden Einflüssen ausgehen und eine Umstrukturierung im Gefüge der »Daseinstechniken« bewirken.

So sehr man auf die Heranziehung solcher an bestimmten Extremvarianten der Entwicklung im höheren Lebensalter gewonnenen Informationen angewiesen zu sein scheint, so gefährlich ist auf der anderen Seite doch jede Verallgemeinerung von solchen Befunden. Die wichtigste Generalisierung, die zulässig ist, bezieht sich auf das Faktum des Persönlichkeitswandels und die Vieldimensionalität dieses Wandels. Insofern widerlegen eigentlich schon diese psychopathologischen Erfahrungen manches Stereotyp über »den alten Menschen«, wie es leider gerade Psychiater immer wieder in unkritischer Weise aus der Erfahrung mit ihren Patienten auf die Gruppe der Älteren überhaupt ausdehnen. So muß gerade auch die ärztliche Arbeit mit dem älteren Patienten durch Lehrbücher erschwert werden, die apodiktisch (und ohne die geringste empirische Fundierung) feststellen, »der eigenen Gebrechlichkeit gegenüber reagiert der alte Mensch mit Konservatismus und Rigidität, manchmal auch mit Hypochondrie. Er versucht sich den bestmöglichen Schutz zu verschaffen und Gewinn aus seiner neuen Lage zu ziehen« (MÜLLER, 1967, S. 40).

Solche Feststellungen mögen sehr gut die Beobachtungen über einzelne Fälle wiedergeben. Jede Generalisierung von solchen Einzelerfahrungen aus aber ist ein unzulässiges Verfahren.

5.3. Das Problem der Persönlichkeitsveränderung im höheren Alter im Lichte empirischer Forschung

5.3.1. Längsschnittstudien

Die meisten der Längsschnittuntersuchungen, die die Entwicklung im mittleren und höheren Erwachsenenalter zu erfassen suchen, konzentrieren sich auf Veränderungen im Leistungsbereich. Darüber hinaus werden höchstens Einzelaspekte des psychischen Erlebens und Verhaltens – wie z. B. Aktivität, Angepaßtheit, Rigidität, Ängstlichkeit, Selbsterleben erfaßt, selten jedoch ein auch nur einigermaßen umfassendes Persönlichkeitsbild erhoben.

Innerhalb des deutschen Sprachraums wäre hier zunächst auf die Zwillingsuntersuchungen hinzuweisen, die GOTTSCHALDT Mitte der dreißiger Jahre bei Jugendlichen begonnen hatte. Die ersten größeren Nachuntersuchungen erfolgten 1950/51; bei der Wiederholungsuntersuchung 1966/68 standen sie bereits im 6. Lebensjahrzehnt. Durch breitangelegte Untersuchungen versuchte man jeweils die individuelle Grundstimmung, das Vital-Temperament, die Antriebsstruktur, die Affektivität, das Sozialverhalten wie auch das Leistungsverhalten zu erfassen. GOTTSCHALDT stellt eine »zunehmende Integration des Persönlichkeitsgefüges, besonders in der Periode vom 3. Lebensjahrzehnt bis zum 5./6. Lebensjahrzehnt« fest (1968, S. 185). Während die Qualitäten der »endothymen Grundbefindlichkeit«, die Grundstimmung und das »Vitaltemperament« bis ins 3. Jahrzehnt einen ziemlich konstanten Verlauf zeigten und besonders bei EZ übereinstimmten, ergaben sich für das 5. Jahrzehnt beträchtliche Abweichungen auch hinsichtlich der vitalen Antriebsspannung und der Ansprechbarkeit, die »in Korrelation zu den jeweiligen unterschiedlichen Existenzbedingungen der Probanden und damit auch zu den jeweiligen Formen der sozialmentalen Lagebefindlichkeit« stehen (S. 179), also nicht primär als altersabhängig gedeutet werden. GOTTSCHALDT weist dabei auf eine zunehmende Variabilität und zunehmende Differenzierung der Persönlichkeitsstrukturen hin und tritt damit der These einer zunehmenden Entdifferenzierung entgegen.

Die Duke-Längsschnitt-Studie (PALMORE, 1970) hat in den bisher vorliegenden Auswertungen vor allem die Frage der Veränderungen der Aktivität und Zufriedenheit zu erfassen versucht (MADDOX, 1965), auf die hier im Zusammenhang mit der Diskussion des Disengagement-Problems eingegangen wird. PALMORE hat im Längsschnittvergleich das Ausmaß verschiedener Aktivitäten und Einstellungen mit Hilfe eines »Activity and Attitude Inventory« (CAVAN, BURGESS, HAVIGHURST u. GOLDHAMER, 1949) erfaßt. Innerhalb der einzelnen Lebensbereiche wurde der Aktivitätsskore von 0 bis 10 (höchste Aktivität) beurteilt, der Einstellungsskore von 0–6 (höchste Zufriedenheit). Wie aus Tab. 13a u. 13b hervorgeht, ergaben sich während der beobachteten 12 Jahre nur äußerst geringfügige Verschiebungen hinsichtlich der Aktivitätsskores, die jedoch im Bereich der Freizeitaktivitäten eine besondere Reduzierung erfahren. Generell wird festgestellt, daß sich bei Frauen stärkere Veränderungstendenzen bemerkbar machen. – Die Auswertung der Längsschnittdaten der gleichen Population hinsichtlich sexueller Aktivitäten und Interessen (VERWOERDT, PFEIFFER u. WANG, 1969) erbrachte keinerlei lineare Beziehung zum Lebensalter, was zumindest auch eine altersbedingte Abnahme der emotionalen Bindungsfähigkeit in Frage stellen dürfte.

Die Bethesda-Längschnittstudie (BIRREN et al., 1963; vgl. auch SINGER), die 1956, 1962 und 1968 eine Wiederholungsuntersuchung erfahren hat, erbrachte eine hohe Konstanz verschiedener Persönlichkeitszüge. Dort wo sich Veränderungen ergaben – hinsichtlich einer Abnahme der sozialen Aktivität, einer geringeren Zielorientierung, sich verengendem Interessensradius und nachlassender Initiative – wurde häufig ein Zusammenhang mit einschneidenden Erlebnissen – vor allem der Verlust enger Bezugspersonen – nachweisbar. Veränderungen des Gesundheitszustandes hingegen waren nur in Einzelfällen von Persönlichkeitsveränderungen begleitet (YOUMANS u. YARROW, 1969).

Tabelle 13 a: Durchschnittlicher Aktivitätsskore bei 4 Untersuchungsdurchgängen

Aktivität:	Untersuchung	2	3	5
Frauen				
Gesundheit	2.5	3.2	2.6	2.5
Familie + Freunde	5.9	6.1	5.5	5.3*
Freizeit	7.7	7.2	6.6	6.3*
Wirtschaftl. Aktivität	7.4	7.5	8.1	8.4*
Religiöse Aktivität	6.7	7.1	6.4	6.7
Total	30.1	31.1	29.4*	28.8
Männer				
Gesundheit	2.4	3.9*	3.1	2.6
Familie + Freunde	6.8	7.5	6.8	6.9
Freizeit	6.9	5.8*	5.7*	5.6*
Wirtschaftl. Aktivität	4.8	4.9	5.3	6.0
Religiöse Aktivität	6.3	6.1	5.5	6.0
Total	27.2	28.4	26.1	27.3

* Unterschiede zwischen diesem Skore und dem bei Durchgang 1 sind auf dem 0,1%-Niveau signifikant.

Die ersten Längsschnittauswertungen der Bonner gerontologischen Studie, die einen Zeitraum von 5 Jahren erfassen, deuten auf eine weitgehende Konstanz von Aktivität, Anregbarkeit, Sicherheit, Steuerung, Angepaßtheit und Stimmung hin; die Veränderungen betreffen jedoch in etwa gleichen Teilen Zunahmen wie auch Abnahmen.

Tabelle 13 b: Durchschnittlicher Einstellungsskore bei 4 Untersuchungsdurchgängen

Einstellung zu:	1	2	3	4
Frauen				
Gesundheit	4.0	3.8	3.7	3.6*
Freunde	4.5	4.4	4.5	4.3
Beruf	3.9	3.8	3.7	3.5*
Wirtschaftliche Sicherheit	3.8	3.9	4.0*	4.0
Religion	5.5	5.6	5.7*	5.6
Gebrauchtwerden	4.6	4.3	4.4	4.1*
Familie	4.7	4.8	4.9	4.8
»Gück«	4.2	4.1	3.6*	3.6*
Total	35.3	34.6	34.2*	33.3*
Männer				
Gesundheit	3.8	3.7	4.1	3.5
Freunde	4.6	4.4	4.3	4.2
Beruf	3.7	3.6	3.8	3.4
Wirtschaftliche Sicherheit	3.3	3.6	4.0*	3.7
Religion	5.2	5.3	5.3	5.5*
Gebrauchtwerden	4.3	4.3	4.3	4.0
Familie	4.9	4.6	4.9	5.0
»Glück«	4.3	4.4	3.6*	4.1
Total	34.0	33.8	34.2	33.3

* Unterschiede zwischen diesem Skore und dem bei Durchgang 1 sind auf dem 0,1%-Niveau signifikant.

5.3.2. Querschnittsvergleiche

Feststellungen hinsichtlich möglicher Persönlichkeitsveränderungen im Alter wurden vielfach auf Grund von Querschnittsvergleichen getroffen, deren generelle Problematik im Zusammenhang mit dem Defizit-Modell der Intelligenzentwicklung bereits diskutiert wurde.

5.3.2.1. Verhaltensrating

Die kontrollierte Einschätzung von Verhaltensvariablen, das Ratingverfahren, vorgenommen von mehreren unabhängigen Beurteilern, dient dabei oft als Ausgangsbasis. Die Auswertung der Daten des 1. Untersuchungsjahres der Bonner Altersstudie (vgl. SIMONS u. MEHLER, 1968) erbrachte keine eindeutigen Unterschiede hinsichtlich der Beurteilung der Persönlichkeitsdimensionen zwischen der Gruppe der 60–65jährigen und der Gruppe der 70–75jährigen. Schon ein solcher Querschnittsvergleich müßte, wenn manche Auffassungen von einer generellen Aktivitätsminderung, einer depressiven Färbung der Stimmungslage und einer zunehmenden Starrheit (»Rigidität«) zutreffen, Unterschiede zwischen der Gruppe der »jüngeren« und »älteren« Personen zeigen, zumal außerdem die Angehörigen der jüngeren Gruppe zur Zeit der Erstuntersuchung noch teilweise im Berufsleben standen und auch einen besseren Gesundheitszustand als die Älteren aufwiesen. Dennoch war die im Laufe der Beobachtungswoche gezeigte Aktivität in beiden Altersgruppen gleich hoch einzuschätzen. Auch hinsichtlich der Qualitäten der Stimmung, der Angepaßtheit und Sicherheit unterschieden sich diese beiden Altersgruppen nicht. Dagegen traten sozialer Status und Gesundheitszustand als entscheidende differenzierende Merkmale hervor.

Diese Ergebnisse werden durch Befunde gestützt, die mit anderen Methoden und an anderen Stichproben gewonnen worden sind. So stellten SINGER (1963) und STONE und NORRIS (1966) fest, daß psychische »Aktivität« zu jenen Persönlichkeitseigenschaften gehöre, welche keine eindeutige Altersabnahme zeigen.

Auch die Aktivität, die sich in sozialer Teilhabe äußert, nimmt nicht als direkte Funktion des Alters ab, sondern nur im Zusammenhang mit bestimmten Variablen, die sich auf sozialen Status, Gesundheit und auch andere Persönlichkeitseigenschaften beziehen (DESROCHES und KAIMAN, 1964; MADDOX, 1965; LEHR u. RUDINGER, 1969).

Auch die Befunde der Bonner Studie bezüglich der Stimmung (vgl. SIMONS und MEHLER, 1968, S. 217) finden in anderen Untersuchungen ihre Bestätigung. So widerlegte CAMERON (1967) die Meinungen und Schlußfolgerungen mehrerer Autoren, denen zufolge die Fähigkeit »sich glücklich zu fühlen« mit zunehmendem Alter abnehme. Andererseits sei freilich die Zuversicht (»morale«) der Älteren geringer ausgeprägt als die jüngerer Personen. – Die Resultate anderer Studien zeigen ein so verwirrendes Bild, daß man ihnen nur entnehmen kann, daß die Beziehungen zwischen Lebensalter und Stimmung noch weitgehend ungelöst sind.

Weiterhin könnte man mit EISDORFER (1967) darauf hinweisen, daß mit zunehmendem Lebensalter eine gewisse *Ängstlichkeit* stärker in Erscheinung trete bzw. eine größere Risikoscheu und ein größeres Streben nach Sicherheit zu verzeichnen sei, – Persönlichkeitsmerkmale, die bei älteren Personen vor allem im Zusammenhang mit verschiedenen Leistungsaufgaben nachgewiesen wurden. Hier stellt sich jedoch die Frage, wie weit derartige Veränderungen als situationsspezifisch und nicht persönlichkeitsspezifisch nur dann zu beobachten sind, wenn die eigene Leistungsfähigkeit angezweifelt wird. Insofern ist die im Zusammenhang mit Leistungstests auftretende Ängstlichkeit älterer Menschen eher eine Reaktion auf eine spezifische soziale Situation als ein altersspezifisches Persönlichkeitsmerkmal.

5.3.2.2. Untersuchungen mit dem RORSCHACH-Formdeuteverfahren
Altersveränderungen der Persönlichkeit wurden vor allem mittels des RORSCHACH-Formdeuteverfahrens nachzuweisen versucht. Hier wurde ein »Alternssyndrom« bereits von RORSCHACH selbst erarbeitet, andere Autoren wie z. B. LIGHT und AMICK (1956) haben es bekräftigt. Man stellte bei älteren Personen eine Koartierung des Erlebnistyps fest, die einer »Restriktion bezüglich der Fähigkeit alter Menschen, vollen Gebrauch von ihren Kapazitäten zu machen« gleichkommt und eine Verminderung emotionaler Reaktionen bedeutet. Neben emotionaler und sozialer Restriktion glaubte man eine Beeinträchtigung der intellektuellen Leistungsfähigkeit sowie eine Einengung des Interessenbereiches und des Vorstellungsvermögens nachweisen zu können. KLOPFER (1956) fand bei Rorschach-Untersuchungen an über 60jährigen, von denen allerdings über die Hälfte in Altenheimen lebten, außerdem geringe Produktivität, Restriktion und Stereotypisierung bezüglich der Denkinhalte, Regression auf ein mehr infantiles Regressionsniveau, wie auch einerseits egozentrisch labile, starke Ansprechbarkeit, andererseits mangelnde Reaktion auf affektive Reize.
ERLEMEIER (1969) hat die hier relevanten vorliegenden Studien einer kritischen Analyse unterzogen und bemängelt, daß die Bedingungen, unter denen die Ergebnisse gewonnen wurden, kaum einsichtig gemacht werden. Ebenso fehlen bei den meisten Studien Angaben hinsichtlich der Repräsentativität der Stichprobe; so stelle sich z. B. die Frage »ob viele dieser Eigenschaften nicht schon pathologischer Art seien« (ERLEMEIER, 1969, S. 27). KLOPFER jedoch – wie auch die meisten anderen Autoren – berücksichtigt nicht die Komplexität der möglicherweise intervenierenden Variablen und schlußfolgert: »Dieser Verlust an intellektueller Leistungsfähigkeit ist in den meisten Fällen das Ergebnis emotionaler Störungen, die entweder durch die Probleme des Alterns hervorgerufen sind oder Akzentuierungen von Problemen darstellen, die während des Lebens vorhanden waren« (KLOPFER, 1956, S. 201). ERLEMEIER konnte jedoch anhand neuerer Untersuchungen (von AMES et al. 1954; RIESSMAN u. MILLER, 1958; KETTELL, 1962; THALER-

SINGER, 1962; EISDORFER, 1960, 1963 u. a.) nachweisen, daß die Testergebnisse dieser älteren Personengruppen offenbar sehr stark von der Untersuchungssituation abhängen, daß außerdem soziale Schicht, Gesundheitsstatus, Sehfähigkeit, Institutionalisierung und Intelligenzhöhe von weit größerem Einfluß sind als das Lebensalter.

ERLEMEIER wertete die Rorschach-Protokolle der Bonner gerontologischen Studie aus und fand dabei nur wenige altersspezifische, dagegen bedeutend mehr geschlechtsspezifische Unterschiede. Das chronologische Alter trat für die Determinierung der Äußerungen deutlich zurück, während Intelligenz, Sozialstatus, Schulbildung und Gesundheitszustand an Bedeutung gewannen. Verglichen mit den Normwerten jüngerer Altersgruppen zeigt das Antwortprofil der von ERLEMEIER erfaßten 60–75jährigen kaum eindeutige Unterschiede.

5.3.2.3. Rigidität und Flexibilität

Eine der weitverbreitetsten Annahmen bezüglich der Persönlichkeitsveränderungen im höheren Lebensalter bezieht sich auf die mangelnde Umstellungsfähigkeit, den Rückgang der Flexibilität und damit einhergehend eine zunehmende Starrheit oder »Rigidität«. Schon bei der Diskussion der Veränderungen im intellektuellen Bereich wurde auf derartige Erscheinungen hingewiesen, die jedoch auch in anderen Verhaltensbereichen bedeutsam werden, denn: »Rigidität ist die allgemeine und umfassende Bezeichnung für die Unfähigkeit oder nur eingeschränkte Fähigkeit eines Menschen sich angesichts der Veränderungen der objektiven Bedingungen in Handlung oder Einstellung von einmal eingeschlagenen Handlungs- und Denkwegen zu lösen und angemessenere (angepaßtere) zu wählen« (DREVER und FRÖHLICH, 1968). So allumfassend danach der Begriff der Rigidität zu sein scheint, so schwierig ist es, generell von *der* Rigidität zu sprechen (CHOWN, 1959; BAER, 1964; ERLEMEIER und ANGLEITNER, 1971; ANGLEITNER, 1972). Je nach Verhaltens- und Einstellungsbereich sind vielmehr einzelne Rigiditätsarten zu unterscheiden, die sowohl Beziehungen zu Lebensalter und Intelligenz erkennen lassen (vgl. SCHAIE, 1958; LUCHINS u. LUCHINS, 1959; RIEGEL und RIEGEL, 1960; CHOWN, 1961; HERON u. CHOWN, 1967; ERLEMEIER u. ANGLEITNER, 1971) wie auch Zusammenhänge mit einzelnen Persönlichkeitsdimensionen wie Ängstlichkeit, Extraversion–Introversion und Neurotizismus (BRENGELMANN, 1960; EYSENCK, 1962; BAER, 1964; HOLLAND, 1964 u. a.).

ERLEMEIER und ANGLEITNER führten zu diesem Problemkreis Untersuchungen bei 144 60–80jährigen Personen, die noch in Privatwohnungen wohnten und bei 217 Bewohnern eines anspruchsvollen Altenwohnstifts durch. Ihre Ergebnisse, die eine faktorenanalytische Auswertung erfahren haben, fassen die Autoren wie folgt zusammen: »Die Stichprobe mit höherem sozio-ökonomischen Status zeigte geringere Werte in den meisten Skalen zur Erfassung »rigider« Einstellungen, ferner höhere Werte in der »Extraversion« und im Intelligenztest. In beiden Stichproben erwiesen sich die älteren Gruppen als »dogmatischer« und weniger positiv in ihrer Einstellung zur »Zukunft und Vergangenheit« als die jüngeren Gruppen. Geschlechtsunterschiede zeigten sich nur in 2 Variablen. Frauen neigten eher zu einer negativeren Einstellung zur »Gegenwart« und erhielten niedrigere Werte auf der »Rigidität«-Skala von Brengelmann und Brengelmann. Die Unterschiede zwischen den Stichproben unterschiedlichen Sozialstatus waren deutlicher als die zwischen Alters- und Geschlechtsgruppen.« (1971, S. 206)

Auch im Zusammenhang mit Rigiditätsuntersuchungen kann die Forderung nach Längsschnittuntersuchungen nicht eindringlich genug erhoben werden. Woher wissen wir z. B., ob die in mancher Hinsicht als »rigide« erscheinenden 70- und 80jährigen nicht schon als 20- und 30jährige besonders »rigide« waren und in entsprechenden Bereichen verzögerte Reaktionen von geringer Flexibilität erkennen ließen?

5.3.2.4. Einstellungsänderungen

Einstellungsänderungen versucht man meist durch Fragebogenerhebungen zu erfassen, wobei man auf Grund unterschiedlicher Angaben von jüngeren und älteren Personen zu politischen oder religiösen Fragen wie auch zu bestimmten Interessensgebieten manchmal etwas vorschnell auf altersbedingte Veränderungen schließt. Daß derartige Fragebogenerhebungen, die z. B. nachlassendes politisches Interesse mit zunehmendem Alter feststellen, vielfach zu Verzerrungen führen oder zumindest zu stark vergröbernden Aussagen, zeigt eine kürzlich erst veröffentlichte Studie von CAMPBELL (1971). Er untersuchte politische Verhaltensweisen und fragt nach einer möglichen Abhängigkeit politischer Aktivität und politischer Einstellungen vom Lebensalter. Die politische Aktivität erwies sich am stärksten in der Altersgruppe 30 bis 39 Jahre, lediglich die Wahlbeteiligung (Präsidentenwahl) lag bei den 40–49jährigen um 5% höher, nämlich bei 77%, während die über 65jährigen sich nur zu 68% an der Wahl beteiligten, die 21–29jährigen aber nur zu 58%.

Die Gruppe der unter 30jährigen zeigte auch die geringste Aktivität im Hinblick auf finanzielle Unterstützung einer Partei, im Hinblick auf Teilnahme bei politischen Veranstaltungen oder auch auf aktive Tätigkeit für eine Parteiorganisation. Lediglich in Diskussionen mit anderen Einzelpersonen über politische Ereignisse sind die 20–29jäh-

rigen und 30–39jährigen mit je 32% am stärksten, die 50–64jährigen mit 27% und die über 64jährigen mit 24% am schwächsten vertreten. Untersuchungen zum politischen Selbstverständnis haben ergeben, daß ältere Personen sich häufiger mit einer Partei identifizieren (80%), jüngere hingegen seltener (weniger als 50%); sie betrachten sich als »unabhängige Wähler«. Beurteilung der Programme der Sicherung der Vollbeschäftigung und der Sicherung eines gewissen Lebensstandards lassen keine Altersunterschiede erkennen, hingegen werden Fragen der Krankenversorgung von Älteren stärker mit Zustimmung bedacht. Bei außenpolitischen Fragen zeigen sich Jüngere engagierter.
Festgestellte Altersunterschiede im Hinblick auf das Wahrnehmen politischer Gegebenheiten und die Reaktion darauf führt CAMPBELL (1971) auf frühe epochaltypische Sozialisationseinflüsse und auf gegenwärtige Lebensumstände zurück und nicht auf das chronologische Alter. So sind Unterschiede zwischen den einzelnen Altersgruppen weit geringer als individuelle Unterschiede innerhalb ein und derselben Altersgruppe.

5.3.2.5. Untersuchungen zum Selbstbild

Eines der wichtigsten Konzepte der neueren Persönlichkeitsforschung ist jenes des »Selbst« oder des »Selbstbildes«, d. h. der Art und Weise, wie sich das »Individuum selbst innerhalb eines sozial bedingten Bezugssystems wahrnimmt« (NEWCOMB, 1959, S. 258; vgl. auch THOMAE 1968, S. 256 ff.). Die Einstellung zum eigenen Selbst und deren Wandel im Laufe des Lebens ist somit ein weiterer Gegenstand der Altersforschung. KUHLEN (1959) und MASON (1954) u. a. berichteten von einem stärker negativ akzentuierten Selbstbild der über 50jährigen, während in letzter Zeit die Altersabhängigkeit des Selbstbildes angezweifelt wird, bzw. als durch die Erhebungsmethoden weitgehend bedingt erklärt wird.

HESS und BRADSHAW (1970) überprüften – allerdings mittels Querschnittsvergleichs bei 16–20jährigen, 35–50jährigen und 55–65jährigen – den Wechsel des Selbstkonzepts mit zunehmendem Alter und verglichen dieses Selbstkonzept mit dem »Bild des idealen Selbst«. Bei allen Altersgruppen wird das »ideale Selbst« weit positiver gezeichnet als das Selbstbild, doch erscheint bei der ältesten Gruppe die Diskrepanz am größten. Bei Personen besserer Schulbildung jedoch verringert sich die Diskrepanz, ebenso zeigt sich dann eine größere Übereinstimmung, wenn eine hohe Zufriedenheit mit der gegenwärtigen Lebenssituation deutlich wird. Diese Ergebnisse stellen eine direkte Altersabhängigkeit des Selbstbildes in Frage und weisen auf situationsspezifische Momente hin.

Weitere Zusammenhänge wurden zwischen Selbstbild und Gesundheit (MADDOX, 1962; THEISSEN, 1970; LEHR und SCHMITZ-SCHERZER, 1971) wie auch zwischen Selbstbild und sozialer Interaktion (DAVIS, 1962; THEISSEN, 1970; TISMER, 1969) festgestellt. THEISSEN, die die Untersuchungsdaten der Bonner gerontologischen Studie unter dem Aspekt des Selbstbildes ausgewertet hat, stellt fest: »Das positiv strukturierte Selbstbild variiert im allgemeinen am stärksten mit Faktoren, die keineswegs primär altersabhängig sind.« (1970, S. 213). Die relative Konstanz der Tönung des Selbstbildes über längere Zeit hinweg – die allerdings durch biographische Erhebungen, also retrospektiv erfaßt wurde und daher nur mit Vorsicht interpretiert werden sollte – wird damit zu erklären versucht, »daß sich viele Veränderungen der eigenen Person und in der Umwelt sehr langsam vollziehen und daß schwerwiegende Umbrüche selten und vor allem nicht altersgebunden sind« (S. 213).

Auch BERGLER (1968) wendet sich gegen eine zu stark betonte Altersabhängigkeit des Selbstbildes, vor allem gegen eine mit dem Alter einhergehende zunehmend negativere Sicht des eigenen Selbst. Auf Grund seiner Erhebungen bei 3340 Personen im Alter von 16 bis 69 Jahren kommt er zu dem Ergebnis, daß eine Reihe von Eigenschaften »altersstabil« sind, d. h., daß der ältere Mensch sie sich zumindest in gleicher Weise zuschreibt wie der jüngere. Die Feststellung bezieht sich auf die Eigenschaften »empfindlich, leicht erregbar; unnachgiebig, entschlossen, bestimmt; gefühlsmäßig; ausdauernd, beharrlich; behutsam, vorsichtig; nachdenklich, besorgt, selbstkritisch. – Der ältere Mensch spricht sich also durchaus noch ein aktives, zielgerichtetes, überlegtes Handeln und Verhalten zu«. (1968, S. 165). Unterschiede in der Selbstbeurteilung – anhand vorgegebener siebenstufiger, skalierter, polar angeordneter Eigenschaftslisten – ergeben sich im Hinblick auf die Dimensionen »beherrscht, abwartend; nüchtern, sachlich; vorsichtig, abwartend; ernsthaft; zurückhaltend; drängt sich nicht nach vorn«, die der ältere Mensch sich selbst in stärkerem Maße zuschreibt als der Jüngere.

Welcher Einfluß bei allen derartigen Feststellungen jedoch der Erhebungsmethode zukommt, konnte THEISSEN (1970) aufzeigen, die das »standardisierte Selbstbild« (ermittelt durch die Beantwortung des modifizierten ROSENBERG-Fragebogens), das »charakterisierende Selbstbild« (Auswertungen freier zusammenhängender Selbstcharakterisierungen, die auf entsprechende gezielte Schlüsselfragen hin im Rahmen der Exploration gegeben werden) und das »expressive Selbstbild« (Auswertungen von spontanen Äußerungen über das eigene Selbst, wie sie im Laufe von Explorationen immer wieder zutage treten) voneinander unterscheidet. THEISSEN stellt bei einem Vergleich der Ergebnisse, die auf Grund der methodischen Ansätze gewonnen wurden, fest:

»Vergleicht man das standardisierte Selbstbild der hier untersuchten älteren Männer und Frauen mit dem charakterisierenden und dem expressiven Selbstbild, wird sehr deutlich, daß weder auf die eine noch auf die andere Weise das Selbstbild dieser Leute schlechthin erfaßt worden ist. Die Differenzen zwischen den drei Selbstbeschreibungen sind so groß, daß nur wenige Aspekte des expressiven Selbstbildes durch die Fragebogenergebnisse und/oder die freie Selbstcharakteristik eine unmittelbare Bestätigung erfahren.« (1970, S. 143)

Hier bedarf es weiterer Forschungen, die von sehr differenzierenden methodischen Ansätzen ausgehen, um zu einer Erhellung dieses Problemkreises beizutragen.

5.3.2.6. Veränderung der Leistungsmotivation
Liegen auch zahlreiche Untersuchungen zur Frage der Leistungsmotivation in Kindheit und Jugendalter vor (vgl. HECKHAUSEN und ROELOFSEN, 1962; HECKHAUSEN, 1965; HECKHAUSEN, 1972; WASNA, 1970) so sind Informationen bezüglich der Entwicklung der Leistungsmotivation im Erwachsenenalter äußerst spärlich (TISMER und STRUCK, 1971).

In einer Untersuchung an ehemaligen Geschäftsleuten in den USA, in der ein Berufsinteressen-Test (nach STRONG) Verwendung fand, zeigten die 62–69jährigen noch ein sehr intensives Interesse für leitende, selbstverantwortliche und unabhängige berufliche Tätigkeit (VOGEL und SCHELL, 1968). Bei den von den gleichen Autoren befragten 70- bis 80jährigen ehemaligen Geschäftsleuten hielt diese Interessenrichtung bei den Männern der höheren Einkommens- und Berufsgruppe an, während die anderen sich jetzt eher für eine sozial gerichtete, nicht unbedingt leitende Aktivität interessierten.

Schon diese Feststellung weist darauf hin, daß weniger das Lebensalter als die berufliche und soziale Situation von größerer Bedeutung sind.

Sozialer Status und Schulbildung erwiesen sich auch in einer Untersuchung zur Leistungsmotivation bei 63–78jährigen Männern und Frauen als bedeutsame Determinanten (TISMER und STRUCK, 1971). Zur Messung der Leistungsmotivation bei einer Gruppe von 60–65jährigen und 70–75jährigen Männern und Frauen sowie bei einer Vergleichsgruppe 15–18jähriger Berufsschüler gelangte das von HECKHAUSEN weiterentwickelte Verfahren zur Anwendung (6 TAT-artige Bilder), das nicht nur die Stärke der Leistungsmotivation, sondern auch die Richtung (»Hoffnung auf Erfolg« bzw. »Furcht vor Mißerfolg«) erfaßt. Dabei fanden sich zwischen den beiden höheren Altersgruppen der Männer (60–65jährige und 70–75jährige) keine Unterschiede hinsichtlich der Stärke und der Richtung der Leistungsmotivation. Die ältere Frauengruppe unterschied sich von den 60–65jährigen Frauen jedoch durch eine geringere Gesamtleistungsmotivation und eine geringere Ausprägung der Variablen »Furcht vor Mißerfolg«. – Ein Vergleich der Gesamtgruppe der älteren Männer mit den 15–18jährigen Berufsschülern zeigte ein gleiches Ausmaß beider Gruppen in bezug auf »Furcht vor Mißerfolg«, allerdings war bei den jüngeren die Gesamtleistungsmotivation höher, ebenso auch die Variable »Hoffnung auf Erfolg« stärker vertreten. Innerhalb der älteren Männergruppe ergab sich ein signifikanter Zusammenhang zwischen höherem sozialem Status und stärker ausgeprägter Leistungsmotivation; bei den Frauen – nicht aber bei den Männern – korrelierte ein schlechterer Gesundheitszustand mit geringer ausgeprägter Leistungsmotivation.

Diese Ergebnisse werden von TISMER und STRUCK sehr kritisch diskutiert, wobei einmal die Frage nach einer mit dem Alter abnehmenden »Ich-Stärke«, einer nachlassenden Steuerungsfähigkeit aufgeworfen wird, zum anderen die der Möglichkeit einer thematischen Umstrukturierung der Persönlichkeit. Dabei wendet man sich mit Recht dagegen, eine Abnahme der Leistungsmotivation mit einer generellen motivationalen Restriktion gleichzusetzen. Neben der Problematik eines Querschnittsvergleichs und dem Hinweis auf einen möglichen »Generationseffekt« (BALTES, 1968) geben die Autoren weiterhin zu bedenken: »Der Befund kann durch einen altersabhängigen Anregungswert des TAT-Verfahrens bedingt sein. Es ist die methodische Frage zu klären, wieweit ein primär für jüngere Altersgruppen konzipierter thematischer Auffassungstest ohne weiteres bei älteren Personen anwendbar ist. Drei der sechs Bilder der HECKHAUSEN-Serie (A, D, F) zeigen einen eindeutig schul- bzw. ausbildungsbezogenen Aufforderungscharakter, dürften also möglicherweise für jüngere Probanden einen anderen thematischen Anregungswert besitzen als für ältere Personen. Angesichts dieser noch ungeklärten Fragen geht es nicht an, die Unterschiede hinsichtlich der mit dem TAT erfaßten Leistungsmotivation bei jüngeren und älteren Probanden ohne weiteres im Sinne einer Abnahme und Restriktion zu deuten.« (1971, S. 744).

5.3.3. Zusammenfassung

Die Frage nach Konstanz und Variabilität von Persönlichkeitsmerkmalen im höheren Lebensalter kann auf Grund vorliegender Forschungsergebnisse bisher nur unzureichend beantwortet werden.

Noch ist die Problematik der methodischen Erfassung solcher Veränderungen nicht hinreichend geklärt. Während Ergebnisse von Querschnittsuntersuchungen stärker eine Variabilität – meist eine Veränderung im Sinne einer Restriktion und Abnahme – betonen, weisen die bisher allerdings spärlichen Daten von Längsschnittstudien eher auf eine Konstanz der meisten erfaßten Persönlichkeitsmerkmale hin. Eines scheint jedoch auch hier gesichert: Die interindividuellen Unterschiede bei Personen der gleichen Altersgruppe übertreffen in vieler Hinsicht die Unterschiede zwischen verschiedenen Altersgruppen. Die gesamte Lebenssituation, biographische und soziale Momente, scheinen auch im Hinblick auf Persönlichkeitsveränderungen von wesentlicherem Einfluß als das kalendarische Alter!

6. Zur spezifischen Problematik des Menschen im höheren Erwachsenenalter

6.1. Allgemeine Vorbemerkungen

6.1.1. Problemsituationen als destruktive oder konstruktive Macht?

In den vorhergehenden Abschnitten konnte nachgewiesen werden, daß von einem generellen Abbau psychischer und geistiger Fähigkeiten mit zunehmendem Alter kaum die Rede sein kann und daß neben der Anzahl der Lebensjahre anderen intervenierenden Variablen weit größere Bedeutung eingeräumt werden muß.

Nun wäre es jedoch falsch, aus dieser Feststellung schließen zu wollen, daß Älterwerden völlig problemlos sei! Mit dem »Älterwerden« ist allerdings *jedes* Älterwerden gemeint, das das Individuum vom ersten Tag seines Lebens an erfährt. Denn *jedes* Älterwerden verlangt eine Umstellung auf eine neue Lebenssituation und bringt als solche Probleme mit sich, verlangt eine Anpassung und Umorientierung und bedeutet vielfach ein Aufgeben früherer Verhaltensweisen, Pflichten und Rechte und eine Übernahme neuer Pflichten, neuer Aufgaben, neuer Rechte. Eine solche Umstellung wird häufig als Belastungssituation erlebt.

Die Sicht der menschlichen Entwicklung unter dem Aspekt der Belastungs-, Problem- und Konfliktsituationen hat ihre Wurzeln zweifelsohne in der Tiefenpsychologie, deren Lehren sich um den unbewußten Konflikt in früher Kindheit zentrieren, der nicht bewältigt wurde und so im späteren Leben, im Erwachsenenalter, in den verschiedensten Formen in Erscheinung tritt und dann als »destruktive Macht« wirkt. Doch, sind Problem- und Konfliktsituationen, die in allen Lebensaltern beobachtbar sind, wirklich nur als »destruktive Macht« zu begreifen, oder bergen sie sogar konstruktive Momente in sich?

Hier sei ein wenig ausgeholt: Zur Feststellung einer »destruktiven Macht« von Problem- und Konfliktsituationen gelangt die Psychoanalyse, – die sich das »Studium der individuellen Entwicklung des menschlichen Wesens« (FREUD, XVII, S. 67) zur Aufgabe macht – durch Analysen von Einzelfällen, die im Erwachsenenalter Störsymptome aufwiesen. Man versuchte eine Rekonstruktion der bisherigen Lebensentwicklung und forschte nach Ursachen der momentan sichtbar werdenden Störsymptome, Ursachen, die man schließlich in typischen Konfliktsituationen in der frühen Kindheit zu finden glaubte. (So führte man z. B. Störungen in den mitmenschlichen Beziehungen auf den Konflikt zurück, dem das Kind durch schroffe Entwöhnung von der Mutterbrust und durch plötzlichen Entzug der mütterlichen Liebe ausgesetzt war, und der ein generelles Ur-Mißtrauen begründete; Konflikte des Erwachsenen im Umgang mit Besitz und Eigentum führte man z. B. auf Konfliktsituationen beim »Toilet-Training« zurück, und schließlich wäre noch der Ödipus-Konflikt zu nennen, bei dem der Wunsch nach Zärtlichkeit mit dem Wunsch, den Vater als Rivalen im Bezug auf die geliebte Mutter zu töten, konkurriert.)

Der Konflikt als Grundfigur des menschlichen Daseins wurde aus der Konkurrenz zwischen Es, Ich und Überich abgeleitet. In diesem Fall wird das Es, von dem das Bedürfnis, einen Lustgewinn möglichst auf direkte Weise unmittelbar zu erlangen ausgeht, vom »Überich«, das vorausschauend ist und Kontrolle und Steuerungsfunktionen ausübt, gebremst. Es findet sich hier ein »Zueinander oder Gegeneinander bestimmter Antriebsverläufe oder einer bestimmten Relation zwischen einzelnen Antriebsverläufen und übergeordneten Kontroll- und Lenkorganen» (THOMAE, 1960, S. 488).

Zunächst interessierte der Konflikt allein in seiner Relation zur Neurose; seine destruktive Macht wird betont, er wird als Störung des inneren Gleichgewichts und somit als Störung einer normalen Entwicklung begriffen.

Konträr dieser tiefenpsychologischen Sicht des Konfliktgeschehens steht neben einer »bedürfnispsychologischen« Sicht und einer »felddynamischen« Sicht (LEWIN), durch die die experimentelle Konfliktforschung gefördert wurde (vgl. PONGRATZ, 1961), jener Ansatz, der die *konstruktive Macht* des Konflikts betont, gegenüber. (Vgl. KRAUSS, 1933). So stellt NUTTIN (1956) fest: »Der Konflikt ist seinem Wesen nach und von Grund auf ein konstruktiver Spannungszustand im normalen Menschen« (S. 185); »es ist ein gesunder und konstruktiver Grundfaktor ... Die Konfliktspannung erweist sich als ein Kräftekomplex, der ganz eigentlich zur Verfassung der menschlichen Persönlichkeit gehört« (S. 186). Im Konflikt könne man keineswegs – wie FREUD und andere Vertreter psychoanalytischer Schulen – nur einen Anstoß zu seelischen Störungen sehen, sondern primär Kräfte der Persönlichkeitsentwicklung. Jeder (nur dem Menschen eigene) Drang nach Selbstverwirklichung kann und muß einen Konfliktzustand herbeiführen, da der Mensch als nichtfestgelegtes Wesen (im Gegensatz zum Tier) jeweils mehrere Möglichkeiten der Verwirklichung seiner Persönlichkeit vor sich habe, sein Handeln von mehreren und oft in auseinanderstrebende Richtungen weisenden Motiven bestimmt wird.

Der »Mensch, das konfliktträchtige Wesen«, wird deutlich, wenn NUTTIN feststellt:

»Der Drang zur psychischen Entfaltung, der der menschlichen Person eignet, setzt sich aus einer Mehrheit verschiedener Möglichkeiten und Kräfte zusammen, die konfliktträchtig sind. Der Aufbau der Persönlichkeit kann nur so sich vollziehen, daß unter den vielen Möglichkeiten eine Auswahl getroffen wird. So bringt die Selbstverwirklichung jeden Augenblick einen gewissen Verzicht mit sich.« (1956, S. 111)

Aus diesem Zitat könnte man beinahe die Notwendigkeit von Konfliktsituationen für jede Persönlichkeitsentwicklung ablesen.

Allerdings sollte man dabei berücksichtigen, daß der Begriff »Konflikt« für Erscheinungen unterschiedlicher Ausprägungsgrade gebraucht wird: Das Ausmaß erlebter Konflikte reicht von kaum bemerkter Belastung bis zum äußersten Extrem lähmender Belastung. Das Konflikterleben ist dabei um so intensiver,

1. je bedeutsamer die im Widerspruch stehenden Ziele für das Individuum sind (Der »Konflikt«, der entsteht, wenn man überlegt, ob man seinen Nachmittagstee im Café Schmidt oder Café Müller einnehme, wird – sofern nicht verstärkende Zusatzmotivationen hinzukommen – kaum von existentieller Bedeutsamkeit sein, so daß man von einer geringen Konfliktstärke sprechen kann; – im Gegensatz z. B. zu Situationen, in denen man zwischen einem Urlaub in Spanien oder Griechenland, – oder gar zu Situationen, in denen man zwischen der Wahl eines kaufmännischen oder technischen Berufs zu entscheiden hat);
2. je ausgeglichener die Stärkeverhältnisse der Bedürfnisse sind, die in unterschiedliche Richtung zielen (so wird z. B. der Konflikt zwischen technischem oder kaufmännischem Beruf dann weniger intensiv erlebt, wenn für eine der beiden Richtungen ein eindeutig stärkeres Interesse vorliegt); und
3. je stärker der von der Situation auferlegte Entscheidungsdruck ist, je stärker man direkt zum Handeln gezwungen wird.

Die Konfliktstärke, die von diesen 3 »formalen« Momenten abhängt, sagt jedoch nichts direkt über die destruktive oder konstruktive Macht des Konfliktes aus, die weit stärker von den Formen der Konfliktlösungen abhängig ist.

Erst in neuerer Zeit wurden einmal entwicklungspsychologische Konzepte für die Konfliktforschung fruchtbar, wie auch andererseits die Erforschung von Problem- und Belastungssituationen dem entwicklungspsychologischen Denken förderlich war. Bereits von NUTTIN an, der Entwicklung als einen Prozeß der Selbstverwirklichung und Selbstgestaltung begreift, finden sich Hinweise auf die Unvermeidbarkeit solcher Spannungssituationen für den Prozeß menschlicher Entwicklung. Die geistesgeschichtlichen Wurzeln einer solchen Auffassung vom Entwicklungsgeschehen liegen einmal in der christlichen Anthropologie (der Mensch als Ebenbild Gottes ist vernunftbegabt und willensfrei), zum anderen im deutschen Idealismus mit seiner Überbetonung von Geist und Willen als seinsgestaltender Kraft. In dem Ausspruch von

Wilhelm v. HUMBOLDT »Jedes Schicksal ist nur Stoff, an dem ich meine Seele übe«, wird die Auffassung von Entwicklung als Selbstgestaltung besonders deutlich. Hier wäre auch das Konzept des »Individuationsprozesses« bei C. G. JUNG zu nennen, oder auch auf ERIKSON (1950) hinzuweisen, der sich zwar der Phasenlehre FREUDS anschließt, jedoch das Individuum nicht schicksalshaft den Umweltmächten ausgeliefert sieht, sondern dessen aktives Eingreifen, dessen aktive Auseinandersetzung mit Umweltgegebenheiten betont. ERIKSON hat Phasen der Ich-Entwicklung herausgearbeitet und den Aufbau der Ich-Identität schon vom frühen Kindheitsalter an aufgezeigt. Die Funktion des Ichs wird nicht als störungs- und konfliktauslösendes Moment, das gegen die Bedürfnisse gerichtet ist, begriffen, sondern auf eine aktive Bemeisterung nicht mehr der Triebkräfte, sondern der Umwelt gerichtet gesehen. Durch eine aktive Auseinandersetzung mit der Welt, die in jedem Lebensalter erneut verlangt wird, kommt es zur Veränderung der Erlebnis- und Verhaltensweisen und damit zur Entwicklung der menschlichen Persönlichkeit.

Dieser ERIKSON'sche Ansatz wurde in der amerikanischen Entwicklungspsychologie der letzten 15 Jahre besonders aufgegriffen. Man sah Entwicklung weniger idealistisch als »aktive Gestaltung innerlich vorschwebender Ziele« (im Sinne SPRANGER's) oder als »Selbstverwirklichung« (im Sinne NUTTIN's), bei der es durch die Vielzahl der nur dem Menschen eigenen Strebungsmöglichkeiten zu Konflikten kommt, sondern man sah überhaupt jede menschliche Entwicklung dadurch in Gang gebracht, daß sich das Individuum in jedem Lebensalter mit ganz spezifischen Situationen auseinandersetzen muß. *Entwicklung wird als Folge typischer Auseinandersetzungen mit typischen Aufgaben gesehen.* HAVIGHURST (1953, 1963) spricht von »developmental tasks« und umschreibt damit jene Lebenssituationen als Aufgaben, welche zu einer gewissen Zeit oder gewissen Periode des menschlichen Lebens auf das Individuum zukommen und eine Auseinandersetzung herausfordern. Werden diese Aufgaben erfolgreich gelöst, dann tragen sie zur Zufriedenheit des Individuums und zum erfolgreichen Lösen späterer Aufgaben bei. Falschlösungen dieser Aufgaben führen aber zur Unzufriedenheit des Individuums, führen zur Kritik bis zur Ablehnung seitens der Gesellschaft und zu Schwierigkeiten beim Lösen späterer Entwicklungsaufgaben, denn »Entwicklungsaufgaben« müssen nun einmal in einer bestimmten Zeitperiode bewältigt werden.

Diese Entwicklungsaufgaben oder »developmental tasks« entstehen von 3 Wurzeln aus:

1. von der körperlichen Reifung, bzw. der körperlichen Situation, den physiologisch-biologischen Gegebenheiten,

2. von kulturellen Normen, von Erwartungen der Gesellschaft, und
3. von individuellen Erwartungen und Wertvorstellungen.

So gesehen ist Entwicklung als Prozeß während des ganzen Lebens zu verstehen: Entwicklung ist nicht mehr nur »Entfaltung von Anlagen«, also nur endogen bedingt oder biologisch gesteuert; aber auch nicht nur von der Umwelt abhängig und noch weniger nur von Selbstverwirklichungsbestrebungen bestimmt, sondern *Entwicklung ist stets das Resultat einer Interaktion*

1. des sich entwickelnden Organismus
2. mit dem individuellen Selbst, seinen Wertvorstellungen
3. in einer spezifischen sozialen Situation.

Mit anderen Worten: Das Individuum erstrebt in einer biographischen Situation (d. h., an einem bestimmten Punkt seiner Lebensentwicklung, der auch, aber nicht nur, durch körperliche Momente mitbestimmt sein mag) bestimmte Verhaltens- und Erlebnisweisen (die je nach seiner Vorstellungs- und Wertwelt individuell verschieden sind), und es werden auch seitens der sozialen Gruppe von ihm bestimmte Verhaltensweisen erwartet.

Das Individuum hat also die Aufgabe, sich mit dieser neuen Lebenssituation, die eine Umorientierung in seinem Verhalten verlangt, auseinanderzusetzen.

Wir alle sind im Laufe unseres Lebens stets der Veränderung der Situation ausgesetzt (Vater eines Schulanfängers zu sein ist anders als Vater eines 10jährigen, bei dem die Frage der Umschulung zur Diskussion steht, oder als Vater eines Schulabgängers zu sein, oder gar als Schwiegervater oder Großvater zu sein; – man könnte auch aus dem Berufsbereich eine entsprechende Kette von Beispielen aufbauen; man denke nur an jede betriebliche und berufliche Veränderung bis hin zur Pensionierung). All dies sind Veränderungen der Situation, mit denen sich das Individuum auseinanderzusetzen hat; jede dieser Veränderungen einer Situation macht eine *Umorientierung* nötig, verlangt eine Anpassung an eine neue Situation, und damit kommen *neue Aufgaben* auf einen zu (sogenannte »developmental tasks«, entwicklungsmäßig bestimmte und »entwicklungsfördernde« Aufgaben, da sie unser Verhalten verändern).

Die Lösungsversuche, die Lösungsbemühungen solcher Aufgaben können zu einer bestimmten *Thematik* werden (wenn z. B. die Erlebnis- und Verhaltensweisen des Individuums längere Zeit sehr intensiv auf diese neue Grundsituation bezogen sind und dadurch andere Daseinsbereiche vorübergehend in den Hintergrund treten lassen).

Verstärkt sich diese Thematik, zeigt sich die Auseinandersetzung mit dieser neuen Lebenssituation erschwert, kann die Thematik zur *Pro-*

blematik werden, was eine noch stärkere Einengung des übrigen Lebensraumes und ein stärkeres Konzentriertsein auf die Problemsituation bedeutet.

In nochmals verstärkter Form wird die Problematik zur eigentlichen *Konfliktsituation,* besonders dann, wenn es sich um eine »multivalente Situation von existentieller Bedeutsamkeit« (THOMAE, 1960), also um eine echte Entscheidungssituation, handelt.

Es wäre müßig, hier zwischen »kaum merkbarer Belastung«, die nun einmal jede Umorientierung mit sich bringt, und einer »geradezu lähmenden Belastung« zu unterscheiden. – Die Stress-Forschung, die gerade in den letzten Jahren auch von medizinischer Seite durch experimentelle Studien sehr intensiviert wurde, spricht schließlich auch bei unterschiedlichen Stärkegeraden der Belastungssituationen generell von »Stress« (wobei übrigens auch in experimentellen Studien nachgewiesen wurde, daß leichter Stress auf das neurophysiologische System aktivierend wirkt, starker Stress jedoch lähmend: vgl. LEHR, 1969; NEWTON und LEVINE, 1968; SELYE, 1956).

Fragen wir nun: Welches sind die Belastungssituationen in den einzelnen Lebensjahren, besonders im höheren Erwachsenenalter, welches sind die typischen Aufgaben, die dem Einzelnen zur Thematik, Problematik oder auch Konflikten werden können?

6.1.2. Problem- und Belastungssituationen im Lebensablauf

Sowohl in der psychoanalytischen Literatur wie auch in der entwicklungspsychologischen Fachliteratur wird immer wieder das Jugendalter als besonders konfliktreicher Lebensabschnitt geschildert, dem dann – nach diesen »Sturm- und Drang-Jahren« – eine Phase der Stabilisierung des Zur-Ruhe-Kommens folge, die erst wieder im Klimakterium, im 5./6. Lebensjahrzehnt, durch eine neue Krisenzeit abgelöst werde. Man spricht hier von einer »Krise der Lebensmitte«.

Die Ähnlichkeit zwischen beiden Phasen wird immer wieder hervorgehoben, zumeist unter Hinweis auf die in beiden Phasen gegebene hormonale Umstellung, auf Beginn und Ende der Fortpflanzungsfähigkeit. Auf die Tatsache der jeweils erfolgenden notwendigen Neuorientierung, der Auseinandersetzung mit einer veränderten Lebenssituation, die häufig jedoch nicht somatischen, sondern sozialen Ursprungs ist und alle Bereiche menschlichen Lebens umgreift, wird zumindest im Zusammenhang mit den Wechseljahren nur selten hingewiesen. Fast stets geht man bei der Betrachtung dieses Lebensabschnitts – mehr oder minder deutlich ausgesprochen – von festzustellenden Veränderungen im somatischen Bereich aus. Man betont die »Veränderungen der endokrinen Drüsentätigkeit« (MOERS) und ihre Folgen und leitet von ihnen unmittelbar tiefgreifende Krisen ab.

Daß dies eine völlig falsche Annahme ist, konnten neben den Arbeiten von BÜRGER-PRINZ (1956), KEHRER (1959), HASELOFF (1956), NEUGARTEN et al. (1963), die eine falsche Voreinstellung und Erwartungshaltung für das negative Erleben des sogenannten »mittleren Lebensalters« verantwortlich machen, auch unsere Studien, die auf intensiven Lebenslaufanalysen von Männern und Frauen beruhen, zeigen. Das Ergebnis verschiedener Untersuchungsreihen, die in diesem Zusammenhang durchgeführt wurden, läßt sich wie folgt zusammenfassen: Von den Frauen wird zwar das 5. Jahrzehnt, von den Männern das 6. Jahrzehnt als besondere Krisenzeit erlebt. Die Erwartungshaltung, mit der man in diese Lebenszeit eintritt, ist eine negative, d. h. hier: eine durch Befürchtungen im Hinblick auf das körperliche Wohlbefinden bestimmte Zeit. Jedoch sind es nicht körperliche Symptome, die krisenauslösend werden. Eine starke Krisenquelle ist die in dieser Hinsicht unbegründete negative Erwartung selbst. Als zweite Quelle von Belastungssituationen erwies sich nicht der Gesundheitszustand (der höchstens vorgeschoben wird!), sondern weit stärker der Rollenkonflikt (vgl. LEHR, 1966; NEUGARTEN et al. 1963; HASELOFF, 1956), als ausschlaggebend.

Eine nähere Analyse des biographischen Materials zeigt auch hier sehr deutlich, daß psychischen und sozialen Faktoren eine große Bedeutung für die Ätiologie dieser »Konfliktkumulation« zukommen dürfte. Vor allem ergab sich, daß im mittleren Erwachsenenalter Belastungen im familiären Bereich – Auseinandersetzungen mit den Kindern, dem Ehepartner und auch mit den eigenen Eltern – weit stärker erlebt werden als etwa gesundheitliche Störungen.

Man befindet sich in einem sozialen Spannungsfeld, im Schnittpunkt verschiedener Rollen mit gegensätzlichen Rollenanforderungen und in einer dadurch bedingten Phase der »Verunsicherung« zwischenmenschlicher Bezüge. (Parallelen zum Problem der »Statusunsicherheit« und »Statusungewißheit«, die nach LEWIN, MEAD, BONDY u. a. für besondere Formen der Pubertätsproblematik verantwortlich gemacht werden, wären hier aufzuzeigen.) Wie Biographien zeigen, wird manche Frau im 5. Jahrzehnt meist plötzlich wieder an ihre »Tochter-Rolle« gegenüber den nun alternden und hilfsbedürftigen Eltern erinnert, hat plötzlich für sie zu sorgen und wird diesen gegenüber zu verschiedenen Verhaltensweisen gezwungen, die andererseits mit den an sie gestellten Verhaltensanforderungen der oft zur gleichen Zeit zu übernehmenden Schwiegermutter-Rolle oder auch nur der Intensivierung der Mutter-Rolle, schwer in Einklang zu bringen sind. Das Problem der Rollenüberschneidung, der (neuen) Rollenübernahme mit einander gegensätzlichen Verhaltensanforderungen, hat sich als Quelle vieler Konflikt- und Belastungssituationen herausgestellt.

Dieses Problem der Rollenüberschneidung schlägt sich auch im beruflichen Bereich – und zwar bei der Frau verstärkt im 5. Lebensjahrzehnt, beim Mann verstärkt im 6. Jahrzehnt – nieder und wird z. B. dann akut, wenn man z. B. einmal als »in Lebensfragen erfahrener älterer Mitarbeiter« um Rat angegangen wird, im gleichen Moment aber als »weniger Berufskundiger« oder »in speziellen Fragen nicht mehr Orientierter« von Jüngeren Anweisungen oder Ratschläge erhält. Gegensätzliche Verhaltensanforderungen als Konfliktquelle lassen sich in biographischem Material gehäuft nachweisen.

Das jüngere und mittlere Erwachsenenalter galt bisher in der Literatur als relativ konfliktfreie Phase – eine Denkweise, die sich sehr stark an eine biologisch orientierte Idee des Entwicklungsverlaufs anlehnt und Erkenntnisse empirischer Forschung ignoriert, die die Bedeutung sozialpsychologischer Momente im Lebensablauf nachweisen. Wenn man jedoch feststellt, daß sich Belastungssituationen durch die Auseinandersetzung mit neuen Aufgaben ergeben, dann ist diese Annahme nicht ganz haltbar. Gerade Auseinandersetzungen mit neuen Lebenssituationen werden doch im frühen Erwachsenenalter – also in der Zeit zwischen Jugend und Klimakterium – in besonders starkem Ausmaß vom Individuum verlangt! Gerade in der Zeit zwischen etwa 20/25 und 50 Jahren gilt es, bestimmte Lebensaufgaben zu lösen; *zeitgerecht* zu lösen, – da eine Verzögerung der Lösung, ein Hinausschieben der von der Situation geforderten Auseinandersetzung, die sachgerechte Auseinandersetzung mit den darauf folgenden einem »zur Aufgabe gestellten Lebenssituationen« erschwert – und damit Entwicklung verhindert (HAVIGHURST, NEUGARTEN).

Bisher liegen zu diesem Problemkreis viele »Schreibtisch-Betrachtungen« vor oder Einzelfälle aus der Praxis des Psychiaters. Weitere Forschungen sind hier notwendig. Ein erster Ansatz der gezielten Erfassung solcher Problemsituationen findet sich in den Bonner Untersuchungen. THOMAE, 1960, 1968, LEHR u. THOMAE, 1958, 1965, LEHR, 1961, 1969, PUSCHNER, 1968, v. LANGERMANN, 1970, sind der Frage nachgegangen, welche Lebensbereiche überhaupt Auseinandersetzungen erfordern und im Rahmen einer Lebenslaufschilderung als Thematik, als Problematik oder als Konflikt – kurz als Belastungssituation – erscheinen. Anhand einer Analyse von 326 Fällen (LEHR und THOMAE, 1965), die aber inzwischen auf über 2000 erweitert werden konnten, ließen sich dabei folgende 12 Konfliktbereiche analysieren:

1. Konflikte mit den eigenen *Eltern*: Hierunter wurden all jene Spannungssituationen gezählt, die sich aus dem Zusammenleben mit den Eltern, auf Grund bestimmter Anforderungen seitens der Eltern, ergaben bzw. aus Rücksichtsnahmen und Verpflichtungen den Eltern gegenüber, die mit dem eigenen Lebenskreis nur schwer in Einklang zu bringen waren, entstanden.
2. Konflikte mit den eigenen *Kindern*: Dieser Bereich umfaßt die mannigfachsten Formen von Belastungssituationen, von der Feststellung der Erwartung eines Kindes und der damit verbundenen häufig heftigen Auseinandersetzung bis zu Lösungsbestrebungen der erwachsenen Kinder aus dem Elternhaus und deren Familiengründung. Gerade dieser Konfliktbereich zeigt in unserem biographischen Material bei Männern und Frauen weitere Auswirkungen auf andere zwischenmenschliche Beziehungen und zieht nicht selten Belastungssituationen im Verhältnis zu den Eltern, zu Verwandten und besonders im Partnerschaftsverhältnis nach sich.
3. Konflikte mit *Verwandten*: Hier sind es in erster Linie die Großeltern oder die in die Erziehung eingeschalteten Tanten, mit denen es – zumindest in Kindheit und Jugend – zu Spannungen kommt. Dann, im späteren Alter, ist es auch die Verwandtschaft des Ehepartners, durch die man seine eigenen Kreise gestört fühlt – oder aber es sind die Geschwister, mit denen es zu Auseinandersetzungen (häufig wegen Erbschaftsangelegenheiten) kommt.
4. Konflikte im sonstigen *sozialen Bereich* erfassen Spannungssituationen, die sich aus dem Umgang mit anderen Menschen, wie Nachbarn, Freunden, Kameraden, Mitgliedern des gleichen Vereins usf. ergeben.
5. Konflikte, die im Zusammenhang mit der *Wahl des Ehepartners* stehen, teilweise sogar zur Trennung von Freundschaften, zur Entlobung, führen.
6. Konflikte innerhalb des *Partnerschaftsverhältnisses*: Hierunter sind die vielfältigsten Formen ehelicher Spannungen zusammengefaßt, von leichteren Meinungsverschiedenheiten in Fragen des alltäglichen Lebens bis zu tiefgreifenden Auseinandersetzungen über existenzielle Probleme.
7. Konflikte innerhalb der *Schule*: Hierbei handelt es sich um Belastungssituationen, die Schule und Ausbildung betreffen; sei es, daß sie sich aus der eigenen unzureichenden Leistungsfähigkeit bzw. aus dem Ausbleiben schulischer Erfolge ergeben oder aber, daß das Lehrer-Schüler-Verhältnis oder die eigene Stellung innerhalb der Klassengemeinschaft als Ursache angesehen werden.
8. Konflikte im Zusammenhang mit der *Berufswahl*.
9. Konflikte innerhalb des *beruflichen Bereiches*: Hier handelt es sich um Belastungssituationen, die sich einmal aus der Art der Tätigkeit selbst ergeben – z. B. Eintönigkeit der Arbeit, Überforderungen, übermäßige körperliche Beanspruchung durch die Arbeit –, die Arbeitsplatz und Arbeitszeit betreffen, die weiterhin mit Fragen des beruflichen Aufstiegs, mit finanziellen Problemen im Zusammenhang stehen, oder aber im Verhältnis zu Kollegen und Vorgesetzten begründet liegen.
10. Konflikte, die sich aus der *politischen* Situation, aus bestimmten zeitgeschichtlichen Entwicklungen, ergeben.
11. Konflikte im *religiösen Bereich*: Hierunter sind jene Belastungen gerechnet, die sich aus Auseinandersetzungen mit kirchlichen Vorschriften und Geboten – wie Sonntagsheiligung, Beachtung der Fest- und Abstinenztage, Verbot der Mischehe, der Geburtenregelung – ergeben, außerdem Probleme des Glaubenszweifels, des Konfessionswechsels oder Kirchenaustritts.

12. Konflikte und Auseinandersetzungen mit Schwierigkeiten, die in der *eigenen Persönlichkeit* begründet liegen: Spannungssituationen auf Grund divergierender Interessen, mangelnder Durchsetzungsfähigkeit, fehlender Möglichkeit der Daseinserweiterung, der Ausdehnung des persönlichen Lebensraumes.

Diese genannten Konfliktbereiche sind bei der Gesamtgruppe in unterschiedlicher Stärke vertreten (vgl. Tab. 14), wobei sich außerdem geschlechtsspezifische Unterschiede ergeben. Auf die einzelnen Altersgruppen verteilt ergibt sich folgendes Bild (Tab. 15a und 15b), wobei zu berücksichtigen ist, daß die genannten Konfliktsituationen oft Jahrzehnte zurückliegen.

Als Hauptergebnis dieser Studie stellte sich dabei eine relativ geringe direkte Altersabhängigkeit heraus. Bestimmte »Phasen« des Lebenszyklus gewinnen hingegen eher Bedeutung, aber zeitgeschichtliche und epochale Momente haben zweifellos den stärksten Einfluß auf Art und Ausmaß und Form des Konflikterlebens (vgl. Lehr und Thomae, 1965).

Bevor auf einige mögliche Konflikt- und Belastungsquellen des höheren Erwachsenenalters näher eingegangen wird, sei zunächst die generelle Frage nach den möglichen Reaktionen auf Belastungssituationen gestellt.

6.1.3. Reaktionen auf Belastungssituationen

In der Literatur findet sich eine Vielzahl von Klassifizierungsversuchen, mit denen man die verschiedenen Formen der Reaktionen auf Konflikt- und Belastungssituationen zu erfassen suchte. Seit Freud sind die Formen der *Verdrängung,* bei der es zur sogenannten »Somatisierung«, d. h. zur Hinüberführung eines psychischen Konflikts in krankhafte Störungen kommen kann, wie auch Formen der *Sublimierung,* d. h., der »Überformung« oder Kompensation bekannt. (»Verdrängung als Form der Konfliktlösung kommt zustande, wenn eine Triebregung, deren Befriedigung an sich lustvoll wäre, mit den Ansprüchen anderer seelischer Instanzen nicht vereinbar ist und deshalb letzten Endes zur Unlust führen würde, die sich schließlich als stärker erweisen könnte als die Befriedigungslust«; Freud, X, S. 248 ff.).

Damit sind jedoch die verschiedenen Formen der Reaktion auf Belastungssituationen keineswegs erfaßt. Thomae ist in seinen Forschungen nicht bei der Erfassung der Daseinsthematik, der Konflikt- und Belastungssituationen, stehen geblieben, sondern hat darüber hinaus die Frage nach der Art und Weise der Auseinandersetzung des Individuums, d. h. nach seiner »Daseinstechnik«, mit der die Problem-

Tabelle 14: Prozentuale Verteilung der Konfliktnennungen

Männer und Frauen zusammen	[%]	Männer	[%]	Frauen	[%]
1. Eltern	15,5	Arbeitsplatz	21,8	Eltern	16,9
2. Arbeitsplatz	14,0	Eltern	12,9	Partnerschaft	16,3
3. Partnerschaft	13,4	Partnerschaft	10,1	eigene Interessen	10,3
4. eigene Interessen	9,4	eigene Interessen	8,6	eigene Kinder	8,6
5. eigene Kinder	7,3	Politik	8,2	Arbeitsplatz	7,6
6. sozialer Bereich	6,8	sozialer Bereich	6,7	sozialer Bereich	7,1
7. Verwandte	6,0	Schule und Ausbildung	6,2	Verwandte	6,3
8. Schule und Ausbildung	6,0	Verwandte	5,6	Schule und Ausbildung	5,9
9. Politik	4,9	eigene Kinder	5,2	Religion	4,2
10. Berufswahl	4,2	Berufswahl	4,5	Berufswahl	4,1
11. Religion	3,7	Partnerwahl	3,7	Partnerwahl	3,4
12. Partnerwahl	3,5	Religion	3,2	Politik	2,3
Sonstige Konflikte	5,3	Sonstige Konflikte	3,3	Sonstige Konflikte	7,0

Tabelle 15a: Prozentualer Anteil der Konfliktbereiche an allen Konfliktnennungen der männlichen Lebensalter-Gruppen

Konfliktbereich	25–29-jährige	30–39-jährige	40–49-jährige	50–65-jährige
Eltern	19,13	13,66	10,61	11,00*
Arbeitsplatz	15,14	17,36	21,67	29,70*
Sonstige soziale Bereiche	11,38	6,38	6,13	4,87*
Partnerschaft	10,56	10,28	10,74	9,92
Eigene Interessen	8,69	9,36	8,32	8,02
Verwandte	7,28	5,98	6,19	4,59
Schule und Ausbildung	6,57	8,22	6,65	3,76*
Partnerwahl	5,99	3,16	3,95	2,82*
Religion	3,64	2,72	3,45	3,21
Berufswahl	3,29	5,22	4,74	3,98
Politik	3,05	10,99	8,83	7,30**
Kinder	1,64	3,65	5,53	8,02*
Sonstige Konflikte	3,62	3,02	3,19	2,81

* Nach der von BURMEISTER angewandten Berechnungsmethode ist der Unterschied zu 25–29 und 30–39 J. sehr signifikant.
** Unterschied zu 25–29 sehr signifikant.

Tabelle 15b: Prozentualer Anteil der Konfliktbereiche an allen Konfliktnennungen der weiblichen Lebensalter-Gruppen

Konfliktbereich	25–29-jährige	30–39-jährige	40–49-jährige	50–65-jährige
Eltern	20,63	15,71	16,39	16,10**
Eigene Interessen	12,19	11,26	9,47	8,49*
Partnerschaft	10,25	17,38	16,71	18,38
Schule und Ausbildung	9,18	5,50	6,44	3,74*
Sonstige soziale Bereiche	8,98	7,83	6,68	5,37*
Arbeitsplatz	6,43	7,96	8,67	7,26
Berufswahl	5,76	4,18	3,34	3,21*
Partnerwahl	4,96	3,39	3,58	2,33*
Religion	4,96	3,96	4,14	4,09
Verwandte	3,95	6,82	6,68	7,00
Politik	2,81	2,16	2,47	2,16
Kinder	2,55	5,46	8,83	15,56*
Sonstige Konflikte	7,35	8,39	6,60	6,31

* Unterschied zu 25–29 und 30–39 (nach Berechnungsmethode BURMEISTER)
sehr signifikant.
** Unterschied zu 25–29 (nach Berechnungsmethode BURMEISTER) sehr signifikant.

Tabelle 16: Die Häufigkeit bestimmter Reaktionen auf Konfliktsituationen
(nach Nesswetha, 1964)

	Männer 77 Pbn		Frauen 61 Pbn		M + F 138 Pbn	
	absol. Zahl	RF/Pb	absol. Zahl	RF/Pb	absol. Zahl	RF/Pb
I. Entscheidung	309	4,0	271	4,5	580	4,2
davon						
a) wägend	107	1,4	90	1,5	197	1,4
b) wachsend	105	1,4	112	1,8	217	1,6
c) wagend	61	0,8	48	0,8	109	0,8
d) retardiert	36	0,5	21	0,3	57	0,4
II. Evasive Reaktion	315	4,1	297	4,9	612	4,5
davon						
a) Ortswechsel	38	0,5	52	0,8	90	0,65
b) Kompensation	196	2,5	181	3,0	377	2,7
davon direkte Kompensation	10	0,1	8	0,1	18	0,1
Verlagerung der Lebensthematik	64	0,8	39	0,6	103	0,7
»als-ob«-Reaktion	24	0,3	20	0,3	44	0,3
Spiritualisierung	14	0,2	16	0,2	30	0,2
Tagträume	6	0,08	5	0,08	11	0,08
Mischformen	78	1,0	93	1,5	171	1,3
c) Evasion in virtuell-illusionäre Bereiche	81	1,05	64	1,0	145	1,0
davon artefiziell herbeigeführte	22	0,3	10	0,16	32	0,2
illusionär herbeigeführte	18	0,25	9	0,15	27	0,2
Mischformen und unklare Formen	41	0,5	45	0,7	86	0,6
III. Retraktion	44	0,6	57	0,9	101	0,7
davon						
a) partielle Retraktion	32	0,4	37	0,6	69	0,5
b) diffuse Retraktion	12	0,2	20	0,3	32	0,2
IV. Transgression	75	1,0	48	0,8	123	0,9
davon						
a) Somatisierung	48	0,6	30	0,5	77	0,55
b) Irradiation	18	0,2	16	0,25	34	0,25
c) Psychisierung	10	0,1	2	0,03	12	0,09
V. Repression	44	0,6	53	0,9	97	0,7
davon						
a) Abdrängung	30	0,4	36	0,6	66	0,5
b) Verdrängung	14	0,6	17	0,3	31	0,2
VI. Unklare Formen	49	0,2	47	0,8	96	0,7
	836	10,9	773	12,7	1609	11,9

situation zu meistern versucht wird, zu ergründen versucht (THOMAE, 1951, 1953, 1960, 1968). So wurden in seinem Arbeitskreis Untersuchungen bei auffälligen Kindern und Jugendlichen (THOMAE, 1953, DIETRICH, 1960), bei Heimatvertriebenen (HAUPT, 1959), bei Körperbehinderten (HAMBITZER, 1962) und bei sogenannten »normalen Durchschnittsmenschen«, wie sie uns im Alltag begegnen (LEHR u.

Tabelle 17 a: Reaktionen auf Probleme im beruflichen Bereich bei Männern (geb. 1890–1895) in den Jahren 1948 und 1965 (nach Thomae und Simons, 1967) tau (II) = .245 p > 5 %

1948			1965
Sachliche Leistung	1	1	Identifikation mit den Zielen und Schicksalen der Kinder
Stiftung und Pflege sozialer Kontakte	2	2	Sachliche Leistung
Anpassung an die Eigenheiten und Bedürfnisse anderer	3	3	Stiftung und Pflege sozialer Kontakte
Anpassung an die institutionellen Aspekte der sozialen Situation	4	4	Anpassung an die Eigenheiten und Bedürfnisse anderer
Akzeptieren der Situation	5	5	Innere Distanzierung von der Situation
Aufgreifen zufällig gegebener Chancen	6	6	Akzeptieren der Situation
Aktiver Widerstand	7	7	Evasive Reaktion
Hoffnung auf äußere Wende	8	8	Niedergeschlagenheit
Sich-Verlassen auf andere	9	9	Anpassung an die institutionellen Aspekte der Situation
Appell an die Hilfe anderer	10	10	Sich-Verlassen auf andere
Aggressive Durchsetzung	11	11	Aufgreifen zufällig gegebener Chancen
Niedergeschlagenheit	12	12	Hoffnung auf äußere Wende
Identifikation mit den Zielen und Schicksalen der Kinder	13	13	Aktiver Widerstand
Zurückstellen der eigenen Bedürfnisse	14	14	Aggressive Durchsetzung
Evasive Reaktion	15	15	Appell an die Hilfe anderer
Innere Distanzierung von der Situation	16	16	Zurückstellen der eigenen Bedürfnisse

Thomae, 1965, Thomae und Lehr, 1963; Nesswetha, 1964; v. Langermann, 1970) durchgeführt. Nesswetha gelangte dabei zu einem sehr differenzierten Klassifizierungsschema und fand bei der von ihm untersuchten Gruppe ein Dominieren evasiver Reaktionsformen (vgl. Tab. 16). –

Tabelle 17 b: Reaktionen auf Probleme im beruflichen Bereich bei Männern (geb. 1900–1905) in den Jahren 1948 und 1965
(nach Thomae und Simons, 1967)
tau (II) = .276 p > 5 %

1948			1965
Sachliche Leistung	1	1	Sachliche Leistung
Anpassung an die institutionellen Aspekte der sozialen Situation	2	2	Identifikation mit den Zielen und Schicksalen der Kinder
Anpassung an die Eigenheiten und Bedürfnisse anderer	3	3	Stiftung und Pflege sozialer Kontakte
Stiftung und Pflege sozialer Kontakte	4	4	Akzeptieren der Situation
Aufgreifen zufällig gegebener Chancen	5	5	Anpassung an die Eigenheiten und Bedürfnisse anderer
Aktiver Widerstand	6	6	Evasive Reaktion
Akzeptieren der Situation	7	7	Anpassung an die institutionellen Aspekte der sozialen Situation
Hoffnung auf äußere Wende	8	8	Hoffnung auf äußere Wende
Sich-Verlassen auf andere	9	9	Aktiver Widerstand
Aggressive Durchsetzung	10	10	Niedergeschlagenheit
Appell an die Hilfe anderer	11	11	Aggressive Durchsetzung
Niedergeschlagenheit	12	12	Sich-Verlassen auf andere
Zurückstellen der eigenen Bedürfnisse	13	13	Innere Distanzierung von der Situation
Identifikation mit den Zielen und Schicksalen der Kinder	14	14	Zurückstellen der eigenen Bedürfnisse
Evasive Reaktion	15	15	Aufgreifen zufällig gegebener Chancen
Innere Distanzierung von der Situation	16	16	Appell an die Hilfe anderer

Tabelle 17 c: Rangplatzvergleich der Reaktionen der Männer (geb. 1900–1905)
auf Probleme bezügl. »Wirtschaft« und »Familie« im Jahre 1965
(nach Thomae und Simons)
tau (I) = .231 p > 5 %

Wirtschaft			Familie
Sachliche Leistung	1	1	Identifikation mit den Zielen und Schicksalen der Kinder
Anpassung an die institutionellen Aspekte der sozialen Situation	2	2	Stiftung und Pflege sozialer Kontakte
Identifikation mit den Zielen und Schicksalen der Kinder	3	3	Anpassung an die Eigenheiten und Bedürfnisse anderer
Akzeptieren der Situation	4	4	Sachliche Leistung
Sich-Verlassen auf andere	6	5,5	Zurückstellen der eigenen Bedürfnisse
Zurückstellen der eigenen Bedürfnisse	6	5,5	Niedergeschlagenheit
Aktiver Widerstand	6	7,5	Sich-Verlassen auf andere
Anpassung an die Eigenheiten und Bedürfnisse anderer	9	7,5	Akzeptieren der Situation
Hoffnung auf äußere Wende	9	9	Aktiver Widerstand
		10,5	Hoffnung auf äußere Wende
Evasive Reaktion	9	10,5	Evasive Reaktion
Appell an die Hilfe anderer	11,5	12	Appell an die Hilfe anderer
Innere Distanzierung von der Situation	11,5	14	Aufgreifen zufällig gegebener Chancen
Aggressive Durchsetzung	13,5	14	Aggressive Durchsetzung
Niedergeschlagenheit	13,5	14	Innere Distanzierung von der Situation
Aufgreifen zufällig gegebener Chancen	15,5	16	Anpassung an die institutionellen Aspekte der sozialen Situation
Stiftung und Pflege sozialer Kontakte	15,5		

Das Material der Bonner gerontologischen Längsschnittstudie fand
unter diesen Gesichtspunkten eine erste Auswertung durch Thomae
und Simons (1967) und v. Langermann (1970). Anhand der biographischen Angaben wurden im Jahre 1965 bei den 220 60–75jährigen

Männern und Frauen die verschiedenartigen Belastungssituationen im beruflichen, familiären und wirtschaftlichen Bereich, die aus der Nachkriegszeit erinnert wurden, erfaßt, ebenso auch die gegenwärtigen Belastungssituationen. Anhand der Analyse der Schilderungen der verschiedenen Formen der Auseinandersetzung mit diesen Problemen ließ sich ein sehr differenziertes Kategorienschema erstellen. Die Rangreihe der am häufigsten zur Anwendung gelangenden Reaktionen geht aus Tabelle 17a, 17b, 17c hervor.

Dabei traten Altersunterschiede in den Hintergrund; die zeitgeschichtliche Situation erwies sich in den Jahren 1948, 1955 und 1965 als ausschlaggebender. So stellt v. Langermann (1970, S. 129) fest:

»Eine starke allgemeine äußere Belastung fördert die Ausbildung einer größeren Diversität an Daseinstechniken, und es sind bei größerem Belastungsdruck ebenfalls mehr Verhaltenssyndrome festzustellen als bei geringem. Bestimmte Verhaltenssyndrome konnten nur bei starker allgemeiner Belastung festgestellt werden; dazu gehörten vor allem stärker cognitive Formen der Auseinandersetzung mit einer Situation.«

Und weiter heißt es:

»Der unterschiedliche Grad einer Belastung förderte jeweils auch bestimmte Daseinstechniken, die das Verhalten mehr oder minder dominant durchzogen. So konnte als typische Reaktion auf inhaltlich verschiedene Anforderungen des Jahres 1948 die Daseinstechnik ›Stiftung und Pflege sozialer Kontakte‹ angesehen werden. Als charakteristische Reaktion unseres Samples auf die Situation 1955 war es die ›Anpassung an die Bedürfnisse und Eigenheiten anderer‹ und 1965 die ›Identifikation mit den Schicksalen und Zielen der Kinder‹. Die Generalität, mit der eine Daseinstechnik in einem Bezugsjahr auftrat, unterlag deutlich einer geschlechtsspezifischen Beeinflussung.«

Ihre Ergebnisse faßt v. Langermann zusammen: »Bezüglich Ausprägung und Auswahl der Daseinstechniken fanden sich wenig Differenzen, die allein auf das chronologische Alter zurückzuführen waren, sondern es traten nur dann bestimmte Daseinstechniken in den Vordergrund, wenn sich durch das Alter die gesamte Rolle des Individuums umzentriert hatte ... Die meisten – nicht alle – Daseinstechniken unterlagen in ihrer Ausprägung einem deutlichen Einfluß durch den Sozialstatus. ... Besonders ausgeprägt und umfassend war der Einfluß der Persönlichkeitsvariablen.« (1970, S. 130). –

Anhand der Analyse von Lebenslaufschilderungen und Beobachtungen kristallisierten sich verschiedene Formen der Bemühungen eines Individuums heraus, sich »das Dasein zu ermöglichen«. Diese Reaktionsformen richten sich einmal danach, wie das Individuum die Situation erlebt (und nicht etwa nach dem »objektiven« Belastungsgrad), wie Snygg und Combs (1949), Kelly (1955) und Thomae

(1968, 1969, 1971) gezeigt haben. Dabei ist es durchaus möglich, daß objektiv unterschiedliche Belastungen vom Individuum in gleicher Weise als belastend empfunden werden, – wie auch umgekehrt objektiv Gleiches subjektiv von unterschiedlicher Bedeutsamkeit erlebt werden kann.

Es läßt sich zwar eine Vielzahl derartiger Techniken herausarbeiten (vgl. Tabellen 16 und 17), die jedoch 5 großen Gruppen unterzuordnen sind. THOMAE (1968, S. 366 ff.) unterscheidet:

1. *Leistungsbezogene Techniken:* Hier versucht man eine Auseinandersetzung mit der Situation durch »sachliche Leistung« und verstärkte Anstrengungsbereitschaft. Durch verstärkten Leistungseinsatz bemüht man sich, die Konfliktquelle auszuschalten und die Umweltsituation zu beeinflussen bzw. zu ändern.

2. *Aggressive Durchsetzung* zielt auch auf die Änderung der Umweltsituation ab, aber nicht durch Leistung, sondern durch aggressive Gewalt und rücksichtsloses Sich-Durchsetzen. – Derartige Techniken sind bei unauffälligen Individuen relativ selten vertreten, kommen jedoch hauptsächlich in Notzeiten und Zeiten der Existenzbedrohung zum Durchbruch.

Die übrigen 3 Gruppen von Reaktionsweisen auf Belastungssituationen zielen weniger auf eine Veränderung der Umwelt ab.

3. Die *Daseinstechniken der Anpassung* bewirken vielmehr eine Veränderung des Verhaltens des Individuums. Hierbei versucht man, sich sowohl an die spezifische Situation wie auch an die Bedürfnisse und Eigenheiten der Mitmenschen anzupassen. SHAFFER (1936) spricht in seiner »Psychologie der Anpassung« von der Tendenz des Organismus, die eigenen Verhaltensweisen den Veränderungen der Umwelt entsprechend zu verändern.

4. *Defensive Daseinstechniken:* Hierunter versteht man all jene Bemühungen des Individuums, unangenehme und peinliche Vorstellungen dem Bewußtsein fernzuhalten, zu »verdrängen«, zu »ignorieren«. Ein Abwehrmechanismus setzt ein und versucht weder durch Einflußnahme auf die Umwelt noch durch eigene Verhaltensänderung den Konflikt zu lösen. Man versucht, einfach die Situation nicht wahrhaben zu wollen, zu ignorieren oder gar zu leugnen: – Lösungsformen, die natürlich nur Scheinlösungen sind! Hier erfolgt keine wirkliche Verhaltensänderung, keine Auseinandersetzung mit dem Gegenstand, sondern nur eine Art »Totstellreflex«. Daß dieser nur von vorübergehender Wirkung sein kann und keine echte Lösung bedeutet, ist verständlich.

5. *Evasive Techniken:* Hierbei – im Gegensatz zu den defensiven Techniken – erkennt man durchaus den Problemcharakter der Si-

tuation, sieht sich jedoch außerstande, durch aktives Eingreifen (sei es in Form sachlicher Leistung oder aggressiver Durchsetzung) die Situation zu ändern. Man ist auch nicht in der Lage, die Situation zu verändern oder aber sein Verhalten zu ändern und sich der neuen Situation »anzupassen«. So bleibt nur die »evasive Technik« im Sinne eines »Sich-Zurückziehens« (SHAFFER, 1936; LEHNER und KUBE, 1955 und THOMAE, 1960, 1968). LEWIN (1951) bringt die anschauliche Bezeichnung des »Aus-dem-Felde-Gehens«. Bei diesen Techniken kann es sich sowohl um ein physisches Herausgehen aus der Situation handeln (Ortswechsel, Stellenwechsel, Trennung der Wohnungen) wie auch um ein mehr »gedankliches« Ausweichen, um ein »Sich-Herauslösen aus dem Forderungscharakter«, indem man bestimmte Gegebenheiten für sich nicht mehr als verbindlich erklärt! Es handelt sich hierbei um ein »Herausgehen aus dem Spannungsfeld«, das man – mit THOMAE – analog zur »aggressiven Technik« auch mit »egressiver« Technik bezeichnen könnte.

Hier wurde versucht, Konflikt- und Belastungssituationen, mit denen das Individuum im Ablauf seines Lebens konfrontiert wird, aufzuzeigen und Formen der Auseinandersetzung mit diesen zu analysieren. Dabei ist zu betonen, daß solchen Konfliktsituationen nicht unbedingt eine *destruktive* Macht zukommt, sondern daß sie geradezu *konstruktiv* zur Persönlichkeitsentwicklung beitragen, sofern das Individuum sich mit ihnen auseinandersetzt. So kann z. B. durch vielfältige Variationen sachlicher Leistung eine Veränderung der Umweltsituation herbeigeführt werden oder es kann durch Verhaltensmodifikation zu einer Reduzierung der Belastung kommen. Hingegen bedeuten defensive Techniken wie auch evasive Techniken keine »echten« Lösungen; sie stehen einem »konstruktiven« Konfliktgeschehen entgegen und tragen zu dessen »destruktivem« Charakter bei! So gesehen, kann die Konfrontation mit Belastungsituationen für den einzelnen sowohl eine Chance wie auch eine Gefahr bedeuten! –

Im folgenden soll nun auf bestimmte Grundsituationen, denen sich der Mensch im höheren Lebensalter oft konfrontiert sieht und die zur Auseinandersetzung herausfordern, näher eingegangen werden.

6.2. Die Auseinandersetzung mit der Berufssituation

Es ist sicher nicht ganz uninteressant festzustellen, daß in der öffentlichen Diskussion um die Berufsproblematik nahezu ausschließlich »der ältere Arbeitnehmer« im Mittelpunkt steht, nicht etwa der Mensch im 3. und 4. Lebensjahrzehnt. Fast könnte man annehmen, in diesem Alter gäbe es keinerlei Berufsprobleme, die eine Auseinandersetzung herausfordern, – zumindest keine für den Mann, für den die spezielle Problematik der Doppelrolle in Beruf und Familie dank der heutigen gesellschaftlichen Rollenerwartungen nicht in dem Maße aktualisiert wird wie für die Frau.

Sowohl die Annahme eines zumindest im Hinblick auf die Berufssituation weitgehend problemfreien mittleren Lebensalters wie auch die einer besonders starken Belastetheit im höheren Erwachsenenalter bedarf auf Grund empirischer Forschungen einer Korrektur. Theoretische Konzepte, wie sie u. a. BÜHLER (1953), SKAWRAN (1947), MOERS (1953) und auch HAVIGHURST (1953) vorgelegt haben, bezeichnen das mittlere Erwachsenenalter, d. h. die Zeit von etwa 30–40/45 Jahren als »Stabilisierungsphase«, als »Höhepunkt beruflicher Leistungsfähigkeit«. Auch SUPER, CRITES u. HUMMEL (1957) haben auf dem Stufenmodell der Entwicklung von Charlotte BÜHLER aufbauend unter Einbeziehung der Feststellungen von MILLER und FORM (1951) und GINZBERG und Mitarbeiter (1951) in ihrem Modell der Berufsentwicklung das mittlere Erwachsenenalter (25–44 Jahre) als »Stufe der Konsolidierung« (»establishment stage«) gekennzeichnet, gefolgt von der »Stufe der Erhaltung« (»maintenance stage«, 45–64 Jahre), der dann die Stufe des Abstiegs, des Abbaus (»decline stage«, über 65 Jahre) folge.

Zweifelsohne ist es ein Verdienst dieser Autoren, Berufsentwicklung nicht auf das Jugendalter und frühe Erwachsenenalter beschränkt zu sehen, sondern als lebenslangen Prozeß zu begreifen, wenngleich man einer so schematischen Stufeneinteilung doch kritisch gegenüberstehen sollte. Biographische Studien konnten einmal den prozessualen Charakter der beruflichen Entwicklung nachweisen (LEHR u. THOMAE, 1958; LEHR 1969) zum anderen aber auch deren enge Verwobenheit mit dem gesamten Lebensschicksal, das weitgehend durch exogene Faktoren seine individuelle Prägung erhält.

6.2.1. Das Erleben der Berufssituation

Die Auseinandersetzung mit der Berufssituation ist keineswegs auf das höhere Lebensalter beschränkt zu sehen. Eine Analyse der biographisch erfaßten Konflikt- und Belastungsituationen bei 326 Personen im Alter von 25–65 Jahren (LEHR u. THOMAE, 1965) während des Lebensablaufs, läßt erkennen, daß sich hinsichtlich der Konflikt- und Störfaktoren im beruflichen Bereich mit zunehmendem Alter kaum quantitative Veränderungen ergeben. Das heißt mit anderen Worten: Störfaktoren im Arbeitsleben nehmen mit höherem Alter nicht zu, sondern sie sind höchstens qualitativ anders. Aber selbst jene Störfaktoren, bei denen man zunächst eine gewisse Altersabhängigkeit nachweisen kann – wie z. B. die Problematik des beruflichen Aufstiegs, des Stellenwechsels, des Innewerdens der Endgültigkeit der eigenen Berufssituation, der Vorgesetzten-Problematik und der Konkurrenz-Problematik – erweisen sich bei eingehender Analyse nur zum Teil als altersabhängig, hingegen in weit stärkerem Maße als situationsspezifisch, zeitgeschichtlich bedingt, darüber hinaus von der Persönlichkeitsstruktur und der biographischen Gesamtsituation abhängig (LEHR u. THOMAE, 1958, 1965; LEHR, 1969; DREHER, 1969).

Eine Analyse des biographischen Materials unter dem Aspekt der Konflikt- und Belastungssituationen macht deutlich, daß im subjektiven Erleben die Störfaktoren im Berufsbereich keineswegs im mittleren und höheren Lebensalter zunehmen. So entfallen vom Insgesamt der erlebten Belastungssituationen in den einzelnen Lebensjahrfünften bei Männern auf den Arbeitsbereich jeweils etwa 25% der Belastungssituationen (die übrigen ca. 75% verteilen sich auf den familiären Bereich, persönliche Interessen, Gesundheit, Auseinandersetzung mit politischen und zeitgeschichtlichen Problemen), wie aus folgender Aufstellung hervorgeht (vgl. Tab. 18).

Tabelle 18: Konfliktbereich »Arbeitsplatz« in den einzelnen Lebensaltern; prozentualer Anteil der auf diesen Bereich entfallenden Konflikt- und Belastungssituationen (LEHR und THOMAE, 1965)

Alter (Jahre):	15–20	20–25	25–30	30–35	35–40	40–45	45–50	50–55
Prozentualer Anteil der Störfaktoren:	26,8	26,2	22,1	29,4	27,4	28,2	27,1	22,7

Es ergeben sich also keineswegs mehr Störfaktoren mit zunehmendem Alter, sondern zum Teil nur qualitativ andere. Während zum Beispiel im zweiten und dritten Lebensjahrzehnt Probleme der Berufswahl, der Auseinandersetzung mit der Richtigkeit dieser Wahl und Probleme der Eingewöhnung in das Arbeitsleben überhaupt eine erhebliche Rolle spielen (LEHR, 1969), während die *Diskrepanz zwischen Berufserwartungen und Berufsalltag* zu äußerst gewichtigen Störfaktoren des Berufsanfängers werden, dominieren im dritten, vierten und fünften Lebensjahrzehnt *Aufstiegsprobleme und Fragen des beruflichen Weiterkommens,* die als Störfaktoren erlebt werden. Allerdings unterscheiden sich hierin Männer sehr signifikant von den Frauen (p < 1%), bei denen man höchstens innerhalb der höheren sozialen

Schicht auf derartige Probleme stößt. Unseren Untersuchungen zufolge werden Aufstiegsprobleme als Störfaktoren im Arbeitsprozeß besonders bei Männern der sozialen Mittelschicht wirksam, zumal hier beruflicher Aufstieg vielfach nur auf dem Weg des Stellenwechsels möglich wird. Diese Gesamtsituation (Stellenwechsel, neuer Arbeitsplatz, neue Tätigkeit, neue soziale Umwelt, evtl. Umzug und damit Wechsel im privaten und familiären Bereich) erschwert vielfach den ohnehin mit einem Stellenwechsel gegebenen Konflikt und bedeutet zusätzliche subjektive Belastung. Bei Männern der niederen sozialen Schicht wie auch bei jenen der höheren sozialen Schicht werden derartige Störfaktoren signifikant weniger bedeutsam ($p < 5\%$).

Das Innewerden der *Endgültigkeit der eigenen Berufssituation*, – wie z. B. Überlegungen, daß ein Stellenwechsel nun im fortgeschrittenen Alter nicht mehr opportun ist, – kann ebenso als Störfaktor des modernen Arbeitslebens angesehen werden. Hier wirken sich oft geringeres Zutrauen in die eigene Umstellungs- und Anpassungsfähigkeit als zusätzliche Belastung aus. Allerdings zeigt sich bei der Analyse unseres Materials auch hier wieder, daß das »Image«, das der ältere Arbeitnehmer in der Gesellschaft hat, nicht ganz unschuldig an derartigen Einstellungen ist. Das eben durch dieses Image zu erklärende mangelnde Zutrauen zu eigenen Fähigkeiten erweist sich allerdings in vielen Fällen als unbegründet!

Schließlich wäre noch auf die *Vorgesetzten-Problematik* hinzuweisen, die unseren Untersuchungen zufolge besonders im 5. Lebensjahrzehnt an Gewicht gewinnt und hier bei Frauen signifikant häufiger ($p < 5\%$) zu einem Störfaktor des Arbeitslebens wird als bei Männern. Während jüngere Altersgruppen den Vorgesetzten in stärkerem Maße als Ratgeber und Hilfe empfinden, erleben ältere Menschen den Vorgesetzten stärker unter dem Aspekt der Bevormundung. Allerdings wäre es falsch, ein solches Verhalten gleich im Sinne einer verminderten Unterordnungsbereitschaft Älterer zu interpretieren. Eine solche Problematik scheint nicht nur vom Lebensalter, sondern stärker von bisherigen beruflichen Erfahrungen (wie z. B. vorübergehende Übertragung von Verantwortung und sodann dem Einzelnen wenig einsehbarer Entzug derselben) abhängig zu sein. Außerdem werfen biographische Studien die Frage auf, wie weit es sich hierin um zeitgeschichtlich bedingte Störfaktoren handelt, da jene Menschen, die z. B. während des Krieges ein erhebliches Maß an Verantwortung zu übernehmen hatten, besonders von der Vorgesetzten-Problematik betroffen zu sein scheinen. Die *Konkurrenz mit den jüngeren Kollegen* tritt in diesem Zusammenhang als weiterer Störfaktor im modernen Arbeitsleben hervor. Ältere Männer und Frauen begegnen den jüngeren Arbeitskollegen

– wie unser Material deutlich werden läßt – häufig mit großer Skepsis und einem beträchtlichen Mißtrauen. Der Jüngere wird um sein jugendliches Aussehen und seinen jugendlichen Elan oft beneidet, – von den tatsächlich vorhandenen Kenntnissen und Fertigkeiten auf Grund neuzeitlicher Ausbildung ist gerade der ältere Mensch manchmal schwer zu überzeugen. Gewisse Vorrechte, die dem jüngeren Mitarbeiter auf Grund dieser seiner Kenntnisse eingeräumt werden, sieht der Ältere nicht selten als ungerechtfertigte Bevorzugung allein auf Grund der attraktiveren jugendlichen Erscheinung! Daß diese Einstellung nicht gerade zur Verbesserung der sozialen Atmosphäre beiträgt, ist verständlich. Aber gerade Spannungen im Bereich der Sozialkontakte am Arbeitsplatz erschweren die Situation für den älteren Menschen dann zusätzlich.

Zum Schluß ist in diesem Zusammenhang auf das *Ineinandergreifen von familiären und beruflichen Störfaktoren,* hinzuweisen. Gerade die biographischen Analysen zeigen, daß es nahezu unmöglich ist, die Berufssphäre allein zu betrachten und die Privatsphäre auszuschalten! Wie oft zeigt es sich, daß Störfaktoren im familiären Bereich (seien es Probleme in der Partnerbeziehung, Probleme in Bezug auf die Entwicklung der Kinder, oder gar Sorgen um die eigenen Eltern, von denen der Mensch im mittleren Erwachsenenalter besonders betroffen wird) auf das Berufsleben übergreifen und dieses zusätzlich belasten, – wie andererseits auch umgekehrt eine gespannte berufliche Atmosphäre zu einem nicht zu unterschätzenden Störfaktor im Familiären werden kann (vgl. LEHR, 1969).

Andererseits bietet unser Material auch eine Fülle von Beispielen, die erkennen lassen, daß eine Ausgeglichenheit im privaten Bereich durchaus berufliche Störfaktoren abzufangen vermag bzw. im subjektiven Erleben nicht dominant werden läßt. So konnten wir nachweisen, daß das Erleben der konkreten Arbeitssituation auf jeden Fall bei Mann und Frau vom Erleben im privaten Bereich mitbestimmt ist. So wird manchmal z. B. Akkordarbeit erst von dem Moment an als anstrengend empfunden, wenn es zu Hause Spannungen gibt; andererseits werden die verschiedensten Belastungen am Arbeitsplatz oft gar nicht als unangenehm erlebt, wenn der Privatbereich einen Ausgleich zu bieten vermag. – Unter diesem Aspekt könnte allerdings die Frage auftauchen, ob bei älteren Menschen der Privatbereich noch so erlebnisintensiv ist, noch derart von positiven Erwartungen und Erfahrungen durchzogen ist, daß er einen Ausgleich zu bieten vermag, – oder ob das positive Erleben im Privatbereich als Gegengewicht bei beruflichen Schwierigkeiten für jüngere Menschen allein zutrifft. – Aber auch hier wirkt weniger das Lebensalter als vielmehr die biographische Gesamtsituation modifizierend und differenzierend (Lehr u. Schmitz-Scherzer, 1969).

6.2.2. Zur beruflichen Leistungsfähigkeit älterer Arbeitnehmer

Es ist offenbar sehr schwierig, verläßliche Daten über das Ausmaß der beruflichen Leistungsfähigkeit eines Menschen im höheren Erwachsenenalter zu erhalten. Die »nachlassende Leistungsfähigkeit am Arbeitsplatz« ist geradezu zum Schlagwort geworden und dient oft dazu, die Situation des älteren Arbeitnehmers in den düstersten Farben zu schildern (vgl. Blume, 1972); fragt man jedoch selbst Arbeitswissenschaftler nach den Kriterien der Leistungsmessung, so stößt man auf eine gewisse Hilflosigkeit bzw. erfährt, daß eine wirkliche Leistungsmessung nahezu unmöglich sei, es sei denn, man interessiere sich nur für Akkordarbeiten.

6.2.2.1. Bevölkerungsstatistische Erhebungen

Vielfach dienen Erwerbstätigen-, Renten- und Arbeitslosenstatistiken als indirekter Zugang zur Beurteilung der beruflichen Leistungsfähigkeit im höheren Alter. Nach den Angaben des Statistischen Jahrbuchs für die BRD 1969 (S. 125) stehen von der Gruppe der 65–70jährigen Männer noch 33,5% voll im Erwerbsleben, während von der Gruppe der 55–60jährigen Männer bereits 10%, von der Gruppe der 60–65-jährigen jedoch schon 23,9% aus dem Erwerbsleben ausgeschieden sind. – Bei der Tatsache, daß von allen 55–60jährigen Frauen zur gleichen Erhebungszeit nur 37,1% im Berufsleben standen, von den 60- bis 65jährigen 23,5% und von den 65–70jährigen noch 12,8%, ist die relativ geringere Verbreitung der Erwerbstätigkeit bei weiblichen Personen zu berücksichtigen.

Wolfbein (1969) hat durch eine Analyse der Arbeitsstatistiken der USA in den Jahren 1940 bis 1968 einen Trend deutlich machen können, demzufolge der Anteil der 60–62jährigen Männer in diesem Zeitraum von 38 Jahren geringfügig sinkt, der Anteil der 63jährigen um 6,8%, der der 64jährigen um 5,7% und der der 65jährigen aber 17,6% 1966–68 weniger als 1940 betrug. Immerhin ist es interessant festzustellen, daß 1966/68 in den USA noch 51% der 66jährigen, 45,2% der 67jährigen und 40,7% der 68jährigen im Erwerbsleben standen; von den 70jährigen waren es noch 31,5%, von den 72jährigen 26% und von den 74jährigen immerhin noch 22,2% (vgl. Tab. 15). – Die wenigen Daten, die für weibliche Arbeitnehmer in den USA vorliegen, lassen erkennen, daß in der Gruppe der 55–64jährigen verheirateten Frauen der Anteil der Erwerbstätigen 1966/68 um 35% höher liegt als dies bei der gleichen Altersgruppe 10 Jahre zuvor der Fall war (WOLFBEIN, 1969).

Tabelle 15: Altersverteilung der über 55jährigen Männer an der Gesamtgruppe der Beschäftigten.

Age	1940	1950	1960	1966–68	Age	1940	1950	1960	1966–68
55	100.0	100.0	100.0	100.0	65	75.3	76.7	61.5	57.7
56	99.2	99.1	98.9	99.1	66	69.6	72.3	53.0	51.0
57	98.3	97.9	97.8	98.3	67	64.2	67.9	48.4	45.2
58	97.2	96.7	96.5	96.6	68	59.2	63.6	45.6	40.7
59	95.8	95.4	95.1	94.8	69	54.5	59.5	63.3	36.6
60	93.6	93.8	93.3	92.9	70	50.2	55.5	40.2	31.5
61	91.3	91.8	91.1	90.0	71	46.0	51.5	37.7	27.3
62	88.5	89.3	88.6	84.0	72	42.2	47.7	35.3	26.0
63	85.4	86.9	85.7	78.6	73	38.7	44.0	33.0	22.7
64	81.0	83.7	80.8	74.3	74	35.3	40.4	30.7	22.2

Source: U. S. Department of Labor, Bureau of Labor Statistics (1966–68); Bureau of the Census (1940, 50, 60).
General References: (1) WOLFBEIN, S. L. *Changing Patterns of Working Life.* U. S. Department of Labor, Manpower Administration, 1963. (2) PARNES, H. S., et al. *The Pre-Retirement Years,* Vol. 1. Center for Human Resource Research, Ohio State University, Columbus, Ohio, October, 1968.

Gerade diese letzte Feststellung sollte davor warnen, von dem Anteil der älteren arbeitnehmenden Bevölkerung direkte Schlüsse entweder auf die berufliche Leistungsfähigkeit oder auch auf die finanzielle Notsituation im Alter zu ziehen. Nicht alle Personen, die zu Beginn ihres 7. Lebensjahrzehnts aus dem Berufsleben ausscheiden, sind nicht mehr leistungsfähig, – und nicht alle Personen, die auch nach 65 Jahren noch in ihrem Beruf tätig bleiben, sehen sich durch eine finanzielle Notsituation dazu gezwungen. Außerdem sollte man bei derartigen Zahlenangaben auch berücksichtigen, daß für bestimmte Berufszweige (wie z. B. Polizei, Militär, Piloten u. a. m.) eine frühere Pensionierungsgrenze gesetzlich vorgeschrieben ist.

Darüber hinaus dürfte sich hier auch ganz stark eine bei Personal- und Betriebsleitern weitverbreitete, vorurteilsbehaftete negative Einstellung älteren Arbeitnehmern gegenüber bemerkbar machen, die vor allem einer Neueinstellung älterer Menschen im Wege steht und so zur Erhöhung der Quote der Älteren in der Arbeitslosen-Statistik führt (vgl. ARNOLD und BERGLER, 1955; BERGLER, 1966).

SOBEL (1970) wandte sich mit Nachdruck dagegen, von dem Ausmaß der Arbeitslosigkeit älterer Personen auf deren nachlassende Leistungsfähigkeit zu schließen. Wie wenig die psychischen und physischen Fähigkeiten der Beschäftigten hier ausschlaggebend sind, geht aus dem Umstand hervor, daß der höchste prozentuale Anteil von Arbeitslosen in den USA bei den Jugendlichen (unter 19 Jahren) sowie unabhängig vom Alter bei den Negern gegeben ist (SOBEL, 1970). Es sind also primär soziale Faktoren und nicht solche des biologischen Alters, welche über das Berufsschicksal entscheiden.

In der BRD ist allerdings Arbeitslosigkeit seit mehr als 20 Jahren primär ein Problem der älteren Arbeitnehmer. Gerade in der Gruppe der über 55jährigen zeigt sich hier während der letzten Jahre eine deutliche Zunahme der Zahl der Arbeitslosen; 28,1% aller Arbeitslosen kamen aus der Altersklasse der 60–65jährigen (HOFBAUER, BINTIG und DADZIO, 1968). In dieser höheren Altersklasse fand sich diesen Autoren zufolge auch die längste Dauer der Arbeitslosigkeit. Bei den Arbeitern war ein knappes Drittel, bei den Angestellten ein Viertel dieser Altersgruppe von Arbeitslosen 12 Monate und länger ohne Beschäftigung.

Besonders alarmierend ist es, den Ergebnissen von HOFBAUER et al. (1968) zu entnehmen, daß etwa ein Fünftel aller vom Arbeitgeber gekündigten Arbeitslosen länger als 20 Jahre beim Arbeitgeber beschäftigt war (HOFBAUER et al, S. 366). Dieser Anteil erhöhte sich bei den 55–60jährigen auf 24,6%, bei den Arbeitslosen zwischen 60 bis 65 Jahren sogar auf 39,8%. Betrachtet man den Anteil der Arbeitslosen mit einer Betriebszugehörigkeitsdauer von 10 bis 20 Jahren noch hinzu, dann ergibt sich, daß 59,9% der Arbeitslosen im Alter von 60–65 Jahren zuletzt 10 Jahre und länger beim gleichen Betrieb tätig waren. Bei den 45–55jährigen ist dies dagegen nur bei 5% der Arbeitslosen der Fall, bei den 55–60jährigen erhöhte sich dieser Anteil auf 24,8%.

Daten wie diese werfen naturgemäß die Frage nach den Hintergründen dieser Selektion auf. HOFBAUER et al. (1968) und der Bericht des Forschungsinstituts für Sozialpolitik der Universität Köln (1969) weisen auf die Vielseitigkeit dieser Gründe hin, die keineswegs allein in »Mängeln« der Arbeitnehmer liegen. Vielmehr treten ökonomische Faktoren wie Betriebsstillegung, Rationalisierung und Arbeitsauftragsmangel eindeutig in den Vordergrund. »Fachliche Nichteignung« wurde bei den über 45jährigen männlichen Arbeitslosen in weniger als 1% der Fälle als Begründung für ein Lösen des Arbeitsverhältnisses genannt. Der Anteil der Fälle, in denen »Nichteignung aus gesundheitlichen und anderen Gründen« zur Entlassung führte, betrug sowohl bei den unter 45jährigen wie auch bei den über 55jährigen Arbeitern jeweils etwa 22%, lediglich bei den 45–55jährigen stieg er auf 30,5%. Bei Angestellten hingegen wird »gesundheitliche Nichteignung« erst bei den über 65jährigen häufiger genannt als bei den unter 45jährigen. – Allerdings ist hervorzuheben, daß der Hinweis auf »Rationalisierungsmaßnahmen« als Kündigungsgrund bei den über 55jährigen männlichen Arbeitern sprunghaft ansteigt, nämlich von 5,4% bei den 45–55jährigen auf 18,2%. Bei den 60–65jährigen findet sich dieser Hinweis sogar bei 30,1% der Entlassungsfälle. Noch gewichtiger scheint jedoch dieser Grund (»Rationalisierungsmaßnahmen«) bei den männlichen Angestellten zu sein. Er findet sich schon bei den 55–60jährigen in 28,4% der Fälle, um bei den 60–65jährigen auf 43% der Fälle anzusteigen. Bei den Arbeiterinnen war ein ähnlicher Anstieg mit zunehmendem Alter dagegen kaum zu verzeichnen, dagegen erneut sehr stark bei den weiblichen Angestellten: 9,4% der Fälle bei den unter 45-jährigen, 23,5% der Fälle bei den 55–60jährigen.

Die von HOFBAUER et al. (1968) vorgenommene Analyse verweist somit auf die starke Bedeutung von Betriebsumstellungen und läßt eine relativ geringe Bedeutung der Fähigkeiten und Eigenschaften der älteren Arbeitnehmer deutlich werden. Freilich mag der Hinweis auf Rationalisierungsmaßnahmen als Begründung für die Kündigung Älterer von der Annahme ausgehen, im höheren Alter seien die dabei erforderlichen Umstellungs-, Lern- und Anpassungsvorgänge nicht mehr möglich.

Auch wenn vom Forschungsinstitut für Sozialpolitik in Köln (1969) festgestellt wird, daß die meisten der älteren Arbeitslosen ihre Kündigung als gerechtfertigt ansahen, so daß 84⁰/o keinerlei Schritte gegen diese Maßnahmen unternommen hätten, sollte man dies nicht als Eingeständnis der eigenen nachlassenden Leistungsfähigkeit werten. Vielmehr ist in diesem Zusammenhang darauf hinzuweisen, daß 43% der Befragten bei ihrer Entlassung eine Abfindung oder Überbrückung erhielten, bzw. daß »Sozialpläne« verschiedenster Art (insbesondere bei den in dieser Studie stark repräsentierten Bergleuten) bei einer großen Zahl dieser arbeitslos gewordenen älteren Arbeitnehmer die schlimmsten wirtschaftlichen Nachteile der Arbeitslosigkeit aufzufangen suchten. Von hier aus ist wohl auch zu verstehen, daß die Hälfte der Befragten dieser Stichprobe betonte, »es mache ihnen nichts aus, arbeitslos zu sein«; daß 72% nicht bereit waren, eine geringer bezahlte Arbeit anzunehmen, sondern lieber möglichst frühzeitig pensioniert sein wollten.

Schon aus diesen Hinweisen wird deutlich, wie problematisch jeder verallgemeinernde Rückschluß auf eine etwaige Leistungsfähigkeit älterer Arbeitnehmer aus diesen an einer spezifischen Stichprobe Nordrhein-Westfalens in der Zeit einer starken wirtschaftlichen Umstellung (noch kaum überwundenen Rezession) gewonnenen Ergebnisse wäre. – Problematisch erscheint aber auch eine Verallgemeinerung der Befunde aus der gleichen Studie, wonach weniger Gesunde im allgemeinen arbeitsbereiter seien als solche, die über eine gute Gesundheit verfügen (VIEBAHN, 1971, S. 492). Eine objektive Überprüfung des Gesundheitszustandes lag dieser Feststellung nicht zugrunde, lediglich eine Umfrage bei Vermittlern von Arbeitsplätzen in Arbeitsämtern. Deshalb sollte man wohl kaum aus einer derartigen Einzelbeobachtung die Hypothese ableiten, diese »weniger Gesunden« seien immer schon besonders geschwächt gewesen, hätten sich deshalb im Konkurrenzkampf des kapitalistischen Systems stärker verbraucht als die anderen und stünden deshalb den Fragen der Alterssicherung in einer ungünstigeren Position gegenüber (VIEBAHN, 1971, S. 492). Es bedürfte hier wohl eingehenderer Analysen, um eine derartige schwerwiegende Behauptung rechtfertigen zu können.

VIEBAHN (1971) stellte weiterhin einen hohen Zusammenhang zwischen dem »durchschnittlichen Angebot offener Stellen pro Arbeitslosem« einerseits und der »Schwere der Vermittlung« (definiert durch die »Länge der Arbeitslosigkeit«) andererseits fest. Dieser Zusammenhang erwies sich als größer als jener zwischen »Lebensalter der Arbeitslosen« einerseits und »Schwere der Vermittlung« andererseits. So könne – nach Meinung VIEBAHNs – dem Problem der langfristigen Arbeitslosigkeit am erfolgreichsten begegnet werden durch eine Verbesserung des überörtlichen Ausgleichs der Stellenangebote und durch eine Erhöhung der Mobilität gerade auch der älteren Arbeitnehmer. – Daß dieser Bereitschaft zur Mobilität jedoch Grenzen gesetzt sind, die nicht primär als altersspezifisch oder persönlichkeitsspezifisch zu deuten sind, sondern durch situative, familiäre und sonstige soziale Faktoren bedingt sind, wird von VIEBAHN (1971) offenbar übersehen.

6.2.2.2. Durchschnittsalter bestimmter Berufsgruppen

Etwas aufschlußreicher sind die Statistiken, die eine Aufschlüsselung nach Branchen bzw. Berufszweigen ermöglichen. So konnten CLARK und DUNNE (1955) aufgrund einer Analyse der Berufsstatistiken in England von 1921, 1931 und 1951 zeigen, daß die Möglichkeit, die Pensionierungsgrenze zu erreichen bzw. zu überschreiten, in den verschiedenen Berufen und Tätigkeitsgruppen erheblich differiert. Jene Berufe, die besonders schwere körperliche Tätigkeiten verlangen – aber auch die Berufe, die sehr große Gewandtheit und Umstellungsfähigkeit erfordern –, zeigen den geringsten Anteil von über 65jährigen Arbeitskräften. Die Berufe hingegen, die große Exaktheit und Genauigkeit verlangen und bei denen dem Zeitfaktor keinerlei Bedeutung zukommt, haben die höchste Rate älterer Arbeitnehmer. Ähnliche Feststellungen machte CLAY (1956).

RICHARDSON (1953), MURRELL und GRIEW (1958) und CLAY (1960) berichten von unterschiedlichen Durchschnittsaltern bestimmter Berufs-

167

und Beschäftigungsgruppen. MURRELL, GRIEW und TUCKER haben das Durchschnittsalter von Arbeitnehmern der metallverarbeitenden Industrie untersucht (vgl. Tab. 16).

Tabelle 16: Durchschnittsalter der Arbeitnehmer in verschiedenen Tätigkeitsbereichen der Leichtindustrie (light engineering industry)

Modell-Bauer	31,0 Jahre
Elektrotechniker	34,2 Jahre
Fräser	35,1 Jahre
Schleifer	38,0 Jahre
Blech-Schlosser	38,9 Jahre
Werkstoff-Prüfer	39,2 Jahre
Bohrer	39,6 Jahre
Fahrer	39,9 Jahre
Klempner, Installateure	40,9 Jahre
Dreher, Drechsler	42,1 Jahre
Schweißer	42,9 Jahre
Driller	43,6 Jahre
Baukolonnen-Arbeiter	44,0 Jahre
Gießereiarbeiter	44,4 Jahre
Schleifer	44,8 Jahre
Walzwerksarbeiter	46,0 Jahre
Vorarbeiter	49,2 Jahre
Lageristen	49,5 Jahre
Packer	53,0 Jahre
ungelernte Arbeiter	55,0 Jahre
(Hilfsarbeiter, Gelegenheitsarbeiter)	
Boten	56,5 Jahre

HERON und CHOWN (1960) haben diesen Befund noch spezifiziert, indem sie feststellten, daß sich wenige ältere Männer in Tätigkeiten befinden, bei denen strenge Anforderungen an die Aufmerksamkeit in bezug auf kleine Details gestellt werden oder bei denen es auf andauernde Sorgfalt und Konzentration ankommt. Von MURRELL (1965) wird ausdrücklich betont, daß solche unterschiedlichen Altersschwerpunkte durch eine Reihe von Faktoren erklärt werden können, zu denen vor allem auch soziale Faktoren zählen.

Andere Autoren berichten von unterschiedlichen Durchschnittsaltern bestimmter Berufs- und Beschäftigungsgruppen (RICHARDSON, 1953, MURRELL und GRIEW, 1958; CLAY, 1960). WOLFBEIN (1963) stellte z. B. fest, daß unter den Männern im 5. Lebensjahrzehnt »blue-collar«-Berufe überwiegen, hingegen unter denen des 7. Lebensjahrzehnts »white-collar«-Berufe. Er erklärte das damit, daß Männer in »blue-collar«-Berufen im allgemeinen frühzeitiger aus dem Berufsleben ausscheiden, die in »white-collar«-Berufen hingegen länger berufstätig bleiben können und wollen.

Derartige Feststellungen wird man nicht unkritisch als Zeichen nachlassender Leistungsfähigkeit mit zunehmendem Alter deuten können, selbst dann nicht, wenn man die unterschiedlichen Anforderungsprofile und Tätigkeitsbereiche, die hier in den Statistiken innerhalb ein und derselben Berufsgruppe zusammengefaßt sind, genauer analysieren könnte. Nicht jedes Ausscheiden aus dem Berufsleben kann als Hinweis auf eine Überforderung gewertet werden, wie WOLFBEIN es im Hinblick auf die Tätigkeit in den »blue-collar«-Berufen vermutet.

Nach den Ergebnissen von FRIEDMAN und HAVIGHURST (1954) könnte man z. B. auch damit argumentieren, daß sich in den »blue-collar«-Berufen eine andere Einstellung zur Arbeit findet, daß diese stärker als »Muß« und weniger als wirklicher »Lebensinhalt« gesehen wird, und von daher die unterschiedliche Bereitschaft zur Aufgabe der Berufstätigkeit verstehbar wird. Zudem ist auf die Schwierigkeit älterer Arbeitnehmer hinzuweisen, eine neue Anstellung zu finden, wenn sie aus irgendwelchen Gründen ihren früheren Arbeitsplatz aufgeben mußten. So bemerkt BIRREN (1964), daß u. a. wirtschaftliche Überlegungen einen Betrieb veranlassen können, jüngere Arbeitskräfte, die im allgemeinen »billiger« kommen, vorzuziehen, und daß damit das Vorurteil dem »älteren Arbeitnehmer« gegenüber nicht unbedingt nur mit seiner nachlassenden Leistungsfähigkeit zu begründen sei. –

6.2.2.3. Die erbrachte Arbeitsleistung

Die wirklich erbrachte Arbeitsleistung scheint ein verläßlicheres Maß zur Beurteilung der beruflichen Leistungsfähigkeit im höheren Alter zu sein. Auch hier sind die Ergebnisse der einzelnen Studien sehr widersprüchlich: Je nach spezifischer Betriebssituation fand man keinerlei Unterschiede zwischen Älteren und Jüngeren, oder konstatierte ein besseres Abschneiden der Älteren oder auch ein besseres Abschneiden der Jüngeren.

So fanden sich *keinerlei Unterschiede* in der meßbaren Endleistung bei MURRELL und FORSAITH (1960), BREEN und SPAETH (1960), MURRELL, POWESLAND und FORSAITH (1962).

BREEN und SPAETH (1960) haben Arbeiter aus 4 Betrieben in Chicago (ein Stahlwerk, ein Betrieb der Bekleidungsindustrie, ein Betrieb zur Herstellung von Radio- und Fernsehgeräten und eine Firma der optischen Industrie) untersucht. Die jüngere Altersgruppe bestand aus 40- bis 45jährigen Arbeitern, die ältere aus 60–65jährigen. Es wurde dabei die Methode des »Kontroll-Zwillings« angewandt. Als Kriterium für die Produktivität wurde der auf Akkordbasis berechnete Lohn der einzelnen Arbeiter gewählt. Es konnten dabei keinerlei Altersunterschiede festgestellt werden. (Zu bemerken ist, daß der Akkordlohn sich ausschließlich auf die produzierten Stückzahlen abzüglich des Ausschusses bezog.)

In den Untersuchungen von MURRELL, POWESLAND und FORSAITH (1962) wurden jüngere und ältere Bohrer bei einer Standardaufgabe in einer quasi-experimentellen Bedingung verglichen. Dabei zeigte sich, daß die erfahreneren Arbeiter beider Altersstufen die Tätigkeit in der gleichen Zeit verrichteten, während bei einem Vergleich der unerfahrenen Arbeiter die Jüngeren besser abschnitten als die Älteren. Es scheint danach, daß die Erfahrung in der praktischen Arbeitssituation die »Behinderungen« ausgleicht, die sonst bei älteren Menschen durch die Verlangsamung von Informationsverarbeitung und dergleichen gegeben sind.

In gleicher Richtung liegen die Ergebnisse einer von BELBIN berichteten Studie an jüngeren und älteren Näherinnen. Zwischen erfahrenen 40–50jährigen Näherinnen gab es in der Arbeitsleistung keinerlei Unterschiede zur jüngeren Vergleichsgruppe, während bei den Ungeübten die Jüngeren besser abschnitten. BELBIN führt das gute Abschneiden der Älteren auf das dauernde Training zurück, das die erfahrenen Näherinnen jahrelang gehabt haben. BELBIN meint, das Kernproblem scheint eines der »zentralen Hirnfunktion« zu sein, nämlich die Schwierigkeit, eine Struktur von verschiedenen Signalen mit einem Pattern von Antworten koordinieren zu lernen. Diese Fähigkeit werde eben im jüngeren Erwachsenenalter gelernt und bleibe dann auch im höheren Alter erhalten.

Nach einer 1962 berichteten amerikanischen Studie (Zbl. Arbeitswissenschaften, 16; 33–35) ergaben sich bei einem in den USA durchgeführten Vergleich der Leistungsnachweise von 6000 Angestellten aus 5 Behörden und 21 Privatunternehmen keine Leistungsunterschiede zwischen den Älteren und Jüngeren. Jedoch wurden erhebliche Unterschiede zwischen den Angestellten der jeweils gleichen Altersstufe konstatiert. Immerhin wurden bei den Älteren weniger Leistungsschwankungen festgestellt als bei den Jüngeren.

Ein *besseres* Abschneiden der älteren Gruppe fand sich bei McFARLAND und O'DOHERTY (1959), die in ihren Untersuchungen die Arbeiter einer Elektrofabrik je nach Arbeitsleistung in Gruppen einteilten und feststellten, daß das Durchschnittsalter der Gruppe, die quantitativ und qualitativ die beste Arbeit leistete, bei 46,5 Jahren lag, das Durchschnittsalter der schlechteren Gruppe aber bei 41 Jahren. Die Autoren folgerten daraus, daß mit höherem Alter sogar ein leichter Anstieg in der Produktivität zu verzeichnen sei.

Im Gegensatz dazu zeigte sich z. T. ein *Sinken der Arbeitsleistung Älterer* in den Untersuchungen von DARIC (1955), KING (1956), ANDERSON (1959) und CLAY (1960).

Auch MUNNICHS (1956) fand bei seinen Untersuchungen einen Leistungsrückgang der Älteren. Er verglich eine Gruppe jüngerer Männer und Frauen mit einer Gruppe älterer Männer und Frauen bei »praxisnahen« Aufgaben, wie Pakete packen und dergleichen. Hierbei brauchten Ältere durchgehend mehr Zeit als Jüngere, arbeiteten auch weniger exakt. Allerdings wurde auch auf Grund dieser Untersuchungsergebnisse auf die größere Variabilität, die sich in der älteren Gruppe findet, hingewiesen. Durch einige in die Studie einbezogene ältere Personen, die extrem langsam und extrem schlecht gearbeitet hätten, seien die Durchschnittswerte für die Gesamtgruppe der Älteren so verschlechtert, während sich bei allen Aufgaben hinsichtlich Zeit und Exaktheit bei der Gruppe der Jüngeren eine weit geringere Streuung der Werte fand.

KING (1956) untersuchte – teilweise im Längsschnitt – die nach einem Punktsystem berechnete durchschnittliche Stundenleistung von 15- bis über 40jährigen Maschinennäherinnen in der Bekleidungs- und Wäscheindustrie. Die Leistung stieg bis etwa 35 Jahre zunehmend an, fiel dann langsam ab. Immerhin lag aber die Leistung der über 40jährigen fast in allen Beobachtungsjahren über der Leistung der 18–25jährigen. KING stellte die Möglichkeit zur Diskussion, ob nicht das Ausscheiden schlechterer Arbeiterinnen das Ergebnis noch zusätzlich verfälsche. Die Frage motivationalen Einflusses wird nicht erörtert.

Eine differenziertere Betrachtung findet sich bei WITTE, STRESHENSKAJA und Mitarbeitern (1968). Bei ihren in der UdSSR durchgeführten Untersuchungen (1966) stellten sie einen Anstieg der Arbeitsleistung bis zu 35–45 Jahren vor allem bei Hochofenarbeitern, Bohrhauern und Hauern fest, dann allerdings einen gewissen Leistungsabfall. Besonders stark wird in dieser Untersuchung der Einfluß der Betriebs- und Arbeitsbedingungen herausgestellt: Betriebliche Belastung im Laufe eines Arbeitstages wirke sich danach bei geistig tätigen Personen (z. B. bei Projektierungsingenieuren) besonders aus, was sich in der Produktivität ihrer Berechnungs- und Zeichner-Tätigkeiten nachweisen läßt, während bei gleicher betrieblicher Belastung mit zunehmendem Alter bessere Leistungen erzielt wurden und Prüfungs- und Kontrollfunktionen sogar zunahmen.

CLAY (1956) verfolgte die Arbeitsleistung von Maschinensetzern, Handsetzern und Korrektoren zweier verschiedener Druckereien durch drei Jahre hindurch. Bei den Maschinensetzern lag das Leistungsmaximum im allgemeinen bei den 48–50jährigen; jedoch übertraf die Leistung der 50–60jährigen z. T. noch die der 20–30jährigen. Bei den Handsetzern ergaben sich unterschiedliche Alterstrends in zwei Betrieben je nach Produktionsart: In Betrieb A (Handsatz von fremdsprachigen Manuskripten, Musiknoten und Mathematik, verlangt mehr Aufmerksamkeit und Genauigkeit), lag das Leistungsmaximum zwischen 40–59 Jahren und fiel erst danach ab. In Betrieb B (fließbandähnlicher Satz von Standardtexten) lag das Leistungsmaximum zwischen 30–40 Jahren; die Leistung der über 50jährigen war signifikant niedriger als die der 30–40jährigen. – Bei den Korrektoren zeigte sich dagegen eine zunehmende Leistungsverbesserung bis zum 60. Lebensjahr und danach ein leichter Leistungsrückgang. Also: je größer die Anforderung an Aufmerksamkeit und Konzentrationsfähigkeit, je länger bleibt die Leistungsfähigkeit erhalten.

Derartige differenziertere Analysen zeigen, daß man schwer von einem generellen Absinken oder Ansteigen der Produktivität sprechen kann. BELBIN (1953) fand in seiner Untersuchung, daß mit zunehmendem Alter die Arbeiter dann den Anforderungen nicht mehr gewachsen waren und sich eine Minderung der Produktivität zeigte, wenn maschinelles Arbeiten mit einem hohen Grad an Genauigkeit verlangt wurde, wenn sehr viele Details zu beachten waren, wenn Angaben auf Instrumenten genau zu lesen waren und auch komplexe Instruktionen zu verstehen waren. Wenn jedoch die Arbeit ein starkes Maß an Verantwortungsbewußtsein verlangte, ebenso auch ein gewisses Maß an körperlicher Anstrengung und selbst wenn schlechte Arbeitsbedingungen – wie z. B. Staub, Rauch, Hitze – gegeben waren, dann schnitten ältere Arbeitnehmer besser ab als jüngere (vgl. hierzu auch HERON und CHOWN, 1961).

Die Widersprüchlichkeit der in den verschiedenen Untersuchungen gefundenen Ergebnisse läßt sich nicht zuletzt durch die Tatsache erklären, daß dabei jeweils unterschiedliche Tätigkeitsanforderungen erfaßt wurden. KREPS (1967) glaubt zwei »idealtypische« Kurven der Veränderung der Produktivität bei angelernten Arbeitern (semi-skilled) einerseits und bei Arbeitnehmern in höheren Berufen (professionals) andererseits unterscheiden zu können. Für die ersteren sei ein Maximum der Produktivität mit etwa 25 Jahren erreicht, das im wesentlichen doch etwa bis 55 Jahre beibehalten werde. In der letzteren Gruppe werde das Maximum erst nach 40 Jahren erreicht und bis über 70 Jahre hinaus beibehalten. Die Bedingungen dieser Leistungskurven werden auf bestimmte Einstellungen in der Gesellschaft zurückgeführt und deshalb von KREPS als korrigierbar angesehen.

Die »gesellschaftlich-ökonomischen« Bedingungen der Änderung der Produktivität mit zunehmendem Lebensalter wurden kürzlich erst durch TRÖGER (1971) systematisch analysiert. Sie stützte sich dabei zunächst auf die Ergebnisse mehrerer Studien aus der DDR, in denen die besondere »psychonervale Beanspruchung« von leitenden Angestellten in Betrieben untersucht wurde, die einem »Strukturwandel der Produktion« unterlagen. In diesen Studien konnten bei den »in der zweiten Lebenshälfte« stehenden Personen, die in einem »Entwicklungsbetrieb mit hoher psychonervaler Belastung« beschäftigt waren, keine ungünstigen Auswirkungen dieser Tätigkeitsformen auf Gesundheit, Leistungsvermögen und Arbeitsunfähigkeit (S. 105) nachgewiesen werden.

TRÖGER stellt weiterhin fest:
»Stärker jedoch erwiesen sich Zusammenhänge zwischen Informationsverarbeitung und sozial-ökonomischem Status, denn die Qualifikationsstruktur das Gepräge gibt. Auch konditionssteigernde Einflüsse aus dem außerberuflichen Bereich lassen sich herausstellen, von denen das Ausgleichstraining und die gesellschaftliche Aktivität besonderes Gewicht haben. Unsere Arbeitshypothese, daß sowohl dispositionelle als auch expositionelle Wirkungsmomente das psychische Leistungsvermögen im Alternsgang bestimmen, konnte somit erhärtet werden. Unsere Ergebnisse lassen sich auch durch eine Faktorenanalyse stützen, mit der aus 60 Merkmalen 8 Faktoren zu extrahieren waren. Hier brachten z. B. die Merkmalsballungen ›Sozial-ökonomischer Status‹ und ›Soziale Belastung‹ zum Ausdruck, daß bei der Interpretation psychischer Leistungen Expositions- und Dispositionsvariablen nicht unabhängig voneinander gesehen werden dürfen. Der Faktor ›Leistungsdisponibilität‹ trägt besonders deutlich den Gemeinsamkeiten Rechnung, die wir in den Beziehungen zwischen Wahlreaktion, qualifizierter beruflicher Tätigkeit, Ausübung eines ständigen sportlichen Ausgleichs und Übernahme gesellschaftlicher Funktionen erblicken.« (1971, S. 110/111)

TRÖGER fordert sehr richtig, »auch an die Analyse von psychischen Leistungen bei der Betrachtung unterschiedlicher Lebensalter vom multifaktoriellen Aspekt heranzugehen« (S. 111). Es könne nicht von »einem linearen Rückgang der Reaktionsfähigkeit mit zunehmendem Alter« gesprochen werden.
Es wäre hier überhaupt die Frage aufzuwerfen, ob es sinnvoll ist, die Produktivität generell als Maßstab für die Leistungsfähigkeit anzusehen. BIRREN gibt zu bedenken, daß der gute, erfahrene Arbeiter mit zunehmendem Alter häufig zum Vorarbeiter oder in ähnliche »gehobenere« Stellungen aufrückt. Damit stellen jene älteren Kolonnenarbeiter, die in solchen Studien mit Jüngeren verglichen werden, von vornherein eine gewisse negative Auslese dar. – Weiterhin stellte BIRREN fest, daß der ältere Arbeiter häufiger an älteren und damit schlechteren Maschinen zu finden sei, daher auch eher unter ungünstigeren Bedingungen arbeite, was sich auf die Produktivität nachteilig auswirke. Das Verbleiben des Älteren an der ihm gewohnten Maschine entspräche vielleicht sogar zum Teil dem eigenen Wunsch des Arbei-

ters, dem eine geringere Umstellungsfähigkeit nachgesagt werde; es sei aber auch – so betont BIRREN – das Bestreben mancher Firma, neuere Maschinen mit jüngeren Arbeitskräften zu besetzen, vor allem dann, wenn eine Umschulung auf diese Maschinen nötig werde, da dann der für das Anlernen erforderliche Kostenaufwand bei jüngeren Kräften rentabler angelegt erscheint, zumal man ihre Arbeitskraft länger nützen könne.

6.2.2.4. Körperliche Schwerarbeit

Ein Sonderproblem innerhalb der Diskussion um die Produktivität älterer Arbeitnehmer stellte die »Schwerarbeit« dar. Erkenntnisse und Daten der Arbeitsphysiologie, die in Laborversuchen ein Nachlassen der körperlichen Leistungsfähigkeit nachgewiesen haben (UFFLAND 1935, ROBINSON 1938, SCHOLZ 1963), ließen zunächst vermuten, daß der ältere Mensch für Schwerarbeit nicht (mehr) geeignet sei. Andererseits zeigten die Untersuchungen nach ASTRAND (1952), LEHMANN (1953), MÜLLER (1957), MURRELL (1962) und GRIEW (1966), daß ältere Menschen durchaus in der Lage sind, Schwerarbeit zu verrichten. Dieser Widerspruch könnte einmal darauf zurückzuführen sein, daß der in experimentellen Studien sich zeigende Leistungsabfall bei Schwerstbeanspruchung in der Berufsausübung kompensiert werden kann. Zum anderen wäre es möglich, daß jahrelanges Training von vorneherein ein Absinken der körperlichen Kräfte verzögert (JOKL, 1954, EITNER, TRÖGER und MASIUS, 1971). Außerdem ist mit ASTRAND (1952) darauf hinzuweisen, daß am Arbeitsplatz selbst die körperliche Leistungsfähigkeit auch bei Schwerarbeit selten bis zur Höchstgrenze beansprucht wird, so daß noch genügend Spielraum bleibt, um etwaige Verluste, die sich bei zunehmendem Alter einstellen sollten, auffangen zu können.

Wenn Schwerarbeit auch älteren Menschen durchaus möglich ist, so wird es dann für sie kritisch, wenn diese zur Schwerstarbeit wird, oder aber, wenn sie unter Zeitdruck auszuführen ist (RICHARDSON, 1953) oder auch mit differenzierteren Wahrnehmungsleistungen gekoppelt ist. Hier kommt es mit zunehmendem Alter eher zu Überforderungen. Allerdings zeigte sich, daß *wechselnde* Belastungen gerade für den älteren Menschen, der eher über eine sogenannte »Dauerkraft« als über eine »Schubkraft« (LEHMANN, 1953) verfügt, sehr schnell eine Überforderung bedeuten kann.

Außerdem können bestimmte Umgebungseinflüsse die Schwerarbeit bei älteren Menschen zusätzlich belasten. Auf eine stärkere Lärmempfindlichkeit (CLAY 1960; MURRELL 1962; GRIEW 1966) wird in diesem Zusammenhang hingewiesen, ebenso auf die Tatsache, daß der ältere

Mensch bei unreiner, staubiger Luft von Erkrankungen der Atmungsorgane leichter befallen werde als der jüngere (GRIEW 1966). Außerdem ist nach SCHÜTTMANN (1967) an »toxischen« Arbeitsgebieten eine
Beeinträchtigung der Aufmerksamkeit und der Spannkraft besonders
bei älteren Arbeitnehmern gegeben.

Der bei älteren Arbeitnehmern häufiger nachgewiesene »Trend zur
leichteren Arbeit« erklärt sich – nach Auffassung mehrerer Autoren
– vornehmlich aus dem Bestreben, von Zeitdruck und den anderen
äußeren Einflüssen (Lärm, ungesunde Luft usw.) befreit zu werden
(BELBIN 1953; CLAY 1960; GRIEW 1966; RICHARDSON 1953), nicht aber
aus dem Bestreben, körperliche Anstrengungen zu vermeiden.

Den »mehrdimensionalen Aspekt« einer Schwerarbeit im Alter haben erneut EITNER, TRÖGER und MASIUS (1971) hervorgehoben. Wenn
heutzutage ältere Personen vielleicht auch eher Abbauerscheinungen erkennen lassen, dann können diese weitgehend durch eine ganz spezifische Lebensentwicklung, also biographisch und situationsbedingt gesehen werden. Es bleibt anzunehmen, daß die Jüngeren, die durch
Maßnahmen der ständigen Weiterbildung und Qualifikation im Erwachsenenalter, durch ständiges Training, auf dem Laufenden gehalten werden, auch bis ins höhere Alter hinein (zur Schwerarbeit) voll
leistungsfähig bleiben.

EITNER und Mitarbeiter (1971) weisen darauf hin, daß sich gerade bei
älteren »männlichen Personen mit relativ geringer Qualifikation« häufig eine Reihe von gesundheitlichen Störungen zeige, die man aber
nicht als Folge der Schwerarbeit deuten dürfe, sondern als Folge von
Lebensbedingungen, Verhaltensweisen und Einstellungen, die nichts
mit der Arbeitsanforderung direkt zu tun haben.

So wird das gehäufte Auftreten bestimmter Formen des Bronchial-, Magen-,
Nieren- und Blasenkarzinoms genannt. »Hier spiegelt sich ein exogener Ein-
fluß-Faktorenkomplex wider, der bestimmte krankheitsfördernde Traditio-
nen und Verhaltensweisen, Eß- und Verzehrgewohnheiten sowie unhygieni-
sche Verhältnisse beinhaltet ...
Ein weiterer Gefahrenkomplex liegt von Seiten einer ungünstigen stomatolo-
gischen Situation bei wenig qualifizierten Schwerarbeitern vor. Besonders angelernte Kräfte und Hilfsarbeiter vernachlässigen in großem Umfang die Regeln einer lebensablaufstetigen Stomatohygiene. Ihr Wissen um die Zusammenhänge von stomatologischer Situation, Gesundheit und Leistungsvermögen ist meist unzureichend. Sie haben Vorbehalte gegenüber dem Stomatolo-
gen, und die Angst vor dem Schmerz sowie vor den Extraktionsfolgen erweist
sich als störendes Moment in dem Verhältnis von Zahnarzt und Patient. In
der Industrie wirken in dem Ursachengefüge der im Alter zunehmend zu beobachtenden Kauinsuffizienz Schadstoffe der Arbeitsumwelt sicherlich mit. Vor
allem sollten die Gefahren des Nikotinabusus auch für den Zustand des Ge-
bisses nicht unterschätzt werden.
Es steht fest, daß die Kauinsuffizienz die Magen-Darmfunktion ungünstig

beeinflußt. Eine Eiweißmangeldystrophie im Alter erweist sich als Schrittmacher von Resorptionsstörungen, Leistungseinbußen und damit einer beschleunigten oder vorzeitigen Alterung. Die mathematisch-rechnerisch ausgewiesenen Interkorrelationen zwischen stomatologischem Status, Magen-Darmstörungen, ungünstiger Trophik und vorgealtertem Erscheinungsbild bei wenig qualifizierten Schwerarbeitern sind hochsignifikant.« (1971, S. 142–143)

EITNER, TRÖGER und MASIUS stellen zusammenfassend fest: »Die Aufzählung der nachgewiesenen Korrelationen zwischen Schwerarbeit und gesundheitlichen Störungen berechtigt allerdings keineswegs zu der globalen Schlußfolgerung, ›schwere körperliche Arbeit‹ sei generell pathogen.« (1971, S. 143). – Nicht die körperliche Schwerarbeit, die Muskelarbeit an sich, begünstige eine Voralterung, sondern allein Schwerarbeit unter gesundheitsgefährdenden Bedingungen. Hingegen wirke »schwere dynamische Muskelarbeit mit Erholungsmöglichkeiten und bei gesicherter Reproduktion der Arbeitskraft durch Schonung in der Freizeit, ausreichenden Schlaf, Ausgleichsbetätigung und Anpassung des Freizeit- und Urlaubsverhaltens an die Erfordernisse der Arbeit als ein Faktor, der der biologischen Alterung entgegenwirkt«. (EITNER u. Mitarbeiter, 1971, S. 143)

Es werden von den Autoren die Ergebnisse umfangreicher Erhebungen über den Gesundheitszustand bei 5000 älteren Schwerarbeitern angeführt. Der Anteil der »überdurchschnittlich Gesunden und Hochleistungsfähigen im 60. bis 70. Lebensjahr« dürfte etwa bei 10%–20% der gesamten Bevölkerung dieses Alters liegen. Bei älteren Schwerarbeitern handele es sich um eine positive Auswahlgruppe, deren Lebenserwartungen höher als die der übrigen arbeitenden Bevölkerung liegen dürfte. »Das Leistungsvermögen dieser Gruppe ist sogar besser als dasjenige von untrainierten oder an Muskelarbeit nicht angepaßten Vergleichspersonen im Alter von 45 bis 60 Jahren.« (S. 144). Die Autoren warnen vor den gesundheitsschädigenden Folgen einer plötzlichen Inaktivierung nach einer Periode der Schwerarbeit. »Es wäre ein schwerwiegender arbeitsmedizinischer Fehler, hochtrainierte, überdurchschnittlich gesunde und leistungsfähige Schwerarbeiter bei Erreichen der gesetzlichen Altersgrenze aus dem Arbeitsprozeß herauszunehmen und sie somit der Gefahr des Trainingsabbruchs auszusetzen. Nur sollte dafür Sorge getragen werden, daß der Dauerleistungsgrenzwert nicht überschritten wird.« (S. 144)

6.2.2.5. Unfallhäufigkeit und Unfallursachen

Die *Unfallhäufigkeit* stellt neben der erzielten Leistungsmenge ein indirektes Produktivitätskriterium dar, das z. B. von MCFARLAND und O'DOHERTY (1959) mit herangezogen wird, um Aussagen über die prak-

tische Leistungsfähigkeit älterer Arbeiter zu machen. MCFARLAND und
O'DOHERTY weisen vor allem darauf hin, daß oft die angebliche stärkere Unfallneigung älterer Arbeitnehmer eines der stärksten Hindernisse für ihre Beschäftigung darstelle. Unter Bezugnahme auf Arbeiten
von NEWBOLD (1926), VERNON (1936) und KOSSORIS (1940) gelingt ihnen jedoch der Nachweis, daß die Unfallneigung bei Jüngeren weitaus
größer ist. Allerdings gebe es dabei auch zu bedenken, daß ältere Menschen von der Betriebsleitung nicht selten an weniger gefährliche Arbeitsplätze gesetzt werden, Jüngere hingegen öfter an sogenannten
»gefährlichen« Arbeitsplätzen häufiger zu finden seien, so daß deswegen bei Jüngeren die Unfallhäufigkeit auf Grund »exogener« Faktoren größer sein könnte. Andererseits wurde jedoch auch beobachtet,
daß die Berufe Älterer manchmal besonders gefährlich seien.
Nach einer durch SPEAKMAN (1956) vorgenommenen Analyse von insgesamt 17 Einzeluntersuchungen zum Unfallgeschehen im betrieblichen
Raum fand sich bei 6 Studien der Nachweis einer Zunahme der Unfallhäufigkeit mit zunehmendem Alter, bei 9 Studien eine Abnahme
derselben mit zunehmendem Alter; 2 Untersuchungen fanden in dieser Beziehung keinerlei Altersunterschiede. – Die geringste Unfallquote
fand SPEAKMAN bei der Altersgruppe zwischen 40 und 54 Jahren. Dieses Ergebnis wurde auf das gleichzeitige Vorhandensein von »größerer Erfahrung« und »noch« vorhandener Wendigkeit zurückgeführt.
Der Widersprüchlichkeit hinsichtlich der Unfallhäufigkeit bei zunehmendem Lebensalter steht eine gewisse Eindeutigkeit der Feststellungen hinsichtlich der *Unfallursachen* und ihrer Beziehung zum Lebensalter gegenüber. So zeigte sich in einer Reihe von Studien übereinstimmend die Tendenz, bei Älteren das nachlassende Reaktionsvermögen
und die verzögerte Wahrnehmung der gefahrbringenden Situation als
mögliche Unfallursache verantwortlich zu machen. Bei Jüngeren werden dagegen oft mangelnde Vorsicht und eine gewisse Risikofreudigkeit als primär unfallverursachende Momente angeführt (MAIER, 1961,
MCFARLAND, TUNE u. WELFORD, 1964; BOTWINICK und THOMPSON
1966 u. a.).
KING (1955) fand in einer Analyse von ca. 2000 Unfällen, daß die
durchschnittliche Unfallrate durch die Lebensalter hindurch relativ konstant blieb, die Unfallursachen jedoch unterschiedlich waren: Ältere
Leute waren weniger fahrlässig oder ungeübt oder gar wagehalsig als
die Jüngeren, – aber die verzögerte Wahrnehmung der gefahrenbringenden Situation und vor allem eine gewisse Ungeschicklichkeit seien
bei den Älteren eher die unfallverursachenden Momente.
LAMBERT (1961) hat die Unfallstatistiken eines Großbetriebes der chemischen Industrie unter dem Gesichtspunkt des Zusammenhanges zwi-

schen Lebensalter und Unfallhäufigkeit ausgewertet. Auch hier fand man einen Gipfel von Unfällen in der Altersgruppe zwischen 15 und 30 Jahren, deren Ursache der Autor im »Draufgängertum« sieht. Eine »lebensphasisch bedingte Neigung« zu Unfällen wird im 6. und 7. Lebensjahrzehnt beobachtet; für diese Unfälle wird eine »Gleichgültigkeit durch Gewohnheit« verantwortlich gemacht. – Sicher dürfte diese Interpretation der Unfallursachen etwas weitgehend sein, obwohl die Ergebnisse von GRIEW (1958); GRIEW und TUCKER (1958), denenzufolge ältere Fabrikarbeiter an komplizierten Maschinen weniger die vorhandenen Kontrollinstrumente benutzen als Jüngere, in gewisser Weise eine solche Annahme stützen. GRIEW und TUCKER glauben jedoch nicht, daß dies aus »Gleichgültigkeit und Gewohnheit« geschehe, sondern sehen darin eher eine Kompensation der Langsamkeit Älterer.

Eines der häufigsten Gebiete, in denen der Zusammenhang zwischen Lebensalter und Unfall studiert wird, ist der Bereich des *Straßenverkehrs*. Wie MCFARLAND, TUNE und WELFORD (1964) zeigten, findet sich die relativ geringste Anzahl von Unfällen im Alter zwischen 30–49 Jahren, während die Unfallhäufigkeit der über 50jährigen zwar höher ist, jedoch von der Unfallrate der Jüngeren noch übertroffen wird. Die Unfallursachen der Jüngeren seien vorwiegend zu schnelles Fahren, Fahren auf der Gegenfahrbahn und in hohem Prozentsatz reparaturbedürftige Autos. Diese Gründe sind bei älteren Unfällern nicht gegeben; hier sei es vielmehr das Nicht-Beachten der Vorfahrt, falsches Wenden, fehlendes Beachten von Verkehrszeichen – wohl auf Grund verzögerter Wahrnehmung. Die Autoren geben zu bedenken, daß die zwar geringere Unfallhäufigkeit bei Älteren dennoch um so beachtsamer sei, da Risikofreude und unsichere Autos weitgehend als Unfallursache ausfallen und es selbst bei allgemein vorsichtiger Fahrweise noch zu Unfällen kommt, die dann wohl mit anderen Persönlichkeitsvariablen zusammenhängen. Auch den Untersuchungen von MCFARLAND und MOSELEY (1954) zufolge erwies sich als sicherste Altersgruppe die der 45–50jährigen Fahrer, dichtgefolgt von der Gruppe der 35–45jährigen. Die Verkehrsteilnehmer, die jünger als 24 Jahre waren, hatten weit mehr Unfälle, als es der Erwartungsrate entsprach. – Nun ist natürlich bei all derartigen Ergebnissen, denenzufolge Jüngere so sehr schlecht abschneiden, auch zu bedenken, daß die Zeit der Fahrpraxis eine gewisse Rolle spielt, – die natürlich bei den Jüngeren vergleichsweise kürzer ist. Außerdem sollte man derartige Statistiken vorsichtig interpretieren. Wenn z. B. auf Grund der amerikanischen Unfallstatistik für 1971 festgestellt wird, daß über 65jährige Autofahrer besonders sichere Fahrer seien, da sie nur an 4,8% der Unfälle beteiligt seien, obwohl 7,4% aller amerikanischen Autofahrer über 65 Jahre sind, dann ist dabei sicher nicht der Anteil der pro Jahr zurückgelegten Kilometer berücksichtigt. Es könnte sein, daß z. B. die Gruppe der 65jährigen weniger Fahrstrecke zurücklegt und schon von daher weniger Gelegenheit hat, in Unfälle verwickelt zu werden.

Den Anteil der gefahrenen Kilometer hat MAIER (1961) mitberücksichtigt. Nach seinen in Nürnberg gewonnenen Daten erscheint die Altersgruppe der 25–44jährigen als besonders begünstigt; mit gewissen Vorbehalten könnten sodann auch noch die bis 54jährigen zu den stabileren Pkw-Fahrern gerechnet werden. –

Bei deutschen Verkehrsexperten werden immer wieder die älteren Kraftfahrer als das größere Risiko angesehen (WINKLER, 1970), obwohl die empirischen Daten eine solche Annahme zumindest nicht eindeutig stützen (vgl. hierzu auch PLANEK und FOWLER, 1971).

Immerhin dürften derartige Feststellungen dazu führen, daß manch einer im Alter sich freiwillig von seinem Führerschein trennt bzw. das Fahren aufgibt. Daß dies jedoch als ein ganz entscheidender Einschnitt erlebt wird, konnte CARP (1971) in seiner Untersuchung an 709 Personen (Durchschnittsalter 67,5 Jahre), von denen 280 zur Zeit der Untersuchung noch ein eigenes Auto selbst steuerten, 202 das Autofahren aus Altersgründen aufgegeben hatten und 227 nie ein Auto selbst steuerten, nachweisen. Männer zeigten sich vom Verzicht auf das Steuern des eigenen Wagens weit mehr betroffen als Frauen, was CARP als »Verlust rollenspezifischer Attribute von Autonomie und Macht, die durch das Auto symbolisiert werden,« deutet. Das Ende der eigenen Fahrpraxis werde als extrem negativ und einschneidend erwartet, während die gleiche Situation im Rückblick weniger belastend erscheine, wofür freilich bestimmte Abwehr- und Verdrängungsmechanismen des Gedächtnisses mit verantwortlich gemacht werden können. – Die Gruppe jener Personen, die niemals selbst ein Auto besessen bzw. gesteuert hatte, zeigte sich am wenigsten belastet.

Die meisten der bisher vorliegenden Untersuchungen zum Verkehrsunfall analysieren das Verhalten der Autofahrer. Eine Statistik aus dem Jahre 1966, derzufolge in den USA 25% der Todesfälle von Fußgängern im Straßenverkehr auf die Gruppe der über 65jährigen entfiel, obwohl diese Altersgruppe nur mit 10% unter der Gesamtbevölkerung vertreten war, veranlaßte CARP (1971), eine sehr detaillierte Analyse des Fußgänger-Verhaltens älterer Menschen vorzunehmen. Dabei wurde festgestellt, daß nur 21% der Befragten täglich größere Fußwege zurücklegen, 31% der Befragten jedoch jedes Zu-Fuß-Gehen scheuten (die restlichen 48% gehen gelegentlich – von zwei- bis dreimal wöchentlich bis zwei- bis dreimal monatlich spazieren oder zu Fuß

Besorgungen machen). Ein Gruppenvergleich der 21% »intensiven Fuß-gänger« mit den 31% »seltenen Fußgängern« erbrachte, daß die er-steren häufiger in Stadtzentren wohnten, ihren Gesundheitszustand subjektiv besser einschätzten, häufiger alleinstehend waren, während die »seltenen Fußgänger« häufiger mit dem Ehepartner zusammen-lebten und eher am Stadtrand wohnten. – Ein großer Prozentsatz der Älteren empfand sich selbst als Fußgänger »zu langsam« und beklagte, daß mit der Verkehrsregelung oft nicht Schritt gehalten werden könne. Eine Furcht vor Verkehrsunfällen wie auch eine Furcht vor dem Hin-fallen oder vor etwaigen plötzlich auftretenden Bewußtseinsstörungen vermindern die Fußgängeraktivität.

Das Verhalten und Unfallgeschehen des älteren Fußgängers ist noch ein relativ unbearbeitetes Forschungsgebiet; eine entsprechende Stu-die wurde 1971 von THOMAE und MATHEY, jetzt auch von ERLEMEIER und TISMER und TISMER-PUSCHNER, in Angriff genommen. –

Eine Übersicht über die verschiedenen Resultate sowohl der betrieb-lichen Unfallforschung wie auch der Unfallforschung im Hinblick auf den Straßenverkehr legt die Feststellung nahe, daß gerade jene Indi-katoren eines nicht angepaßten Verhaltens, die im Unfallgeschehen zum Ausdruck kommen, bei den unter 25jährigen und über 55/60jähri-gen am meisten vertreten sind, während in den Jahren zwischen 30 und 55 die größte Angepaßtheit sowohl an die Erfordernisse der Produktion, wie auch an jene des Straßenverkehrs – von der Unfall-häufigkeit aus gesehen – vorhanden zu sein scheint.

6.2.2.6. Probleme des Absentismus

Neben der Unfallhäufigkeit dienen Feststellungen hinsichtlich der *Fehlzeiten* älterer Arbeiter oft dazu, auf indirektem Wege Aussagen zur Produktivität und Leistungsfähigkeit zu machen. Im allgemei-nen geht man von einem grundsätzlich häufigeren Kranksein älterer Menschen aus (z. B. THIEDING, 1965) und sieht hierin nicht selten Ar-gumente für deren Abwertung im Arbeitsprozeß.

Eine Sichtung der Ergebnisse der einschlägigen Untersuchungen zeigt jedoch, daß jüngere Arbeitnehmer zwar häufiger fehlen, allerdings je-weils nur kurze Zeit; ältere Arbeitnehmer hingegen fehlen zwar sel-tener, bleiben jedoch dann meistens über einen längeren Zeitraum hin-weg von der Arbeit fern. Hierfür dürfte einmal die längere Rekon-valeszenzzeit älterer Menschen verantwortlich zu machen sein. Zum anderen aber vielleicht auch eine gewisse Scheu gerade der Älteren, sich allzuoft krank zu melden bzw. deren Bestreben, erst in einem vorgerückten Krankheitsstadium dem Betrieb fernzubleiben – manch-mal aus Angst, durch häufiges Kranksein den Arbeitsplatz vorzeitig zu verlieren. In der Anzahl der Fehltage selbst zeigen sich nur unbedeutende Unterschiede zwischen älteren und jüngeren Arbeitnehmern (vgl. hierzu: GERFELDT 1958; GAFAFER und SITGREAVES 1945; NORMAN 1958; NORMAN und SPRATLING 1956; SPIEGELHALTER und SCHNABEL 1962).

Einen repräsentativen Querschnitt des Krankenstandes in der Industrie aus dem Jahre 1961 finden wir bei SPIEGELHALTER und SCHNABEL (1962), der die Feststellung der höheren Krankheitshäufigkeit bei den Jüngeren gegenüber den Älteren und die längere Krankheitsdauer der Älteren gegenüber den Jüngeren bestätigt (vgl. Tab. 17).

Tabelle 17: Krankheitshäufigkeit und Krankheitsdauer der Arbeiter und Angestellten: auf je 100 Beschäftigte entfallen im Monat:

	Arbeiter		Angestellte	
	Krankheitstage	Krankheits-häufigkeit	Krankheitstage	Krankheits-häufigkeit
bis 25 J.	184	13.1	79	9.7
25–45 J.	188	10.4	70	7.4
über 45 J.	215	8.6	106	6.7

Hiermit haben SPIEGELHALTER und SCHNABEL gleichzeitig auf die relativ geringere Krankheitshäufigkeit wie auch Krankheitsdauer der Angestellten im Vergleich zu den Arbeitern hingewiesen; außerdem fanden sie Unterschiede zwischen Facharbeitern (die seltener krank wurden) und Arbeitern (die häufiger und öfter fehlten); ebenso stellte sich die Dauer der Betriebszugehörigkeit eindeutig als differenzierendes Merkmal heraus.

Dieses Ergebnis wird in gewisser Weise ergänzt durch die Befunde von KASER (1966), der in seiner soziologischen Studie 943 ältere Arbeitnehmer der Industrie Nordrhein-Westfalens hinsichtlich ihres Gesundheitszustandes befragte. Mit zunehmendem Alter wird die Zahl derjenigen, die ihren Gesundheitszustand als »sehr gut« und »gut« bezeichneten, zunehmend größer (vgl. Tab. 18).

Auch GILMER (1961) fand, daß die 45–55jährigen überhaupt die geringsten Fehlzeiten haben; die unter 35jährigen am häufigsten fehlen, allerdings jeweils nur kurze Zeit, und die über 55jährigen zwar selten, aber jeweils länger fehlen.

EITNER und TRÖGER (1967) kommen auf Grund der Auswertung der Statistiken von 1954–1965 zu der Feststellung, daß Fehlzeiten zwar mit zunehmendem Alter generell abnehmen würden, daß jedoch bei

Tabelle 18: Beurteilung des Gesundheitszustandes bei älteren Arbeitnehmern

	Alter in Lebensjahren		
	58–60	61–63	64 u. älter
sehr gut und gut	36%	29%	40%
mittelmäßig	49%	55%	52%
schlecht und sehr schlecht	15%	16%	8%
	100	100	100

Frauen zwischen 40 und 55 Jahren, bei Männern zwischen 48 und 53 Jahren ein erneuter Häufigkeitsgipfel erkennbar werde. Hierfür könnten sowohl mit dem Klimakterium zusammenhängende Momente verantwortlich gemacht werden wie auch soziologische Faktoren als Ursache angesehen werden.

Die soziologische Situation im Zusammenhang mit Krankheiten wurde von KELLNER (1963, 1967) untersucht. Er erfaßte 481 Arbeiter in einer größeren Interview-Studie. Die gleichen Arbeiter wurden anschließend ein Jahr lang medizinisch überwacht. Sowohl die medizinischen Daten, wie auch die durch Interviews gewonnenen soziologischen Daten wurden miteinander in Beziehung gesetzt. Dabei zeigte sich einmal, daß ein gewisser Arbeits-Stress, wie er durch Überstunden beispielsweise zustande kommt, ohne Einfluß auf das Krankheitsgeschehen bleibt. Ein Stress hingegen, der sich aus dem Sich-Zurückgesetzt-Fühlen ergibt, scheint eher von Einfluß zu sein: langjährige Mitarbeiter, die sich benachteiligt fühlten, waren öfter krank bzw. fehlten »wegen Grippe«. – Generell wurde allerdings auch hier festgestellt daß sich Ältere weniger »wegen Grippe« krankmelden, und daß offenbar eine längere Betriebszugehörigkeit mit seltenerem Kranksein einhergeht.

SOPP (1963, 1966) analysierte die Daten bezüglich des Krankenstandes bei einem Bergwerkunternehmen. Bei den insgesamt 8766 herangezogenen Fällen ergaben sich dabei keinerlei Altersunterschiede, wohl aber deutliche Unterschiede zwischen den 4 verschiedenen in die Untersuchung mit einbezogenen Schachtanlagen. Auf Grund seiner methodischen Erfassung hält sich SOPP sehr richtig vor Interpretationen zurück und weist nur darauf hin, daß es sich beim Krankenstand um ein »sehr komplexes Phänomen« handelt, bei dem unterschiedliche Faktoren zusammenwirken. – Die von ihm vorgenommene Analyse des Krankenstandes bei der Belegschaft eines Industriewerkes (über

20 000 Personen) brachte die niedrigste Frequenz der Fehlzeiten bei den jüngsten Altersgruppen (15–20jährigen und 20–25jährigen), dann einen relativ steilen Anstieg und bei 55 Jahren wieder einen deutlichen Abfall.

KAHNE et al. (1957) konnten in einer Untersuchung an 619 Beschäftigten einer Firma der Nahrungsmittelbranche allerdings nachweisen, daß betriebs- und sozialpsychologische Momente bei den Jüngeren stärker ins Gewicht fallen als bei den Älteren. Für unter 45jährige gilt nach KAHNES Feststellungen, daß mit der Zunahme der Verantwortlichkeit am Arbeitsplatz gleichzeitig eine Abnahme der Fehlzeiten zu beobachten war. Bei den Älteren sei generell ein weit ausgeprägteres Verantwortungsgefühl gegeben, – ob auf Grund der längeren Betriebszugehörigkeit oder auf Grund des höheren Lebensalters sei dahingestellt – so daß über 45jährige weit geringere Fehlzeiten aufwiesen als unter 45jährige. Dabei unterscheiden sich auch nach diesen Untersuchungen die Älteren sowohl im Hinblick auf die Anzahl der Fehltage wie auch im Hinblick auf die Häufigkeit der Krankmeldungen.

Differenzierte Studien, wie die letztgenannten, zeigen, daß neben der Leistungsfähigkeit eine Vielzahl von Faktoren für etwaige Fehlzeiten verantwortlich zu machen sind. Auch H. STIRN und H. PAUL (1963) weisen sehr kritisch auf den »Aussagewert des Krankenstandes« hin, bei dem Momente des Betriebsklimas, des Kontaktes zum Vorgesetzten, des Kontaktes zu den Mitarbeitern, der Mitverantwortung und Gruppenentscheidung, des Zufriedenheitsindexes mit der Tätigkeit, der Art der Tätigkeit, der Aufstiegsmöglichkeit und auch Verdienstfragen eine Rolle spielen (PAUL, 1963; vgl. auch HÖHN, 1956). Letzteres trifft besonders für die Erwerbstätigkeit der Frau zu, die von bestimmten Kreisen auch unter Hinweis auf den erhöhten Krankenstand, den man als Folge der Doppelbelastung sieht, abgelehnt wird. Anhand einer Reihe von Untersuchungen konnte jedoch nachgewiesen werden, daß dann keine geschlechtsspezifischen Unterschiede zutage treten, wenn die Gruppen vergleichbar gehalten werden (vgl. hierzu LEHR und THOMAE, 1966; LEHR, 1969, S. 63/64). Auch bei Männern fehlen ungelernte oder angelernte Arbeiter häufiger als Arbeitnehmer in gehobenen Berufen. Da innerhalb eines Betriebes Frauen hauptsächlich die sogenannten unteren Positionen einnehmen, ist ihr häufigeres Fernbleiben von der Arbeit nicht geschlechtsspezifisch sondern eher tätigkeitsspezifisch zu interpretieren. Das gleiche gilt auch für die erhöhte Fluktuationsquote, die u. a. GERATS (1957) bei Frauen festgestellt hat (vgl. LEHR, 1970, S. 753).

6.2.3. Spezifische Probleme der Berufssituation der Frau im höheren Erwachsenenalter

6.2.3.1. Geschlechtsspezifische Problemstellungen

Allein die vielen Hinweise auf gesellschaftliche und situative Bedingungen, die sowohl das Berufserleben wie auch die Berufsleistung mit beeinflussen, lassen es notwendig erscheinen, die Berufssituation der Frau gesondert zu analysieren. Während man bei männlichen Arbeitnehmern in Studien häufiger danach fragte, wie sich die erbrachte Arbeitsleistung in den einzelnen Lebensaltern voneinander unterscheidet, scheint die Frau offenbar als »alters-loses« Wesen betrachtet zu werden, da man sich fast nur dafür interessiert, inwiefern weibliche Arbeitsleistung und männliche Arbeitsleistung differieren.

Zur »spezifischen Leistungsfähigkeit der Frau« läßt sich jedoch auf Grund empirischer Untersuchungen relativ wenig aussagen, hingegen finden sich stereotype Vorstellungen bezüglich beruflicher Minderleistung, erhöhtem Krankenstand und erhöhter Fluktuation der Frau jeden Lebensalters ebenso stark verbreitet wie derartige stereotype Vorstellungen hinsichtlich des älteren männlichen Arbeitnehmers (vgl. Lehr, 1969, 1970).

Mehrere auch im Zusammenhang mit der Erwerbstätigkeit der Frau relevante psychologische Probleme – wie z. B. Fragen der Umschulung, der Auseinandersetzung mit der Pensionierung – wurden hauptsächlich nur im Hinblick auf die Männerarbeit untersucht. Andere Probleme wiederum, die für den Mann gleiche Relevanz besitzen, interessierten seltsamerweise nur in Hinblick auf die Berufstätigkeit der Frau. So liegen vergleichsweise kaum Studien vor, die etwa die »Motivation« der Berufstätigkeit des Mannes zu erfassen suchen, oder aber die Fragen der »Auswirkung der Berufstätigkeit des Mannes auf Ehe und Familie«angehen. –

6.2.3.2. Altersmäßige Umstrukturierung der Gruppe der weiblichen Erwerbstätigen

In diesem Zusammenhang interessiert vornehmlich die Berufssituation der Frau im mittleren und höheren Erwachsenenalter, zumal sich seit 1920 ein zunehmender Trend der Beschäftigung von über 45jährigen Frauen nachweisen läßt. Allein ein Vergleich der Trendentwicklung in den Jahren 1961 bis 1965 zeigt ein Absinken der Erwerbstätigengruppen der jüngeren Altersstufen um etwa 5%, jedoch ein Ansteigen der Erwerbstätigenquote – und zwar besonders durch eine Zunahme des Anteils der Verheirateten – bei den 40–50jährigen von 43,3% auf 47,3% und bei den 50–60jährigen von 35,7 bis 38,7%. Eine

Aufteilung in 5-Jahres-Gruppen ergibt für 1968 (lt. Stat. Jahrbuch für die BRD, 1969, S. 125) folgendes Bild (vgl. Tab. 19):

Tabelle 19. Prozentualer Anteil der Erwerbstätigen der jeweiligen Altersgruppen

Jahre	12–15	15–20	20–25	25–30	30–35	35–40	40–45	45–50	50–55	55–60	60–65
Männer	3.1	62.2	87.6	94.0	98.5	98.8	98.3	97.1	94.7	90.0	76.1
Frauen	2.7	61.0	68.8	49.8	43.0	43.9	46.7	47.5	43.5	37.1	23.5

Bei einem Vergleich noch weiter zurückliegender Daten (vgl. GLICK, 1955, MUNNICHS, 1962, SMUTS, 1959; SUSSMAN, 1955) tritt diese altersmäßige Umstrukturierung noch stärker hervor. Der steigende Anteil der Gruppe der über 40jährigen weiblichen Erwerbstätigen dürfte mit einem – im Vergleich zu früheren Zeiten – vorzeitigerem Beenden der eigentlichen familiären Pflichten (bedingt durch früheres Heiratsalter, geringere Kinderzahl, früheres Selbständigwerden der Kinder) bzw. vorzeitigem Beenden der »Zeit der aktiven Mutterschaft« (PFEIL, 1961, 1964) zu erklären sein, sodann mit der längeren Lebenserwartung und einem größeren gesundheitlichen Wohlbefinden im 5. und 6. Lebensjahrzehnt.

6.2.3.3. Berufsbeginn und Berufsbindung

Nun ist zweifelsohne das Erleben der Berufssituation der Frau auch im 5. und 6. Jahrzehnt weitgehend von ihrer bisherigen Berufsbiographie bestimmt, auf die die Rollenerwartungen der Gesellschaft von nicht unerheblichem Einfluß sind. So konnte nachgewiesen werden, daß die Motivation der Berufswahl bzw. die Einstellung des jungen Mädchens zum Beruf sehr stark die Eingewöhnung in die Berufssituation beeinflußt; und daß darüber hinaus die ersten Berufsjahre entscheiden, ob es bei der Frau überhaupt zu einer Berufsbindung kommen kann, die für das mittlere und höhere Erwachsenenalter wesentlich wird (vgl. LEHR, 1969, 1970). Eine Unstetigkeit in der Eingewöhnungszeit, die eine Berufsbindung gar nicht erst aufkommen läßt, findet sich bei Frauen besonders früherer Geburtsjahrgänge sehr häufig, wenn 1. die Berufswahl gegen den eigenen Willen erfolgen mußte bzw. dem eigenen Berufswunsch nicht entsprach; wenn 2. der Ausbildungsweg nicht eindeutig geregelt und vertraglich abgesichert war und 3., wenn die Umgebung »haushaltliche« bzw. sogenannte »typisch weibliche Betätigung« höher einschätzte als eine berufliche Tätigkeit. Rollenerwartungen der Gesellschaft fordern vom jungen Mann sofort nach Schulabschluß den Beginn einer geregelten Berufsausbildung – und bedeuten damit einen gewissen Zwang zur Stetigkeit, was andererseits aber das Aufkommen einer echten Berufsbindung begünstigt. Von der jungen Frau aber wird keineswegs nach Schulabschluß der sofortige Beginn einer Berufsausbildung gefordert. Im Gegenteil: Haushaltsjahr, Kochkurs, Säuglingskurs, Schneiderkurs, »Soziales Jahr« und ähnliche »Zwischenbeschäftigungen« zwischen Schule und Beruf werden nicht nur gebilligt, sondern oft sogar gutgeheißen, – genau so, wie später dann die Unterbrechung der Berufstätigkeit wegen häuslicher Verpflichtungen. Die Gesellschaft erlaubt der Frau damit größere »Freiheiten«, läßt ihr einen größeren Spielraum für eigene Entscheidungen – und erweist ihr gerade dadurch einen sehr schlechten Dienst! Denn in dieser vermeintlichen »Freiheit« liegt die Gefahr einer großen Unstetigkeit im Berufsanfang und damit nicht selten die einer Verhinderung der Entstehung beruflichen Engagements (LEHR, 1969).

6.2.3.4. Auswirkungen mütterlicher Berufstätigkeit auf die Kinder
Die Eheschließung bzw. die Geburt des 1. Kindes bedeutet einen weiteren Einschnitt in der Berufsbiographie der Frau. Gesellschaftliche Rollenerwartungen legen es der Frau nahe, sich zugunsten der Familie wenigstens vorübergehend von ihrer Berufstätigkeit zu trennen. Weitverbreitete Vorurteile in der Gesellschaft, zum Teil auch genährt durch eine einseitige Auswahl allgemein bekannt gewordener psychologischer Forschungsergebnisse, denen zufolge die mütterliche Vernachlässigung geradezu eine Fehlentwicklung des Kindes garantiere – eine These, die doch einer starken Modifizierung bedarf! – appellieren an das mütterliche Gewissen und engen den Entscheidungsspielraum hier erheblich ein. Daß bei »father-absence« ebenso ungünstige Entwicklungen empirisch nachgewiesen wurden, verschweigt man sinnigerweise! – Hier sollte man eines wissen: Das Kleinkind braucht eine Dauer-Pflegeperson, es braucht nicht unbedingt die Mutter. Dies ist eine Feststellung, die sich aus sehr sorgfältigen Untersuchungen ergibt und die notwendigerweise auch zu einer gewissen Versachlichung im Nachdenken über die Rolle der Mutter anregen sollte. Insbesondere sollte man auch hier die »Stimme des Blutes« nicht überbewerten und vom »Mythos der Nestwärme« Abstand nehmen. Eine geeignete Kraft, die um die Vorgänge frühkindlicher Entwicklung weiß, könnte – selbst wenn sie gleichzeitig für mehrere Kinder zu sorgen hätte – die Mutter wenigstens an ein bis zwei Tagen pro Woche regelmäßig entlasten, und ihr damit ermöglichen, den Kontakt zur Berufswelt aufrechtzuerhalten (vgl. ausführliche Literatur hierzu bei LEHR, 1970).
Die möglichen Auswirkungen mütterlicher Berufstätigkeit auf das Kind werden immer wieder diskutiert, wobei nicht alle Aussagen auf

exakten, methodisch einwandfreien Untersuchungen beruhen! Nach dem heutigen Stand der Wissenschaft ist sowohl die These einer Schädigung der kindlichen Entwicklung durch die Berufstätigkeit der Mutter wie auch die These von generell positiven Auswirkungen auf das Kind nicht ohne weiteres haltbar. Schließlich ist die Berufstätigkeit der Mutter stets nur eine unter vielen Variablen, die die Entwicklung und Persönlichkeitsbildung des Kindes beeinflussen. So erscheinen negative Auswirkungen dort stärker, wo eine Zugehörigkeit zu einer sozial niederen Schicht gegeben ist, wo das Bildungsniveau der Mutter und die Qualifikation des mütterlichen Berufes niedriger sind. Schließlich kommt dem Grad der Geschlossenheit der Familie und dem sonstigen Erziehungsstil eine große Bedeutung zu. – Von ganz entscheidendem Einfluß ist aber auch hier der Grad der Zufriedenheit der berufstätigen Mutter mit ihrer Berufssituation bzw. mit ihrer gesamten Lebenssituation. YARROW (1961) hat festgestellt, daß mit ihrer Berufsrolle zufriedene Mütter weit günstiger auf ihre Kinder einwirken als mit ihrer Berufsrolle unzufriedene Mütter; allerdings wird diesen Untersuchungen zufolge die größte Inkongruenz der Erziehungspraktiken und auch die stärkste Störung des Vertrauensverhältnisses zwischen Mutter und Kind dort feststellbar, wo eine nichtberufstätige Mutter mit ihrer Hausfrauenrolle unzufrieden war (vgl. LEHR, 1969).

Gerade bei diesen Feststellungen wird deutlich, wie schwer es ist, generalisierende Aussagen über die Auswirkung der Berufstätigkeit zu machen. Berufliche Entscheidungen sollten deswegen nicht nach einem vorgegebenen Verhaltensschema, das die Berufstätigkeit in bestimmten Situationen fordert oder auch geradezu verbietet, getroffen werden, sondern erst nach eingehender Analyse der individuellen biographischen Situation.

6.2.3.5. Auswirkungen auf das Partnerschaftsverhältnis

Für die Berufstätigkeit der Frau im mittleren und höheren Erwachsenenalter dürften jedoch derartige Probleme der Auswirkung außerhäuslicher Tätigkeit auf die Entwicklung der Kinder in den Hintergrund treten, hingegen etwaige Auswirkungen auf die Partnerschaftsbeziehung wesentlicher sein. Leider nehmen die hierzu vorliegenden relevanten Studien in den seltensten Fällen eine Differenzierung nach Lebensalter vor, sondern behandeln nur generell das Partnerschaftsverhältnis bzw. die Einstellung des Ehepartners zur Berufstätigkeit der Frau.

Zunächst einmal erbrachten Untersuchungen von KLIGLER (1954) und CHOMBART de LAUWE (1963), daß nur diejenigen Frauen, die selbst

nicht berufstätig sind, von negativen Auswirkungen weiblicher Berufstätigkeit auf das Familienleben überzeugt sind. Auch von Männern wird die weibliche Berufstätigkeit hinsichtlich ihrer Auswirkungen auf die Partnerschaftsbeziehung unterschiedlich beurteilt. Jene Männer, deren Frauen nicht berufstätig sind, weisen verstärkt auf negative Auswirkungen hin, jene Männer, deren Frauen selbst arbeiten, erwähnen eine vorwiegend positive Auswirkung auf Familie und Ehe (MYRDAL und KLEIN, 1956, 1960; SIEGEL und HAAS, 1963, CHOMBART DE LAUWE, 1963, KLIGLER, 1954). Allerdings sind bei dieser Feststellung soziale Unterschiede zu erwähnen. So glaubt CHOMBART DE LAUWE, daß Männer der niederen Schicht eher negative Auswirkungen hervorheben. KLEIN (1959), fand, daß Männer der niederen Schicht aufgrund des Zusatzverdienstes der Frau, Männer der höheren Schicht aufgrund einer stärkeren geistigen Interessiertheit und Aufgeschlossenheit der Frau, zur positiven Beurteilung der Auswirkungen gelangen.
WEIL (1961), GIANOPULOS und MITCHELL (1957), POWELL (1961) sowie JUNKER-SEELIGER (1966) sehen positive Auswirkungen auf das Eheleben – in Form von Zunahme gemeinsamer Interessen, Zunahme des Verständnisses für den Berufsalltag des Mannes und zunehmender Interessiertheit des Mannes für die Haushaltpflichten – dann gegeben, wenn der Ehemann selbst positiv zur Berufstätigkeit eingestellt ist und nicht allzu stark an einer traditionellen Rollenauffassung orientiert ist (PFEIL, 1961, NYE, 1959). Allerdings habe sich diese partnerschaftliche Rollenauffassung bisher vornehmlich nur in den höheren sozialen Schichten stärker durchsetzen können (BURIC und ZECEVIC, 1967, PFEIL, 1961, NYE, 1959; KLIGLER, 1954; SAFILIOS-ROTHSCHILD, 1967). Ursache für ein gefestigteres Partnerschaftsverhältnis gerade durch die Erwerbstätigkeit sieht man auch in der Angleichung der Lebensbereiche von Mann und Frau, in der Zunahme der Gemeinsamkeiten – außerdem in einer generellen stärkeren Aktivierung der Frau, die auch auf das Freizeitverhalten übergreift (KLEIN, 1959, AXELSON, 1963; FRÖHNER et al., 1956; SCHEUCH, 1967; MEIER, 1957; LEHR, 1962). Allerdings konnten unsere Untersuchungen zeigen, daß die positiven Auswirkungen auf die Partnerbeziehung eher dann gegeben sind, wenn ein hoher Grad der Zufriedenheit mit der beruflichen Situation feststellbar wird (LEHR, 1969). Ein möglichst großes Ausmaß von Gemeinsamkeiten zwischen den Partnern scheint jedoch für kein Lebensalter so wesentlich wie für das höhere Erwachsenenalter.

6.2.3.6. Berufliche Fortbildung und Aufstiegschancen
Der Anteil jener Frauen, der noch während der Berufsausbildung oder direkt nach Abschluß derselben die Berufstätigkeit wegen Heirat bzw.

188

Familiengründung aufgibt, nimmt in unserer Zeit – nicht zuletzt auch durch die bessere und damit längere Schulausbildung der Mädchen bedingt – mehr und mehr zu. Nach Erhebungen an einem repräsentativen Querschnitt von Arbeitnehmerinnen (20–55 Jahre), die das Allensbacher Institut 1968 durchgeführt hat, ergab sich, daß 48,8% eine abgeschlossene Lehre oder Anlernzeit von mindestens 2 Jahren hinter sich hatten, 13,6% die Lehre abgebrochen hatten und 39,6% keinerlei Lehr- oder Anlernzeit durchgemacht hatten. Kurse zur späteren beruflichen Fortbildung hatten 22% der 40–44jährigen besucht, 13% der 45–49jährigen. Frauen in qualifizierteren Berufen machten eher von Fortbildungsmöglichkeiten Gebrauch als ungelernte oder angelernte Arbeiterinnen; von jenen Frauen, die ihre wirtschaftliche Lage als »gut« bezeichneten, nahmen 31% an Fortbildungskursen teil, von jenen, die sie als »mittel« bezeichneten, waren es 24% und von jenen Frauen, die ihre eigene wirtschaftliche Situation als »schlecht« beurteilten, nahmen nur 5% an Kursen teil. Frauen leitender Angestellter (46%) oder Beamter (31%) bemühten sich häufiger um Fortbildungskurse (Sprachkurse, Schreibmaschinenkurse, kaufmännische Kurse) als Frauen von Facharbeitern (16%) und von angelernten oder ungelernten Arbeitern (9%).

Wenn diesen Zahlen auch keine genaue Altersverteilung zu entnehmen ist, so legen sie doch nahe, daß eine Bereitschaft zur Weiterbildung und zum Lernen im Erwachsenenalter stärker mit anderen Momenten (wie Lernmotivation, sozioökonomischem Status u. a. m.) als mit dem Lebensalter in Zusammenhang zu sehen ist. Allerdings findet sich im Vergleich zur Situation der männlichen Arbeitnehmer der Wunsch nach beruflichem Aufstieg und beruflichem Weiterkommen bei Frauen als Beweggrund seltener vertreten (vgl. LEHR, 1969, 1970), hingegen stärker entweder der Wunsch nach einem Berufswechsel oder – im Zusammenhang mit dem Wiedereintritt ins Berufsleben nach längerer Unterbrechung – der Wunsch nach Auffrischung früherer beruflicher Kenntnisse.

In unseren Untersuchungen an 500 Frauen (LEHR, 1969) konnten wir nachweisen, daß das Streben nach beruflichen Erfolgen, beruflichem Weiterkommen und auch nach finanzieller Besserstellung für Frauen von weit geringerer Bedeutung ist als für Männer, bei denen die meisten Stellen- und Berufswechsel in dieser Weise motiviert sind. LIVINGSTONE (1953) WILMS (1966) und DIMPFLMEIER (1965) bedauern in diesem Zusammenhang den geringen Aufstiegswillen der Frau; andere Autoren (z. B. LAUBE, 1966) machen männliche Vorurteile dafür verantwortlich, während u. a. CAUER-KLINGELHÖFFER (1966), HÖHN (1964), WILMS (1966), DAVIES (1962) auf die negative Einstellung weiblicher Arbeitnehmer gegenüber weiblichen Führungskräften hinweisen. – Schließlich wirken sich hier familiäre Rücksichtsnahmen aus, zumal ein Aufrücken in verantwortungsvollere Positionen vielfach einen Ortswechsel erforderlich macht, ein Aufgeben der geregelten Arbeitszeit, längere Abwesenheit von zu Hause. WILMS weist auch auf die starke Verankerung der Frau in ihrer sozialen Umwelt hin, die dazu führe, daß Frauen eher bereit seien, Aufstiegsangebote auszuschlagen als sich von ihren Kolleginnen und Kollegen zu trennen (vgl. LEHR, 1970). Auf jeden Fall konnte durch eine Reihe von Untersuchungen nachgewiesen werden, daß bezüglich der Eignung der Frau zur Übernahme verantwortungsvoller Positionen weit weniger sogenannte »wesensbedingte« geschlechtsspezifische Momente (wie fehlendes Organisationstalent, mangelnde Entschlußfähigkeit, geringe Eigenständigkeit und dergleichen) ein Hindernis bedeuten als vielmehr jahrhundertealte, traditionell verankerte Rollenvorstellungen in unserer Gesellschaft, die der Frau diese Fähigkeit nicht zutrauen, – die gleichzeitig aber auch eine Erziehungshaltung der Eltern bewirken, die von der Tochter Gehorsam, Folgsamkeit, Unterordnung und Sich-Fügen verlangt, vom Sohn Durchsetzungsfähigkeit und Eigenständigkeit (vgl. LEHR, 1972).

Der bei älteren Frauen festgestellte Mangel an Führungseigenschaften wie auch deren geringerer Aufstiegswille (LEHR, 1969) ist keineswegs als abhängig vom kalendarischen Alter zu sehen! Jüngere Frauen unterscheiden sich hierin nur deswegen von älteren, weil sie – im Wandel des traditionellen Rollenbildes – familiären und außerfamiliären Sozialisationseinflüssen ausgesetzt waren, die auch bei der Frau zu größerer Selbstsicherheit, Eigenverantwortung und Durchsetzungsfähigkeit beitrugen.

6.2.3.7. Der Wiedereintritt ins Berufsleben nach längerer Unterbrechung

Daß es heutzutage immer häufiger zu einer Rückkehr der Frau in das Berufsleben in der sogenannten »3. Lebensphase« kommt, zeigen die bereits erwähnten Statistiken bezüglich des steigenden Anteils der über 40jährigen innerhalb der Gruppe der Erwerbstätigen. Die 1968 vom Institut für Demoskopie in Allensbach durchgeführte Erhebung über die »berufliche Fortbildung und Wiedereingliederung von Arbeitnehmerinnen« hat im Rahmen einer allgemeinen Bevölkerungsumfrage ermittelt, daß 46% aller zur Zeit nicht berufstätigen Frauen unter 55 Jahren wieder ins Berufsleben zurückkehren wollen (und zwar 48% all jener, die einmal berufstätig waren und 36% all jener, die nie im Leben eine Berufstätigkeit ausgeübt hatten). Innerhalb der Gruppe der zur Zeit Nichtberufstätigen 45–54jährigen planten 30% eine Wiederaufnahme, wobei Frauen mit qualifizierterer Schulbildung stärker vertreten waren. Mit zunehmender Wohnortsgröße steigt die Bereitschaft zur Wiederaufnahme der Berufstätigkeit, was sich sicherlich auch wieder in Zusammenhang mit gesellschaftlich verankerten Rollenvorstellungen bringen läßt.

Von den Frauen, die in den nächsten 5 Jahren wieder berufstätig werden wollen, hatten 9% ihre Berufstätigkeit wegen der Heirat unterbrochen, 40% bei der Geburt des 1. Kindes und weitere 20% bei der Geburt des 2. oder 3. Kindes. 70% dieser Frauen wollen in den nächsten 5 Jahren in den früheren Beruf zurück, 30% planen einen Berufswechsel.

Von jenen Frauen, die nie berufstätig gewesen sind, die jedoch innerhalb der nächsten 5 Jahre ins Erwerbsleben eintreten wollen, rechnen 48% mit einer beruflichen Ausbildung, 52% wollen eine Tätigkeit ergreifen, die keine Ausbildung erforderlich macht. Aber gerade von den über 40jährigen Frauen hielten 65% die Möglichkeit, einen Lehrgang zur Berufsausbildung zu besuchen, für »eine gute Idee«, 16% wandten sich grundsätzlich dagegen und 19% waren unentschieden. Nach den Untersuchungen von WEIL (1966) in den USA ist eine hohe Korrelation gegeben zwischen konkret geplanter Rückkehr in den Beruf einerseits und positiver Einstellung des Ehemannes zur Berufstätigkeit der Frau, Unterstützung seitens des Mannes in Haushaltsangelegenheiten, bereits herangewachsenen Kindern, höherer beruflicher Qualifikation der Frau und Berufserfahrung vor der Heirat.

All diese Daten unterstreichen sehr eindrucksvoll sowohl die Notwendigkeit berufsvorbereitender Kurse für ältere Frauen und die Erarbeitung pädagogischer Grundlagen zur Erwachsenenbildung (vgl. S. 94 ff.), wie auch die Notwendigkeit psychologischer Begleituntersuchungen des Anpassungsprozesses älterer Frauen an die Berufssituation.

Zu diesem Fragenkomplex liegen bisher wenig empirisch fundierte Untersuchungen vor. Die biographischen Untersuchungen zur Berufssituation der Frau (LEHR, 1969) bringen einige Erkenntnisse über den erneuten Anpassungsprozeß an die Berufssituation. Eine eingehende Analyse unseres Materials erlaubt folgende zusammenfassende Feststellung:

Der Wiedereintritt in das Berufsleben wird von nur 18,81% der Frauen äußerst negativ erlebt, von 29,38% positiv mit gewissen Einschränkungen, von 51,81% wird er ausschließlich positiv gesehen.

1. Hierbei treten Altersgruppenunterschiede nicht hervor; d. h., das Lebensalter scheint bei der Eingewöhnung in den Arbeitsprozeß

kaum eine Rolle zu spielen, zumindest besteht kein direkter Zusammenhang. Allerdings beeinflußt die Dauer der Unterbrechungszeit die Anpassung. Mit zunehmender Dauer der Unterbrechungszeit wird der Anpassungsprozeß schwieriger – allerdings nur dann, wenn man in den gleichen Beruf oder gar an die gleiche Stelle zurückkehrt. In diesen Fällen haben sich bestimmte Vorstellungen manifestiert, bestimmte Erwartungshaltungen auf Grund früherer Erfahrungen gebildet, denen die Realität dann wenig entsprach, so daß es zu Enttäuschungen kam. – Bei jenen Frauen, die sich in der Unterbrechungsphase auf einen neuen Beruf vorbereiteten, spielte die Länge der Unterbrechungszeit kaum eine entscheidende Rolle.

2. Deutlichere Unterschiede zeigen sich innerhalb der durch den sozialen Status definierten Gruppen. Unzufriedenheit mit der Wiederaufnahme der Berufstätigkeit, eine nicht gelungene Anpassung an die Berufssituation, ist am häufigsten bei den niederen sozialen Schichten zu finden, während mit zunehmender sozialer Schicht der Wiedereintritt mehr und mehr als »Therapeutikum« (als etwas, was über manchen Kummer hinweg hilft) und als wesentlicher Bereich des Lebens, den man nicht mehr missen möchte, erlebt wird.

3. Hierfür scheint die Analyse der verschiedenen Beweggründe, die zur Wiederaufnahme führen, eine gewisse Erklärung anzubieten: Extremer Zwang, also ausschließlich äußere Motivation (dort, wo der Hauptgrund »Existenzerhaltung« ist) – vielfach nach Tod des Partners, Krankheit, Arbeitslosigkeit, Verlust des Mannes (Scheidung) – fördert eindeutig das Wiedereingewöhnen in das Berufsleben. Überlegungen, die Berufstätigkeit vielleicht doch wieder aufzugeben, werden unterdrückt, – man »beißt sich durch« und übersteht so die Anfangsschwierigkeiten. Gerade in diesen Fällen wird nach gewisser Eingewöhnungszeit die Berufstätigkeit als Ablenkung von privatem Kummer erlebt, und es wird im Beruf allmählich eine neue Lebensaufgabe gesehen.

Ebenso ist ein Zusammenhang zwischen fast ausschließlich innerer Motivation (also Wiederaufnahme der Tätigkeit nur auf eigenen Wunsch hin, evtl. sogar gegen den Willen der Umgebung) und schneller Anpassung an die Berufssituation gegeben. Nicht etwa, daß diese Frauen weniger mit Eingewöhnungsproblemen konfrontiert würden, – aber von ihnen werden auftretende Schwierigkeiten – da man sich selbst ja auf Grund freien Willens der Situation ausgesetzt hat – eher hingenommen und zu meistern versucht.

Jene Frauen hingegen, die in das Berufsleben wieder zurückkehren, weil man es teils von ihnen gefordert hat, weil sie aber auch selbst etwas interessiert zu sein schienen (also jene, bei denen innere und äußere Motivation etwa in gleichem Maße gegeben war) haben es offenbar im Hinblick auf die Anpassung an die neue Berufssituation am schwersten. Bei den – eigentlich in jeder Berufsbiographie nachweisbaren Anfangsschwierigkeiten – neigt gerade diese Gruppe von Frauen dazu, jetzt ausschließlich ihre Berufstätigkeit als »Muß« anzusehen. Oft bemitleiden sie sich selbst und versuchen, Mitleid bei ihrer Umgebung zu erhalten, indem sie die unangenehmen Seiten der Berufstätigkeit besonders betonen und dadurch den Blick für die positiven Momente verlieren.

Neben der Dauer der Unterbrechungszeit, dem sozialen Status, der inneren oder äußeren Motivation der Wiederaufnahme, scheinen

4. die bisherigen beruflichen Erfahrungen den Anpassungsprozeß an die neue Berufssituation stark zu beeinflussen.

Diejenigen Frauen, die hinsichtlich ihrer bisherigen beruflichen Erfahrungen eine »mittlere Zufriedenheit« erkennen ließen (in diesen Zufriedenheitsskore gingen Berufsausbildung, Beurteilung der auszuführenden Tätigkeit, subjektive Beurteilung der äußeren Arbeitsbedingungen, Arbeitsplatz, subjektive Beurteilung der beruflichen Sozialkontakte mit ein), konnten sich nun nach längerer Unterbrechungsphase am schnellsten und leichtesten in die neue Berufssituation eingewöhnen.

Jene Frauen, die »niedere Zufriedenheitswerte« im Hinblick auf die bisherigen beruflichen Erfahrungen erhielten, hatten es im allgemeinen schwerer: gerade sie empfanden die Wiederaufnahme häufiger von vorneherein als »Muß« und kamen mit negativen Voreinstellungen und Erwartungen, durch die dann das wirkliche Erleben auch ungünstig beeinflußt wurde.

Jene Frauen aber, die mit der vorherigen Berufstätigkeit äußerst zufrieden waren, die die Zeit vor der Unterbrechung der Berufstätigkeit als sehr angenehm erlebt hatten, fanden sich im allgemeinen häufiger schwer in der neuen Berufssituation zurecht. Die Anpassung an die neue Situation bereitete ihnen offenbar deswegen besondere Probleme, weil sich auf Grund der früheren Berufserfahrungen derart positive Erwartungen gebildet hatten, die nun – wenn sie sich nicht erfüllen konnten – eine Unzufriedenheit mit der neuen Berufssituation bewirkten.

5. Schließlich sind es – aber nur als ein Gesichtspunkt unter vielen anderen – die vorgefundenen beruflichen Gegebenheiten, die den Anpassungsprozeß erleichtern oder erschweren.

Neben dem Arbeitsplatz und der Tätigkeit selbst sind hier vor allem die Sozialkontakte zu erwähnen. Das Verhalten von Kollegen und Kolleginnen wird sowohl als erschwerendes Moment häufig erwähnt (Kompetenzschwierigkeiten; Sich-Abfinden-Müssen mit den besseren Leistungen Jüngerer; Beaufsichtigung durch Jüngere dulden und ähnliches) wie aber auch als »Anpassungserleichterung«, indem Hilfen gegeben werden, Tips für »richtiges« Verhalten anderen Personen gegenüber und dergleichen mehr.

Eines zeigte sich aber auch hier: Eine hinreichende, weitgehende Information vor dem Wiedereintritt in das Berufsleben, die an den realen Gegebenheiten orientiert ist, erleichtert die Eingewöhnungszeit. Fehlende Information oder erst recht falsche oder einseitige Information (wie man sie manchmal bei verschiedenen Werbeaktionen um Arbeitskräfte findet) schafft falsche Vorstellungen, die die Anpassung an die Realität erschweren.

6. Schließlich wirkt sich die familiäre Situation modifizierend auf den Anpassungsprozeß aus. Das Erleben im familiären Bereich, die Einstellung des Mannes und der Kinder zur Berufstätigkeit, werden hier entscheidend. Auf Grund unserer Gesamtstudie konnten wir nachweisen, daß die vielfach vorgefundene Meinung »Berufstätigkeit als Ersatzbefriedigung für fehlendes Familienglück« zu sehen, revisionsbedürftig ist. Gerade jene Frauen, die ihre Wünsche im privaten Bereich als erfüllt erleben, sind häufiger auch in ihrer Berufsituation zufriedener. Spannungen im Familienleben erleichtern keinesfalls die Anpassung an die neue Berufssituation.

7. Weiterhin konnten wir bestimmte Persönlichkeitsmerkmale eruieren, die erleichternd im Hinblick auf die Anpassung an die neue Berufssituation sich auswirken. Aktivität, Anregbarkeit, Mitschwingungsfähigkeit mit anderen und auch eine gewisse Selbstsicherheit seien hier hervorgehoben, zumal sich hier die korrelativen Zusammenhänge besonders deutlich nachweisen ließen.

Da sich im Hinblick auf die Selbstsicherheit durch Zusatzausbildung – bzw. durch Erwachsenenbildung, die »education permanente« oder die »berufliche Qualifikation im Erwachsenenalter« (KNOLL, SIEBERT u. WODRASCHKE, 1967) – vor der Wiederaufnahme der Berufstätigkeit einiges korrigieren läßt, sollte man hierauf ein besonderes Augenmerk lenken.

8. Zum Schluß wäre auf die Einstellung der Gesellschaft zu verweisen, die einer Frau die Wiedereingliederung in das Berufsleben erleichtern – oder häufiger – erschweren kann. Das »Image«, das die berufstätige Frau nun einmal hat, ist auch heute noch nicht immer das günstigste, wenngleich die Art der Berufstätigkeit hier differenzierend wirkt. Hier käme es auf die Beeinflussung bzw. Korrektur bestimmter Vorurteile an (die man sicherlich nicht mit Tagungen wie

die 1964 abgehaltene Fürsorgetagung »Die Mutter in der heutigen Gesellschaft« – MUTHESIUS, 1964 – erreicht).

Gerade unsere Studien konnten sehr treffend auch die positiven Momente der Berufstätigkeit der Frau herausarbeiten. Die Wiederaufnahme des Berufes nach der Erfüllung der wesentlichen »Mutterpflichten« wirkte als Gemeinsamkeiten stiftendes Moment zwischen den Ehepartnern, häufiger als Bereicherung des gemeinsamen Lebens denn als Störung. Die Berufstätigkeit wird von der Frau, gerade von der älteren, weiterhin als Erweiterung des Lebensraumes erlebt; als Quelle neuer Interessen, als Ursache einer größeren Aufgeschlossenheit gesellschaftlichen und politischen Problemen gegenüber. Erweiterung der sozialen Kontakte und Möglichkeiten der Selbstbestätigung durch sichtbar werdende eigene Leistungen wurden ebenso nachweisbar (vgl. LEHR, 1969, 1970).

Die im Anschluß an diese Untersuchungen durchgeführte Studie von SCHEFFLER (1970) an 100 Frauen, die während des letzten Jahres nach mindestens 5jähriger Unterbrechung ihre Berufstätigkeit wieder aufgenommen hatten, faßt die recht differenzierten Ergebnisse im Hinblick auf die Bedeutung des Lebensalters wie folgt zusammen:

»Die Gesamtsituation der älteren Frauen kann – dieser Studie zufolge – als unproblematischer bezeichnet werden, als die der jüngeren Frauen. Dieses Ergebnis überrascht, vor allem dann, wenn man an die vergleichsweise längeren Unterbrechungszeiten denkt. Doch läßt sich daraus nicht einfach folgern: Ältere passen sich schneller an eine neue Berufssituation an als Jüngere. Zunächst konnte – wie auch bei LEHR (1969) – festgestellt werden, daß die älteren Frauen froh waren (damals als Schulentlassene), überhaupt einen Beruf gefunden zu haben, in einer Zeit, in der die Berufstätigkeit der Frau noch nicht allgemein üblich war. Sie gingen so voller positiver – aber nicht positiv überzogener Erwartungen – an ihre Berufsausbildung heran. Ihrem Erleben nach ergab sich, daß diese älteren Frauen mit der damaligen Ausbildungszeit zufriedener waren als die jüngeren; gleichzeitig berichteten sie jedoch auch weniger nachteilige Veränderungen ihres Lebensablaufs während der ›berufslosen‹ Zeit.

Zwar waren die Anfangsschwierigkeiten in der wiederaufgenommenen Tätigkeit für sie größer; der erste Arbeitstag war für sie geprägt durch das Erleben einer geänderten Berufstätigkeit. Diese fachlichen Schwierigkeiten blieben jedoch nicht erlebnisdominant, wenn auch die ersten Wochen im Beruf durch Umstellungsschwierigkeiten, d. h. Probleme, die sich nicht auf den fachlichen Bereich des Berufes rückführen lassen, sondern auch bei einem Stellenwechsel auftreten können, gekennzeichnet waren. Die heute äußerst positive Bewertung der Berufstätigkeit und die festgestellte erhöhte Zufriedenheit, sowohl mit dem spezifischen beruflichen Aufgabenbereich wie mit der Gesamtlebenssituation, läßt darauf schließen, daß die Anpassungsschwierigkeiten der Anfangssituation sehr bald überwunden werden konnten und in Erleben und Verhalten keine nachhaltige Bedeutung gewonnen haben.

Es ist auf Grund der Ergebnisse dieser Untersuchung nachweisbar, daß ältere Frauen nach der üblichen Einarbeitungszeit die Anforderungen der Tätigkeit bewältigen. Ihre Einsatzbereitschaft für den Beruf erscheint sogar höher als die vieler jüngerer Kolleginnen; das Gleiche gilt für das Ausmaß der Aktivität. Die Gruppe der älteren Frauen zeigte sich darüber hinaus auch ausgeglichener, empfand den Arbeitsablauf als weniger gleichförmig. Außerdem wirkte ihr gesamtes Verhalten durch eine eher positiv getönte Stimmungslage überformt.« (SCHEFFLER, 1970, S. 316, 317)

V. UEXKÜLL stellte zu diesem Problemkreis 1960 sehr richtig fest: »Hindernisse, die sich einer Berufstätigkeit der Frau in den Weg stellen, sind nicht biologisch begründet. Sie liegen in den Vorstellungen einer Kultur von der Rolle der Frau; aber sie bestimmen die Motive der Berufswahl (des Berufstätigseins und der Wiederaufnahme der Berufstätigkeit), bestimmen auch das Ausmaß der Feindseligkeiten, das eine Frau zu erwarten hat, wenn sie dieses Vorurteil durchbricht.« – Die Vorstellungen unserer Gesellschaft von der Rolle der Frau, die die 45- oder 50jährige am liebsten als »Hüterin ihrer Enkel« zu sehen wünscht, entspricht sicher nicht ganz der Realität unserer Zeit, und entsprechendes Rollenverhalten würde sicher nicht zum körperlichen, psychischen und sozialen Wohlbefinden bei einer Vielzahl von Frauen beitragen. –

Fassen wir zusammen: Es ist problematisch, generalisierende Aussagen zur Frage der Wiedereingliederung von Frauen in das Berufsleben nach längerer Arbeitsunterbrechung zu machen. Die Art der auftauchenden Probleme, die Art und Weise besonderer Anpassungsschwierigkeiten – und entsprechend auch die Möglichkeiten, diesen zu begegnen – hängen vor allem von der individuellen Lebenssituation des einzelnen ab, von der bisherigen biographischen Entwicklung und den momentanen Gegebenheiten; dem Lebensalter selbst kommt jedoch geringere Bedeutung zu.

6.2.4. Probleme der Ausgliederung aus dem Berufsleben

Heutzutage wird in der internationalen Forschung immer wieder das Ausscheiden aus dem Berufsleben und die Übernahme der Pensionärsrolle als »typische Gundsituation des älteren Menschen« herausgestellt (vgl. hierzu u. a.: HAVIGHURST, MUNNICHS, NEUGARTEN, THOMAE 1969; LEHR und DREHER, 1968; LEHR 1969) und als der »eigentliche Beginn des Alters« gekennzeichnet.

Allerdings konzentriert sich die Forschung auch hier nahezu ausschließlich auf die Situation des Mannes.

6.2.4.1. Die Pensionierungsproblematik – ein Phänomen unserer Zeit?

Die »Pensionierungsproblematik« ist als ein typisches Phänomen der Industrialisierung bzw. der Leistungsgesellschaft zu sehen; Menschen früherer Jahrhunderte wurden mit der altersbedingten Ausgliederung aus dem Berufsleben kaum konfrontiert. Dies war einmal auf die durchschnittliche weit geringere Lebenserwartung zurückzuführen; (so war z. B. im Jahre 1800 nur jeder 30. Einwohner Deutschlands älter als 65 Jahre; 1800 bereits jeder 20.; 1962 jeder 10. Einwohner – in Westberlin z. B. jeder 6. [nach ROSENMAYR, 1969]; nach der neuesten Statistik beträgt der Anteil der über 65jährigen heute in der Bundesrepublik etwa 13%, in Berlin sogar knapp 25%, in Hamburg ca. 18% und an 3. Stelle steht Hannover mit 17,3%, gefolgt von Bremen mit 14,1% Anteil älterer Bevölkerung). Neben der gestiegenen Lebenserwartung ist in diesem Zusammenhang aber auch auf die mit der Industrialisierung einhergehende Trennung von Wohngemeinschaft und Arbeitsplatz, bzw. von Privat- und Berufssphäre hinzuweisen. Solange die Familie noch als Produktionsgemeinschaft angesehen wurde, hatte der ältere Mensch dort noch bestimmte Funktionen zu übernehmen und wurde »gebraucht«; er stellte einen »Wert für die Familie« dar und die Familie war dann auch selbstverständlich bereit, für die Bedürfnisse, Fürsorge und Pflege des alten Menschen aufzukommen. Die durch die Industrialisierung bewirkte gesellschaftliche Entwicklung führte – wie TARTLER (1961) hervorhob – dazu, daß der ältere Mensch, der in der Familie keine »Funktion« mehr habe (überhaupt keine oder zumindest keine berufskontinuierliche), eine Trennung vom Familienverband anstrebe.

Diese gesellschaftliche Entwicklung hat jedoch zur Folge, daß die materielle Existenzsicherung des alten Menschen durch die Familie nicht mehr als selbstverständlich vorausgesetzt werden kann. So wird mit der Auflösung der Familie als Produktionsgemeinschaft eine familienunabhängige Alterssicherung notwendig, wie sie bereits in Deutschland durch die Sozialversicherungsgesetzgebung unter BISMARCK durch das 1889 durch den Reichstag beschlossene Gesetz zur Alters- und Invalidenversicherung eingeführt wurde: zunächst für den Arbeiter, 1913 auch für den Angestellten. Die Altersgrenze, ursprünglich auf 70 Jahre festgelegt, wurde 1916 auf 65 Jahre herabgesetzt. BISMARCK's grundlegendes sozialpolitisches Ziel war »dem Arbeiter das Recht auf Arbeit zu geben, solange er gesund ist; dem Arbeiter die Pflege zu sichern, wenn er krank ist, und ihm Versorgung zu sichern, wenn er alt ist«. (Rede BISMARCKs zum Sozialistengesetz im Reichstag vom 9. Mai 1884; in: BISMARCK: Gesammelte Werke, B. 12; S. 450). – Freilich, damit war – zum Teil wenigstens – eine materielle Notsituation des älteren Menschen in der Industriegesellschaft behoben; das Bundessozialhilfegesetz vom 30. Juni 1961 und die spätere Überarbeitung bedeuten ebenso im Hinblick auf die finanzielle Situation älterer Menschen in unserer Zeit eine Verbesserung und vermindern zumindest das belastende Gefühl der (ökonomischen) Abhängigkeit von der Familie. Dem »Funktionsverlust« des älteren Menschen konnte damit jedoch nicht begegnet werden.

So verwundert es nicht, daß Probleme der Ausgliederung aus dem Berufsleben in industrialisierten Staaten weit stärker als in halbindustrialisierten oder gar Agrarstaaten zu konstatieren sind. Nach einer Übersicht der United Nations (Anfang der 60er Jahre) sind von den Männern im Alter von über 65 Jahren in industrialisierten Staaten noch *38%* berufstätig (lt. EWG-Aufstellung):

in Frankreich	30%	
USA	28%	
Großbritannien	26%	
Westdeutschland	21%	
in halbindustrialisierten Staaten sogar	61%	
und in Agrarstaaten arbeiten über	70%	aller über 65jährigen.

Das Ausscheiden aus dem Berufsleben bedeutet aber mehr als die Aufgabe einer mehr oder minder geschätzten Tätigkeit. Es bedeutet unter anderem die Übernahme einer anderen Rolle mit anderen Verhaltenserwartungen, eine Umstrukturierung des bisher durch die Berufstätigkeit rhythmisierten Tageslaufes, eine Umstrukturierung des sozialen Feldes einschließlich einer Umstrukturierung der familiären Kontakte; es bedeutet finanzielle Veränderungen und eine Verlagerung des persönlichen Engagements und Interesses von einer Welt der Arbeit auf eine Welt der freien Zeit.

Der Mensch sieht sich somit hier einer sehr komplexen »Aufgabe (developmental task) des höheren Erwachsenenalters« konfrontiert, deren Lösung von einer Vielzahl von Momenten abhängt. Die bisherige besonders seit 1950 sehr intensiv betriebene internationale Forschung hat vor allem auf die Bedeutung der Erwartungshaltung gegenüber der bevorstehenden Pensionierung aufmerksam gemacht und nachzuweisen versucht, daß eine »Antizipation des Retirement-Status«, eine möglichst sehr detaillierte Konzeption der Pensionärsrolle, die Anpassung an den Berufsaustritt erleichtert (THOMPSON, 1958, STREIB und ORBACH, 1967).

6.2.4.2. Die Erwartungshaltung gegenüber dem Ende der Berufstätigkeit

Untersuchungen über die Erwartungshaltung, d. h. über die Einstellung, mit der man der bevorstehenden Pensionierung begegnet, führten zunächst zu recht widersprüchlichen Resultaten. Die heutige Diskussion um die Einführung der Flexibilität der Altersgrenze – die sinnigerweise von einem Flexibilitätsbegriff ausgeht, der nur die Herabsetzung des Pensionsalters im Auge zu haben scheint, die Möglichkeiten einer Heraufsetzung aber offenbar gar nicht in die Überlegungen miteinbezieht (vgl. BLUME, 1972) – scheint selbst einschlägige Forschungsergebnisse völlig zu ignorieren. Es hat sich keineswegs erwiesen, daß jeder ältere Mensch mit positiven Erwartungen dem Ende seiner Berufstätigkeit entgegensieht, – selbst wenn Meinungsforschungsinstitute hohe Prozentzahlen von Personen angaben, die sich für eine Vorverlegung der gesetzlichen Altersgrenze aussprechen.

Die Einstellung, mit der man der bevorstehenden Pensionierung begegnet, wird aufgrund verschiedener Daten für den einzelnen anhand einer breiten Skala meßbar, deren Extrempunkte durch eine äußerst negative Sicht und eine äußerst positive Sicht, durch schlimmste Befürchtungen und angenehmste Erwartungen, gekennzeichnet wären. Eine *äußerst positive Sicht* wäre mit DAVIDSON und KUNZE (1965) zu umschreiben als »endliches Ereichen eines Zieles, auf das man jahrelang hingearbeitet hat«; in diesem Falle erhofft man, möglichst frühzeitig in den »Genuß des wohlverdienten Ruhestandes« zu kommen. Diese Sichtweise findet man besonders in Amerika innerhalb der letzten zwei Jahrzehnte zunehmend häufiger. Sie wird durch verschiedene Formen gezielter Beeinflussung sowohl der öffentlichen Meinung wie auch direkt der aus dem Berufsleben Ausscheidenden unterstützt. *Eine äußerst negative Sicht* wäre durch die Befürchtung des Überflüssigseins, des Nichtmehr-Gebraucht-Werdens, des »Anfangs vom Ende« zu umschreiben und wird sicher durch Schlagworte wie »Pensionierungsbankrott« und »Pensionstod« (STAUDER, 1955) nur gefördert. Derartige weitverbreitete Stereotypien, denenzufolge die Pensionierung einen gesundheitlichen Knick auslöst, können verhängnisvolle Wirkung haben. STREIB (1967) weist anhand von relevanten Studien (TYHURST, SALK und KENNEDY, 1957; THOMPSON und STREIB, 1958) nach, daß diese Annahme der krankmachenden Wirkung der Pensionierung keineswegs aufrecht erhalten werden kann. Die Annahme, daß jene Personen, die bis zum Erreichen der gesetzlichen Altersgrenze arbeiten, gesundheitlich weit über ihre körperliche Leistungsfähigkeit hinaus belastet sind und dann nach dem 65. Lebensjahr sehr bald »zusammenbrechen«, ist aber ebenso falsch wie die Verheißung, daß ein freiwilliges vorzeitiges Eintreten in den Ruhestand mehr Jahre gesundheitlichen Wohlbefindens versprechen. Studien haben gezeigt, daß die Mortalitätsrate bei freiwillig frühzeitig Pensionierten höher ist als bei der Vergleichsgruppe. Allerdings sollte man dabei berücksichtigen, daß in ihrem Gesundheitszustand bereits beeinträchtigte Personen eher in einem jüngeren Lebensalter freiwillig aus dem Arbeitsprozeß ausscheiden. So stellt STREIB fest:

»Research has shown that persons who retire voluntarily have higher death rates than expectation, but this is probably due to the fact that this group includes a large number who retire because of poor health. This finding suggests that it is necessary to consider retirees on a more individual basis than is presently the case.« (1967, S. 621)

In diesem Zusammenhang wäre auch auf die Ergebnisse von GEIST (1968) an Stahlarbeitern hinzuweisen, wonach die Probanden, die kurz vor der Berufsaufgabe ihren Gesundheitszustand eher positiv beurteilten, größere Anpassungsschwierigkeiten an den Ruhestand aufwiesen als die Befragten, die ihren gesundheitlichen Status eher negativ einschätzten.
Interpretiert wird dieses Ergebnis mit dem Hinweis,

»that a retired man, who is in relatively poor health, finds it easier to accept his retierd status ... while the retired man who, as far as physical condition is concerned, could go back to his old job feels badley because he is unable to return to work« (1968, S. 44).

ELLISON (1968) weist auf die Bedeutung des Gesundheitszustandes im Hinblick auf bestimmte »Rollenerwartungen« besonders bei den Angehörigen sog. »blue-collar«-Berufe hin. Nach seiner Auffassung ist bei vielen dieser Probanden die »Rolle des Pensionärs« oft vergleichbar mit der des »Krankseins« bzw. des »Funktionslos-Seins«. Eine derartige Einstellung kann nach ELLISON dann zu einer wirklichen Verschlechterung des Gesundheitszustandes nach der Pensionierung führen (vgl. DREHER, 1970).
Versucht man nun bezüglich der Erwartungshaltung die wichtigsten Einzelresultate der verschiedenen Studien zusammenzufassen, so sieht man, daß eine Vielzahl von Faktoren unterschiedlicher Gewichtigkeit an Einfluß gewinnen; – eine Tatsache, die bei eindimensionaler Betrachtungsweise oft übersehen wird und dann zu scheinbar widersprüchlichen Ergebnissen führt: Das Lebensalter, die spezifische Berufssituation, finanzielle Aspekte, die Zukunftsplanung und nicht zuletzt der Gesundheitszustand wirken hier modifizierend.

6.2.4.2.1. Die Altersvariable

Zunächst ist die Bedeutung der *Altersvariablen* herauszustellen. Forschungen ergaben, daß gegen Ende des fünften und zu Beginn des sechsten Lebensjahrzehntes der Zeitpunkt der Berufsaufgabe am stärksten herbeigesehnt wird, zumindest von männlichen Arbeitnehmern;

gegen Ende des sechsten Lebensjahrzehntes und zu Beginn des siebten – also dann, wenn die Pensionierung bald Realität zu werden verspricht –, wird der Zeitpunkt der Pensionierung im allgemeinen hinauszuschieben gewünscht, dann wird im allgemeinen die Aufgabe der Berufstätigkeit eher befürchtet – (KUHLEN, FLEMING, GORDON, SALEH, ASH u. a.).

Auch westdeutsche Untersuchungen, die in den 60er Jahren durchgeführt wurden (DREHER, 1969; LEHR u. DREHER, 1969; THOMAE, 1969) bestätigen diese Feststellung sehr eindrucksvoll und zeigen darüber hinaus, daß direkt nach dem Ausscheiden aus dem Berufsleben die Einstellung zur Pensionierung am stärksten negativ getönt ist, nach einigen Jahren jedoch im allgemeinen in eine positive Sicht umschlägt. (Vergl. Tab. 20.)

Tabelle 20: Einstellung zur Pensionierung bei Männern verschiedener Altersgruppen

Altersgruppe:	positive Sicht +	+ –	negative Sicht –
50–55jährige:	60,8%	36,1%	3,1% = 100%
60–65jährige:	35,3%	26,5%	38,2% = 100%
70–75 jährige:	76,4%	20,2%	3,4% = 100%

Aufschlußreich sind in diesem Zusammenhang auch die Antworten auf die Frage nach dem günstigsten Pensionierungsalter: Jüngere datieren es auf einen weit früheren Zeitpunkt als Ältere (vgl. Tab. 21).

Tabelle 21: Datierung des »günstigsten Pensionierungsalters« bei verschiedenen Altersgruppen

	50–55jährige	70–75jährige
am günstigsten erscheint:		
vor 65 Jahren:	89,9%	15,5%
mit 65 Jahren:	4,0%	51,2%
nach 65 Jahren:	1,0%	23,8%
flexibel:	5,1%	9,5%
	100%	100%

Eine Reihe von Studien konnte nachweisen, daß der zeitliche Abstand von dem festgelegten Pensionierungstermin die Einstellung zur Aufgabe der Berufstätigkeit bestimmt (KUHLEN, 1959; FLEMING, 1963;

SALEH, 1964; DREHER, 1970; LEHR, 1969). GEIST (1968) faßt die in dieser Richtung weisenden Befunde wie folgt zusammen:

»Various studies have indicated that the closer an individual is to retirement, the more likely he is to resist the idea of retirement. Once retirement has occured, the process of adjustment may more often be favorable than had formerly be thought. Anxiety over retirement tends to rise to a peak as the individual approaches retirement age and is most stressfull just before retirement takes place.« (S. 27)

Für die mit dem Näherrücken des Zeitpunktes der Pensionierung wachsende Abneigung des einzelnen gegenüber der Aufgabe der Berufstätigkeit lassen sich z. T. unterschiedliche Gründe anführen. DAVIDSON und KUNZE (1965) glauben u. a. das Bestreben des einzelnen, den beruflichen Status zu erhalten, für diese Reaktion verantwortlich machen zu können. Nach Auffassung dieser Autoren gilt das vor allem für die Berufstätigen, die kurz vor der Pensionierung den Gipfel ihrer beruflichen Karriere erreicht haben, und die deshalb wenig geneigt sind, diese gerade errungene Position aufzugeben. Weiterhin führen sie finanzielle Gründe, einen möglichen Widerstand seitens des Probanden gegen die mit der Berufsaufgabe verbundenen Veränderungen, wie auch das Interesse des einzelnen an der jeweiligen beruflichen Tätigkeit als mögliche Motive für die Abneigung Berufstätiger gegen ein Ausscheiden aus dem Berufsleben an.

Nach DAVIDSON und KUNZE (1965) sind es jedoch vor allem die Angehörigen sog. »höherer« Berufe, auf die die von GEIST (1968) hervorgehobene »Altersabhängigkeit« der Einstellung gegenüber der Pensionierung in besonderem Maße zutrifft.

»... they are apt to be highly motivated by ego statisfaction derived from the work itself ... there are satisfactying elements to most jobs, and these can cause or reinforce a hesitency to enter retirement.« (1965, S. 131)

Die Befunde von HAVIGHURST und SHANAS (1953), FRIEDMAN und HAVIGHURST (1954), BURGESS et al. (1958), BLAUNER (1966), HERON (1963) u. a. scheinen diese Annahme weitgehend zu bestätigen (vgl. DREHER, 1970).

6.2.4.2.2. Berufsspezifische Gründe

Allerdings wird hinsichtlich der Erwartungshaltung nicht allein die Altersvariable bedeutsam. *Berufsspezifische Gründe* können zu einem Herbeisehnen der Pensionierung führen, aber auch mit zu einer negatien Einstellung beitragen.

Alle vorliegenden Untersuchungen lassen eine größere Bereitschaft zur vorzeitigen Berufsaufgabe bei Arbeitern erkennen, eine eher ablehnende Haltung der Pensonierung gegenüber bei Angestellten (FRIEDMAN und

HAVIGHURST 1954; PALMORE 1965, GORDON 1961; MORSE und WEISS
1955; HALL 1960; TREANTON 1960; DREHER 1969, LEHR 1969, EPSTEIN
u. MURRAY 1967, FILLENBAUM 1971). Diese Feststellung widerspricht
manchen Erwartungen, die auf Grund der besseren finanziellen Sicherung der Angestellten bei diesen eine größere Bereitschaft annehmen.
Es zeigte sich jedoch: je größer die körperlichen Anstrengungen der
auszuführenden Tätigkeiten sind, um so positiver steht man im allgemeinen einer vorzeitigen Pensionierung gegenüber.
Verschiedenen Untersuchungen zufolge wirkt weiterhin die *Betriebs-*
größe bzw. die Betriebsatmosphäre differenzierend. GORDON (1961)
fand: je kleiner der Betrieb, um so stärker ist man an einer längeren
Weiterarbeit interessiert; je größer der Betrieb, um so stärker sehnt
man den Zeitpunkt der Aufgabe der Berufstätigkeit herbei. – Allerdings muß man auch hier vor zu starker Verallgemeinerung warnen.
Für die Großstadt trifft diese Feststellung ohne weiteres zu; für Klein-
stadt- und Landgegenden hingegen wird die Betriebsgröße weniger
bedeutsam als der Besitz eines eigenen kleinen Ackers oder Schreber-
gartens.
Nach Untersuchungen an Arbeitnehmern der westdeutschen Stahlindustrie (LEHR u. DREHER 1969, DREHER 1969, THOMAE 1969) kam weniger
der Größe des Betriebes als vielmehr der *Struktur des Betriebes* und
der Betriebsverbundenheit ein starkes Gewicht zu. Dort, wo ein hohes
Maß an Zusammengehörigkeitsgefühl innerhalb der Betriebsbeleg-
schaft gegeben war, stand man der Pensionierung eher negativ gegenüber; dort, wo dieses Zusammengehörigkeitsgefühl fehlte, fand sich
eine positivere Einstellung zur Aufgabe der Berufstätigkeit.

6.2.4.2.3. Zufriedenheit mit der Berufssituation
Die *subjektive Zufriedenheit mit der derzeitigen Berufssituation* bestimmt weiterhin die Einstellung zur Berufsaufgabe. Bei der Verwendung des Begriffes »Berufszufriedenheit« sollte man jedoch stets daran denken, daß die Gründe für eine Berufszufriedenheit schichtspezi-
fisch, geschlechtsspezifisch und vor allem altersspezifisch sind (vgl.
LEHR, 1969). Zwar versuchte man immer wieder, den Grad der »Berufszufriedenheit« auf Grund unterschiedlichster Befragungsmetho-
den zu erfassen, aber SCHARMANN (1965) meint dazu sehr richtig:
»Nicht jede simple Umfrage über die »Zufriedenheit mit dem Beruf« vermag uns über den tatsächlichen Stand dieses vielschichtigen
Problems zuverlässig zu informieren. Die methodische Schwäche derartiger Befragungen liegt nicht zuletzt darin, daß sie vielfach Augen-
blicksstimmungen und -reaktionen widerspiegeln, die ihre Ursache
primär gar nicht in der Berufs-, sondern in der Betriebs- oder Aus-

bildungssituation haben, die als förderlich oder hinderlich empfunden wird« (1965, S. 15/16).

Diese Kritik gilt mit Recht vor allem den methodischen Ansätzen jener Forscher, die Fragebogen verschicken und dann in der entsprechenden Spalte ankreuzen lassen, ob man mit seinem Beruf zufrieden sei oder nicht. In diesen Studien wird sowohl die Zufriedenheit mit dem eigenen Beruf, mit der eigenen Berufstätigkeit im allgemeinen, mit der gegenwärtigen beruflichen Situation und darüber hinaus mit der generellen Lebenssituation erfaßt, meistens ohne scharfe Trennung dieser verschiedenen Aspekte.

Auf Grund einer solchen methodischen Ausgangsbasis stellen HOFMANN und KERSTEN (1958) bei ihren Untersuchungen an weiblichen Arbeitnehmern fest, daß mit zunehmendem Lebensalter die allgemeine Unzufriedenheit mit der Lebenssituation im allgemeinen und der Berufssituation im besonderen wächst, während z. B. LAURENCE (1961), FORM u. GESCHWENDER (1962) und WILENSKY (1961) eine Zunahme der Berufszufriedenheit mit höherem Alter behaupten, die PFEIL (1961) lediglich für Arbeiterinnen infrage stellt. –

Bei den beruflichen Bedingungen, die zur Zufriedenheit beitragen, wäre für die Frau vor allem der Bereich der *sozialen Kontakte* zu nennen (vgl. LEHR, 1969; DAVIES, 1962; JEBSEN, 1947; GILMER, 1957; HÖHN, 1964; PEARLIN, 1962; REMITZ, 1960). PFEIL (1961) stellt fest, daß der Umgang mit Menschen hauptsächlich bei der mittleren und gehobenen Schicht zur Berufszufriedenheit beitrage, bei niederer sozialer Schicht jedoch die Arbeitsbedingungen ausschlaggebender seien (desgleichen COX, DYCE-SHARP und IRVINE 1953). Äußere Arbeitsbedingungen (Schwere der Arbeit, vorgegebenes Tempo, Akkordarbeit und dergleichen fallen hingegen für den Mann im allgemeinen stärker ins Gewicht (COX, DYCE-SHARP und IRVINE, 1953; REMITZ, 1960; SEIDMAN und WATSON, 1940; WATSON und SEIDMAN, 1941; FRIEDMAN und HAVIGHURST, 1954).

Der Verdienst als Grund für eine berufliche Zufriedenheit beziehungsweise Unzufriedenheit tritt nahezu übereinstimmend in allen Untersuchungen bei Männern stärker hervor als bei Frauen. Nach JEBSEN fällt dieser Grund nur bei 3% aller Frauen, aber bei einem Drittel aller Männer ins Gewicht; GILMER findet sogar die berufliche Unzufriedenheit der Männer ausschließlich mit dem Hinweis auf ungenügenden Lohn begründet.

Auch PFEIL stellt fest, daß »mangelnder Verdienst« als Grund für eine berufliche Unzufriedenheit der Frau sehr selten genannt wird. LAURENCE (1961) fand jedoch bei allen fünf Berufsgruppen, die in seiner eingehenden Untersuchung erfaßt wurden (Lehrerinnen, Kranken-

schwestern, Behördenangestellte, Studentinnen, Dienstleistungsperso-
nal), daß bei den Jüngeren die Unzufriedenheit durch Befürchtungen
um Erfolg, Karriere und Verdienst begründet war, bei den Älteren
»Erfolg und Karriere« zurücktraten und Verdienst überhaupt nicht
als Gund für eine Unzufriedenheit genannt wurde. Allerdings zeigten Personen mit höherem Einkommen generell eine stärkere Berufszufriedenheit als solche mit geringerem Einkommen. Hier war jedoch
nicht der Verdienst, sondern die bei einem höheren Einkommen gegebene andere, verantwortungsvollere und selbständige Tätigkeit, sowie die stärkere Erfüllung beruflicher Ziele in erster Linie ausschlaggebend.
Die Bedeutung der Erwartungshaltung im Hinblick auf die Berufssphäre hebt MORSE (1953) klar hervor. Sie zeigt einmal, daß die Erwartung und die berufliche Zielsetzung hinsichtlich der Art der Tätigkeit und Status und Verdienst durch Persönlichkeitsfaktoren bedingt
sei (Anspruchsniveau), dann aber auch von der schulischen Vorbil-
dung und den Erwartungen der Umgebung mitbestimmt werde.
MORSE meint, man müsse die festgestellte zunehmende Zufriedenheit
nach langer Berufszugehörigkeit einmal als Erfüllung der Erwartungshaltung, als Erreichen beruflicher Ziele, sodann aber auch als Anpassungsprozeß sehen (siehe auch PFEIL, 1961).
FORM und GESCHWENDER (1962) sagen zu dem gleichen festgestellten
Sachverhalt: Die Zunahme der Zufriedenheit mit zunehmendem Alter
ist auf Grund der korrigierten Erwartungshaltungen zu verstehen. Im
Laufe der Jahre werden die Berufstätigen »sozialisiert«, ihre Lebensweise und Berufsrolle zu akzeptieren. Nur deswegen erschienen Ältere
zufriedener als Jüngere, die den Sozialisationsprozeß noch nicht in
dem Maße durchgemacht haben.
In ähnlicher Weise könnte man die Befunde von SALEH (1964), SALEH
und OTIS (1963, 1964) deuten, welche eine »Motivations-Hygiene-
Theorie« der beruflichen Zufriedenheit formulierten. Da gewisse Erwartungen, deren Erfüllung für die Berufszufriedenheit eines Menschen im mittleren Lebensalter ausschlaggebend sei, nicht mehr erfüllt
werden können (wie Aufstieg, Leistung und dergleichen), versuche
man, im höheren Lebensalter der Situation neue Aspekte, welche die
Berufstätigkeit wertvoll erscheinen lassen und zur Zufriedenheit beitragen (wie Sicherheit, Ausgeglichenheit im mitmenschlichen Kontakt),
abzugewinnen. –
Hinsichtlich der Beantwortung der Frage, inwieweit die Zufriedenheit bzw. Unzufriedenheit mit der beruflichen Situation *vor* der Pensionierung die Einstellung gegenüber der Berufsaufgabe determiniert,
gehen die Ansichten z. T. auseinander. So nimmt GORDON (1961) z. B.

an, daß eine erfolgreiche berufliche Bilanz den Übergang in den Ruhestand eher erleichtert, während entsprechend den Ergebnissen von TUCKMAN und LORGE (1955) die Bereitschaft, aus dem Berufsleben auszuscheiden, dann eher gegeben ist, wenn die berufliche Situation durch unterschiedlich determinierte negative Momente gekennzeichnet erscheint.

Andere Autoren (vgl. hierzu REICHARD, LIVSON und PETERSEN, 1962) kommen zu dem Ergebnis, daß jene Probanden der Pensionierung eher negativ gegenüberstehen, die mit ihrer beruflichen Situation unzufrieden sind, bzw. die ihre berufliche Laufbahn als wenig erfolgreich erachten (vgl. DREHER, 1970).

Allerdings ließen unsere Untersuchungen sehr deutlich werden, daß eine *momentan* negativ erlebte Berufssituation nur bei 50–55jährigen den Wunsch nach Aufgabe der Berufstätigkeit verstärkt. Jene Altersgruppe jedoch, die unmittelbar vor dem Pensionsalter steht, verhält sich geradezu entgegengesetzt: Je unzufriedener die über 60jährigen mit ihrer bisherigen beruflichen Entwicklung und mit den momentanen beruflichen Gegebenheiten waren, um so negativer zeigten sie sich einer Berufsaufgabe gegenüber eingestellt. – Je zufriedener man mit der bisherigen beruflichen Entwicklung war, je zufriedener man auch mit der beruflichen Momentansituation war, um so positiver stand man der Pensionierung gegenüber (LEHR u. DREHER, 1968; vgl. auch REICHARD, LIVSON und PETERSEN, 1962). Diese Tatsache, die der allgemeinen Erwartung geradezu entgegensteht, ließe sich mit dem psychologischen Gesetz des »Nachwirkens unvollendeter Handlungen« erklären, das auch in anderen Studien zur Berufstätigkeit der Frau sehr eindeutig nachgewiesen werden konnte (LEHR 1969).

6.2.4.2.4. Finanzielle Aspekte

Schließlich spielt bei der Einstellung zur Pensionierung die *Verdienstfrage* eine Rolle – aber auch nicht ganz in dem Sinne, wie sie in vielen Diskussionen der Öffentlichkeit immer wieder herausgestellt wird, in denen das Streben nach höherem Verdienst manchmal nahezu als einziges Motiv des Wunsches nach Weiterbeschäftigung jenseits des 65. Lebensjahres erscheint. Gewiß, eine finanzielle Sicherheit muß gewährleistet sein und ökonomische Probleme bewirken sicher eine negative Erwartungshaltung der Pensionierung gegenüber. So berichtet z. B. ODELL (1970) über den in den USA feststellbaren Trend zu einem vorzeitigen Ausscheiden aus dem Berufsleben (hier waren z. B. 1900 noch 63%, 1930 54%, 1950 41% und 1965 nur 27,8% der über 65jährigen noch beruflich tätig) und führt diesen auf die Veränderung der

finanziellen Situation bzw. auf die verbesserte Altersversorgung zurück. –

Auch POLLMAN (1971) macht finanzielle Aspekte der Alterssicherung
für eine größere Bereitschaft vorzeitiger Berufsaufgabe verantwortlich.
Der Autor stellt fest, daß vor Beginn der 60er Jahre, als die finanzielle
Situation der aus dem Berufsleben Ausscheidenden in den USA noch
nicht hinreichend gesichert war, der schlechte Gesundheitszustand alleiniger Grund einer vorzeitigen Pensionierung gewesen sei. Solange
mit der Berufsaufgabe erhebliche finanzielle Einbußen und eine Reduzierung des Lebensstandards einhergingen, galt die Feststellung: Je
niederer der berufliche Status, um so häufiger zog man sich wegen
gesundheitlicher Beschwerden aus dem Berufsleben zurück, und je höher der berufliche Status, um so mehr wurden sonstige Gründe für
eine vorzeitige Berufsaufgabe verantwortlich gemacht.

In der 2. Hälfte der 60er Jahre ist mit der Einführung einer besseren
gesetzlichen Alterssicherung in den USA ein Wandel zu beobachten:
So stieg z. B. bei der Chrysler Corporation der Anteil der vor dem
65. Lebensjahr aus dem Berufsleben Austretenden von 12% (1963/64)
auf 61% (1965), da nach der neuen am 1. September 1965 in Kraft ge-
tretenen Gesetzgebung Arbeitnehmer schon im Alter von 60–65 Jahren sich freiwillig ohne finanzielle Einbußen zurückziehen konnten,
sofern sie mehr als 10 Jahre dem Werk angehört hatten. – Allen 725
Personen, die von dieser Möglichkeit Gebrauch gemacht hatten, wurden Fragebogen per Post zugesandt. Die Rücklaufquote betrug 60,9%,
so daß Daten von 442 Personen hinsichtlich ihrer Gründe vorzeitiger
Berufsaufgabe vorlagen.

Eine finanziell gesicherte Situation wurde am häufigsten (in 47,34%
der Fälle) als Primärgrund genannt, gefolgt von Gesundheitsproble-
men (24,49%), Wunsch nach mehr Freizeit (19,49%), Unzufriedenheit
mit der Tätigkeit (5,52%) und Problemen im Bereich sozialer Kontakte
(3,16%). Unter den von insgesamt 46,40% der Befragten genannten
Zweitgründen dominierte der Wunsch nach zusätzlicher Freizeit.

Innerhalb der verschiedenen eine vorzeitige Berufsaufgabe begünsti-
genden Gründe zeigten sich keine signifikanten Unterschiede zwischen
den einzelnen Berufsklassen, wenngleich Gesundheitsprobleme bei den
Facharbeitern stärker zurücktraten als bei den Ungelernten.

Auch BIXBY (1969), BIXBY und IRELAN (1969) stellten auf Grund von
Erhebungen einen engen Zusammenhang zwischen der ökonomischen
Situation und der Bereitschaft zu vorzeitiger Berufsaufgabe fest. Den
Verdienst als nur einen unter mehreren Gründen erwähnen MILHOY
(1969) auf Grund seiner Erhebungen in Dänemark und WOLFBEIN
(1969) auf Grund seiner Erhebungen in den USA, die übrigens einen

im Zeitraum von 1940–1968 auffällig sinkenden Anteil älterer Menschen im Arbeitsprozeß erkennen lassen.

Doch man sollte den finanziellen Aspekt nicht überbetonen. Die sehr eingehenden Untersuchungen von FRIEDMAN und HAVIGHURST (1954) an 5 verschiedenen Berufsgruppen weisen in gewisser Hinsicht in eine geradezu entgegengesetzte Richtung: dort, wo einem Menschen der Beruf in erster Linie Geldquelle und Verdienst bedeutete, war man am ehesten bereit, die Berufstätigkeit aufzugeben; dort, wo stärker außerökonomische Werte im Beruf gesehen wurden (wie Aufgaben anderen Menschen gegenüber, Möglichkeiten sozialer Kontakte; wo Arbeit als Quelle neuer Erfahrungen, als Horizonterweiterung, als Voraussetzung des »Selbstrespektes« erlebt wurde), begegnete man der Pensionierung mit einer eher negativen Erwartungshaltung.

6.2.4.2.5. Die Lebenssituation im privaten Bereich

Neben den bereits genannten Fakten wären weiterhin die *Lebenssituation im privaten Bereich* und die Art der Zukunftsorientiertheit für die Erwartungshaltung gegenüber der bevorstehenden Pensionierung zu erwähnen. Dabei zeigte sich, daß die Lebenssituation im privaten Bereich, d. h. das Erleben des Alltags, die Art der Freizeitbeschäftigung, das Ausmaß und die Intensität familiärer Kontakte die Erwartungshaltung der Pensionierung gegenüber bei den 50–55-jährigen in keiner Weise beeinflussen, bei den direkt vor der Pensionierung Stehenden auch nur ganz schwach ins Gewicht fallen, aber für den Anpassungsprozeß an das Pensioniertsein selbst dann zum ausschlaggebenden Moment werden (LEHR/DREHER 1968, DREHER 1970). Intensive Studien machen deutlich, wie sehr die Berufssituation jeweils in die Gesamtlebenssituation eingebettet zu sehen ist. (LEHR 1969, LEHR u. SCHMITZ-SCHERZER 1969, DREHER 1970). Das Erleben der Berufstätigkeit und damit auch die Einstellung zur Aufgabe der Berufstätigkeit ist von dem spezifischen Zusammenwirken einer Vielzahl unterschiedlichster Faktoren determiniert.

6.2.4.3. Die Vorbereitung auf die Pensionierung

Nach einem Zusammenhang zwischen *Zukunftsorientierung* und Einstellung zur Pensionierung wurde besonders in amerikanischen Forschungen gefragt (ASH 1966, OLIVER 1960, ANDERSON 1966, PHELPS 1966). Man stellte fest, daß jene Menschen, die bestimmte *konkrete* Pläne für die Zeit nach der Pensionierung hatten, dieser selbst mit mehr positiven Erwartungen begegneten als jene Menschen, die sich gedanklich mit ihrer Zukunft weniger auseinandergesetzt hatten. Auch ein stärkeres Ausmaß genereller Informiertheit über die Zeit nach dem Ausscheiden aus dem Berufsleben (hinsichtlich Verdienst, Versicherungsfragen, Wohnungsfragen und dergl.) scheint zu positiven Erwartungen beizutragen. – Bei unseren Untersuchungen zeigte sich bei den 60–65jährigen, nicht aber bei den 50–55jährigen, ein signifikanter Zusammenhang zwischen Ausmaß der Pläne und Einstellung zur zukünftigen Pensionierung. Positive Erwartungshaltung dem Berufsaustritt gegenüber und ein weitausgreifender Zukunftsbezug scheinen danach zusammenzugehen (LEHR u. DREHER, 1968; DREHER 1969). Sowohl der Grad der Orientiertheit (vgl. hierzu u. a. THOMPSON 1958; HERON 1963; DAVIDSON und KUNZE 1965; ASH 1966) als auch das Ausmaß der »Vorbereitung« bzw. »Vorplanung in die Zukunft« im Hinblick auf den Zeitraum nach der Berufsaufgabe (vgl. hierzu u. a. OLIVER 1960; HERON 1962, 1963; ANDERSON 1966; ASH 1966; PHELPS 1966; MACK 1958; CÍUCĂ und MUSTAŢĂ, 1969; STANFORD 1971; FILLENBAUM 1971) müssen nach Auffassung einer Reihe von Autoren in dieser Hinsicht als bedeutsam angesehen werden. So hebt THOMPSON (1958) im Anschluß an die Ergebnisse einer Untersuchung, in der die »Antizipation des Ruhestandes« im Hinblick auf den Verlauf des Anpassungsprozesses an die Situation des Pensioniertseins in Beziehung gesetzt wurde, hervor, daß eine positive Einstellung zum Ruhestand, ein hoher Grad der Orientierung über die damit verbundenen spezifischen Gegebenheiten und das Vorhandensein von Plänen für diesen Zeitraum die Anpassung an die Pensionierung erleichtern. THOMPSON faßt zusammen:

»... sollen die Anforderungen, die der Ruhestand stellt, erfolgversprechend gemeistert werden, dann gehört dazu, daß der zukünftige Rentner oder Pensionär eine positive Einstellung zum Ruhestandsleben zeigt und sehr genaue Vorstellungen darüber hat, wie der Ruhestand wohl aussieht.« (1958, S. 42)

Diese Erkenntnis, die durch die Untersuchungsergebnisse von OLIVER (1960), ANDERSON (1966) und ASH (1966) gestützt wird, hat zur Einrichtung sogenannter »Vorbereitungskurse auf die Pensionierung« geführt. Die ersten Erfahrungen des »pre-retirement-counseling« (ASH, 1966) und der »pre-retirement-education«-Kurse (OLIVER, ANDERSON, PHELPS, CÍUCĂ und MUSTAŢĂ), die es sich zur Aufgabe gemacht hatten, durch intensive, bereits nach dem 55. Lebensjahr einsetzende Beratung den Blick der Arbeitnehmer auf die Zukunft zu lenken und sie auf die »unerwartete Zeit aufgezwungener Muße« vorzubereiten (HERON, BURGESS und MACK, DAVIDSON und KUNZE, CHARLES, 1971), zeigten einmal, daß in den Jahren 1951 bis 1965 die Zahl derjenigen, die positiv zur Pensionierung eingestellt sind, gewachsen ist, zum anderen, daß eine solche *Vorbereitung auf die Pensionierung* dann die Anpassung an die Situation des Pensionärs erleichtert.

Die Zahl der zufriedenen Pensionäre – das Ausmaß der Zufriedenheit wird häufig als Indikator für den Grad der Anpassung gesehen – stieg nach den oben genannten Untersuchungen in den letzten 15 Jahren unter den »Vorbereiteten« erheblich an, während sich bei den »nicht-vorbereiteten« Pensionären zunehmend mehr und mehr Anpassungschwierigkeiten zeigten, und die Unzufriedenheit mit der Lebenssituation nach der Aufgabe der Berufstätigkeit zunehmend stärker wurde.

Auch ASH (1966) glaubt nach den Erfahrungen eines über 10 Jahre laufenden sog. »pre-retirement-counseling«-Programms, in das ca. 1200 Personen einbezogen worden waren, eine Verdoppelung der Zahl von Probanden registrieren zu können, die nach dem Absolvieren einer derartigen »Vorbereitung« eher bereit waren, aus dem Berufsleben auszuscheiden. Andere Autoren (vgl. u. a. THOMPSON 1958; THOMPSON und STREIB, 1958; DAVIDSON und KUNZE 1965; PRASAD 1964; MADDOX 1966; STOKES und MADDOX 1967) beurteilen die Erfolgsaussichten derartiger Bemühungen kritischer, bzw. sie nehmen an, daß diese eher für die Angehörigen der sog. »blue-collar«-Berufe geeignet bzw. erforderlich seien. – Neben der Schaffung einer positiven Einstellung gegenüber der Berufsaufgabe wird mit diesen Programmen jedoch vor allem auch das Ziel verfolgt, durch die Erschließung neuer »Aktivitätsbereiche« (so z. B. bestimmter Freizeitaktivitäten oder sozialer Kontakte in Form von »Altenclubs« etc.) den durch den Verlust der Berufsrolle möglicherweise entstehenden »Funktionsverlust« weitgehend zu kompensieren.

Die Erfolgsaussichten solcher Maßnahmen, so z. B. der »Weckung« bisher nicht vorhandener bzw. ausgeübter Freizeitinteressen, können jedoch – nach den Ergebnissen einer Reihe von Untersuchungen (vgl. u. a. hierzu SCHMITZ-SCHERZER 1969) – nicht uneingeschränkt positiv beurteilt werden (vgl. DREHER, 1970; ATCHLEY, 1971).

Immerhin wurde während der letzten 2 Jahre die Idee der Vorbereitungskurse auf die Pensionierung auch in Deutschland aufgegriffen. Die Bayer-Werke Leverkusen richteten als erster Industriebetrieb eine solche Vortragsreihe, die sich jeweils auf 8 Abende erstreckt, für zukünftige Pensionäre ein, und andere Firmen (Glanzstoff, Wuppertal; Henkel, Düsseldorf u. a.) folgten ihrem Beispiel. Außerdem nehmen sich Volkshochschulen und Einrichtungen der Erwachsenenbildung zunehmend dieser Vorbereitungsaufgabe an. (Von einem solchen einwöchigen Seminar, das auf diesem Gebiet Pionierarbeit leistete, berichtet das von H. SITZMANN 1970 herausgegebene Buch »Lernen für das Alter«).

6.2.4.4. Die Anpassung an den Ruhestand

Eine Vielzahl von Untersuchungen befaßt sich mit der Frage der *Anpassung an die Pensionierung*, d. h. mit der Frage, wie sich der ältere Mensch mit dieser »developmental task«, mit der ihm in einem bestimmten Lebensalter gestellten Lebensaufgabe, auseinandersetzt.

Dabei ist – gerade im Zusammenhang mit der heute aktuellen Diskussion um die Flexibilität der Altersgrenze – die Feststellung von REICHARD et al. (1962) wichtig, derzufolge jene Personen, die *freiwillig in den Ruhestand* traten, eine bessere Anpassung erkennen ließen als jene, die zur Aufgabe der Berufstätigkeit mehr oder minder gezwungen wurden. Hierbei kam es nicht darauf an, ob das »Freiwillige« eine Vorverlegung der Altersgrenze oder eine Hinausschiebung nach 65 bedeutete. Auch GORDON (1961) bestätigt diese Feststellung: von »freiwillig Pensionierten« wollten 5 Jahre nach der Pensionierung nur 5% wieder arbeiten, was als Zeichen nicht gelungener Anpassung an die Situation des Pensionärs gesehen werden könnte; von den auf Grund gesetzlicher Altersgrenze »Zwangspensionierten« hatten bereits 12% schon 3 Jahre nach der Pensionierung eine neue Tätigkeit gefunden, weitere 11% wünschten sich sehnlichst, baldmöglichst eine Arbeit aufzunehmen; sie waren also äußerst unzufrieden mit dem Pensioniertsein.

Nach diesen Ergebnissen wäre also ein Zusammenhang zwischen Vorbereitung auf das Pensioniertsein, positiver Erwartung dieser Situation, freiwilligem Festsetzen des Zeitpunktes des Ausscheidens aus dem Berufsleben und gelungener Anpassung an die Situation des Pensionärs anzunehmen.

Allerdings weisen die Untersuchungen von HAVIGHURST (1954) und auch von HERON (1963) hier wieder auf berufsspezifische – und damit vielleicht sogar persönlichkeitsspezifische – Differenzierungen hin: Von den *Arbeitern* war die Pensionierung *zunächst* weit stärker erwünscht als von Angehörigen sogenannter »höherer Berufe«; jedoch bereits ein Jahr nach der Pensionierung zeigten sie sich weit weniger angepaßt an die neue Situation, und *trotz positiver* Erwartung derselben wünschten sich 75% der Arbeiter wieder in das Berufsleben eingegliedert. Von den Angehörigen höherer Berufe hingegen, die häufiger mit negativer Erwartung dem Ende der Berufstätigkeit entgegensahen, wünschten sich weniger eine Rückkehr ins Berufsleben; in dieser Gruppe war der Prozentsatz der Zufriedenen und »Angepaßten« weit höher. HERON (1963) kommentiert dieses Ergebnis: Angehörige »höherer Berufe« verstehen sich eben leichter auf die neue Situation einzustellen; denn zu wissen, was man nach der Pensionierung tue, sei zunächst eine Funktion der Intelligenz. So benötigten »Vorbereitungskurse« auch eher ungelernte Arbeiter und Arbeiter als andere Berufsgruppen.

DREHER (1970) stellt auf Grund einer Literaturanalyse zur Anpassungsproblematik in diesem Zusammenhang fest: »Die in diesen und anderen Ergebnissen deutlich werdende Tendenz, wonach Probanden mit besserer Schulbildung bzw. höherem sozialem Status vergleichsweise geringere »Anpassungsschwierigkeiten« an den Ruhestand aufweisen als Befragte mit geringerer schulischer Ausbildung oder niedrigerem sozialem Status, findet sich in anderen Ergebnissen z. T. bestätigt (vgl. u. a. hierzu WILLIAMS 1960; DONAHUE, ORBACH und POLLAK 1960; HERON 1963; LIPMAN 1964; STOKES und MADDOX 1967; ROMAN und TAIETZ, 1967).

Allerdings erscheint in diesem Zusammenhang wiederum eine gewisse Differenzierung dieser stark generalisierenden Auffassung angebracht. HAVIGHURST und SHANAS (1953), FRIEDMAN und HAVIGHURST (1954), NOSOW und FORM (1962), BLAUNER (1960), HERON (1963), MARQUART (1965), STOKES und MADDOX (1967) u. a. haben auf den unterschiedlichen »subjektiven Bedeutungsgehalt« des Berufes bei Angehörigen sog. »blue collar«- bzw. »white collar«-Berufe aufmerksam gemacht. Gleichzeitig wiesen sie auf die z. T. darauf zurückführbare unterschiedliche Einstellung dieser beiden Gruppen gegenüber der Berufsaufgabe hin«. (DREHER, 1970, S. 36).

Vielfach wird für diese Tatsache einer schnelleren Anpassung an die Pensionärssituation eine höhere Intelligenz bzw. ein höheres Maß an Flexibilität (HERON 1963), eine stärker ausgeprägte soziale Integration (FOSKETT 1955; SIMPSON, BACK und McKINNEY 1966; STOKES und MADDOX 1967) oder eine größere Interessenbreite (ROMAN und TAIETZ 1967; VOGEL und SCHELL 1968) dieser Personen verantwortlich gemacht.

Im Rahmen des Anpassungsprozesses an die Pensionierung wird vielfach auch eine *Umstrukturierung des Partnerschaftsverhältnisses* beobachtet. Mehrere Autoren (u. a. LIPMAN, 1961; KERCKHOFF, 1965, 1966; HEYMAN und JEFFERS, 1968) haben auf die Möglichkeit einer gruppenspezifischen Beinträchtigung des Partnerschaftsverhältnisses durch die Pensionierung des Ehemannes hingewiesen. Nach verschiedenen Ergebnissen (vgl. u. a. KERCKHOFF, 1966) scheinen Ehefrauen bzw. Ehepaare mit höherem sozialem Status eine eher positive Einstellung gegenüber der Pensionierung und geringere »Anpassungsschwierigkeiten« an diese aufzuweisen als Probanden mit geringerem Status; allerdings kann die jeweilige Struktur der Familie zusätzlich modifizierend wirken (vgl. KERCKHOFF, 1966). In diesem Zusammenhang wäre an schichtspezifische Rollenvorstellungen der Gesellschaft zu erinnern, wobei offenbar die in den höheren Schichten häufiger vertretene partnerschaftliche Rollenauffassung weniger krisenauslösend wirkt als die traditionelle Rollenauffassung mit ihrer geschlechtsspezifischen Aufgabenteilung.

Die Möglichkeit einer durch die Berufsaufgabe des Mannes ausgelösten krisenhaften Veränderung im Partnerschaftsverhältnis bzw. deren mögliche Determinanten (vgl. hierzu LIPMAN 1961) werden u. a. von HEYMAN und JEFFERS (1968) diskutiert. Die von beiden Autoren vorgenommene Längsschnittbetrachtung einer allerdings relativ kleinen Stichprobe weist auf die Bedeutsamkeit unterschiedlichster Faktoren, wie z. B. des Gesundheitszustandes, der »Erwartungshaltung« gegenüber der Berufsaufgabe, der subjektiven Bewertung des Ruhestandes etc. durch den Ehepartner, für den Verlauf des Anpassungsprozesses hin. Bei der überwiegenden Mehrzahl (82% der Fälle) fanden HEYMAN und JEFFERS eine übereinstimmende Bewertung der Pensionierung durch beide Partner. Ehepartner, die die Pensionierung negativ beurteilten, schienen eher gekennzeichnet durch

»lower measures on social status, present health of wife and her activities, attitudes, feelings toward whole life in general, and toward present marriage« (1968, S. 496).

So versuchen neuere Forscher durchaus auch die Auswirkung der Pensionierung des Mannes auf die nicht-berufstätige Ehefrau zu sehen. Nach LIPMAN führt die Pensionierung des Mannes häufig zu einer Krise im partnerschaftlichen Bereich, vor allem wie HEYMAN und JEFFERS zeigen konnten, stärker bei Angehörigen der niederen und mittleren sozialen Schichten, weniger bei jenen mit höherem sozioökonomischen Status. Gerade in der amerikanischen Öffentlichkeitsarbeit wird die Rolle des »Homemakers« für den aus dem Berufsleben ausscheidenden Mann propagiert, was – wie LIPMAN feststellte – zu einem Rollenverlust der nun in ihren häuslichen Aktivitäten eingeschränkten Ehefrau führt und ihr Selbstgefühl erheblich beeinträchtigt.

Die *Problematik der Berufsaufgabe der Frau* wurde von der empirischen Forschung bisher weitgehend vernachlässigt. Dies hat einmal sachliche Gründe: die heute noch relativ geringe Zahl der weiblichen Beschäftigten dieser Altersklasse (die jedoch gerade in den letzten Jahren einen steigenden Trend erkennen läßt). Zum anderen veranlaßten methodische Gründe, nämlich die Schwierigkeit, bei der unterschiedlichen beruflichen Entwicklung der Frauen echte Vergleichsgruppen zu finden, manchen Forscher, Frauen bei der Betrachtung der Pensionierungsproblematik auszusparen. Vor allem aber sind theoretische Gründe verantwortlich zu machen: hier wirkt sich eine bestimmte Rollentheorie verhängnisvoll aus, nach deren Auffassung die »eigentliche« Rolle der Frau die der Hausfrau und Mutter ist. Eine tiefere Bindung an den Beruf scheint man der Frau von vornherein abzusprechen. Da die Frau immer nur vorübergehend die Rolle der Berufstätigen annehme, gebe sie dann diese gerne auf und sei glücklich, zu ihrer »eigentlichen« Rolle zurückzukehren. So erleben – nach TOWNSENDS Ansicht – die Frauen im Gegensatz zu den Männern »nur selten die Umstellung als so heftig und beunruhigend. Sie betrachten eine Tätigkeit außer Haus im wesentlichen als eine Möglichkeit, ihr Haushaltsgeld aufzubessern und anderen Menschen zu begegnen, und nicht, wie das bei Männern der Fall ist, als Hauptmittel zur Beschaffung von genügend Geld, Ansehen, Befriedigung ... und zur Rechtfertigung des Lebens an sich«. Die Aufgabe des Berufes falle der Frau in der Regel auch deswegen nicht so schwer, weil sie ja eigentlich daran gewöhnt sei, zwei Berufe zu haben und sie mit der Pensionierung nur zu dem ersten zurückkehre. Sie habe auch nach der Pensionierung ihre Rolle mit klar definierten Verhaltenserwartungen. Der Mann hingegen erleide durch die Berufsaufgabe einen Rollenverlust (BURGESS, TARTLER, PALMORE u. a.). Da zudem noch die Rolle des Pensionärs heutzutage in unserer Gesellschaft nicht so klar definiert sei, komme es zur Rollenverunsicherung, zur Verhaltensunsicherheit, und so für den Mann – im Gegensatz zur Frau – zu einer Krisensituation.

Zur Problematik der Pensionierung der Frau liegt eine empirische Studie von SCHNEIDER (1966) vor, die von der Hypothese ausging, daß verheiratete Frauen, die nach der Berufsaufgabe in ihre »eigentliche Rolle« zurückkehren, eine bessere Anpassung zeigen als Einzelstehende. Das Gegenteil war jedoch der Fall. Alleinstehende Frauen waren mit der Pensionierung zufriedener, was zum Teil mit der Tatsache erklärt wird, daß sie sich schon während des mittleren Erwachsenenalters einen persönlichen Lebensraum (Freizeitaktivität, Sozialkontakte) aufbauen konnten, wie es den berufstätigen Hausfrauen ihrer Doppelrolle wegen nicht möglich war.

Beide Auffassungen – sowohl die einer generellen Krisensituation für den Mann, wie auch die eines geradezu konfliktlosen Ausscheidens aus dem Berufsleben für die Frau – bedürfen auf Grund der empirischen Forschung einer Korrektur, zumindest aber einer weit differenzierteren Betrachtungsweise als bisher allgemein üblich.

Unter den verschiedenen sozialen Bedingungen, die auf die Anpassung an die Situation des Pensioniertseins Einfluß nehmen, wäre hier vor allem aber auch auf *die in der Gesellschaft vorherrschende Rollenvorstellung des »Pensionärs« oder »Rentners«* hinzuweisen.

Solange die Rolle des »Pensionärs« oder »Rentners« in der Gesellschaft mit »Abbauerscheinungen«, »Pensionierungsbankrott« oder

»Pensionierungstod« assoziiert wird und – wie bei uns – sicherlich nicht gerade zu positiven Anmutungen Anlaß gibt, wird manch ein Arbeitnehmer sich gehindert fühlen, freiwillig bei flexibler Altersgrenze *vorzeitig* diese Alters-Rolle zu übernehmen, selbst wenn es in seinem eigenen Interesse wünschenswert wäre. Man könnte sich sogar vorstellen, daß manch einer – aus Scheu vor der Übernahme dieser seitens der Gesellschaft wenig geachteten Rolle – dann, wenn ihm *selbst* die Entscheidung für die Beendigung seiner Berufstätigkeit gegeben ist, entgegen seinem eigenen inneren Wunsch sich zu längerem Berufstätigbleiben über die 65-Jahres-Grenze hinaus verpflichtet fühlt.

Auf jeden Fall bedeutet die *Freiheit der Wahl* des Zeitpunktes der Berufsaufgabe eine *Entscheidung* des einzelnen – und als solche eine Belastung für den einzelnen selbst und auch für seine familiäre Umwelt, die ohnehin durch die Pensionierung in Mitleidenschaft gezogen wird, wie u. a. LIPMAN sehr eindrucksvoll gezeigt hat. Diese durch die Pensionierung des Mannes innerhalb der Familie ausgelösten Umstrukturierungen (Rollenverlust und damit Funktionsverlust der Ehefrau durch die Übernahme verschiedener Haushaltsfunktionen seitens des nun pensionierten Mannes z. B.) machten sich, wie unsere Untersuchungen zeigten, häufig gerade deswegen so unangenehm bemerkbar, weil sie in die antizipatorischen Überlegungen meist nicht mit einbezogen wurden. Eine flexible Pensionierungsgrenze würde jedoch gerade im familiären Bereich noch eine zusätzliche Belastung mit sich bringen, wie es eine ältere Frau uns gegenüber sehr treffend zum Ausdruck brachte: »Ist dann mein Mann schon vor 65 Pensionär, dann muß ich mir von den Nachbarn abfällige Bemerkungen anhören, ›er ist ein Schlappschwanz‹, ›immer krank‹, ›er kann nicht mehr‹! Würde er aber über 65 hinaus weiterarbeiten, dann heißt es: ›der ist habgierig‹, ›der kann nie genug kriegen‹!« –

So wird es vom »Image« des älteren Menschen in unserer Gesellschaft, und besonders vom »Image« des Rentners, abhängen, wie die Erwartungshaltung der Pensionierung gegenüber »getönt« ist. Eines wurde deutlich: Eine positive Erwartung der Pensionierung speziell und des Älterwerdens generell begünstigt die Anpassung an diese Lebenssituation. Daß man sich in gewisser Weise auch auf das »Älterwerden« freuen kann, daß man ihm zumindest auch positive Aspekte abgewinnen kann, das verhindert leider heutzutage noch vielfach die negative Einstellung unserer Gesellschaft dem älteren Menschen gegenüber. Hier zeigt sich vor allem, daß zur Erleichterung der Anpassung an die Situation des Älterwerdens zunächst einmal eine mehr oder minder umfassende Umorientierung unserer Gesellschaft nötig wäre, insbesondere ein Aufgeben ganz bestimmter stereotyper Vorstellungen vom »alten Menschen«.

6.3. Die Auseinandersetzung mit den Veränderungen im Bereich sozialer Kontakte

Eine weitere Aufgabe des höheren Erwachsenenalters, die eine Umorientierung und Anpassung erfordert, ergibt sich aus den Veränderungen im sozialen Bereich. Intensive Kontakte zu bestimmten Personenkreisen lockern sich allmählich oder brechen gar ab, Kontakte mit anderen Menschen werden neu geschlossen – eine Fähigkeit, die man – zu Unrecht – dem älteren Menschen gerne grundsätzlich abspricht. Wenn die »Veränderung der Sozialkontakte« von manchen Autoren nur als »Abnahme der sozialen Aktivität« oder gar als »Soziale Isolierung« auch als Grundsituation und besondere Problematik des Alters herausgestellt wird, so sollte man zunächst einmal darauf hinweisen, daß diese »Grundsituation« in anderen Lebensphasen genau so aktuell wird. Schon in der klassischen Jugendpsychologie (u. a. bei KROH, 1932; BÜHLER, 1924, 1928; HETZER, 1956; SPRANGER, 1925) wird auf Phasen hingewiesen, in denen der Jugendliche sich »auf sich selbst zurückzieht«. KROH spricht in diesem Zusammenhang einmal vom »Übergang von der Kameradschaft der Gruppe zur Einzelfreundschaft«, von einem »Zustand herabgesetzter Verbundenheit mit der Umwelt« oder gar von dem »Trieb zur Vereinzelung« (1933, S. 184 ff). Das Studium von Biographien läßt erkennen, daß mit dem Zeitpunkt der Eheschließung bzw. der Familiengründung ganz erhebliche Veränderungen im Bereich sozialer Kontakte einhergehen: Freundschaften aus der Schulzeit und der Jugendgruppe werden aufgegeben; manche mit dem Zeitpunkt der Heirat aus dem Berufsleben ausscheidende Frau fühlt sich geradezu in die soziale Isolation getrieben und fühlt sich spätestens bei der Geburt des ersten Kindes und der oft damit einhergehenden Reduzierung privater Kontakte völlig »disengaged«. Freilich erfolgt dann häufig nach einigen Jahren ein erneutes Engagement im sozialen Bereich, vor allem eine Intensivierung der sozialen Teilhabe bei innerfamiliären und z. T. auch außerfamiliären Kontakten.

Von daher gesehen ist es eigentlich nicht verständlich, warum die Thematik der Veränderung sozialer Kontakte nur in bezug auf den alten Menschen studiert und gesehen wird. Die Feststellung, daß durch die Pensionierung ein »Disengagement im Sozialbereich« ausgelöst werde (vgl. CUMMING und HENRY, 1961, und die zahlreichen Nachuntersuchungen), weist außerdem wieder einmal auf das Verständnis der »Alterspsychologie« als »Altmänner-Psychologie« hin. Die Reduzierung der Kontakte zu Berufskollegen ist hier vielfach der Ausgangspunkt der Betrachtung. Richtet man das Augenmerk dagegen auch auf die familiäre Situation, dann könnte man eine Veränderung sozialer Kontakte zu einem viel früheren Zeitpunkt konstatieren. SUSSMAN (1963), gibt auf Grund einer statistischen Analyse das Durchschnittsalter der Eltern zum Zeitpunkt der Heirat ihres letzten Kindes und damit im allgemeinen auch dessen Auszug aus dem Elternhaus mit 47,1 Jahren (der Frauen) bzw. 49,2 Jahren (der Männer) an.

Man könnte freilich noch weiter gehen und nachweisen, daß sich eine Veränderung familiärer Kontakte, ein allmähliches Disengagement zwischen Kind und Eltern, im Grunde genommen von der Geburt des Kindes an vorbereitet. Man könnte bereits im Entwöhnen von der Mutterbrust den ersten Lösungsvorgang sehen; der Schuleintritt, die Zuwendung des Kindes zur peer-group, verlangt ein wenigstens teilweises »Entlassen-Werden« vom Elternhaus; die Entwicklung des Jugendlichen fordert geradezu eine weitere Lösung heraus. Vater und Mutter »lernen« also während des ganzen Erwachsenenalters, sich mit Veränderungen im Bereich familiärer Kontakte auseinanderzusetzen. Gelingt ihnen dabei jedoch diese jeweilige Teillösung nicht, bewältigen sie nicht diese in jeder Lebensphase vorgegebene Entwicklungsaufgabe und beharren auf einer inadäquaten Bindung an das Kind, dann schaden sie damit nicht nur der Entwicklung des Kindes, sondern auch sich selbst. Entsprechend dem HAVIGHURSTschen Konzept der »developmental tasks« wirken diese früher »ungelösten Aufgaben« nach und erschweren nun die Bewältigung dieser Lebensaufgabe des höheren Erwachsenenalters: die Auseinandersetzung mit dem Auszug der Kinder aus dem Elternhaus. Diese wird dann dem älteren Menschen zur Problematik und zur ernsten Konfliktsituation.

Das Studium der Veränderungen im Bereich sozialer Kontakte wurde einmal ausgelöst durch die Feststellung des Rückgangs der »Drei-Generationen-Familie« bzw. der Reduzierung der familiären Beziehungen auf die isolierte Kernfamilie (die aus dem Ehepaar und seinen noch nicht verheirateten Kindern besteht), die – nach PARSONS – zur »Isolierung des Alters von der Teilhabe an den wichtigsten sozialen Strukturen und Interessen« (1954, S. 182) führt. Einen weiteren wesentlichen Anstoß erhielt die Forschung durch die 1961 von CUMMING und HENRY postulierte »Disengagement-Theorie«, derzufolge nur derjenige Mensch im Alter glücklich und zufrieden sei, der sich von den Sozialkontakten »disengaged«, zurückgezogen hat, während jener, der noch aktiv und stark an anderen Menschen engagiert ist, unglücklich und unzufriedener sei; – eine These, die zum Widerspruch geradezu herausforderte und dadurch auf die internationale Forschung äußerst befruchtend wirkte. –

Im folgenden soll zunächst auf dieses theoretische Konzept näher eingegangen werden; sodann soll die Situation des älteren Menschen in der Familie erörtert werden, gefolgt von generellen Betrachtungen zum Generationenproblem in unserer Gesellschaft.

6.3.1. Theoretische Konzepte

Bei der Frage, welche Form des Alterns für den Menschen die optimale sei, »the most successful«, die »erfolgreichste«, die ihm ein Höchstmaß an Zufriedenheit gewährt, prallen zwei gegensätzliche Grundansichten aufeinander.

6.3.1.1. Die Aktivitätstheorie

Die Vertreter der *Aktivitätstheorie,* zu denen in Deutschland vor allem TARTLER (1961) zu zählen ist, gehen von der Annahme aus, daß nur derjenige Mensch glücklich und zufrieden sei, der aktiv ist, der etwas leisten kann und von anderen Menschen »gebraucht« wird. Hingegen sei derjenige Mensch, der nicht mehr »gebraucht« werde, der keine »Funktion« mehr in der Gesellschaft habe, unglücklich und unzufrieden.

In unserer Industriegesellschaft sei mit zunehmendem Alter ein Rollenverlust gegeben, vor allem durch die Pensionierung und die Auflösung der Großfamilie bedingt. Ein Rollenverlust aber bedeute »Funktionsverlust«, und ein Funktionsverlust wiederum bedeute Einschränkung des Verhaltensradius und damit zunehmende Inaktivität, die das Altern beschwerlich mache. TARTLER stellt hierzu fest: »Im Gegensatz zur bäuerlichen Familie ... stellt die moderne großstädtische Familie dem alten, aus der Arbeitswelt ausgegliederten Familienmitglied kaum noch in ausreichendem Maße Funktionen – und schon gar nicht berufskontinuierliche – zur Verfügung« (TARTLER, 1961, S. 47). Auch wichtige Funktionen innerhalb des Sozialisationsprozesses in der Familie, wie sie erst vor kurzem dem Alter noch durch PFISTER (1955) und STREIB (1960) zugeschrieben wurden, kommen dem Alter nach TARTLER (1961) heute nicht mehr zu. Durch die Erscheinung der sogenannten Generationsnivellierung fällt beim Alter der in früheren Zeiten hochgeschätzte »Besitz einer gewichtigen Erfahrungsumme« (S. 54 f.) fort, durch den sich der ältere Mensch sicherer orientieren und verhalten konnte. Unter Berufung auf

Riesman wird heutzutage auch oft die Vorstellung eines »Erziehungsbeitrages« der Großelterngeneration in Abrede gestellt (S. 59).

»Großmütter sind als Autoritäten fast ebenso veraltet wie Gouvernanten. In der modernen Wohnung ist kein Platz mehr für sie; auch können sie ... keine nutzbringende wirtschaftliche Rolle mehr finden. Als Fremde im Haus sind sie nicht mehr tragbar. Großeltern würden nun eher als Beispiel dafür angesehen, wie wenig man von den Alten über Dinge, auf die es wirklich ankommt, lernen kann.« – (Riesman, 1956, S. 103 f.)

Dank der Notwendigkeit beständiger Anpassung des älteren Menschen an neue Situationen und dem weit hochwertigeren Ersatz der mündlichen Unterweisung durch Massenmedien wird auch die Rolle des Älteren als »Traditionsvermittler« schlechthin überflüssig, lediglich im Rahmen der Familiengeschichte bleibt ihr eine gewisse Bedeutung (Tartler, 1961, S. 62 f.).

Begleitet wird dieser Funktionsverlust der älteren Generation in der Familie durch die räumliche Ausgliederung der Älteren aus der Familie, der von Tartler eine zunehmende Bedeutung zugeschrieben wird (1961, S. 44 f.). Tartler zieht aus diesen Feststellungen und Annahmen nicht den emotional-affektiv betonten Kurzschluß einer These von der generellen »Vereinsamung« des älteren Menschen. Er spricht vielmehr von einer veränderten Situation, für die neue Formen der Anpassung gefunden werden müßten. Keine dieser Formen aber wird offensichtlich ihrer Aufgabe gerecht, welche nicht dem Umstand Rechnung trägt, daß die ältere Generation in der Familie ihre Funktion als eine das Verhalten prägende Macht verloren hat. Dieser Funktionsverlust begrenze den Verhaltensradius des älteren Menschen derart und schränke seinen Lebensraum erheblich ein, daß er zur Inaktivität gezwungen sei, daß er sich überflüssig vorkomme und unzufrieden werde.

Auf dieser Erkenntnis aufbauend hat die praxisorientierte Altenarbeit die Aktivierung und Reaktivierung älterer Menschen auf ihr Programm geschrieben. Sowohl die mehr informellen Gruppen wie auch die formellen Gruppen der »Golden Age Clubs« bzw. der »Lebensabend-Bewegung« und ähnlicher Altenvereine zielen auf eine Aktivierung des älteren Menschen generell und auf eine Förderung sozialer Kontakte insbesondere. Man versucht auf diese Weise, etwaige Rollen-, Funktions- und Kontaktverluste auszugleichen. Allerdings ist dabei zu bedenken, daß hierdurch die Entstehung einer »Subkultur« begünstigt wird. 1965 hat A. M. Rose in dem zusammen mit Peterson herausgegebenen Buch »Older people and their social world« einleitend die Entwicklung der »American subculture of the aging« aufgezeigt (die in gewisser Weise parallel zur »Subkultur der Jugend« zu sehen sei), deren Übertragbarkeit auf deutsche Verhältnisse jedoch zum jetzigen Zeitpunkt noch nicht ohne weiteres möglich ist. Eine solche Subkultur bildet sich dann, wenn Personen bestimmter Altersgruppen nur vorwiegend untereinander in Interaktion treten, mit Personen anderer Altersgruppen jedoch wenig Kontakt haben. Ein solcher Zusammenschluß Gleichaltriger kann sowohl auf Grund gleicher Bedürfnisse, Erfahrungen, gleicher Interessenrichtungen und Ziele erfolgen und kann somit durch Aktivierung einen positiven Beitrag zur Anpassung an die Lebenssituation im höheren Alter leisten. Ein solcher Zusammenschluß Gleichaltriger kann aber auch primär durch das Gefühl des Ausgeschlossenseins aus der übrigen Gesellschaft entstehen und so Oppositionshaltungen im sozialen Bereich nur verstärken, was eine zunehmende Isolierung des Alters zur Folge hat. In diesem letztgenannten Fall spricht Rose von »Contra-Kultur«: »It should be recognized that in some extend the aging subculture is a contraculture – in opposition to the rest of the society« (1965, S. 9).

Während eine durch gleiche Anliegen, Interessen und Ziele begünstigte Gruppenbildung älterer Menschen dem einzelnen durchaus Anregung und Aktivierung bedeuten kann und somit zu einem positiven Zukunftsbezug beiträgt, besteht bei einer Gruppenbildung auf Grund von Diskriminierungserlebnissen die Tendenz zur Opposition bzw. zur Resignation, die letztlich in ein Disengagement bzw. in eine Isolation von der übrigen Gesellschaft hinüberführt, was nach Meinung der Aktivitäts-Theoretiker dem einzelnen das Älterwerden erschwere.

6.3.1.2. Die Disengagement-Theorie

Ganz im Gegensatz zu dieser Auffassung stehen die Thesen der Disengagement-Theorie (Cumming und Henry, 1961, Henry, 1964), die zunächst einmal nahezu alle Ansätze praktischer Altenarbeit in Frage stellte, indem sie behauptete, der ältere Mensch wünsche sich geradezu gewisse Formen der »sozialen Isolierung«, der Reduzierung seiner sozialen Kontakte und fühle sich gerade dadurch glücklich und zufrieden. Der Aktivitätstheorie machte man zum Vorwurf, daß sie ausschließlich am mittleren Lebensalter orientiert sei, in dem das Aktivsein für andere Menschen geradezu den Lebenssinn dieser Phase ausmache. Ein Leitbild des Aktivbleibens im höheren Alter sei jedoch abzulehnen, zumal ein solches auch schwer mit der Idee des Lebensendes vereinbar sei; eine auf Expansion gerichtete Lebenseinstellung verhindere geradezu die Einstellung auf das Lebensende und bewirke, daß der Tod nicht als selbstverständlich in die Zukunftseinstellung mit einbezogen werde (eine These, die Munnichs, 1966, durch empirische Untersuchungen überzeugend widerlegen konnte). Bei jenen älteren

Menschen, die zur Aktivität angehalten werden, müsse es zu einem inneren Konflikt kommen, da der Wunsch nach Ausdehnung des Lebensraumes mit der unterschwelligen Auseinandersetzung mit dem Lebensende in Widerspruch stehe. – CUMMING und HENRY bezweifeln, daß es zur Zufriedenheit des älteren Menschen beitrage, eine »Funktion zu haben«, »gebraucht zu werden«. Sich auf die Analyse des Alternsvorgangs bei Naturvölkern, die SIMMONS (1945) vorgelegt hat, stützend, glauben die Autoren, daß der Wunsch alter Menschen »gebraucht zu werden« und »nützlich zu sein« nur einem Sicherheitsbedürfnis entspreche und aus der Angst, andernfalls verstoßen und hilflos zu sein, zu erklären sei. Kann eine Sicherheit im Alter anderweitig garantiert zu werden und bietet die Gesellschaft hinreichend Hilfsdienste an, dann sei der Wunsch nach Disengagement bestimmend, denn dann finde sich bei älteren Leuten, die die sozialen Kontakte weitgehend gelöst hätten, ein erhöhtes Wohlbefinden im Vergleich zu jenen Betagten, die im Sozialverband noch fest verhaftet seien.

Ausgangspunkt dieser Betrachtungen von CUMMING und HENRY (1961) war eine Vorauswertung der Ergebnisse der Kansas-City-Studie, die 1955 unter Leitung des Departments of Human Development an der Universität Chicago begonnen wurde und in die Erwachsene aller Altersstufen einbezogen waren. In diesem Zusammenhang wurden die Interviewdaten von 172 50–70jährigen und 107 70–90jährigen ausgewertet. Die Ergebnisse wurden in nicht ganz nachzuvollziehender Weise in 9 Postulaten zusammengefaßt, in denen sich Disengagement darstellt als »ein unvermeidlicher Prozeß, in dem viele der Beziehungen zwischen einer Person und anderen Mitgliedern der Gesellschaft gelöst werden, und in dem die verbleibenden Beziehungen qualitative Veränderungen erfahren« (DAMIANOPOULOS, 1961, S. 211). Dieser Disengagement-Prozeß, der sowohl durch gesellschaftliche Gegebenheiten wie auch durch die Wünsche des Individuums ausgelöst werde, sei trotz aller individuellen Unterschiede im Hinblick auf die Universalität des Todes bei allen Personen zu beobachten. Man behauptete, daß die Reduzierung sozialer Kontakte und die Verminderung von Interaktionen für den älteren Menschen eine zunehmende Freiheit bedeute, da der Umgang mit anderen Menschen zur Beachtung bestimmter Normen zwänge; insofern würde der Disengagement-Prozeß, sofern er einmal begonnen habe, sich selbst stets weiter vorantreiben (DAMIANOPOULOS, 1961, S. 211). Daß durch diese Art von »Freiheit« ältere Menschen, die »disengaged« sind, glücklicher werden, ist jedoch im Hinblick auf empirische Befunde z. B. im Rahmen der Altenheimuntersuchungen und im Rahmen des Selbstkonzepts zu bezweifeln: Eine Mißachtung sogenannter Umgangsnormen (wie sie z. B. in der Vernachlässigung der äußeren Erscheinung gegeben ist) führt nicht nur zur Ablehnung des »Eigenbrötlers« durch die Gesellschaft und treibt ihn damit in die Isolation, sondern wirkt sich auch sehr negativ auf das eigene Selbsterleben aus. Man konnte nachweisen, daß die äußere Erscheinung das Selbstbild beeinflußt und so auch zur Sicherheit des älteren Menschen beiträgt (vgl. hierzu BERGLER, 1966; FINK, 1957; LEHR, 1970; MASON, 1954; PAN, 1952; TUCKMAN und LORGE, 1952 u. a.).

Der Disengagement-Theorie zufolge ist eine wichtige Voraussetzung für ein »erfolgreiches, zufriedenes Altern«, daß einmal die Gesellschaft bereit ist, den älteren Menschen aus seinen sozialen Rollen zu entlassen und ihn von seinen Verpflichtungen zu entbinden, daß gleichzeitig aber der Betagte von sich aus ein Sich-Zurückziehen von sozialer Aktivität wünscht. So stellt DAMIANOPOULOS (1961, S. 214) in dem Buch von CUMMING und HENRY fest:

»When the individual's readiness for disengagement coincides almost exactly with society's readiness to release him from his main commitments, the ideal case of simultaneous disengagement occurs.«

Ist hingegen weder die Gesellschaft noch das Individuum bereit, den Loslösungsprozeß aus dem Sozialverband zu bejahen, erschwere dies dem Betagten die Anpassung an den Alternsprozeß, da hohe soziale Aktivität im Alter mit stärkerer Unzufriedenheit korreliere, geringere soziale Aktivität mit einem höheren Grad inneren Wohlbefindens einhergehe.

Zweifelsohne ist es ein Verdienst der Disengagement-Theorie, sozialpsychologische Aspekte in den Vordergrund der gerontologischen Forschung gerückt zu haben und PARSONS hat recht behalten, als er, im Vorwort zu CUMMING's und HENRY's bald »klassisch« zu nennendem Buch, vorausgesagt hat, daß diese Theorie zur Diskussion geradezu herausfordern werde und die weitere gerontologische Forschung befruchten werde.

Inzwischen ist seit der Postulierung der Disengagement-Theorie des Alterns ein Jahrzehnt vergangen, und die Auseinandersetzung mit der Problematik des »Social change« schlägt sich in einer Vielzahl empirischer soziologischer und sozialpsychologischer Untersuchungen in vielen Ländern der Welt nieder. Allein die zahlreichen Variationen und Modifikationen der Disengagement-Theorie zeugen von einer intensiven Auseinandersetzung mit der Problematik sozialer Kontakte im höheren Alter.

6.3.1.3 Modifikationen der Disengagement-Theorie

Zunächst stellte HENRY (1964) den Disengagement-Prozeß nicht mehr als Wechselwirkungsprozeß zwischen Individuum und Gesellschaft heraus, sondern betonte in seiner »theory of intrinsic disengagement« die endogene Bedingtheit des Prozesses der Abnahme der Rollenaktivität, der gleichzeitig einen Prozeß der Selbstwerdung auslöse (disengagement with environment and engagement with self).

Von HAVIGHURST, NEUGARTEN und TOBIN (1964) werden qualitative Gesichtspunkte der Disengagement-Theorie stärker betont. Die Autoren sehen mit zunehmendem Lebensalter weniger eine quantitative Abnahme sozialer Aktivitäten gegeben als vielmehr eine *qualitative Umstrukturierung*, eine Veränderung des Engagements bzw. der inneren Anteilnahme bei der Rollenaktivität.

HAVIGHURST (1963) wie auch HAVIGHURST, NEUGARTEN und TOBIN (1964) weisen sodann auf die »*individuellen Komponenten*« hin, die zum »erfolgreichen Altern« beitragen, wobei »erfolgreiches Altern« durch die Zufriedenheit mit dem vergangenen Leben und der gegenwärtigen Lebenssituation definiert wird. Je nach individueller Eigenart und je nach Persönlichkeitsstruktur seien manche Personen dann zufriedener, wenn sie sich vom Sozialverband zurückziehen können, andere hingegen dann, wenn sie aktiv im Sozialverband integriert bleiben. Nach HAVIGHURST sind Menschen mit stärker passiven Verhaltensweisen und stärker häuslich-zentriertem Lebensstil dann im Alter zufriedener, wenn ihnen ein Rückzug aus dem Kreis der Sozialkontakte ermöglicht wird; von ihnen werde die Lösung sozialer Bindungen und die Abnahme sozialer Verpflichtungen als Erleichterung erlebt. Persönlichkeiten hingegen, die durch größere Nach-Außen-Gewandtheit und generell stärkere Aktivität gekennzeichnet sind, sind dann besser an den Alternsprozeß angepaßt bzw. zeigen einen höheren »life-satisfaction-score«, wenn sie ihren aktiven Lebensstil beibehalten können und wenn ihnen eine hohe Rollenaktivität möglich ist.

Sodann wurde von einigen Forschern der Aspekt des »*compensatory engagements*« stärker in den Vordergrund der Diskussion gerückt, wonach die Reduzierung sozialer Aktivität in gewissen Bereichen (vor allem im Beruf) gleichzeitig mit einer Zunahme sozialer Aktivitäten in anderen (z. B. familiären) Bereichen einhergeht. HAVIGHURST bezeichnet diesen Prozeß auch als »selective disengagement-engagement«.

Auf dem 6. Internationalen Kongreß für Gerontologie, der 1963 in Kopenhagen stattfand, wurde innerhalb der sozialpsychologischen Sektion die Disengagement-Theorie heftig diskutiert. Im Anschluß daran wurde eine internationale Vergleichsstudie initiiert, die bei gleichen Untersuchungs- und Auswertungsmethoden in Deutschland, England, Frankreich, Holland, Italien, Österreich, Polen und den USA durchgeführt wurde. Die an sich sehr differenzierten Ergebnisse, die auch unter methodenkritischen Aspekten eingehend analysiert wurden (FRÖHLICH, BECKER, BENGTSON, BIGOT, 1969), zeigen zwar gewisse nationale Unterschiede in der Rollenaktivität in den einzelnen Rollen (erfaßt wurden u. a. die Rollen als Berufstätiger, als Kollege, als Ehepartner, als Eltern, als Großeltern, als Verwandter, als Nachbar, als Bekannter, als Freund, als Vereinsmitglied, als Mitbürger), jedoch den generellen Trend einer hohen Korrelation zwischen hoher Aktivität und einem großen Ausmaß an Zufriedenheit wie auch umgekehrt einen eindeutig nachweisbaren Zusammenhang zwischen geringer Rollenaktivität und stärkerer Unzufriedenheit (vgl. HAVIGHURST, MUNNICHS, NEUGARTEN, THOMAE, 1969). Dieses Ergebnis steht in eindeutigem Widerspruch zu der von CUMMING und HENRY (1961) postulierten Disengagement-Theorie.

Untersuchungen des Bonner Psychologischen Instituts (LEHR u. DREHER, 1969; DREHER, 1970) bei Arbeitern und Angestellten der Stahlindustrie und bei Personen des sozialen Mittelstandes weisen auf eine weitere Modifikation der Disengagement-Theorie hin: danach erscheint ein »vorübergehendes Disengagement« (im Sinne von höherer Zufriedenheit bei geringerem Sozialkontakt) als *eine* Form der Reaktion auf Belastungssituationen (auch speziell der Pensionierung) möglich zu sein. Ist jedoch der Prozeß der Auseinandersetzung mit der neuen Situation abgeschlossen, ist die Anpassung und Umorientierung an die neue Lebenssituation erfolgreich geglückt, dann konnte ein erneutes soziales Engagement festgestellt werden. Auch MUNNICHS (1966) konnte bei seinen intensiven Untersuchungen zur Einstellung zur Endlichkeit und zum Tod in dieser Richtung einen Zusammenhang zwischen stärkerem sozialem Disengagement bei Belastungssituationen und erneutem Engagement nach erfolgter Auseinandersetzung feststellen: »Die Annahme der Endlichkeit des Daseins und die Vertrautheit mit ihr ist höchstwahrscheinlich mit einem erneuten Engagement . . . verbunden.«

Diese letztgenannten Ergebnisse werfen die Frage auf, ob die Disengagement-Theorie vielleicht eher auf einen kurzen Lebensabschnitt anwendbar ist als auf die gesamte Altersphase. Man könnte sich vorstellen, daß die Anpassung an eine neue Lebenssituation, wie sie z. B. auch durch die Pensionierung nun einmal gefordert wird, zunächst durch eine Art »Restriktion«, eine Art »Besinnen auf sich selbst«, eingeleitet wird. – Man könnte hier vielleicht Vergleiche ziehen mit der (nach manchen Autoren unausbleiblichen) »Wendung nach innen«, die die Reifezeit einleitet, und der auch dann die »Wendung nach außen« folgt. Ein weiterer Vergleich wäre mit der Lebenssituation der Frau im 5. Jahrzehnt möglich, die, wie unsere Untersuchungen nachweisen konnten, oft durch sozial ausgelöste restriktive Tendenzen gekennzeichnet ist, im 6. Jahrzehnt jedoch im allgemeinen durch eine gewisse »Expansionsphase« abgelöst wird (LEHR, 1961; LEHR und THOMAE, 1965). Auch im Zusammenhang mit dem Pensionierungsproblem wäre Disengagement im Sinne einer Reaktion auf eine Belastung, die durch die notwendig werdende Umorientierung hervorgerufen wird, zu verstehen und hätte also eine exogene Komponente. Selbstverständlich gibt es individuell unterschiedliche Formen, auf Belastungen zu reagieren, aber das vorübergehende Disengagement scheint zumindest eine der häufig vorkommenden Formen der Auseinandersetzung mit dem Pensionierungsproblem zu sein. – Man sollte sich jedoch dagegen wenden, Disengagement als *die* Form des zufriedenen Alterns schlechthin zu proklamieren, sondern zumindest konstatieren, daß nach einem gewissen Übergangsstadium eine erneute Form des Engagements möglich ist, wobei erhöhte Aktivität wie auch das »Gefühl, gebraucht zu werden«, mit Zufriedenheit und positiver Stimmungslage einhergehen.

Auch MADDOX (1965, 1966) und MADDOX u. EISDORFER (1963) haben sich mit der Disengagement-Theorie eingehend auseinandergesetzt und anhand empirischen Materials nachgewiesen, daß ein Disengagement-Prozeß nur ein Artefakt auf Grund von Querschnittsuntersuchungen ist. MADDOX kritisiert mit Recht, daß man hier wieder einmal Phänomene (wie z. B. Ausmaß der Rollenaktivität) als Verlaufsprozeß und Altersveränderung deutet, für die die Daten nur durch Vergleich verschiedener Altersstufen gewonnen wurden. MADDOX selbst hat die aus 3 Untersuchungsabschnitten vorliegenden Daten von 182 Personen, die in die Duke-Längsschnitt-Studie einbezogen waren (vgl. PALMORE, 1970) im Hinblick auf den Zusammenhang zwischen Aktivität und Stimmung analysiert. Eine Korrelation zwischen geringer sozialer Aktivität und positiver Stimmungslage fand sich bei 11–15% der Untersuchten, zwischen hoher sozialer Aktivität und negativer Stimmungslage bei 15%. Damit würden 26–30% der Untersuchten sich im Sinne der Disengagement-Theorie verhalten, während 70 bis 74% im Sinne der Aktivitätstheorie reagierten; hohe Aktivität und positive Stimmungslage fand man bei 45%, geringe Aktivität und negative Stimmungslage bei 26%.

Berücksichtigt man nur die Querschnittsergebnisse, dann zeigt sich eine Abnahme der Rollenaktivität mit zunehmendem Lebensalter; ein

Längsschnittvergleich stellt jedoch eine Veränderung der Rollenaktivität stark in Frage (vgl. Tab. 22).

Tabelle 22: Durchschnittswerte der Rollenaktivität und der Zufriedenheitswerte bei den einzelnen Altersgruppen bei der Erstuntersuchung und der nach 3 Jahren erfolgten Wiederholungsuntersuchung

Altersgruppe		Rollenaktivität Erst- untersuchung	Wiederhol.-	Zufriedenheit Erst- untersuchung	Wiederhol.-
60–64	(N = 38)	30,7	31,0	34,4	34,4
65–69	(N = 54)	29,9	29,6	34,3	34,4
70–74	(N = 51)	28,6	28,6	33,9	34,0
75–79	(N = 25)	28,1	28,1	34,3	34,3
über 80	(N = 14)	25,7	25,9	34,7	34,1
insgesamt:	(N = 182)				

Es findet sich durchgehend eine signifikante Korrelation zwischen hoher Aktivität und positiver Stimmungslage; lediglich bei der Gruppe der 65–69jährigen wird einer abnehmenden Rollenaktivität nicht mit einer Verschlechterung der Stimmungslage begegnet, was auf Grund der Aktivitätstheorie zumindest zu erwarten wäre, und die über 80jährigen reagieren danach auf eine zunehmende Rollenaktivität mit einer Verschlechterung der Stimmungslage, wie es der Disengagement-Theorie entspricht. MADDOX weist jedoch nach, daß hier die Veränderung des Gesundheitszustandes die Stimmungslage stärker beeinträchtigt als die Veränderung der Rollenaktivität.

Auch die Daten der Bonner Gerontologischen Längsschnittstudie erlauben Aussagen hinsichtlich der Sozialaktivität, ihrer Veränderung mit zunehmendem Alter und der Zufriedenheit mit dieser Veränderung (LEHR und RUDINGER, 1970). Eine Beobachtung des Entwicklungsprozesses der Gruppe der 60jährigen über 3 Jahre hinweg läßt eine überwiegende Konstanz der sozialen Aktivität in den einzelnen Rollen erkennen, zeigt darüber hinaus aber – im Gegensatz zur Disengagement-Theorie – daß auf zunehmende Aktivität mit einer Erhöhung der Zufriedenheit, auf abnehmende Rollenaktivität mit einer Verminderung der Zufriedenheit reagiert wird.

Bei der Gruppe der 70jährigen und Älteren deuten sich Veränderungen in dem beobachteten Zeitraum wie folgt an: Eine sehr signifikant zunehmende Aktivität in der Rolle des Ehepartners (p < 1%), die auch mit sehr signifikant zunehmender Zufriedenheit einhergeht. –

Diese Veränderung dürfte zum Teil auf die stärkere häusliche Zentrierung des Mannes nach der Pensionierung zurückzuführen sein. – Parallel damit geht bei dieser Gruppe eine signifikante Abnahme der Vereinsaktivität einher, die allerdings keineswegs im Sinne der Disengagement-Theorie zu einer größeren Zufriedenheit führt! – Lediglich die bei dieser Gruppe ebenso festzustellende signifikante Abnahme der Aktivität in der Nachbarrolle wird mit zunehmender Zufriedenheit beantwortet – wobei es allerdings problematisch erscheint, gerade diese Feststellung als altersspezifisch zu deuten.

Ein weiterer Längsschnittvergleich zwischen Männern und Frauen zeigt, daß die Männer offenbar etwas stärkere Veränderungen der Rollenaktivität erkennen lassen – evtl. ein Hinweis darauf, daß ihre Lebenssituation doch mit zunehmendem Alter einschneidenderen Veränderungen unterworfen ist, zumindest mehr als die der nicht-berufstätigen Frauen. So nimmt bei den Männern die soziale Rollenaktivität als Ehepartner sehr signifikant zu (evtl. mit der Ausgliederung aus dem Berufsleben zu erklären) – bei allerdings gleichbleibender Zufriedenheit! – Es nimmt weiterhin bei den Männern die Rollenaktivität als »Mitbürger« signifikant zu, d. h. man kümmert sich offenbar mehr um Angelegenheiten des bürgerlichen Lebens, was aber hier zu Erhöhung der Zufriedenheit beiträgt. Lediglich die Aktivität im Kontakt zum Nachbarn ließ bei den Männern innerhalb der beobachteten Zeit nach, was allerdings auch zu stärkerer Zufriedenheit führte.

Frauen hingegen zeigen in all den eben genannten Rollen keinerlei Veränderung ihrer Aktivität; hier wird eine noch stärkere Konstanz sozialen Verhaltens deutlich. Lediglich die Kontakte zu den Bekannten verstärken sich mit zunehmendem Lebensalter und erhöhen signifikant die Zufriedenheit.

Eine nähere Analyse unseres Materials macht außerdem deutlich, daß das Ausmaß der sozialen Teilhabe wie auch das Ausmaß der Zufriedenheit in den einzelnen Rollen unterschiedlich durch eine Vielzahl von *biographischen Momenten* bestimmt ist (LEHR und RUDINGER, 1970). So zeigte sich z. B., daß Männer dann eine besonders große Aktivität in der Ehepartnerrolle erkennen lassen, wenn die familiäre Situation möglichst frei von Belastungen ist, wenn sie überhaupt mit ihrer gegenwärtigen Lebenssituation in hohem Maße zufrieden sind. – Dieser Zusammenhang gilt für die 70jährigen Männer in stärkerem Maße als für die 60jährigen, während er sich für die Frauengruppe in keiner Weise nachweisen läßt. D. h. mit anderen Worten: die familiäre Situation, Kummer und Sorgen in der Familie, Unzufriedenheit mit der eigenen Lebenssituation, bringen den Mann dazu, partnerschaftliche Kontakte eher zu vermindern, scheinen jedoch auf das Verhalten der

Frau ihrem Mann gegenüber keinen Einfluß zu haben. – Die Aktivität in der Partnerrolle scheint jedoch bei Männern und Frauen, bei den Jüngeren wie den Älteren, weitgehend unabhängig von jeder anderen Rollenaktivität zu sein.

Daß jene Personen, die eine hohe Aktivität in der Elternrolle haben, gleichzeitig sehr aktive Großeltern sind, war fast zu erwarten. Interessant ist nur, daß sehr aktive Mütter häufiger eine gewisse Distanz zu den Ehegatten erkennen lassen (was auch anderen Untersuchungsergebnissen von uns über die Frauen im mittleren Erwachsenenalter – vgl. Lehr, 1961, 1969 – entspricht), während bei Männern die Aktivität in der Elternrolle völlig unabhängig von der Aktivität in der Partnerrolle gesehen werden muß.

Frauen, die sich als aktive Mütter und Großmütter ausweisen – also sehr familienzentriert sind –, zeigen geringeres Interesse für Angelegenheiten, die einen als »Bürger« interessieren; ebenso scheinen sie auch auf einen großen Bekanntenkreis weniger Wert zu legen.

Aktive Großväter hingegen, die auch öfter mit ihren Enkeln zusammen sind, pflegen auch mehr die außerfamiliären Beziehungen zu Freunden und guten Bekannten. Während also bei Frauen die Familienzentrierung andere Kontakte auszuschließen scheint (sicherlich nicht nur für das höhere Alter zutreffend!), scheinen bei Männern engere Familienbeziehungen andere Kontakte erst zu ermöglichen – oder aber es wäre zu fragen, ob anderweitige Kontakte den Mann auch stärker erst für Familienbeziehungen aufgeschlossen machen (eine Frage, die eine individuelle Antwort verlangt!).

Immerhin wird an diesem Beispiel sehr deutlich, daß man Fragen der Sozialaktivität, Probleme des Disengagements, nicht nur altersspezifisch, sondern erst recht geschlechtsspezifisch und vor allem persönlichkeitsspezifisch auf biographischem Hintergrund zu sehen hat.

Ein ähnlich differenzierter Ansatz findet sich in der kürzlich veröffentlichten Studie von Tallmer und Kutner (1970), bei der es sich auch um eine der zahlreichen Nachuntersuchungen, die die Thesen der Disengagement-Theorie von Cumming und Henry (1961) überprüfen, handelt. Bei 181 älteren 50–89jährigen Personen (80 Männer, 101 Frauen) wurde das Ausmaß der Zufriedenheit mit der momentanen Lebenssituation (Sozialkontakte, Freizeitaktivität, Wohnsituation) zu erfassen versucht, ebenso auch der Grad des Disengagements (nach der Methode von Cumming und Henry). – Reaktionen im Sinne der Disengagement-Theorie bzw. große Unzufriedenheit mit der Lebenssituation zeigten sich bei Männern vor allem gegen Ende der 60er Jahre, bei Frauen jedoch schon während des 6. Lebensjahrzehnts. Frauen über 65 und Männer über 75 Jahre zeigten jedoch wieder eine zunehmende Zufriedenheit und ein geringes Ausmaß an Disengagement. – Allerdings wird auch nach diesen Ergebnissen der Grad der Zufriedenheit mit der Lebenssituation wie auch die individuellen Reaktionen auf eine Minderung der sozialen Teilhabe durch den Familienstand, die Berufstätigkeit, die Höhe des Einkommens, den sozioökonomischen Status, den Gesundheitszustand und die Geschlechtsgruppenzugehörigkeit mitbestimmt. Berufstätige Männer (aller Altersgruppen) waren weit zufriedener als Pensionierte; bei den Frauen fand man das höchste Ausmaß an Zufriedenheit bei den Pensionierten, gefolgt von der Gruppe jener Frauen, die nie in ihrem Leben berufstätig waren. Die größte Unzufriedenheit fand man bei den noch berufstätigen älteren Frauen, wobei es zu berücksichtigen gilt, daß diese Gruppe der Frauen durch finanzielle Notsituationen (Tod des Mannes in 47 von 99 Fällen) zur Aufnahme einer Arbeit gezwungen war. Während eine Verwitwung für die Frau im »jüngeren« Lebensalter (das heißt hier zwischen 55 und 65 Jahren) eine sehr starke Belastung bedeutet, scheint eine Verwitwung im höheren Lebensalter das Ausmaß der allgemeinen Zufriedenheit nicht mehr so stark zu beeinflussen, stellen die Autoren fest.

Die Ergebnisse dieser Studie fordern – ähnlich wie die in gleiche Richtung zielenden Resultate der deutschen Untersuchungen – eine Modifizierung oder gar eine Revision der Postulate der Disengagement-Theorie des Alterns geradezu heraus.

Fest steht nach diesen Ergebnissen, daß eine Veränderung der Sozialkontakte im Sinne einer Verminderung nahezu immer mit negativem Erleben einhergeht, während eine Ausdehnung sozialer Kontakte auch im Alter weitgehend begrüßt wird. Allerdings wird in den meisten empirischen Studien, die zu diesem Problemkreis vorliegen, eine grundsätzliche Verminderung der Sozialkontakte in Frage gestellt. Forschungsergebnisse internationaler Untersuchungen erbrachten: Der isolierte Ältere stellt in allen europäischen Ländern nur eine ganz kleine Gruppe dar, die es zu beachten gilt, die jedoch keinesfalls als »typisch« für das Altern angesehen werden kann.

6.3.2. *Der ältere Mensch in der Familie*

6.3.2.1. Die 3-Generationen-Familie im Wandel

Die keineswegs bestätigte aber dennoch weitverbreitete Annahme einer grundsätzlichen sozialen Isolierung des Alters, auf die der ältere Mensch mit Verbitterung und nicht im Sinne der Disengagement-Theorie mit Zufriedenheit und gehobener Stimmung reagiert, basiert vielfach auf der Feststellung des Ausschlusses der Großeltern aus dem Familienverband, dem Rückgang der 3-Generationen-Familie.

Shanas (1963) bezeichnete die These von der Entfremdung und sozialen Isolierung des älteren Menschen von der Familie als einen »sozialen Mythos«, der von Leuten geschaffen und am Leben erhalten werde, die berufsmäßig mit Altersproblemen zu tun haben. Dabei stellt sie fest, daß gerade Alleinstehende, die nie Kinder gehabt haben, sich am meisten über die Vernachlässigung durch die Kinder beklagten:

»Childless old people, about one fifth of all old people in the United States are the most likely of old people to believe that aged parents are neglected by their children.«

Während jene über 65jährigen, die selbst Kinder hatten, sich kaum in dieser Weise äußerten. –

In Deutschland leben heute die meisten der über 65jährigen nicht mehr mit ihren Kindern zusammen; den sog. »3-Generationen-Haushalt« findet man nur bei ca. 10–12%.

Vergleichen wir hier die Ergebnisse der Volkszählungen von 1950 und 1961, so ergeben sich von der Haushaltsstruktur her zweifellos Tendenzen, die Tartler (1961) als »zunehmende räumliche Isolierung des Alters« charakterisierte. Während 1950 insgesamt 43% aller über 65jährigen Personen entweder allein oder nur mit dem Ehepartner zusammen lebten, erhöhte sich dieser Prozentsatz 1961 auf 56,72%. Dazu kommen noch 1,28% Personen aus dieser Altersgruppe, die nicht mit Verwandten, sondern mit anderen Personen gemeinsam einen Haushalt führen. Somit lebten 1961 also insgesamt 58% der über 65jährigen Personen nicht mit ihren Kindern zusammen, wobei allerdings in diesem Prozentsatz auch die Ledigen und kinderlos Verheirateten eingeschlossen sind. In einem Einpersonenhaushalt, also allein, leben 23,65% dieser Altersgruppe.

Dieses Ergebnis ergänzt sehr wesentlich manche Daten, an denen sich bisher das Nachdenken über die Familienstruktur im gegenwärtigen Deutschland orientierte. Gegenüber der Studie von Baumert aus dem Jahr 1949 wird ein größerer Anteil an Dreigenerationenfamilien erkennbar. Gegenüber den Ergebnissen des Mikrozensus von 1957, der einen Anteil von 6,9% Dreigenerationenhaushalten, bezogen auf die Gesamtzahl aller Haushalte, erbrachte, zeigt die neue Aufgliederung der Bundesstatistik die tatsächlich für diese Altersgruppe bestehenden Verhältnisse. Denn auch 1961 ist der Anteil der Dreigenerationenhaushalte an der Gesamtzahl aller Haushalte mit 9,14% wesentlich niedriger als innerhalb der ältesten Altersgruppe, bei der wir fast 15% Haushalte dieses Typs finden.

Wenn somit auch die Zahl der allein oder nur mit dem Ehepartner zusammenlebenden Personen in der ältesten Gruppe heute höher ist als 1950, wird doch durch die neue Aufgliederung ersichtlich, daß der Dreigenerationenhaushalt zwar zu den relativ seltenen Erscheinungen gehört, aber doch nicht eine Ausnahme darstellt. Der Anteil von 32,53% älteren Personen, die mit Kindern zusammenleben, entspricht im übrigen genau dem Resultat einer von BAUMERT verwerteten Divo-Umfrage aus dem Jahr 1958 (BAUMERT, 1960).

Innerhalb des Samples aus dem Landkreis Düsseldorf-Mettmann (LANGE, 1964) erscheint der Anteil der Alleinstehenden mit 29% zwar leicht überhöht; von den in Haushalten mit mehr als einer Person Lebenden wohnen aber auch hier von den älteren Befragten etwa 42,2% mit Kindern (mit oder ohne Ehefrau) zusammen. Nach den Resultaten von BLUME betrug der Prozentsatz für die verheirateten Älteren, die mit Kindern zusammenleben, in Köln 26%. Ein Vergleich dieser beiden Studien verweist somit auf den bekannten Unterschied zwischen Land und Stadt in der Familienstruktur.

SHANAS (1964) stellt durch Erhebungen bei einem repräsentativen Sample von über 65jährigen in den USA aus den Jahren 1957 und 1962 fest, daß 12,3% (1957) bzw. 7,6% (1962) in 3-Generationen-Haushalten – also mit Ehepartner und verheirateten Kindern – zusammenlebten, während bei 15,9% bzw. 14,8% ein einzelner Elternteil mit dem erwachsenen Kind zusammenwohnte. – In Dänemark bestehen nach STEHOUWER (1965) nur 2% aller Haushalte aus Personen aller drei Generationen; von allen über 64jährigen Personen leben ca. 4% in 3-Generationen-Haushalten. Allerdings führen solche Globalangaben oft zu einem verzerrten Bild, wenn man nicht fragt, welche Möglichkeiten für einen Mehrgenerationenhaushalt überhaupt gegeben sind. ROSENMAYR (1969) hat auf derartige Fehlinterpretationen mit Nachdruck hingewiesen und die Notwendigkeit von Informationen gefordert über den Anteil der Personen höheren Alters, die überhaupt Kinder haben wie auch über den Familienstand dieser Kinder.

So stellt ROSENMAYR (1969, S. 328) fest:

»Von allen bejahrten Personen sind es in Wien und Basel weniger als ein Viertel, die im gemeinsamen Haushalt mit ihren erwachsenen Kindern oder Schwiegerkindern wohnen (siehe Tabelle »Wohnformen alter Menschen« bzw. H. GUTH und A. L. VISCHER 1963, S. 9), während LÁSZLÓ CSEH-SZOMBATHY und Rudolf ANDORKA (1965, S. 49) für Budapest und nach den zitierten Tabelle auch Otto BLUME und Gerhart BAUMERT etwas höhere Werte (ca. ein Drittel) ausweisen. In einem ländlichen Bezirk bei Düsseldorf liegen – nach Untersuchungen von Kurt LANGE (1964, S. 150) – ebenfalls die Werte für das Zusammenleben der Generationen in einem Haushalt höher, wie wir generell für solche Regionen bzw. für die landwirtschaftliche Bevölkerung zeigen werden. Die folgende Tabelle gibt einen Überblick über die Kumulation der Forschung auf diesem Gebiet. Die Größen der Untersuchungseinheiten, die Basiszahlen, aus denen die hier wiedergegebenen Prozentwerte stammen, mögen den referierten Studien selber entnommen werden. Ohne nähere Erklärung der verschiedenen Arten des verwendeten Ausgangsmaterials (Vollerhebung, Stichproben verschiedenen Typs) erlauben Zahlenangaben über die Größe der Untersuchungseinheiten allein keine zwingenden Schlüsse auf Verläßlichkeit oder Gültigkeit.

Gemeinsamer Haushalt bejahrter Personen mit ihren erwachsenen Kindern:

Von allen bejahrten Personen, die erwachsene Kinder haben, wohnen mit diesen gemeinsam in		Von allen bejahrten Personen wohnen mit ihren erwachsenen Kindern in	
Dänemark	21%	–	–
Wien	33%	Wien	23%
–	–	Basel	24%
Budapest	54%	Budapest	31%
USA	27%	–	–
Großbritannien	40%	–	–
–	–	BRD	32%
Düsseldorf-Mettmann (ländl. Gebiet der BRD)	55%	Düsseldorf-Mettmann (ländl. Gebiet der BRD)	40%

Die Zahlenangaben sind den obenstehend zitierten Untersuchungen entnommen. (ROSENMAYR, 1969, S. 328)

Diese Daten schon stellen die These einer generellen sozialen Isolierung älterer Menschen in Frage. Weitere detaillierte Analysen, bei denen jeweils der räumliche Abstand zwischen der Wohnung der älteren Generation und der Wohnung der Kinder erfaßt wurde (SHANAS, 1964; SHANAS et al., 1968; vgl. auch LEHR u. THOMAE, 1968; RENNER, 1968; ROSENMAYR, 1969), lassen jeweils auf eine relativ geringe Entfernung schließen und auf die Gelegenheit zu häufigerem Kontakt. STEHOUWER (1965) stellte fest, daß in Dänemark 88% der Eltern wenigstens ein Kind so in der näheren oder weiteren Nachbarschaft wohnen haben, daß sie es in weniger als in einer Stunde erreichen können; für Großbritannien werden die entsprechenden Zahlen mit 89%, für die USA mit 84% angegeben. Für Deutschland liegen entsprechende Zahlen – hier sind es 82% – nur von LANGE (1964) für einen ländlichen Kreis in Nordrhein-Westfalen vor; RENNER (1968) fand bei der in der Bonner gerontologischen Studie erfaßten Gruppe, daß bei nur 10,4% die Entfernung zwischen Eltern und erwachsenen Kindern 2 Stunden und mehr betrug, daß hingegen 67,2% der Befragten ihre Kinder jederzeit erreichen können, die restlichen 22% kinderlos waren. In Budapest fand man, daß 74% der Eltern im gleichen Stadtbezirk wohnte, in dem wenigstens eines ihrer Kinder lebte (CSEH-SZOMBATHY und ANDORKA, 1965).

Aus den eben genannten Untersuchungen geht hervor, daß etwa ²/₃
der betagten Eltern fast täglich Kontakt mit ihren Kindern haben, und
zwar

> 62% der Eltern in Dänemark
> 69%   „   „   „ Großbritannien
> 65%   „   „   „ Vereinigten Staaten
> 67%   „   „   „ Bundesrepublik Deutschland
> 73%   „   „   „ Budapest

ROSENMAYR und KÖCKEIS (1965) zeigten anhand ihrer differenzierteren Daten diesbezügliche Unterschiede zwischen Heimbewohnern
und noch in Privatwohnungen Lebenden auf; allerdings war fast die
Hälfte der Heimstättenbewohner kinderlos. Von den in Heimen wohnenden Eltern hatten nur etwa 25% wenig Kontakt mit ihren Kindern.
Durch die räumliche Trennung bei jedoch relativ geringer Entfernung
ergibt sich ein eindeutiger Beleg für das Vorherrschen einer Regelung
der Wohnverhältnisse zwischen älterer und jüngerer Generation,
welche den Kontakt jederzeit ermöglicht, und zwar ohne die Nachteile eines zu beengten Zusammenwohnens und einer zu intensiven
gegenseitigen Beeinflussung.

6.3.2.2. »Innere Nähe durch äußere Distanz«
Bei über 60% der Befragten wäre danach ein Besuch der Eltern bei den
Kindern und umgekehrt innerhalb einer Stunde möglich. Ein ähnliches Bild bot sich schon 1954 in einer Studie von ALBRECHT (zit.
nach STREIB, 1960). Sie fand, daß die Mehrzahl der in ihrer Studie
befragten älteren Leute unabhängig von ihren Kindern, aber in engem
sozialen und emotionalen Kontakt mit ihnen leben wollte. Das Wohn-
und Lebensprinzip »Innere Nähe durch äußere Distanz« (TARTLER,
1960) schien danach schon damals in den Staaten verwirklicht zu sein.
ROSENMAYR und KÖCKEIS (1965) haben es sehr eindrucksvoll für
Österreich nachweisen können und in der Formel »Intimität – aber
auf Abstand« zum Ausdruck gebracht.
Diese innere Nähe und Verbundenheit hat SUSSMAN (1965) durch
eine Zusammenstellung der Ergebnisse zahlreicher, nach 1950 einge-
leiteter Studien in den USA nachgewiesen. Danach existiert ein enges
Geflecht sozialer Beziehungen zwischen den Angehörigen der »erweiterten Familie«, die jeweils aus mehreren »Kern-Familien« und allein lebenden Familienmitgliedern bestehen kann: »Der Austausch der
Hilfe unter den Familien erfolgt in mehreren Richtungen, von den Eltern zu den Kindern und umgekehrt, unter Geschwistern, und – allerdings weniger häufig – auch unter entfernteren Verwandten«.
(SUSSMAN, 1965, S. 68)

Die einzelnen Formen der Hilfeleistung innerhalb der erweiterten Familie lassen sich auf Grund der gleichen empirischen Studien in folgender Weise umschreiben: Tägliche Formen des Kontakts und der Hilfeleistung sind u. a. Einkaufen, Begleiten, für die kleineren Kinder sorgen, Rat geben und anleiten, mit sozialen Einrichtungen bei der Bereitstellung von Rat und Hilfe zusammenarbeiten, usf. – Zu den erwarteten und auch ohne äußeren Zwang übernommenen Rollen von Kindern und anderen Familienmitgliedern gehören z. B.: Hilfeleistung gegenüber älteren Personen, Sorge um das leibliche Wohlergehen, Sich-kümmern um die Wohnverhältnisse, Begleiten bei Besorgungen und Einkäufen, Hilfe bei der Arbeit im Haushalt, Gesellschaft leisten in der Freizeit. Derartige Bekundungen eines kindlichen oder verwandtschaftlichen Zusammengehörigkeitsgefühls werden freiwillig, ohne gesetzliche Basis und ohne Zwang übernommen (SUSSMAN, 1965; ebenso SUSSMAN, 1953; KOSA, RACHIELE und SCHOMMER, 1960; SCHORR, 1960; TOWNSEND, 1957). NIMKOFF (1962) nimmt – dadurch bedingt – sogar einen Funktionsgewinn der Älteren an: ›The parental roles of grandparents have been strengthened‹ (S. 411).

Zusammenfassend kann man hierzu mit ROSENMAYR (1969, S. 311) feststellen: »Entgegen vielen früheren Auffassungen zeigt sich, daß Beziehungen zwischen den alten Leuten und ihren erwachsenen Kindern in gutem Einvernehmen auch ohne Haushaltsgemeinschaft möglich sind. Es läßt sich daher mit allen bisherigen Ergebnissen durchaus vereinbaren, daß Familienbeziehungen der Bejahrten über räumliche Trennung hinweg bestehen und wirksam sein können.« –

Immerhin, die Stellung des älteren Menschen in der Familie hat sich nun einmal geändert – und man spricht oft genug von einer »Ausgliederung aus dem Familienverband«, die die Ursache allen Übels sei und eine generelle Vereinsamung mit sich bringe. Für diese Ausgliederung wird nicht selten die »junge Generation« verantwortlich gemacht. (So kann man z. B. in einer Denkschrift des Vorsitzenden eines Vereins zur Förderung der »Offenen Tür« für Rentner und Pensionäre, Bonn, 1964, S. 42, lesen: »Die zunehmende Isolierung der älteren Generation ist an erster Stelle eine Folge ›des beständigen Jagens nach Geld und Vergnügen‹ seitens der jungen Generation.«) Derartige Äußerungen – die empirisch nicht zu untermauern sind und höchstens auf unzulässigen Verallgemeinerungen von Einzelbeobachtungen beruhen – die die jüngere Generation auf die Anklagebank zitieren und es auf die Erzeugung von Schuldgefühlen abgesehen haben, bilden aber sicherlich die denkbar schlechteste Basis für eine soziale Integration.

Der Rückgang der 3-Generationen-Familie und die damit – falscherweise – oft in einem Atemzug genannte »Isolierung des älteren Menschen« – wird oft auch heute noch ungerechterweise der jungen Generation angelastet. Dabei zeigte eine Reihe internationaler Vergleichsstudien (SHANAS et al., 1968; SHANAS u. STREIB, 1965; ROSENMAYR u. KÖCKEIS, 1965), daß die Aufgabe des 3-Generationen-Haushaltes primär dem Wunsch der Älteren entspricht! Einem Wunsch, der nicht nur »der Not gehorchend« geäußert wird, in dem nicht etwa ein »SichAbfinden mit der Situation« deutlich wird! Gerade von älteren Menschen wird eine Wohngemeinschaft mit ihren erwachsenen Kindern keineswegs als erstrebenswert angesehen – und nur fallweise dort akzeptiert, wo bestimmte äußere Notwendigkeiten gegeben sind. In London z. B. (TOWNSEND, 1957, S. 20) sprachen sich nur 10% der Älteren für eine Wohngemeinschaft aus, in den USA 8% (SHANAS, 1962, S. 103), in Köln 27% (BLUME, 1962, S. 83) in Düsseldorf-Mettmann (LANGE, 1964, S. 141) 22%. Aber diese für Deutschland relativ hohen Zahlen ergeben sich, wie ROSENMAYR (1969, S. 332) feststellt, aus der Art der Erhebung: denn »wird die Frage unpersönlich gestellt, dann erhält man nämlich, wie aus BLUME's Daten hervorgeht, mehr Zustimmung zum Zusammenleben, als wenn direkt nach den persönlichen Wünschen der untersuchten Personen gefragt wird (S. 64 und S. 83). Es besteht also eine gewisse Diskrepanz zwischen allgemeinem Konzept und persönlichem Wunsch, und zwar in der Weise, daß für die eigene Situation der Wohngemeinschaft mit den Kindern noch seltener der Vorzug gegeben wird, als man·dies für allgemein richtig hält . . . Die Wohngemeinschaft scheint nicht an der ablehnenden Haltung der jüngeren Generation zu scheitern, sondern ist den alten Menschen selbst nur selten erwünscht, *und zwar erheblich seltener als sie tatsächlich besteht,* wie Otto BLUME auch neuerdings (1968, S. 130) an deutschen Forschungen resümiert.« (ROSENMAYR, 1969, S. 332)

Daß die Aufgabe des 3-Generationen-Haushaltes dem Wunsch der älteren Familienmitglieder entspricht, ergab sich auch aus Ergebnissen einer von STREIB (1960) berichteten Befragung: Nur 8% der Befragten identifizierten sich mit dem folgenden Satz: »When parents get older and need help they should be asked to move in with their married childern«; und nur 5% schließlich bekannten sich zu der Auffassung: »Even when children are married it is nice to have them living with their parents.« (STREIB, 1960, S. 479)

6.3.2.3. Differentielle Betrachtung des Interaktionsgefüges in der Familie

Von der Analyse der Wohnverhältnisse wie jener der Sozialkontakte und der Wünsche und Einstellungen älterer Menschen in bezug auf den familiären Bereich her ergibt sich somit, daß von einer generellen Isolierung des älteren Menschen auch in bezug auf die Familie heute nicht die Rede sein kann. Vielmehr legt eine Betrachtung der verschiedenen Befunde die Annahme nahe, daß Interaktionen verschiedener Art zwischen den Generationen stattfinden, gleichgültig, ob diese in einem Haushalt leben oder nicht. Das sehr allgemeine Bild der Interaktion muß jedoch durch eine differenzierendere Betrachtung ergänzt werden.

So zeigen zum Beispiel eine Reihe biographischer Studien (LEHR u. THOMAE, 1968; RENNER, 1968; TISMER-PUSCHNER, 1970; LEHR u. RUDINGER, 1970), daß die Intensität der Interaktion zwischen Eltern und Kindern, zwischen Älteren und Jüngeren, von mehreren Momenten abhängt, zu denen u. a. die Partnerbeziehung, das Ausmaß sonstiger sozialer Aktivität, persönlichkeitsspezifische, biographische und situative Momente gehören.

6.3.2.3.1. Eltern-Kind-Interaktion und Partnerbeziehung
Gerade die Längsschnittbetrachtung der Lebensgeschichten zeigt, daß die Familie für den einzelnen je nach Art der Partnerbeziehung an Bedeutung gewinnt bzw. verliert. Nun unterliegt die Intensität der Bindungen zum Partner Schwankungen, die durch querschnittartige Erhebungen kaum erfaßt, erst recht nicht in ihren vielschichtigen Auslösefaktoren erhellt werden können. Auf Grund der in der Lebenslaufforschung gewonnenen Einsichten wird man Feststellungen von Meinungsforschungsinstituten, die auf Fragebogenerhebungen basieren und Prozentzahlen der »Unglücklich-Verheirateten« angeben, skeptisch gegenüberstehen. In nahezu jeder Lebenslaufschilderung kristallisieren sich Phasen heraus, in denen die Bindung zum Partner – und auch das Verhältnis zur Familie – als gestört empfunden und solche, die als glückliche Zeiten enger Bindung erlebt werden. Diese Phasen – ein Pendeln zwischen den beiden mehr oder minder stark ausgeprägten Polen – sind bereits im 3. Lebensjahrzehnt nachzuweisen und zeigen sich beim älteren Menschen ebenso. Die Einstellung des Menschen zur Familie im Alter ist deshalb nicht mit einer einmaligen Feststellung »sehr familienbezogen« oder »wenig familienbezogen« zu erfassen (LEHR, 1961). Aus den Biographien geht hervor, daß gemeinsam erlebte Notsituationen (Krieg, Krankheit usw.), durchzustehende Schwierigkeiten (evtl. finanzieller Art, Geschäftsgründung) als ein die Familienbeziehungen intensivierendes Moment auch im mittleren Erwachsenenalter angesehen werden kann, während in Zeiten allgemeinen Wohlstandes, in Zeiten finanzieller Sorglosigkeit

eher Störungsfaktoren (häufig in Form der beklagten Langeweile) sich bemerkbar machen.

Dem Partnerschaftsbezug entsprechend ist die Einstellung zum Kind mehrfachen Wandlungen unterworfen: Zeiten intensiver Zuwendung zum Kind folgen in mehrfachem Wechsel Zeiten einer distanzierteren Haltung, in denen man das Kind möglichst bald selbständig, aus dem Hause, »auf eigenen Füßen«, sehen möchte. Der Grad der Einstellung zum Kind richtet sich, wie wir nachweisen konnten, stark nach dem Grad der Harmonie in der Ehe – in der Weise, daß bei auftretenden Krisensituationen von Seiten der Frau häufig eine verstärkte Zuwendung, von Seiten des Mannes eine stärkere Abwendung vom Kind erfolgt. So wird besonders von älteren Frauen bei gestörter Partnerschaftsbeziehung das Kind als einziger und letzter Lebensinhalt gesehen, bei harmonischer Partnerbeziehung eine größere Distanz zum Kind gewünscht. Bei den männlichen Probanden sind gegenläufige Tendenzen festzustellen.

In diesem Zusammenhang ist auch die Feststellung wichtig, daß verwitwete, bzw. »alte Menschen ohne Ehepartner sowohl häufiger mit den Kindern wohnen als auch diese Wohnform weit eher wünschen als die noch Verheirateten« (ROSENMAYR, 1969, S. 333).

Empirische Daten zu diesem Problemkreis werden in der jüngst veröffentlichten gerontologischen Duke-Längsschnitt-Studie (PALMORE, 1970) vorgelegt. Zur Frage der familiären Interaktion stellte BROWN auf Grund seiner eingehenden Datenanalyse fest, daß – obwohl die meisten Älteren getrennt von ihren Kindern wohnten – doch starke innere Beziehungen und ein starkes Ausmaß innerer Kontakte deutlich wurden, womit die weitverbreitete Annahme einer Isolation Älterer und einer Vernachlässigung des Alters durch die jüngere Generation zu widerlegen versucht wird.

Die Art der Veränderung der Partnerschaftskontakte wurden von BUSSE und EISDORFER (1970) untersucht. Sie analysierten bei den in der Duke-Längsschnitt-Studie erfaßten Personen insgesamt »2172 Jahre des Ehelebens« und faßten ihre Daten dahingehend zusammen, daß »glückliche« Frauen Ehepartner haben, die älter sind (im Durchschnitt um 5,9 Jahre), während die Männer der »weniger glücklichen Frauen« nahezu gleichaltrig sind. Von den »weniger glücklichen Frauen» zeigten 57%, von den »weniger glücklichen Männern« 43% psychoneurotische Symptome, die bei den »glücklichen« Frauen (20%) und Männern (13%) signifikant seltener gefunden wurden. Hinsichtlich sexueller Potenzen zeigten sich keine Unterschiede in beiden Gruppen, allerdings hatten »glückliche« Partner signifikant häufiger sexuelle Beziehungen. Bei den weniger glücklichen Paaren zeigten die

Frauen signifikant höhere IQ's und ebenso entsprechende Unterschiede beim Rorschach, bei dem diese Frauen mehr Antworten gaben als ihre Partner.

Aktivitäten und Einstellungen im Sexualbereich bei der gleichen Gruppe älterer Personen wurden von NEWMAN und NICHOLS (1970) analysiert. Die Autoren weisen darauf hin, daß die Annahme einer geringeren Bedeutsamkeit dieses Bereiches im Leben älterer Menschen in unserer Gesellschaft weit verbreitet sei; man erwarte von älteren Personen, speziell von Großeltern, daß sie keinerlei sexuelle Gefühle mehr kennen.»Wie wir jedoch wissen, sind die Einstellungen und Gefühle in direkter Beziehung zu den Erwartungen der Gesellschaft zu sehen« (1970, S. 277). Ärzte können in ihrer Praxis oft feststellen, daß sich ältere Personen ihrer sexuellen Gefühle schämen, weil sie diese von ihrer Umgebung nicht akzeptiert glauben. Gerade diese Scham oder Angst vor diesen Gefühlen mag jedoch dazu beitragen, die interpersonellen Beziehungen zwischen den Partnern im Alter zu stören; – sie belastet aber auch die Arzt-Patienten-Beziehung und oft weise der Patient, wie die Autoren festgestellt haben, die diesbezüglichen therapeutischen Bemühungen des Arztes zurück. – Einstellungen der Gesellschaft ändern sich langsam; mehr Erkenntnisse auf diesem Gebiet wären hilfreich. Interessant ist, daß KINSEY und seine Mitarbeiter 1948 in ihrem ausführlichen Report nur 2 Seiten der Sexualität des Mannes im höheren Alter gewidmet hatten; ebenso werden entsprechende Daten für ältere Frauen (1953) auf einer einzigen Tabelle zusammengefaßt.

– Zweck der Duke-Studie war es unter anderem, auch »normative« Daten über sexuelle Aktivitäten und Einstellungen bei einer geriatrischen Population (250 Vpn) zu gewinnen. – Von den 101 einzelstehenden, geschiedenen oder meist verwitweten Personen waren von den Frauen relativ wenige sexuell aktiv; von der verheirateten Gruppe von 144 Personen zeigte sich bei 54% eine sexuelle Aktivität, die allerdings eine Häufigkeit des Verkehrs von einmal monatlich bis zu dreimal wöchentlich einschloß. Bei der Gruppe der 60- bis 74jährigen zeigte sich nahezu die gleiche Aktivitätsstärke, bei der Gruppe der über 75jährigen ein Abfall. Von der Gruppe der Männer waren etwa 60%, von der der Frauen etwa 40% aktiv bis ins hohe Alter. Personen, die einem höheren sozioökonomischen Status angehörten, waren nur zu knapp 40% aktiv, diejenigen, die einem niederen sozioökonomischen Status angehörten, zu über 60%.

Insgesamt zeigte sich eine geringe Korrelation zwischen sexueller Aktivität und Lebensalter. Die Selbstbeurteilung der Personen hinsichtlich ihrer sexuellen Aktivität in früheren Lebensjahren und ihrem diesbezüglichen heutigen Verhalten ließ eine erstaunliche Konstanz erkennen. – VERWORDT, PFEIFFER und WANG (1969) gehen in ihrer Untersuchung zum sexuellen Verhalten im hohen Alter auf die Längsschnittauswertung der Duke-Studie näher ein. Die vorliegenden Daten vom I. Durchgang (254 Personen, Durchschnittsalter: 68,83 Jahre) vom II. Durchgang (190 Personen, Durchschnittsalter: 73,04 Jahre) und vom III. Durchgang (126 Personen, Durchschnittsalter: 76,01 Jahre) gelangten dabei zur Auswertung. Die Daten über sexuelles Verhalten wurden im Zusammenhang mit der medizinischen Anamnese (in Form eines strukturierten Interviews) erhoben.

Die wörtlichen Antworten wurden seitens des Psychiaters direkt unter 7 Aspekten verarbeitet:

1. Freude und innere Beteiligung am Verkehr in jüngeren Jahren (1 = überhaupt nicht / 3 = sehr hoch)
2. Sexuelle gefühlsmäßige Ansprechbarkeit in jüngeren Jahren (1 = keine / 4 = starke)
3. Freude und innere Beteiligung am Verkehr zum jetzigen Zeitpunkt (1 – 3)
4. Sexuelle, gefühlsmäßige Ansprechbarkeit zum jetzigen Zeitpunkt (1 – 4)
5. Gegenwärtige Häufigkeit des Verkehrs (überhaupt nicht; einmal im Monat; alle 2 Wochen; einmal die Woche; mehr als einmal die Woche.)
6. Sofern jeder sexuelle Verkehr aufgegeben wurde: Zeitpunkt (vor einem Jahr, vor 2,5 Jahren, vor 6–10 Jahren, vor 11–20 Jahren, länger als vor 20 Jahren).
7. Gründe für 6. (Tod des Partners, Krankheit des Partners, eigene Krankheit, Nachlassen des Interesses am Partner, Potenzverlust des Partners, eigener Potenzverlust).

Entsprechend den Informationen der ersten Untersuchung wurden die Vpn in zwei Gruppen eingeteilt: »Aktivität« und »keine Aktivität«; desgleichen entsprechend der Information bei Durchgang II und III. Man interessierte sich für die individuelle Veränderung in diesem Zeitraum.

Folgende Ergebnisse werden hervorgehoben:

Bei Durchgang I waren 38% (von 215) sexuell aktiv, und zwar 53% der (116) Männer und 20% der (99) Frauen.

Bei Durchgang II waren 37% (von 171) sexuell aktiv, und zwar 56% der (86) Männer und 18% der (85) Frauen.

Bei Durchgang III waren 26% (von 111) sexuell aktiv, und zwar 39% der (57) Männer und 13% der (54) Frauen.

Dabei zeigten sich jedoch erhebliche – geschlechtsspezifische – Unterschiede zwischen Alleinstehenden und Verheirateten. Die sexuelle Aktivität der alleinstehenden Frauen war bei Durchgang I, II und III jeweils nur bei 4 bis 5% der Fälle gegeben, aber von den alleinstehenden Männern waren bei Durchgang I 35%, bei II 80% (!) und bei III 55% sexuell aktiv. Tatsächlich erwiesen sich bei dem II. und III. Untersuchungsdurchgang die unverheirateten (bzw. verwitweten, geschiedenen, getrenntlebenden) Männer als sexuell aktiver als die verheirateten (bei denen sich ein Abfall zeigte: I. Durchgang: 57% aktiv; II: 53%; III: 36%; die entsprechenden Zahlen für die verheirateten

Frauen: I: 43%; II 42%; II 42%). –
Insgesamt wird auf Grund der Daten festgestellt, daß zwischen Lebensalter und sexueller Aktivität keine lineare Beziehung besteht, sondern
daß eine Reihe intervenierender Variabler zu berücksichtigen ist. Die
sexuellen Interessen zeigten keinerlei Altersabfall (noch weniger als
sexuelle Aktivitäten). Grundsätzlich war der Skore der sexuellen Interessen höher als der der sexuellen Aktivitäten, besonders bei den
Männern.

PFEIFFER, VERWOERDT, WANG (1970) analysierten die Gründe für die
Aufgabe des sexuellen Verkehrs. Hierzu lagen von 67 Männern und
73 Frauen Daten vor. Der häufigste Grund war Tod des Partners
(30%). – Ansonsten läßt sich nur feststellen, daß Männer ihrer selbst
willen häufiger aufgaben (58%), Frauen hingegen des Partners wegen
(86%); – sei es, weil der Partner gestorben ist (48%), wegen Krankheit (23%) oder Interessen- und Potenzverlust (15%). Auf jeden Fall
herrschte insofern Übereinstimmung, als der Mann den entscheidenden Ausschlag im Hinblick auf das Aufgeben sexueller Aktivitäten gab.
Bezüglich der Angaben über sexuelle Aktivitäten fanden sich bei den
54 Ehepaaren, die an der gesamten Untersuchung teilnahmen, Übereinstimmung in 91% der Fälle, abweichende Angaben bei 9% der
Fälle. –

Nach den Ergebnissen der Untersuchungen von NEWMAN und
NICHOLS (1970) bleiben – einigermaßen gute Gesundheit beider Ehepartner vorausgesetzt – ältere Personen in der Regel sexuell aktiv bis
in ihr 7., 8., ja 9. Lebensjahrzehnt. RUBIN (1963, 1965) und
ARMSTRONG (1963) gelangten zu ähnlichen Feststellungen; nach den
dort referierten Untersuchungen, in die 75–90jährige einbezogen
waren, waren 50–60% der Männer noch im hohen Alter zu einem
vollständigen Coitus fähig (vgl. auch ROSENMAYR, 1969). –

Der Einfluß des Alterns, speziell der der Pensionierung des Mannes auf
die Art der sonstigen – vor allem der sozialen – Beziehungen der Ehepartner wird in der Literatur immer wieder diskutiert. SMITH (1965),
LIPMAN (1961), WILLIAMS (1953) und BLOOD und WOLFE (1960) stellen auf Grund ihrer Untersuchungen fest, daß das gegenseitige Verständnis der Ehepartner im höheren Alter stärker ist als in jeder der
vorangegangenen Lebensphasen (BLOOD und WOLFE), was LIPMAN auf
die zunehmende Hilfe des pensionierten Mannes bei verschiedenen
Aufgaben innerhalb des Haushaltes und das dadurch sich entwickelnde
stärkere gemeinsame Interesse zurückführt. WILLIAMS erklärt wörtlich (1953, S. 78), daß das enge Band zwischen den Ehepartnern nun
die Bindung zwischen Eltern und Kindern verringere – was unsere
eigenen Feststellungen (LEHR u. THOMAE, 1968) bestätigen würden.

KERCKHOFF (1965, 1966) kommt jedoch auf Grund von Interview-daten von 200 älteren Ehepaaren zu dem Ergebnis, daß die Partner-beziehung im höheren Alter dem einzelnen nicht mehr so bedeutsam sei, daß hingegen bei der im Alter allgemein nachlassenden partner-schaftlichen Bindung die intergenerationale Bindung für den einzelnen an Bedeutung zunähme. Eine gewisse Lockerung des Partnerbezugs (gemessen an der sinkenden Anzahl gemeinsamer Unternehmungen) sei besonders bei Personen aus niedrigerem sozialen Status feststellbar; bei Personen aus höherem sozialen Status fänden sich noch die stärk-sten gemeinsamen Interessen. Dies würde bedeuten, daß in höheren sozialen Schichten eine intensivere Eltern-Kind-Interaktion weniger angestrebt wird als in niederen Schichten und daß die verstärkten Kon-taktwünsche der niederen Schichten nicht nur in der finanziellen Situa-tion bzw. deren Verbesserung durch gemeinsame Haushaltsführung begründet liegen.

6.3.2.3.2. Eltern-Kind-Interaktion und Ausmaß sonstiger sozialer Aktivität

Eine Analyse unseres biographischen Materials (LEHR u. THOMAE, 1968) unter dem Gesichtspunkt der Häufigkeit familiären Kontaktes bzw. dem Wunsch nach solchem einerseits und dem Ausmaß sonstiger sozialer Aktivität andererseits zeigt, daß die Gruppe jener, die einen regen Sozialkontakt zu Freunden, Bekannten und früheren Kollegen pflegen, weniger häufig Kontakte zu Familienmitgliedern unterhalten, ohne daß der Wunsch nach Intensivierung laut wurde. Hingegen be-klagten sich jene, die verhältnismäßig isoliert im Sozialverband stan-den, die nie oder sehr selten nur Besuche von Bekannten und Nach-barn hatten, die (aus der Gruppe der Altenheimbewohner) als »Eigen-brötler« angesehen wurden, über fehlenden bzw. mangelnden Kon-takt zu Familienmitgliedern – obwohl objektiv ein häufigeres Zu-sammenkommen und intensivere Familienbeziehungen gegeben waren als bei der ersten Gruppe.

Auf einen Zusammenhang zwischen Ausmaß familiärer Kontakte einerseits und außerfamiliärer Sozialkontakte andererseits wird auch in der Literatur immer wieder hingewiesen, wobei es häufig den An-schein hat, als ob Familienkontakte gewissermaßen als Ersatz für feh-lende anderweitige Kontakte gesucht werden, wie es ROSOW treffend in seinem Buch: The Aged, Family and Friends (1963) ausdrückt:

»The more friends available to the aged person, the less he is dependent upon the family for emotional support. The greater the loss of (social) roles by the aged person, the greater the dependence upon the family for emotio-nal support.«

Auch FLOREA (1964) sieht das Sich-Zurückziehen auf familiäre Kontakte als Notlösung und glaubt, daß alte Leute in Ermangelung von Zielen und Interessen außerhalb eng an die Familie gebunden seien. – SMITH (1965) faßt die Ergebnisse mehrerer empirischer Untersuchungen zusammen und glaubt eine umgekehrte Folge feststellen zu können: Das Ausmaß der Kontakte und der Verpflichtungen nach außerhalb der Familie nehme in dem Maße ab, wie es innerhalb der engeren Familie zunehme.

Nach anderen Untersuchungen stellt es sich so dar, als ob anderweitige Sozialkontakte gewissermaßen als Ausgleich für fehlende Familienkontakte gesucht werden, wie z. B. ROSENMAYR u. KÖCKEIS annehmen, wenn sie sagen (1965, S. 136): »Wo rege Beziehungen zu den Kindern fehlen, stellen sich solche zu anderen Verwandten oder Bekannten ein: wir können im Bereich der Sozialbeziehungen mit starker persönlicher Anteilnahme von einem Binnenausgleich sprechen.« Besonders beim Fehlen des Ehepartners zeige sich ein verstärktes Bedürfnis nach anderweitigen Kontakten. Wo keine Kinder in der Nähe wohnen, nimmt die gemeinsame Aktivität der Ehepartner zu (SUSSMAN, 1955).

Allerdings bleibt auch hier festzustellen, daß sich derartige Zusammenhänge zwischen starker Familienzugewandtheit (bzw. Kindzentriertheit) einerseits und einem damit einhergehenden geringeren Ausmaß an anderen Sozialkontakten andererseits auch im mittleren Erwachsenenalter nachweisen läßt (LEHR, 1969).

6.3.2.3.3. Eltern-Kind-Interaktion und Sozialverhalten während des ganzen Lebens
Bei einem Studium der Lebensgeschichten wird man darauf aufmerksam, daß der Wunsch nach familiären Kontakten und die Klage bezüglich fehlender Familienkontakte besonders bei jenen Personen laut wird, bei denen die sozialen Kontakte während des ganzen Lebens allein auf die Familie zentriert waren. Es sind jene Personen, die bereits als Schüler außerhalb der Klassengemeinschaft standen, die von Spielen mit Gleichaltrigen durch die Eltern ferngehalten wurden, denen die Mitgliedschaft bei einer Jugendgruppe versagt wurde usf. – Wo dagegen über den Familienkreis hinaus – bei Männern zusätzlich über den Kollegenkreis hinaus – schon immer stärkere Kontakte gepflegt und aufrecht erhalten wurden, tritt auch im Alter die Familie als unbedingt notwendiger Lebensraum zurück.
BERGLER (1966, S. 79) stellt anhand einer Reihe einschlägiger Untersuchungen sehr treffend fest: »Die Ergebnisse zum Sozialverhalten der ›Alten‹ ... machen besonders deutlich, in welch außerordentlich

starkem Maße die spezielle Verlaufsform menschlichen Sozialverhaltens im Lebensablauf abhängig ist von dem in der frühen Entwicklung ausgebildeten Stil und der Technik der Bewältigung sozialpsychologisch relevanter Situationen: Ohne Sozialaktivität und angepaßtes Sozialverhalten in früheren Jahren kein entsprechendes Verhalten im fortgeschrittenen Alter.«

6.3.2.3.4. Eltern-Kind-Interaktion und sozio-ökonomischer Status

Einen stärkeren Familienzusammenhalt und verstärkten Wunsch nach Kontakt zu den Kindern bei niederem sozialen Status stellten SUSSMAN (1960, 1965), SMITH (1965), TOWNSEND (1957) u. a. fest; stärkere außerfamiliäre Kontakte bei höherem sozialen Status wiesen u. a. die Untersuchung von LOWENTHAL (1964), BLUME (1962, 1968), ROSENMAYR und KÖCKEIS (1965) nach. Man hat auch festgestellt, daß eine ungünstigere finanzielle Situation oft zur Wohngemeinschaft in 3-Generationen-Familien führt (BEYER, 1960, 1961). Jedoch:»Verfügen entweder die alten Leute selbst über ein ausreichendes Einkommen oder gestatten es die Einkommensverhältnisse ihrer Kinder, die Eltern durch entsprechende Zuwendungen zu unterstützen, dann besteht nur in den seltensten Fällen ein gemeinsamer Haushalt« (vgl. ROSENMAYR und KÖCKEIS, 1965, S. 40). Eine Überprüfung der in den verschiedenen Bonner Studien zum Altersproblem erfaßten über 65jährigen ergab, daß jene, die eine bessere Schulbildung hatten und einem höheren sozialen Stand angehörten,weniger häufig familiäre Kontakte pflegten und auch wünschten als jene Betagten, die nur Volksschulbildung hatten und einem niederen sozialen Stand angehörten (LEHR und THOMAE, 1968).

Man könnte von derartigen Feststellungen ausgehend die Frage aufwerfen, ob es sich bei den stärker familienzentrierten bzw. weniger stark familienzentrierten Formen von sozialpsychologischen Alternsprozessen um eine in den niederen Schichten stärker vertretene »traditionsbestimmte« Form und eine bei höheren Schichten dem sozialen Wandel eher angepaßte Form der Sozialkontakte handelt. Andererseits dürfte die finanzielle Situation die Möglichkeiten anderer Unternehmungen und die dadurch ermöglichten Sozialkontakte außerhalb der Familie durchaus einschränken.

6.3.2.3.5. Eltern-Kind-Interaktion und Wohngegend

Für eine stärker »traditionsbestimmte« Form der Alternsprozesse, die durch eine verstärkte Eltern-Kind-Interaktion gekennzeichnet ist, sprechen auch die Daten aus vergleichenden *Stadt-Land*-Untersuchungen. Für Westdeutschland hatte BAUMERT schon 1960 zahlenmäßig belegt, daß das Zusammenwohnen älterer Menschen mit Kindern um so seltener anzutreffen ist, je größer und städtischer die Gemeinde ist, und daß in den ländlichen Gebieten die ausschließlich in der Landwirtschaft tätigen Familien noch am ehesten im Generationsverband wohnen. – Der Wunsch nach engeren Kontakten zu den Kindern findet sich, wie soziologische Untersuchungen zeigten, um so häufiger, je kleiner die Gemeinde ist (also auf dem Land häufiger als in der Stadt) und je weniger industrialisiert die Gemeinde ist. So konnten KARSTEN und BAUER (1966) bei Untersuchungen der Landbevölkerung in Hessen zeigen, daß bei 45% der Landwirtschaftsbetriebe, bei 34% der Nebenerwerbs-Landwirtschaft und nur bei 14% der nicht in der Landwirtschaft Tätigen aber auf dem Lande Wohnenden die 3-Generationen-Familie bejaht wird (vgl. auch MUNNICHS, 1971).

6.3.2.3.6. Eltern-Kind-Interaktion und gesundheitliches Wohlbefinden

Das gesundheitliche Wohlbefinden scheint auf Art und Ausmaß der gewünschten Familienbeziehungen weiterhin von Einfluß zu sein. Untersuchungen zeigten, daß jene über 65jährigen, die weniger über körperliche Beschwerden zu klagen hatten, mit den – objektiv selteneren – familiären Kontakten zufriedener waren als jene Befragten, denen es gesundheitlich weniger gut ging, die sich beeinträchtigt fühlten, auch wenn letztere objektiv mehr Kontakte hatten. Hier wurde eine Einstellung deutlich, die sich mit dem Ausspruch eines Befragten treffend charakterisieren läßt: »In seinem Elend offenbart man sich keinem fremden Menschen. Das geht andere Leute nichts an. Wenn es einem so schlecht geht, hat die Familie für einen einzustehen.« (LEHR und THOMAE, 1968)

In gleiche Richtung weisen u. a. die Befunde von TUNSTALL (1966), ROSENMAYR und KÖCKEIS (1965) und auch von TOWNSEND (1957), der feststellt, daß im allgemeinen die Bedeutung der Nachbarschaft und sonstiger Sozialkontakte mit zunehmender körperlicher Schwäche und Krankheit genau wie mit fallendem Einkommen abnimmt, daß dann in dieser Situation jedoch familiäre Kontakte an Bedeutung gewinnen. Freilich ist dabei nicht zu vergessen, daß der Gesundheitszustand oft die Anwesenheit anderer Personen geradezu notwendig erscheinen läßt.

6.3.3. Der ältere Mensch in der Gesellschaft

6.3.3.1. Einsamkeit, Isolation und Abhängigkeit im Alter?

Die hier unter den verschiedensten Aspekten referierten Ergebnisse bezüglich der sozialen Kontakte älterer Menschen stellen jede generalisierende Aussage über die »Einsamkeit des Alters« stark in Frage.

Zunächst einmal ist, wie es auch TUNSTALL (1966) gefordert hat, zwischen »Isolation« und »Einsamkeit« streng zu unterscheiden. Während mit dem Begriff der »Isolation« stärker objektive Gegebenheiten im Bereich sozialer Kontakte zu erfassen sind, zielt der Begriff der »Einsamkeit« mehr auf das subjektive Erleben des sozialen Interaktionsgefüges. Das subjektive Gefühl der Einsamkeit wird aber keineswegs von der objektiven Kontakthäufigkeit bestimmt. Manch einer fühlt sich einsam, ist aber – an Ausmaß und Art objektiv feststellbarer Sozialkontakte gemessen – keineswegs isoliert. Andere Menschen hingegen, die objektiv verhältnismäßig wenig Sozialkontakte haben und nach außen hin isoliert erscheinen, fühlen sich jedoch keineswegs einsam. (TUNSTALL, 1966; MUNNICHS, 1964; ROSENMAYR u. KÖCKEIS, 1965; LEHR u. THOMAE, 1968).

Von daher gesehen läßt sich feststellen: *Das Ausmaß der Einsamkeitsgefühle ist eher eine Funktion der Erwartungen hinsichtlich der Eltern-Kind-Beziehungen und hinsichtlich anderer Sozialkontakte als eine Funktion der tatsächlichen Kontakte.* Nach TUNSTALL's empirischen Untersuchungen klagen Frauen mehr über Einsamkeitsgefühle als Männer (33,6% zu 19,3%); Personen, die über 75 Jahre und älter sind, klagen mehr als solche, die 65–74 Jahre alt sind; jene, denen es gesundheitlich schlechter geht (47,5%) klagen mehr als jene, die sich gesundheitlich wohl fühlen (19%); Witwen fühlen sich einsamer als Frauen, die nie verheiratet waren. – Von diesen Ergebnissen ausgehend könnte eine Therapie der Einsamkeit auf dem Wege der Veränderung der Erwartungshaltung im Hinblick auf Sozialkontakte erfolgversprechend sein.

Eine weitere Beziehung fand man zwischen dem Gefühl der Einsamkeit einerseits und dem Ausmaß der Inaktivität und Langeweile andererseits. Personen, die einen eingeschränkten Interessenradius haben, eine geringe Zielgerichtetheit und eingeschränkte Zukunftsorientierung, die unzufrieden sind und von geringem Selbstvertrauen, klagen häufiger über Einsamkeit. GOLDFARB (1965) sieht in diesem Sinne die *Einsamkeit als Funktion der Langeweile* – eine Feststellung, die ROSENMAYR auch durch jugendsoziologische Untersuchungen belegen konnte. Von hier aus gesehen könnte eine gezielte Therapie, die auf das Erschließen neuer Interessensgebiete gerichtet ist, der Einsamkeit wirkungsvoll begegnen. – Allerdings sollte man in diesem Zusammenhang an die Feststellungen HAVIGURST's erinnern, denen zufolge das Gefühl der Langeweile dann auch bei einem breitgefächerten Interessensgebiet auftreten kann, wenn man nicht auf eine Rhythmisierung der Tätigkeiten bedacht ist. Diesen Untersuchungen zufolge zeigt sich *Langeweile als Folge fehlender Rhythmisierung* des Tages-, Wochen-

und Jahresablaufs, für die zuvor durch die Berufstätigkeit und die festen Arbeitszeiten gesorgt wurde, während der Austritt aus dem Berufsleben oft zu einer Ungegliedertheit des Zeitablaufs führe und dadurch Gefühle der Langeweile heraufbeschwöre.

Neben »Einsamkeit als Funktion der Erwartungshaltung« und »Einsamkeit als Funktion der Langeweile bzw. der Ungegliedertheit und der fehlenden Rhythmisierung des Tages- und Wochenablaufs«, sieht GOLDFARB (1969) einen Zusammenhang zwischen *Einsamkeit und Abhängigkeit (dependency)*. Abhängige Personen sind stärker auf andere Menschen angewiesen und so sei es verständlich, daß verminderter Sozialkontakt bei ihnen in verstärktem Maße Einsamkeitsgefühle hervorruft.

Bei diesen durch »Abhängigkeit« gekennzeichneten Persönlichkeitsstrukturen tritt entweder das Bedürfnis nach dauerndem Umsorgt- und Betreutwerden oder auch nach ständiger Anerkennung in den Vordergrund, oder auch das Bedürfnis, über andere Personen stets Kontrolle auszuüben – oder auch wie GOLFDFARB (1965) gezeigt hat, beide Momente zusammen. »Es wäre daher verfehlt, häufige Interaktionen als Indikator für ›geglückte‹ Beziehungen aufzufassen; Familien*kohäsion* muß nicht Familien*integration* bedeuten ...« (ROSENMAYR, 1969, S. 340)

1968 wurde im Institut für Gerontologie der Universität in Michigan ein Symposion unter dem Thema »The dependencies of old people« abgehalten (KALISH, 1969), bei dem GOLDFARB in seinem Einleitungsreferat auf die biologische Determiniertheit der Abhängigkeit des Menschen (Hilfslosigkeit des neugeborenen Kindes) und die zusätzliche kulturelle Begünstigung der Abhängigkeit (stärkeres Belohntwerden abhängigen Verhaltens bei Kindern – besonders weiblichen Geschlechts) hingewiesen hat. In der Eltern-Kind-Beziehung neigen Eltern meist dazu, die Abhängigkeit ihres Kindes zu belohnen. Da Abhängigkeit ein bindendes Moment sei, neige man geradezu dazu, zur Abhängigkeit zu erziehen – und nun im Alter werde plötzlich Unabhängigkeit verlangt. Der geheime Wunsch nach Abhängigkeit führe ältere Menschen häufig zu einer Flucht in die Krankheit, wodurch nun nicht selten – gewissermaßen im Kreisprozeß – eine verstärkte Abhängigkeit und Hilflosigkeit heraufbeschworen werde. Auch KALISH (1969) sieht das »Bedürfnis nach Abhängigkeit« als Grund mancher Alterskrankheiten an; oft führe nicht die Krankheit sondern der innere Wunsch nach Abhängigkeit zum »doctor-shopping« oder «clinic-hopping«.

BLENKNER (1969) wendet sich dagegen, die Abhängigkeit als pathologischen Zustand zu sehen, sondern fordert sie als »ein Recht (zu begreifen), das den Betagten in fast allen Gesellschaften gezollt werde«. Bei der Abhängigkeit alter Menschen wird zwischen »ökonomischer Abhängigkeit« (von der z. Z. im Arbeitsprozeß stehenden Generation), »physiologischer Abhängigkeit« (durch Veränderungen des Bewegungsapparates und sensorische Veränderungen ausgelöst), »seelisch-geistiger Abhängigkeit« (Defizit des Gedächtnisses, Orientierungsverlust) und »sozialer Abhängigkeit« (Rollenverlust, Isolation) unterschieden. Selbst wenn Abhängigkeit im Alter auch ein »normaler Zustand« sei, sollte man doch mit allen Mitteln versuchen, die Abhängigkeit zu reduzieren.

Kastenbaum und Cameron (1969) beweisen anhand empirischer Untersuchungen, daß der ältere Mensch nicht grundsätzlich abhängiger ist als der jüngere. Und wenn ein Zusammenhang zwischen Alter und Abhängigkeit nachweisbar wäre, dann beruhe dieser weniger – wie allgemein angenommen – auf ökonomischen, physiologischen und sozialen Faktoren; kognitiven und emotionalen Prozessen komme hier eine weit größere Bedeutung zu. Kelly (1955), Ossorio (1966) und auch Thomae (1969, 1971) haben die Bedeutung kognitiver Prozesse für das menschliche Verhalten herausgestellt: Das menschliche Verhalten richtet sich nicht danach, wie eine Situation wirklich ist, sondern wie sie wahrgenommen wird. Kastenbaum und Cameron stellten fest, daß ältere Personen die Situation oft als Stillstand wahrnehmen; das Gefühl »es geht nicht voran« läßt sie dann ihre Aktionen einstellen, und jede Aktivität geht in Passivität und damit in Abhängigkeit über. Kognitive wie auch emotionale Momente verhindern eigene Aktivitäten. Kognitive Störungen liegen außerdem in der geringen bzw. nicht adäquaten Orientierung über die Situation, in dem Mangel an Information bzw. in der Unfähigkeit, diese Informationen zu integrieren, was zu einem verzögerten Wahrnehmungs- und Entscheidungsvorgang führe. Ist nun der ältere Mensch endlich bereit, zu agieren, dann hat sich die Situation vielleicht schon geändert; so erlebt der ältere Mensch oft Mißerfolge, die ihn zunehmend in seiner Aktivität erlahmen lassen. Sowohl der Verlust sensorischer Fähigkeiten wie auch die Reduzierung der Sozialkontakte (wie sie oft durch die Pensionierung ausgelöst werde) bedeute für den älteren Menschen Informationsverlust und Einschränkung des Informationsaustausches, so daß sich ein Stadium der »kognitiven Deprivation« einstelle. – Emotionale Momente – vor allem die Furcht, daß eigene Aktionen von anderen nicht akzeptiert werden – lassen ebenso die eigene Aktivität erlahmen. Je mehr die soziale Umgebung als unfreundlich erlebt wird, um so weniger entwickelt man eigene Aktivitäten und um so mehr begibt man sich, wie Kastenbaum und Cameron feststellten, in die

Abhängigkeit von anderen. (In dieser Beziehung reagieren Jugendliche in entgegengesetzter Richtung: Eine ablehnende Umwelt fordert Jugendliche zu verstärkter Aktivität heraus.)

Die Bedürfnisse Älterer seien – was allzu leicht vergessen werde, bzw. zugunsten sozialer Maßnahmen verdrängt werde – auf *kognitive* Hilfen gerichtet; man sollte ihnen Informationen zukommen lassen und ihnen bei der Verarbeitung der Informationen behilflich sein. Die Verhinderung einer kognitiven Deprivation könne am stärksten einer Abhängigkeit im Alter entgegenwirken. Andererseits kann – den Feststellungen der Autoren zufolge – eine Reduzierung der Information aus einem Menschen im »jüngeren oder mittleren Erwachsenenalter« einen »älteren Menschen« machen, d. h., der Jüngere wird sich so verlangsamt und in seiner Aktivität herabgesetzt verhalten, wie man es von einem älteren Menschen erwartet; während umgekehrt kognitive Hilfen (klare, relevante Informationen, Kompensationsmöglichkeit für die erschwerte Aufnahmefähigkeit, soziale Kontakte mit Gleichgestellten) einem Älteren zu einem durch spontane Aktivität gekennzeichneten Verhalten helfen können, wie man es nur von »Jüngeren« erwartet (KASTENBAUM u. CAMERON, 1969).

Nach all diesen Ergebnissen ist es genauso falsch, von einer »generellen Abhängigkeit« wie von einer generellen Isolierung älterer Menschen auszugehen. Dies entspricht zwar einem in unserer Gesellschaft weitverbreiteten Bild, das jedoch weitgehend auf stereotypen Vorstellungen beruht, die durch Verallgemeinerungen von Einzelfällen zustande gekommen sein mögen.

6.3.3.2. Die Einstellung der Gesellschaft zum älteren Menschen

Das Bild des älteren Menschen in unserer Gesellschaft ist auch heute noch durch Feststellungen von Isolation und Vereinsamung, von Abhängigkeit und Hilfsbedürftigkeit charakterisiert. Darüber hinaus wird ein Abbau geistiger Fähigkeiten als geradezu selbstverständlich angenommen.

Seit den 50er Jahren gibt es eine Reihe von Untersuchungen, die dem Bild des älteren Menschen in der Gesellschaft nachgehen (AARONSON, 1966; ARNHOFF et al., 1964; BEKKER u. TAYLOR, 1966; BERGLER, 1966, 1968; BURGESS et al., 1958; DRAKE, 1956/57; GOLDE und KOGAN, 1959; KOGAN, 1961, KOGAN und SHELTON, 1962; KUCHER, 1961; LANE, 1964; MOL, 1968; TUCKMAN und LORGE, 1952, 1953; TUCKMAN und LAVELL, 1957) und deren Ergebnisse wie folgt zusammenzufassen wären:

1. Dieses Bild ist grundsätzlich negativ gezeichnet, und zwar weit negativer, als es sich für die Gesamtheit der älteren Menschen vertreten läßt (vielfach als Folge einer einseitigen Orientierung an einer

Auswahlgruppe älterer Personen zu verstehen). Stereotypien, unzulässige Verallgemeinerungen herrschen vor.

2. Bei jüngeren Personengruppen ist das Bild des alten Menschen am negativsten akzentuiert; hier zeigt sich die stärkste Diskrepanz zum Realverhalten Älterer. Verhaltenserwartungen sind am ehesten durch Restriktion gekennzeichnet (SCHNEIDER, 1970). Mit zunehmendem Lebensalter der Beurteiler erfährt das Bild des älteren Menschen eine zunehmend positivere Tönung und ist durch Zugeständnisse eines größeren Verhaltensradius an die Älteren gekennzeichnet.

3. Jene methodischen Ansätze, die eine differenziertere Betrachtungsweise erlauben, lassen darüber hinaus aber deutlich werden, daß das »Bild des alten Menschen« nicht nur vom Lebensalter der Befragten abhängig ist, sondern von deren Lebenssituation. So wirken sich z. B. gesundheitliches Wohlbefinden und eigene positive Stimmungslage bei der Beurteilung anderer Menschen aus (TUCKMAN und LORGE, 1953); so fand man z. B., daß das Zusammenleben mit älteren Leuten bei Jugendlichen das »Bild des älteren Menschen« differenzierter und weniger negativ getönt erscheinen läßt (BEKKER und TAYLOR, 1966); und so fand z. B. KOGAN (1961) in seinen vielen ausgedehnten Untersuchungsreihen, daß verschiedene Persönlichkeitseigenschaften des Beurteilers das Fremdbild bestimmen, wie z. B. autoritäre Einstellung und eigener Pessimismus im Hinblick auf die eigene Zukunft; auch eine gewisse Unausgerichtetheit des Lebens verstärkt bei Jugendlichen die negativ akzentuierten Stereotypien im Bild des älteren Menschen.

Weitverbreiteten Annahmen zufolge bedeutet also Älterwerden einen Verlust seelisch-geistiger Fähigkeiten, einen Abbau psychischer Funktionen. Diesen Vorstellungen zufolge – die durch Massenmedien und auch durch wohlgemeinte Hinweise auf die schwierige Lebenssituation des hinfälligen alten Menschen immer wieder erneut genährt werden in der Absicht, an Mitleid und Hilfsbereitschaft der Gesellschaft zu appellieren – geht Älterwerden mit zunehmender Gebrechlichkeit, Isolation und sogar mit zunehmender »Unzurechnungsfähigkeit« einher.

Wie bereits erwähnt, finden sich derartige Charakterisierungen vielfach auch in Schilderungen von Psychiatern. In seinem Artikel »Das seelische Altern« schildert GRUHLE (1938) Beobachtungen über die Schwerfälligkeit der Umstellung, der Aneignung neuer Gedächtnisinhalte, über Vergeßlichkeit und Eigensinn, sowie über zunehmende Gereiztheit alternder Menschen, die angeblich den »typischen Altersprozeß« charakterisieren – womit ein schon lange zuvor gebildetes Stereotyp fixiert wird. Diese eigentlich *pathologische Sicht* determinierte lange Zeit weitgehend die Betrachtung der Norm seelischer Alternsvorgänge, gerade auch im ärztlichen Denken. Und es ist schwer zu beurteilen, inwieweit dieser Einfluß für die Persistenz eines Modells bedeutsam wurde, das bis in die Gegenwart hinein bemerkbar, wenn nicht sogar dominierend ist. Etwas überakzentuiert formuliert, könnte man sagen: Diese Sichtweise betrachtet grundsätzlich das Altern als eine pathologische Variante der Norm menschlichen Verhaltens, wie es offenbar nur in Kindheit, Jugend und früherem Erwachsenenalter zutage tritt. Diese negative Sicht der Alternsveränderungen im seelisch-geistigen Bereich, nämlich Altern als Prozeß des Abstiegs, des Abbaus, des Verlusts von Fähigkeiten, des Verlusts sozialer Kontakte, herrscht auch heute noch eindeutig vor.

Offensichtlich ist es aber nicht nur der Einfluß des Psychiaters, der diese pathologische Interpretation des Alterns förderte. Wir finden diese pathologische Sicht des Alterns auch in Dokumenten, die dem Einfluß des Psychiaters weitgehend entzogen sein dürften. So kann eine erst kürzlich vorgenommene *Analyse deutscher Lesebücher* (HASTENTEUFEL, 1971; VIEBAHN, 1971) dieses Bild des hilflosen, etwas linkischen, vergeßlichen, einsamen alten Menschen nur verstärken! Beschreibungen, die eine gewisse Verantwortlichkeit, die Erfahrung, Abgeklärtheit und Weisheit oder auch nur eine Lebenstüchtigkeit (»Competence« im Sinne von »Fähigkeiten, mit den täglichen Aufgaben von Beruf und Alltag fertig zu werden«) oder gar eine Leistungsfähigkeit erkennen lassen, machen nicht einmal 8% der Beschreibungen alter Menschen aus, wie sie durch Lesebuchstücke Kindern im 4. Schuljahr vorgestellt werden.

Zweifelsohne steckt dahinter die wohlgemeinte pädagogische Absicht, den Menschen schon von früher Kindheit an zu einer gewissen Hilfsbereitschaft dem Alter gegenüber zu erziehen. Eine sicher gutgemeinte Absicht, die jedoch in mehrfacher Hinsicht negative Auswirkungen hat: Sie trägt zur Generalisierung und Vorurteilsbildung bei. »Der ältere Mensch kann sich nicht mehr begeistern«, »ist verbittert«, »ist uninteressiert«, »ist passiv«, »will seine Ruhe und möchte am liebsten ein friedliches, geruhsames Leben in seinen vier Wänden« führen. – Von einem anderen methodischen Ansatz aus versuchten wir bei 10- und 14jährigen Kindern das Bild vom 40jährigen und vom 60jährigen zu erfassen. (POUPLIER, 1963; LEHR, 1963; LEHR, ESSER u. RAITHELHUBER, 1971). Bei der Untersuchung zu Beginn der 60er Jahre zeigte sich, daß das Bild des 40jährigen bei Jungen durch positive Aspekte (Aktivität, Erfolg, Zufriedenheit, Besitz) gekennzeichnet war, das des 60jährigen durch negative Aspekte (Abbau, Verlust, Passivität, Gefühl des

Überflüssigseins) bestimmt war. Bei Mädchen hingegen war das Bild der 40jährigen stärker negativ konturiert (Einschränkung der Freiheit durch unangenehme familiäre Verpflichtungen, Gebundensein, Beengtsein, Nachlassen der Attraktivität der äußeren Erscheinung); das der 60jährigen jedoch zeigte weit positivere Züge, die durch die Beendigung der Familienpflichten, durch wiedergewonnene Freiheiten, durch die positiv erlebte Rolle der Großmutter bestimmt waren (POUPLIER). Schüler des 8. Schuljahres zeichneten das Bild des 60jährigen positiver als Schüler des 4. Schuljahres. –

1970 wurde die gleiche Untersuchung – gleiche Fragestellung, gleiche Instruktion – an einer vergleichbaren Population wiederholt. Bei dieser Wiederholungsuntersuchung wurden Tendenzen deutlich, das Altersbild positiver zu zeichnen; Vorsätze wurden zum Ausdruck gebracht, dem eigenen Alter später einmal nicht resignierend zu begegnen und es schicksalsergeben anzunehmen, sondern durch aktive Vorbeugung rechtzeitig Gegenmaßnahmen zu treffen und es gar nicht erst zum Abbau kommen zu lassen. Der Wunsch, es selbst »anders zu machen als die meisten 60jährigen heute« dominierte bei der Jugend von 1970 stark. Immerhin wird auch dieser Untersuchung zufolge der ältere Mensch unserer Zeit noch passiv, uninteressiert, intolerant und zurückgezogen geschildert.

Verhaltensweisen, die dagegen eine Expansion, einen »Ausgriff auf die Welt« bedeuten, die von Aktivität, Interesse, Zugewandtheit auch dem außerfamiliären Geschehen gegenüber, oder gar von »Unternehmungslust und Initiative-Ergreifen« zeugen, erwartet man vom älteren Menschen nicht. In einer neueren Studie, die bei einem repräsentativen Querschnitt der westdeutschen Bevölkerung Verhaltenserwartungen, die man an Personen verschiedener Lebensalter stellt, zu erfassen suchte, konnte SCHNEIDER (1970) nachweisen, wie weitverbreitet die Annahmen sind, die im Älterwerden eine Beschränkung des Lebensraumes sehen.

6.3.3.3. Fremdeinschätzung und Selbsterleben älterer Menschen

Nun hat aber sowohl diese Studie wie auch eine Vielzahl anderer Untersuchungen ergeben, daß mit zunehmendem Lebensalter der Befragten selbst die auch höheren Altersgruppen zugeschriebenen »expansiven« Verhaltensweisen zunehmen. Aus diesen Daten wird eines deutlich: eine *Diskrepanz zwischen »Selbstbild« und »Fremdbild«;* – eine Diskrepanz zwischen dem, was man als älterer Mensch noch tun möchte und durchaus noch tun kann – und dem, was die anderen Menschen von einem erwarten. Dies führt dazu, daß man als »Älterer«

vielfach seinen Lebensraum beschränkt, vielfach Dinge nicht mehr tut, die man an sich noch gut könnte und die einem auch Spaß machen – nur, weil das »dumm« aussehen könnte, weil andere darüber lächeln! Manche ältere Menschen, die z. B. gern einmal ein Tänzchen wagen (was auch von medizinischem Standpunkt in vielen Fällen gut- geheißen, wenn nicht sogar angeraten wird als »natürliche Form der Bewegungstherapie«) verzichten darauf, nur weil »man es in *dem* Alter nicht mehr erwartet«. Nicht nur gesundheitliche Beschwerden lassen einen das eigene Alter zunächst bewußt werden, sondern in weit stärkerem Maße die Einstellung der sozialen Umwelt dem Älterwer- den gegenüber!

Eine Reihe von Untersuchungen zeigt, daß es vorwiegend die Einstel- lung der anderen Menschen ist, die einen oft zu »altersgemäßen« Ver- haltensweisen zwingt, weniger aber die eigenen Wünsche oder etwa das Nachlassen von Fähigkeiten.

Es ist ebenso das Verhalten der Mitmenschen, der Umwelt, das einen sich seines Lebensalters bewußt werden läßt. Der bekannte Satz »man ist so alt, wie man sich fühlt« läßt sich auf Grund unserer Unter- suchungen (Lehr und Puschner, 1963) ergänzen bzw. abändern in die Feststellung: »Man ist so alt, wie man sich auf Grund der Haltung der Gesellschaft oder der mitmenschlichen Umwelt einem selbst ge- genüber fühlt.«

Schon in den 20er Jahren wurde von Giese (1928) eine Untersuchung durch- geführt, bei der Personen zwischen 15 und 80 Jahren gefragt wurden, wann sie sich zum ersten Male »alt gefühlt« haben. Diese Untersuchung wurde Ende der 50er Jahre in West-Deutschland in intensiverer Form (ausführliche Exploration) wiederholt. Während in den 20er Jahren subjektive Alterns- erlebnisse durch gesundheitliche Momente ausgelöst wurden, standen jetzt sozialpsychologische Motive an erster Stelle der Begründung von Alternser- lebnissen: Man fühlte sich plötzlich »alt« im Vergleich zu den Menschen sei- ner Umgebung, im Vergleich zu seinen Kollegen. Jüngere Kollegen, die mit neuen Fertigungsmethoden besser zurechtkommen – oder auch die jüngere und attraktiver erscheinende Kollegin, die sich nach der neuesten Mode kleiden kann, was einem selbst unter Umständen durchaus noch steht, aber von der Umwelt als »unpassend« und »unschicklich« verurteilt wird – lösten der- artige subjektive Alternserlebnisse aus.

Das gesellschaftliche Bezugsystem erscheint danach als bestimmender Faktor für das eigene Selbstbild und für das eigene Selbsterleben. Älterwerden wird für den einzelnen oft nur deswegen eine Belastung, weil damit die Gesellschaft bestimmte Verhaltenserwartungen an einen stellt; – Verhaltenserwartungen, die häufig nicht an der Realität und auch nicht immer an den gesundheitlichen Notwendigkeiten, son- dern an traditionellen, oft stereotypen Vorstellungen orientiert sind und gerade dadurch eine Anpassung des Älterwerdenden erschweren.

Das wichtigste Ergebnis dieser Untersuchungsreihen ist, wie gesagt, jenes der Diskrepanz zwischen Selbstbild und Fremdbild! So fühlt sich der ältere Mensch z. B. durchaus noch leistungsfähig (was evtl. sogar objektiven Ergebnissen entspricht), wird jedoch von der Gesellschaft mit anders gerichteten Erwartungen konfrontiert – und versucht nun nicht selten auf dem Wege der »Anpassung an die Verhaltenserwartungen der Gesellschaft«, die ja in einem lebenslangen Sozialisationsprozeß von Kind an dem Individuum nahe gelegt wurde – sich den Erwartungen entsprechend zu verhalten, was bei diesem Beispiel eine Minderung der Leistungsbereitschaft bedeutet.

Anpassung an die Verhaltenserwartungen der Umwelt bedeutet sehr oft für den Älterwerdenden Einschränkung, bedeutet Aufgeben liebgewordener Gewohnheiten der Gesellschaft zuliebe – und macht dadurch nicht selten das »Älterwerden« zum Problem. Das Selbstbild und die Realitätsorientierung des älteren Menschen werden von solchen Stereotypisierungen affiziert und bestimmen dann sein reales Verhalten. Denn derartige in der Gesellschaft verankerte »Rollenvorstellungen« beeinflussen nachgewiesenermaßen bei Älteren das Verhalten; darüber hinaus aber bewirken sie bei den noch etwas Jüngeren eine negative Erwartungshaltung dem Älterwerden gegenüber. Hier wird dann ein psychologisches Gesetz wirksam, demzufolge die Erwartungshaltung auf dem Wege über eine Selektion der Wahrnehmung das Erleben beeinflußt. Es sind jedoch Erwartungen, die wissenschaftlich nicht begründet sind, die sich aber auf das Selbsterleben des älteren Menschen auswirken und *dadurch* die Situation für ihn erschweren! Mit diesen und einer Reihe anderer negativen Erwartungen reiht unsere Gesellschaft den älteren Menschen von vorneherein in eine »Problemgruppe« ein und läßt gerade durch diese Zuordnung Altwerden erst zum Problem werden (THOMAE, 1968, 1969).

Einmal entsteht ein Altersbild in der Bevölkerung, das den alten Menschen von vorneherein in eine Problemgruppe der Gesellschaft einordnet und ihm selbst – gerade in einer auf Leistung hin orientierten Gesellschaft – damit keinen allzu großen Dienst erweist, ja, ihn gerade dadurch unter Umständen in die Isolation zu treiben vermag.

Zum anderen beeinträchtigen derartige pädagogische Bemühungen (die nach Beendigung des Schulalters, wenn das Lesebuch seinen Dienst getan hat, in Form von Ilustrierten, Fernsehsendungen und auch manchen gut gemeinten Anzeigen in Tageszeitungen fortgesetzt werden) das Verhalten des älteren Menschen selbst. – Es sei hier nur an die Erkenntnisse der Psychologie erinnert, denenzufolge das Fremdbild (d. h., das Bild, das andere Menschen von einem haben) das eigene Selbstbild und Selbsterleben beeinflußt (RAIMY, 1948; ROGERS, 1951;

ROGERS und DYMOND, 1954; GORDON und VINACKE, 1971; vgl. auch LEHR u. MERKER, 1970; THEISSEN, 1970): – daß sodann aber wieder dieses Selbsterleben, diese Selbsteinschätzung, den Grad der persönlichen Anpassung an die Umwelt bestimmt (MASON, 1954). – Untersuchungen haben gezeigt, daß jene Personen, die sich selbst »minderwertig« vorkamen, stärker dazu neigten, »Schwächen« bei anderen Menschen zu sehen, als jene, die selbstsicher waren und ein gesundes Selbstgefühl hatten.

Darüber hinaus aber beeinflußt ein solches »Image« des alten Menschen die *eigene Erwartungshaltung* der Älterwerdenden und bestimmt damit, wie eine Reihe von Untersuchungen gezeigt hat (ASH, PALMORE, DREHER, LEHR), dann das eigene Erleben im Alter, zum Teil auf dem Weg von Selektionsvorgängen im Wahrnehmungsprozeß.

THOMAE stellt, auf eine Reihe von Untersuchungsergebnissen gestützt, fest, daß man heutzutage nicht nur von der biologischen Bedingtheit des Alterns zu sprechen habe, sondern daß der »sozialen Bedingtheit der Alternsprozesse« eine gleiche Bedeutung zukommt. Man kann sogar sagen: »*Altern ist heute primär soziales Schicksal und erst sekundär funktionelle oder organische Veränderung.*« (THOMAE, 1968)

6.3.3.4. Die Einstellung älterer Menschen zur Jugend von heute

Die Einstellung zum Alter, die sich innerhalb der verschiedenen Bevölkerungsgruppen findet, ist relativ undifferenziert und wird der Situation der Älteren keineswegs gerecht. Fragen wir nun umgekehrt nach dem »Bild der Jugend aus der Sicht des Alters« (LEHR u. MERKER, 1970; MERKER, 1971), so muß man zunächst feststellen, daß man sich sowohl hinsichtlich der negativen Sichtweise wie auch der stereotypen und verhältnismäßig wenig differenzierenden Aussagen einander keineswegs nachsteht.

Das Bild, das ältere Menschen sich von der Jugend von heute machen, ist bisher ziemlich unerschlossen geblieben. Wir haben diesen Fragenkomplex in unsere Bonner longitudinale Altersstudie mit einbezogen und haben durch strukturierte Explorationen, projektive Verfahren und Fragebogenerhebungen ein reichhaltiges Ausgangsmaterial von einer Gruppe von 183 über 60jährigen gewinnen können, das durch eine andere Population (MERKER, 1971) ergänzt wurde.

Zunächst läßt sich feststellen, daß die »Jugend von heute« mit zunehmendem Lebensalter der Befragten in stärkerem Maße als »anders als früher« erlebt wird, wobei das Anderssein in den seltensten Fällen als wertneutral gesehen wird, sondern vorwiegend mit negativer Kritik verbunden wird. Ältere Frauen empfinden das »Anderssein« stärker als ältere Männer, was evtl. auf die objektiv nachweisbaren stärke-

ren Veränderungen der Lebensbedingungen für Mädchen bzw. der Rolle der Frau (Schulbesuch, Berufssituation, größere Selbständigkeit) zurückzuführen ist. Wenn Frauen auch das »Anderssein« stärker hervorheben als Männer, so zeigen sie dennoch mehr Verständnis für die Jugend und sind zurückhaltender mit negativer Kritik.

Eine negative Sicht der Jugend korreliert bei älteren Personen positiv mit eigener geringerer Intelligenz, niederer sozialer Schicht, gedrückterer momentaner Stimmungslage und einem stärkeren Ausmaß an innerer Unsicherheit. Ältere Personen, die bei den Untersuchungen selbst als »angepaßter«, »aktiver« und »anregbarer« beurteilt wurden, zeichnen hingegen ein positiveres Bild von der Jugend von heute. – Neben derartigen Persönlichkeitsvariablen fällt – allerdings nur bei der Männergruppe – der Gesundheitszustand ins Gewicht: diejenigen Männer, die sich selbst als kränklicher erleben und sich mit ihrem gesundheitlichen Wohlbefinden in stärkerem Ausmaß auseinandersetzen, beurteilen die Jugend von heute negativer. Für die Männer gilt außerdem, daß jene, die das letzte Jahr als besonders »ereignisreich« erlebten, ausgefüllt mit Aufgaben und Unternehmungen, ein positiveres Bild der Jugend von heute haben als jene Männer, die das letzte Jahr eintönig und langweilig empfanden.

Für die Frauen trifft das nicht zu. – Während nämlich bei Männern das »Bild der Jugend« in stärkerem Maße von der Momentansituation selbst bestimmt zu sein scheint (wir fanden hier noch eine Reihe positiver Korrelationen) und von ihrem Selbsterleben in dieser Momentansituation, zeigen sich bei Frauen eher sogar gegenläufige Tendenzen. Die Zufriedenheit mit der bisherigen Lebensentwicklung kommt ins Spiel, und zwar dergestalt, daß selbst bei starker Unzufriedenheit mit der gegenwärtigen Lebenssituation, bei Einschränkung des gesundheitlichen Wohlbefindens und bei momentanen Belastungen verschiedenster Art das »Bild der Jugend« relativ häufig positiver akzentuiert ist als bei einem mittleren Ausmaß an Zufriedenheit mit der bisherigen Entwicklung. Ebenso wird die Jugend dann öfter als »besser« bezeichnet, wenn eine weitgehende Kongruenz zwischen erstrebten und erreichten Zielen im familiären Bereich gegeben ist.

Nun, allein mit der Feststellung, daß die Jugend recht negativ gesehen wird, mit zunehmendem Alter zunehmend negativer – wenngleich auch sonstige Variablen das Bild der Jugend mitbestimmen, die bei Männern in der Gegenwartssituation zu suchen sind, bei Frauen stärker im bisherigen Lebensschicksal verankert scheinen – ist noch nicht allzuviel gesagt. Es ist zweifellos von Interesse, unter welchen Aspekten jugendliches Verhalten überhaupt gesehen wird, bzw. welche Verhaltensweisen verurteilt oder besonders geschätzt werden. In den Explorationen wird am meisten Stellung genommen zum Verhalten der Jugend zu ihrer mitmenschlichen Umwelt (über 50% der Äußerungen). Hierbei überwiegen allerdings die negativen Aussagen bei weitem: mangelnde Anpassungsbereitschaft, rüpelhaftes Verhalten, Undiszipliniertheit und zu starkes Selbstbewußtsein werden vorgeworfen. Diese negativen Feststellungen nehmen bei den Äußerungen der 30–70jährigen mit zunehmendem Alter zu. – Nur etwa ein Viertel der sozialbezogenen Aussagen zum Verhalten der Jugendlichen lassen positive Aspekte anklingen: Hier werden die Verantwortungsbereitschaft sich selbst und anderen gegenüber, die Selbständigkeit und Selbstsicherheit der Jugend lobend hervorgehoben. Derartige positiv akzentuierte Feststellungen sind bei den Personen des mittleren Erwachsenenalters stärker vertreten und nehmen mit zunehmendem Lebensalter mehr und mehr ab. Besonders die 60jährigen Männer scheinen die Selbständigkeit und auch die Eigenverantwortung der Jugend wenig zu schätzen, sie am ehesten sogar negativ zu beurteilen; – ältere Frauen hingegen scheinen die Jugend von heute gerade wegen ihrer Selbständigkeit geradezu zu beneiden!

Innerhalb dieser auf den Sozialbereich bezogenen Äußerungen über das Bild der Jugend treten Feststellungen im Hinblick auf das Verhalten zum anderen Geschlecht ziemlich zurück. Nur 9% der Aussagen nehmen darauf Bezug, allerdings in gruppenspezifisch unterschiedlicher Akzentuierung: Zwar ist man sich in allen Altersgruppen bei Männern und Frauen darin einig, daß eine größere Freiheit und Unbekümmertheit auch in dieser Hinsicht das Bild der Jugend prägt, diese Freiheit und Unbekümmertheit wird jedoch von Frauen mit zunehmendem Lebensalter stärker verurteilt, bei Männern mit zunehmendem Lebensalter stärker positiv akzentuiert gesehen. Das heißt: jüngere Frauen stehen dem »moralischen« Verhalten Jugendlicher in diesem Bereich eher tolerant gegenüber, während gleichaltrige Männer schärfere Maßstäbe anlegen; ältere Frauen hingegen verurteilen, was altersgleiche Männer durchaus tolerieren (MERKER, 1971).

Neben den sozialen Aspekten gewinnt der Leistungsaspekt an größerer Bedeutung (ca. 24% der Aussagen); d. h., das Bild der Jugend von heute wird durch Aussagen über Leistungsfähigkeit und Leistungsbereitschaft stärker konturiert. – Auf diesem Gebiet wird dem jugendlichen Verhalten zweifellos noch am ehesten Anerkennung gezollt, vor allem allerdings von Personen des mittleren Erwachsenenalters. Bei der ältesten Gruppe lassen Äußerungen zum Leistungsbereich positive und negative Akzentuierungen in gleicher Weise erkennen; die am stärksten negative Sicht findet sich hier bei den 60–65jährigen Männern: gerade sie verurteilen das Arbeits- und Leistungsverhalten der

Jugend am stärksten, bezeichnen es als oberflächlich, wenig sorgfältig und nur bedingt den beruflichen Anforderungen gewachsen. Es wird noch zu prüfen sein, inwieweit besondere spezifische Erfahrungen ein solches negatives Urteil über die heutige Jugend begünstigen mögen – oder aber, wie weit auf Grund der eigenen momentanen Lebenssituation der 60jährigen Männer so etwas wie Rechtfertigungstendenzen oder Daseinstechniken der »Abwertung der Leistung anderer« (zur Hebung des eigenen Selbst) zu sehen sind. Es scheint die Annahme gerechtfertigt, daß wir es hier mit dem eingangs erwähnten Prozeß der Wechselwirkung zu tun haben, nämlich des Einflusses des Fremdbildes auf das Selbstbild – und den des Selbstbildes auf die Beurteilung anderer.

TISMER-PUSCHNER (1972) hat bei Ihren Untersuchungen an 468 Männern und Frauen des 2. bis 8. Lebensjahrzehnts, die allerdings von einem anderen methodischen Ansatz, dem Physiognomischen Test nach THOMAE, ausgehen (bei dem Portrait-Aufnahmen, die Personen verschiedener Altersgruppen zeigten, zu beurteilen waren), festgestellt, daß jüngere Personen am stärksten unter dem Aspekt der Leistungsfähigkeit und Intelligenz beurteilt werden; daß hingegen diese Dimensionen bei der Beurteilung von Personen mittleren und höheren Lebensalters zunehmend an Bedeutsamkeit verlieren! – Mit zunehmendem Lebensalter der Beurteiler überwiegt bei der Sicht anderer Personen der Aspekt der »normorientierten Verhaltensweisen«. Männer über 50 Jahre und Frauen über 60 Jahre bringen signifikant häufiger als die jüngeren Altersgruppen zum Ausdruck, daß sie Personen, bei denen sie eine geringe Orientierung an allgemeinverbindlichen Normmaßstäben vermuten, ablehnen. Dabei ist es nicht ganz uninteressant, daß das von älteren Personen geschätzte normorientierte Verhalten anderer Menschen (Pflichterfüllung, Ehrlichkeit, Gehorsam, Ordnungsliebe, Genauigkeit u. dergl.) von jüngeren Personen häufiger mit negativem Akzent versehen wird und als Pedanterie, fehlende Großzügigkeit, Mangel an Toleranz u. dergl. ausgelegt wird und eine heftige Ablehnung erfährt.

Vielleicht sollte man noch vermerken, daß nach den Untersuchungen von MERKER (1971) auf das äußere Erscheinungsbild der Jugend etwa 13% der Äußerungen entfallen, wobei wieder negative Aspekte bei den Frauen mit zunehmendem Alter sehr auffällig zunehmen, bei den Männern hingegen in den jüngeren Altersgruppen am stärksten sind, mit zunehmendem Alter dagegen (als gegenläufige Tendenz zur Frauengruppe!) auffällig sinken. Das heißt also: Frauen des mittleren Erwachsenenalters tolerieren bei der Skizzierung des Bildes der Jugend noch am ehesten gewisse Auffälligkeiten wie lange Haare, Bart, abgetragene Jeans, vom Farblichen her unmögliche Zusammenstellung der Kleider, Miniröcke etc., während auch hier Männer des mittleren Erwachsenenalters schneller zum Verurteilen neigen. Bei den über 70jährigen zeigen sich gegenläufige Tendenzen, indem Frauen die Kleidung sehr abwerten, Männer mit der gleichen Feststellung über die Kleidung dem Bild der Jugend von heute eher positive Akzente zu setzen versuchen.

Das Bild der Jugend scheint, wie wir zu zeigen versucht haben, durch eine Reihe von Momenten bestimmt, innerhalb derer dem Altersfaktor zwar eine recht gewichtige Rolle zukommt, indem mit zunehmendem Alter eine stärker negative Sicht und ein weniger differenzierendes Bild entworfen wird, jedoch Geschlecht, sozialer Status, Intelligenz und Persönlichkeitseigenschaften wie vor allem die derzeitigen biographischen Gegebenheiten wirken auch hier stark modifizierend.

6.3.3.5. Zusammenfassende Schlußfolgerungen

Von diesen Informationen aus, die wir über die Stellung des alten Menschen und des Jugendlichen in der Gesellschaft haben, läßt sich vielleicht sagen: Die beiden Generationen, deren Platz in der Gesellschaft problematisch erscheint, antworten auf diese Situation mit aggressiven Tendenzen. Die mittlere Erwachsenengeneration – die ja in mancher Hinsicht als »identisch« mit der Gesellschaft angesehen werden kann – ist aus der Sicherheit ihrer Position zu einem angemesseneren Urteil sowohl über die Jugend wie auch über das höhere Alter eher in der Lage.

Im ganzen gesehen, so könnte man sagen, handelt es sich in gewisser Weise um den Unterschied zwischen einem »Ein-Generationen-Konflikt« und einem »Zwei-Generationen-Konflikt«. Letzterer (Großeltern – Generation der jugendlichen Enkel) führt aus den erwähnten Gründen (Unsicherheit der Position; man denke z. B. an das Modell von Kurt Lewin) zu gewissen Spannungen bzw. aggressiven Tendenzen.

Im Falle des Verhältnisses der mittleren Erwachsenengeneration zur Jugend ist dagegen trotz relativ entspannt scheinender Beziehungen doch eine deutliche Kommunikationslücke zu vermerken. Der Mensch im mittleren Erwachsenenalter glaubt, den Jugendlichen eher zu verstehen. Der Jugendliche jedoch sieht auch ihn von einem gewissen Stereotyp aus, das einen vorbehaltlosen Kontakt erschwert, wenn nicht sogar verhindert (Lehr und Merker, 1970; Merker, 1971).

Von Überlegungen wie diesen aus wäre zu folgern, daß die Stellung der Älteren in der Gesellschaft nicht allein durch noch so wohlgemeinte Aufklärungsaktionen und Appelle an das Verantwortungsbewußtsein der Mitmenschen gebessert werden kann, sondern daß

z. B. auch durch eine Klärung der Position gerade der jungen Generation innerhalb der Gesellschaft eine gewisse Entspannung im Generationenkonflikt herbeigeführt werden kann.

Obwohl gerade die gegenwärtige Situation eine solche Prognose etwas abwegig erscheinen lassen mag, könnte man von diesen Überlegungen aus erwarten, daß durch Spannungsminderung in der Situation der Jugend eine Veränderung ihres Verhältnisses zur älteren Generation erreicht werden kann, und daß die ältere Generation dann nicht mehr genötigt ist, auf die negativen Wertschätzungen, die ihr entgegengebracht werden, mit noch negativeren gegenüber der Jugend zu reagieren.

Das soll jedoch nicht etwa heißen, daß Altenhilfe zugunsten der Jugendhilfe eingestellt werden soll, sondern nur deutlich machen, daß Probleme des Alters im Rahmen der Probleme der Gesamtgesellschaft gesehen werden sollten (LEHR u. MERKER, 1970).

6.4. Die Auseinandersetzung mit der Wohnsituation

6.4.1. Zur Problemlage

Für viele Leute bringt das Älterwerden gleichzeitig die Notwendigkeit der Veränderung der Wohnsituation mit sich. So wird manchen Pensionären oder Rentnern, die bisher in werkseigenen Wohnungen leben konnten, oft der Auszug aus diesen Werkswohnungen nahegelegt, manchmal sogar mit finanziellen Belohnungen seitens der Firma zusätzlich zu motivieren versucht. Für diesen Personenkreis steht notgedrungen ein Wohnungswechsel bevor, der sowohl eine innere Umstellung von einer vertrauten auf eine neue Umgebung erfordert, manchmal auch zusätzlich ein Aufgeben liebgewordener Nachbarschaftskontakte.

Andere ältere Menschen wechseln freiwillig ohne jeden äußeren Druck die Wohnung, sei es, daß ihnen die vertraute Wohnung, die für eine ganze Familie geplant war, nun nach dem Auszug der Kinder aus dem Elternhaus oder nach dem Tod des Ehepartners zu groß, unpraktisch und unwirtschaftlich erscheint, oder sei es, daß sie nun eine »gesündere« und »landschaftlich schönere Gegend« vorziehen.

Für einen anderen Personenkreis kann ein Wohnungswechsel im Alter zu einem inneren Zwang werden, vor allem dann, wenn körperliche Behinderungen besondere Wohnmaßnahmen erforderlich machen, wenn z. B. das tägliche Treppensteigen nicht mehr möglich ist oder wenn man bei seinen sonstigen Alltagsverrichtungen stärker auf fremde Hilfe angewiesen ist. In solchen Fälen taucht einmal die Frage des Umzugs zu den Kindern auf; außerdem bieten sich – je nach Schwere der Behinderung – Altenwohnungen, Altenwohnheime oder gar Altenheime an; in Fällen extremer Behinderung auch Altenpflegeheime.

Obwohl eine Reihe von Untersuchungen erkennen läßt, daß Wohnungsfragen dem älteren Menschen sehr bedeutsam sind und vor allem Männer nach der Berufsaufgabe und dem Verlust der beruflichen Umwelt und des Arbeitsplatzes sich mehr denn je auf die häusliche Umwelt konzentrieren und Veränderungen und Verbesserungen an Wohnung, Haus und Garten vornehmen oder planen (vgl. LEHR, 1966, 1968) hat sich die Forschung bisher doch recht einseitig neben den Fragen des Dreigenerationenhaushaltes (vgl. S. 229) fast ausschließlich dem Umzug bzw. dem Leben in Altenheimen oder gar Pflegeheimen zugewandt. Dies ist nicht ganz verständlich, zumal nur 3% bis 4% aller über 65jährigen in Heimen untergebracht sind, eine Zahl, die über Jahrzehnte hindurch ziemlich konstant blieb. (Im Jahr 1969 lebten 3,8% der Einwohner Westdeutschlands in Einrichtungen der geschlossenen Altenhilfe, und zwar: 0,5 v. H. in Altenwohnheimen, 2,4 v. H. in Altenheimen und 0,9 v. H. in Pflegeheimen.) Zum Teil mag dieser einseitige Forschungsschwerpunkt mit Maßnahmen der öffentlichen Hand zu erklären sein; schließlich sah man bis vor kurzem nur im Altenheim eine adäquate Betreuung und Pflege behinderter älterer Menschen gewährleistet und der Gedanke der Hausbetreuung älterer Menschen durch die Gemeinden und öffentlichen Verbände ist für uns in der BRD noch relativ neu, wenngleich in anderen Ländern weitgehend erprobt und ausgebaut. Man hat erkannt, daß der ältere Mensch – solange er noch in einer eigenen Wohnung lebt – wenigstens zu einer gewissen Aktivität gezwungen wird, die für ihn selbst von Vorteil ist.

6.4.2. Die Wohnsituation älterer Menschen, die in Privatwohnungen wohnen

Soziologische Analysen über die Wohnsituation älterer Menschen, wie sie uns u. a. von ROSENMAYR u. KÖCKEIS (1965), BLUME (1968), DEININGER (1970) und TEWS (1971) vorgelegt werden, machen deutlich, daß diese bei über 65jährigen im Vergleich zu der der Gesamtbevölkerung weit ungünstiger ist. So lebt ein weit höherer Prozentsatz der Betagten in Wohnungen, die bereits vor 1928 entstanden sind; in den nach 1948 erbauten Wohnungen leben nur 29% aller über 65jährigen, hingegen 47% aller unter 65jährigen

(DEININGER, 1970). Von da aus wird auch die nachgewiesenermaßen schlechtere Wohnausstattung – im Hinblick auf Bad, sanitäre Einrichtungen, Zentralheizungen u. dergl. – der Wohnungen Älterer verständlich (vgl. BLUME, 1968; TEWS, 1971).

Nach den Angaben von TEWS (1971) wünschen sich 7% eine Veränderung der Wohnsituation wohl im Sinne eines Wohnungswechsels; BLUME (1968) nennt eine Quote der Unzufriedenen von 5%, wobei die Alleinwohnenden stärker vertreten sind. BLUME (1968, S. 63, 64) gibt eine Aufzählung der Begründungen der Unzufriedenheit nach der Bedeutsamkeit in folgender Reihenfolge an (die auch mit den Feststellungen von ROSENMAYR und KÖCKEIS (1965) in Wien übereinstimmen): kalte bzw. feuchte Wohnungen, fehlende sanitäre Anlagen, kein eigenes Bad, hochgelegene Wohnungen mit vielen Treppen, zu kleine Wohnung, Schwierigkeiten mit Mitbewohnern. – Aber auch von jenen Personen, die nicht zu den ermittelten 5% der »Unzufriedenen« gehören, streben 17% der in Großstädten wohnenden und 11% der im Landkreis wohnenden älteren Personen einen Wohnungswechsel an. Erstaunlicherweise bleibt dieser Umzugswille bis zum 80. Lebensjahr konstant und nimmt erst mit der höchsten Altersgruppe ab (BLUME, 1968, S. 64). Weiterhin wird die Mobilität älterer Menschen dadurch bestätigt, daß nach der Pensionierung in den Großstädten 24%, in Mittelstädten 26% und auf dem Land sogar 33% einen Wohnungswechsel vorgenommen hatten. »... Wir haben im übrigen in allen Orten die Erfahrung sammeln können, daß jeder vierte Beamte nach seiner Pensionierung in ein anderes Haus zieht. Dies trifft nur für jeden achten Arbeiter oder Angestellten zu«, dabei habe jeder zweite nicht nur die Wohnung, sondern auch den Wohnort gewechselt (BLUME, 1968, S. 65/66).

In psychologischen Untersuchungen wurde sowohl bei der Klärung der gegenwärtigen Lebenssituation wie auch bei der Erfassung des Zukunftsbezuges auf die Wohnsituation Bezug genommen (LEHR, 1966, 1968; SCHREINER, 1969; LEHR, SCHMITZ-SCHERZER und WENNEMAR, 1970). Im Rahmen der generellen Zukunftsorientierung zeigten sich in unseren Untersuchungen 63% der über 60jährigen mit Fragen der Wohnsituation konfrontiert. Obwohl vielfach Mängel der Wohnung beklagt wurden, die inhaltlich mit den von BLUME erhobenen übereinstimmen, wurde der Gedanke an einen Wohnungswechsel jedoch bei dieser Stichprobe nur selten laut (LEHR, 1966).

In der Münsteraner interdisziplinären Altersstudie äußerten von 330 in einer Teilstichprobe erfaßten Personen 11% ihre Unzufriedenheit mit der Wohnsituation, 15,2% ihre Unzufriedenheit mit dem Wohnort als solchem.

Diese Stichprobe erfaßte 1968 bis Oktober 1969 insgesamt 330 Personen. 40% der erfaßten Personen stammen aus einer Kleinstadt, 30% aus einer Großstadt und weitere 30% aus ländlichen Gemeinden. Es handelt sich bei der Stichprobe offenbar um eine sehr heimatverbundene Population, denn die durchschnittliche Wohndauer am jetzigen Wohnort beträgt 40,1 Jahre. Weiterhin ist zu berücksichtigen, daß knapp 30% im eigenen Haus wohnen, weitere 18,8% in dem bereits den Kindern übereigneten Hof. Nur 11,6% wohnen in Untermiete, die restlichen ca. 40% in der üblichen Mietwohnung, wobei die 2–3-Zimmer-Wohnung vorherrscht.

Wenn man weiterhin berücksichtigt, daß 48,8%, also fast die Hälfte der Befragten, eine Parterre-Wohnung bewohnt, ein weiteres Drittel (34,8%) eine Wohnung im ersten Stock, – daß 91,5% ihre eigene Küche und 79,7% ihr eigenes Bad haben, dann ergeben sich für die erfaßte Stichprobe relativ günstige Wohnbedingungen. Auch die Tatsache, daß nur 14,2% in einem 1-Personen-Haushalt leben, noch 53% mit Ehepartner wohnen und 44,4% der Befragten mit den Kindern den Haushalt teilen, verweist auf eine relativ günstige Zusammensetzung dieser Population.

Diese Umstände, wie auch die Feststellung, daß der überwiegende Teil der Befragten sehr zentral in der Stadt- bzw. Ortsmitte wohnt, mag dazu beitragen, daß ein relativ hoher Zufriedenheitsgrad mit der derzeitigen Wohnsituation gegeben war und daß Belastungen hinsichtlich der derzeitigen Wohnsituation nur von 11% genannt werden, wobei der Grad der Belastung durchweg als geringfügig eingestuft werden mußte.

Auch in gesundheitlicher Hinsicht handelt es sich um eine positive Auswahl, zumal nur 3,3% der Befragten gelegentlich Hilfe bei den üblichen Alltagsverrichtungen benötigte. Vielleicht mag es an diesen relativ günstigen Bedingungen liegen, daß von dieser Personengruppe ein Wohnungswechsel kaum erwogen wurde und der Gedanke an eine etwaige Übersiedlung in ein Altenheim auf völlige Ablehnung stieß. (LEHR, SCHMITZ-SCHERZER, WENNEMAR, 1970; vgl. auch GROMBACH, 1972)

Insgesamt müssen wir feststellen, daß die Wohnsituation älterer Menschen – von sozialstatistischen und soziologischen Erhebungen abgesehen – noch nicht hinreichend erforscht ist. Wie weit bestimmte ökologische Momente, d. h. Umweltbedingungen im allgemeinen und Wohnbedingungen im besonderen, das Erleben und Verhalten des Individuums – auch im höheren Lebensalter – mit beeinflussen, muß erst in weiterer interdisziplinär durchgeführten Untersuchungen geklärt werden, wobei neben dem Soziologen und dem Mediziner auch dem Städteplaner und Architekten, vor allem aber dem Psychologen eine große Aufgabe zukommt.

Fundierte Kenntnisse über die Zusammenhänge von Wohnbedingungen und psycho-physischem Wohlbefinden müßten auch die Grundlage für jede offene Altenhilfe bilden, die es sich zur Aufgabe machen sollte, den älteren Menschen solange wie nur möglich in den eigenen vier Wänden wohnen zu lassen, selbst wenn es dazu einiger äußerer Hilfen bedarf.

6.4.3. Die Einstellung zur Übersiedlung in ein Altenheim

Wenn auch innerhalb der gesamten Zukunftsorientierung des älteren Menschen den »Wohnungsfragen« eine bedeutende Rolle zukommt (LEHR, 1966; SCHREINER, 1969), so tritt der Wunsch nach einem *Wohnungswechsel* – sei es zu den verheirateten Kindern (LEHR und THOMAE, 1968) oder gar in eine Altenwohnung oder ein Altenheim weitgehend zurück. Sowohl die bereits erwähnte interdisziplinäre Münsteraner Studie wie auch die Bonner gerontologische Altersstudie zeigen diesen Trend deutlich.

Man kann bei weiten Kreisen der Bevölkerung geradezu von einer generellen Ablehnung des Wohnens im Altenheim ausgehen. In der Vorstellung vieler Betagter gilt das Altenheim als unwiderruflich letzte Station des Lebens und wird des erlebten Endgültigkeitscharakters wegen abgelehnt (NEWMAN-ANDERSON, 1965; SHANAS u. STREIB, 1965; BLENKNER, 1965; LEHR, 1966, 1968), oder auch als »Abgeschobenwerden von der Familie« aufgefaßt (LIEBERMAN u. LAKIN, 1963; GAITZ, 1966 u. a.). Allerdings tritt bei jenen Personen, die bereits im Heim wohnen, das Gefühl des Abgeschobenseins zurück. Wir konnten nachweisen, daß nicht der ältere Mensch selbst sich von den Kindern verstoßen fühlt, aber gewissermaßen diese Deutung von Seiten der Umwelt voraussetzt und sich deswegen in seiner Entscheidung, in ein Heim überzusiedeln, gehindert fühlt (SCHOENE, 1967). – Diese Einstellung ist bei der Landbevölkerung (WENNEMAR, 1966) signifikant häufiger anzutreffen als bei der Stadtbevölkerung; bei der sozialen Mittelschicht häufiger sowohl als bei sozial niederen Schichten wie auch häufiger als bei sozial höheren Schichten.

Unsere Untersuchungen zeigen jedoch klar, daß gerade diejenigen Betagten, die den engsten Kontakt zu den Kindern haben und am meisten mit ihrer Elternrolle und Großelternrolle zufrieden sind, am positivsten dem Altenheim gegenüber eingestellt sind (SCHOENE, 1967). (Wir ermittelten den Wert für die Rollenaktivität nach den in der internationalen Vergleichsstudie zur Disengagement-Theorie entwickelten Kriterien; vgl. HAVIGHURST, MUNNICHS, NEUGARTEN und THOMAE, 1969). Diese Feststellung, die wir durch eine Reihe weiterer Einzeldaten untermauern können, zwingt zu einer Korrektur der in der Gesellschaft weit verbreiteten Vorstellung, derzufolge nur derjenige ins Heim gehe, der schlechte Familienverhältnisse kennt.

Noch ist das »image« des Altenheimes bei einem Großteil besonders der älteren Bevölkerung denkbar negativ. Der Vorstellung »Altersheim« haftet gerade bei der älteren Bevölkerung noch etwas der Charakter der Ursprungsform, der geschlossenen Wohnkolonie für alte, unbemittelte Personen, wie sie zu Beginn des 16. Jahrhunderts die Fuggerei in Augsburg – oder im 18. Jahrhundert das von Maria Theresia gegründete »Versorgungshaus« – darstellt, an. Eine systematische Auswertung aller im Gespräch spontan geäußerten Gründe, die bei den 200 in Privatwohnungen lebenden Personen gegen eine Heimübersiedlung sprechen, zeigt, daß die Männer an erster Stelle die feste Hausordnung und die Aufgabe der persönlichen Freiheit fürchten, ein Grund, der bei Frauen von weit geringerer Bedeutung zu sein scheint. Für sie ist der Hauptgrund der Gegeneinstellung der befürchtete »Massenbetrieb«, der bei Männern die zweite Stelle einnimmt. Frauen befürchten sodann, daß sie mit dem Heimeintritt ihrer Aktivität verlustig gehen, und dann, wenn sie nichts mehr zu tun haben, »dahinsiechen«. Außerdem will man die eigene Wohnung ungern aufgeben; weiterhin – jedoch an vorletzter Stelle genannt – fürchtet man die Trennung von der Familie, das Nachlassen familiärer Kontakte. Die finanzielle Belastung, die ein Heimaufenthalt mit sich bringt, scheint von geringerer Bedeutung zu sein.

Nur 2,8% der in der Bonner gerontologischen Längsschnittstudie erfaßten über 60jährigen hatten sich im Hinblick auf eine mögliche Heimübersiedlung bereits konkrete Gedanken gemacht. Die generelle Bereitschaft, »irgendwann einmal« in einem Altenheim zu wohnen, war bei den 70–75jährigen Frauen etwas stärker. Diese Frauen unterschieden sich sehr signifikant (p < 1%) von der gleichaltrigen Männergruppe, bei der der Gedanke an eine Heimübersiedlung auf die stärkste Ablehnung stieß. Über 70jährige Männer wandten sich sehr signifikant (p < 1%) stärker als 60–65jährige Männer und Frauen gegen jedes Wohnen im Altenheim. – Die Bereitschaft, zu den Kindern zu ziehen, erwies sich jedoch durchgehend bei allen 4 verglichenen Gruppen als noch geringer. – Interessanterweise zeigten sich diejenigen Betagten, deren Gesundheitszustand seitens des Arztes als besser beurteilt wurde, eher zu einem Heimeintritt bereit; jene, deren Gesundheitszustand vom Arzt als schlechter beurteilt wurde, wandten sich am heftigsten gegen den Gedanken an eine Heimübersiedlung. – Allerdings ist hierbei festzustellen, daß die von uns in der Längsschnitt-Studie erfaßten Personen hinsichtlich ihres Gesundheitszustandes eine positive Auslese der gesamten Altersgruppe darstellen. Aus der Literatur wissen wir, daß bei erheblichen gesundheitlichen Beschwerden die Bereitschaft zu einem Einzug in ein Altenheim zunimmt.

Auch die Münsteraner Studie zeigte, daß die überwiegende Mehrheit der Betagten sich bisher noch gar nicht gedanklich mit dem Problem eines möglichen Umzugs in ein Heim näher befaßt hat. Ein Vergleich der Gruppe von Betagten, die nach ihren eigenen Angaben bisher noch niemals an einen Umzug in ein Altenheim überhaupt gedacht haben mit jenen Betagten, die irgendwann gelegentlich einmal oder sogar öfter daran gedacht haben, hinsichtlich verschiedener soziologischer und psychologischer Variablen verweist auf ein relativ einheitliches Bedingungsgefüge dieser Form von Zukunftsorientierung (vgl. Tab. 23).

Tabelle 23: Beziehungen zwischen Einstellung zum Altenheim u. anderen psychologischen Variablen.

Merkmalskombinationen	U-Test	Signifikanz
seltener an einen Umzug in ein Altenheim denken:		
Personen, die in einem eigenen Haus wohnen	8947	s
„ „ einen Garten haben	9008	ss
„ „ mit mehr Pers. im Haushalt leben	8977	ss
„ „ mit Familienmitgliedern wohnen	6824	s
„ „ eine geringe Belastung im Hinblick auf die Wohnsit. haben	9117	ss
„ „ bei Kindern sind	5337	ss
„ „ mit Kindern im Haushalt leben	8743	ss
„ mit positiver Zukunftseinstellung	4261	s
„ „ höherer Anregbarkeit	8431	ss
„ „ Auto	9716	ss
„ „ kathol. Konfession	6671	ss
„ „ positiverer Einstellung zu anderen	3988	ss

Danach scheint eine günstige Wohnsituation den Gedanken ans Altenheim eher fern zu rücken, ebenso auch die Fortdauer sozialer Integration (z. B. Wohnen mit den Kindern im eigenen Haushalt, gute und intensive Nachbarschaftskontakte). Auch bei generell positiver Zukunftseinstellung sowohl im Hinblick auf die zeitgeschichtliche Entwicklung wie auch im Hinblick auf die eigene Situation macht man sich äußerst selten oder gar überhaupt keine Gedanken an einen etwaigen Umzug in ein Altenheim. Obwohl man generell das Leben in einem Altenheim ablehnt, wäre man notfalls noch am ehesten dann dazu bereit umzuziehen, wenn sich Wohnungssorgen einstellen (27% der Gründe), was aber bei den meisten hier untersuchten Personen nicht zu erwarten war. Auch finanzielle Gründe und »um niemandem zur

Einstellung zum Altenheim und Gesamtsituation: Eine negativere Einstellung zum Altenheim haben: Personen, die mit anderen Personen im Haushalt	U-Test	Signifikanz
wohnen	8747	ss
„ „ keine Belastung in der Wohnsituation haben	9783	s
„ „ mit Kindern sind	5767	s
„ „ mit Kindern im Haushalt leben	9144	ss
„ „ mit Kindern in der Nachbarschaft leben	4179	ss
„ „ mehr Kontakte zu Nachbarn haben	1683	s
„ „ eine positiver empfundene Veränderung durch die Pensionierung erlebt haben	726	s
„ mit geringerer Aktivität	8058	ss
„ „ gehobenerer Stimmungslage	7000	s
„ „ geringerer Anregbarkeit	6997	ss
„ „ Telefon	8594	ss
„ „ Auto	8588	ss
„ „ Zeitung	4743	ss
„ „ nicht-kathol. Konfession	4279	ss
„ „ höherer Zufriedenheit in der allg. Lebenssituation	4161	ss

Last zu fallen« wie auch – in geringem Ausmaß – gesundheitliche Gründe könnten einen noch am ehesten zu diesem Schritt bewegen.

Von solchen Feststellungen einer weitverbreiteten Ablehnung des Altenheimes aus, die auf das – sicher manchmal zu Unrecht bestehende – negative Image des Heimes im Sinne einer »Herberge für Bedürftige« zurückzuführen ist, wie auch auf das Erlebnis des Endgültigkeitscharakters, wie auch auf die nicht begründete Annahme, daß eine Heimübersiedlung als Zeichen zerbrochener Familienverhältnisse angesehen werde, müßten einmal gezielte Maßnahmen getroffen werden, um den Betagten die Übersiedlung zu erleichtern. Dabei käme es zunächst darauf an, dieses vorherrschende negative Image in einem sicherlich sehr langwierigen Beeinflussungsprozeß zu ändern, es aufzuwerten, und die Gesellschaft davon zu überzeugen, daß es durchaus anspruchsvolle Altenheime gibt, die eher den Charakter einer exklusiven Begegnungsstätte als den einer Logis für Bedürftige haben. Weiterhin käme es darauf an zu zeigen, daß diese »letzte Station« nicht unbedingt ein »Warten auf das Ende« bedeutet, sondern daß gerade im Heim durch vielfältige Anregung und sinnvolle Gestaltung die freie Zeit erst recht »mit Leben erfüllt«, mit Erlebnissen angereichert werden kann. Ein Heim sollte nicht zur Horizontverengung, zur Einschränkung des Lebensradius, sondern gerade zu dessen Erweiterung beitragen und sollte älteren Menschen Möglichkeiten dazu eröffnen, die ihnen sonst nicht gegeben sind.

Zum anderen aber wäre aus all den Befunden zu folgern, daß gleichzeitig mit einer Aufwertung der Altenheime und den Bemühungen, eine größere Bereitschaft zur Übersiedlung herbeizuführen, auch Überlegungen getroffen werden sollten hinsichtlich der zu ergreifenden Maßnahmen, die ein Wohnenbleiben in der gewohnten Umgebung, in der Nachbarschaft, über einen möglichst langen Zeitraum hinweg ermöglichen. Hier können wir von anderen Ländern, besonders den skandinavischen, einiges lernen. Allein mit der Aktion »Essen auf Rädern«, so lobenswert diese auch ist, ist es nicht getan. Erinnert sei neben Hausbetreuung nur an Telefonkontakte, tägliche Anrufdienste, Informationsdienste und dergleichen.

Hierzu sind sicher noch eine Reihe sehr sorgfältiger Untersuchungen nötig, die – frei von allen Hypothesen – erst einmal die Situation von älteren Betagten in Privatwohnungen ergründen. Finanzielle Schwierigkeiten oder auch die Unfähigkeit, sich das Essen selbst zu bereiten und evtl. die Wohnung zu säubern, fielen auf und wurden bevorzugt angegangen. – Daß jedoch ältere Menschen, die keine finanzielle Not leiden und auch weitgehend noch für sich sorgen können, auch sonstige kleinere Kümmernisse haben, denen nur allzu leicht Abhilfe zu schaffen wäre, übersieht man oft. Daß man beispielsweise die Zeitung abbestellen muß, weil das Treppensteigen zu beschwerlich ist und auf die notwendigen Einkäufe eingeschränkt bleiben muß, davon wird kaum Notiz genommen, da hier – wie in ähnlichen kleinen Alltagssituationen – ein »akuter Fall der Hilfsbedürftigkeit« nicht gegeben scheint.

Diese Einzelbeispiele ließen sich fortsetzen; es sollte hier lediglich gezeigt werden, wie wichtig es ist, sich den Blick offen zu halten, um möglichst alle Phänomene zu erfassen. Hierzu sind weitere Forschungen nötig, auf Grund deren Erkenntnissen man dann versuchen sollte, die Situation der in Privatwohnungen lebenden Betagten möglichst optimal zu gestalten. Außerdem käme es auf eine Verbesserung der Altenheime selbst an, eine besondere Schulung und Anleitung des Pflegepersonals und vor allem auf eine Aufwertung des Images, um so schließlich ältere Menschen doch mit dem Gedanken an einen solchen Wohnungswechsel vertraut zu machen, wodurch dann die Anpassung an die Situation zu gegebener Zeit erleichtert würde.

Verschiedenen Untersuchungen zufolge (u. a. KENT, 1964; ROSNER, 1966; vgl. auch LEHR, 1966, 1968) erwies sich für den einzelnen die Zeit direkt vor dem Übertritt, die Zeit des auf der »Warteliste-Stehens«, als besonders kritisch. In dieser Zeit wurden die Belastungen am stärksten empfunden; Ungewißheit und Scheu vor dem Neuen führten zu inneren Spannungen.

Bei jenen Betagten jedoch, bei denen *vor* Heimübertritt der allgemeine Informationsgrad über die Heimsituation größer war, die durch Prospekte, eigene Anschauung, Unterhaltungen mit Heimbewohnern bereits über den Tagesablauf im einzelnen orientiert waren, zeigten sich diese Spannungen erheblich vermindert. Da allerdings jene Betagten, die einen Heimübertritt *selbst,* d. h. aus eigenem Antrieb, in die Wege geleitet hatten, auch verständlicherweise einen höheren Informationsgrad hatten, bleibt die Frage offen, ob letztlich die Freiwilligkeit oder das höhere Informationsmaß eine Anpassung an die neue Situation erleichterte.

In diesem Zusammenhang kann man auf die zahlreichen Alternsstudien zur Pensionierungsproblematik verweisen, die übereinstimmend zu dem Ergebnis kommen, daß hinreichende allgemeine Information über die neue Lebenssituation eine antizipatorische Vorstellung dieser Lebenslage bewirken und somit die Erwartungsspannung verringern, wodurch die Anpassung selbst an die neue Lebenssituation erleichtert wird. Allerdings sollte man mit Nachdruck darauf hinweisen, daß diese Informationen möglichst genau der Realität entsprechen sollten, denn eine Umstrukturierung einer falschen Vorstellung, die auf Grund unzureichender oder einseitiger Information zustande kam, ist für den älteren Menschen noch weit belastender.

JANSEN (1971) weist auf die Folgen plötzlicher unvorbereiteter Einweisungen in ein Altenheim hin. Auf Grund seines Untersuchungsmaterials stellt er fest:

»Bei 34% der gegen ihren Willen und unvorbereitet und falsch vorbereitet in ein Altersheim Eingewiesenen kommt es zum Verlust der zeitlichen und örtlichen Orientierung mit traumhafter Bewußtseinsveränderung. Wir haben das typische Bild einer akuten Hirnreaktion. Daß dieser Zustand mit einer schweren Demenz nur allzuleicht verwechselt werden kann, ist verständlich ... Außer diesen 34% alter Menschen, bei denen die Altenheimeinweisung zur psychosomatischen Dekompensation führt, finden wir 41%, bei denen die fehlmanipulierte und psychologisch ungeschickte Altersheimeinweisung eine Adaptation in der neuen Umgebung erschwert.« (1971, S. 286)

Die Anpassungsschwierigkeiten werden auf mangelnde Vorbereitung zurückgeführt. Immerhin fand JANSEN bei seiner Stichprobe auch, daß

25% auf die Übersiedlung ausgesprochen positiv, »mit einem Gefühl der Erleichterung« reagiert haben. Doch die von ihm genannte Zahl von »75% fehlmanipulierten Altenheimeinweisungen« sollte zu denken geben: Einweisungen, die zu einem zu späten Zeitpunkt bei bereits sehr fortgeschrittener Dekompensation erfolgen und Einweisungen, die ohne psychologische Vorbereitungen erfolgen, (vgl. hierzu auch LOHMANN, 1970) erschweren den Anpassungsprozeß in gleicher Weise.

Der Heimeintritt selbst bedeutet zwar in jedem Falle eine große Umstellung, wird jedoch wie auch unsere Untersuchungen zeigten (LEHR, 1966, 1968) schon nach wenigen Wochen und Monaten – vor allem von den Frauen – bereits positiv erlebt (RISTL, 1966; vgl. auch BORELLI, 1966). Die von uns untersuchten Frauen hoben lobend die Ordnung, die Sicherheit und die empfundene Stabilität hervor. Ja, man wies sogar teilweise auf die Ausweitung der sozialen Kontakte hin, die besonders bei jenen Frauen zur schnelleren Eingewöhnung in das Heim beitrugen, die auf Grund verschiedener Lebensbedingungen vorher allein in einem Einzelzimmer ihr Dasein fristeten (vgl. hierzu auch JANSEN, 1971).

Die von uns untersuchten Männer zeigten sich jedoch zögernder in der Eingewöhnung und empfanden einen gewissen »Freiheitsverlust« als besonders einschneidend. Bei den Männern fand man einerseits beim Heimübertritt selbst ein stärkeres Abhängigkeitsbedürfnis und den Wunsch, »bemuttert und versorgt« zu werden, andererseits wehrten sie sich aber gegen diese Abhängigkeit. Diese ambivalente Haltung führte, wie auch LIEBERMAN und LAKIN (1963) in ihren Studien deutlich werden ließen, häufig zu Konflikten. Das Selbstwertgefühl der Männer zeigte sich aber weniger durch die Heimsituation selbst als durch die Tatsache, daß eine Heimübersiedlung unumgehbar geworden ist, stärker erschüttert als das der Frauen. – Es wurde festgestellt, daß im allgemeinen Männer in einem stärkeren »Abbau-Stadium« ins Heim kommen, sich dann im allgemeinen mehr hängen lassen und auch in stärkerem Maße ihr Äußeres vernachlässigen. Dabei spielt es für Männer kaum eine Rolle, ob man in einem Männerheim oder einem »gemischten Heim« untergebracht ist, während sich bei weiblichen Heimbewohnern hier signifikante Unterschiede ergeben: Frauen, die in einem gemischten Heim untergebracht sind, haben – wie man feststellen konnte – ein weit positiveres »Selbstwertgefühl« und auch angepaßteres Verhalten als jene, die in einem Heim allein für Frauen wohnen. Aber hierfür ist nicht etwa der gelegentliche Kontakt mit den männlichen Heimbewohnern direkt verantwortlich zu machen, sondern die Tatsache, daß man durch die Anwesenheit der

Männer im Heim selbst auf ein gepflegteres Äußeres achtet – und so von der eigenen Erscheinung her an Selbstsicherheit gewinnt.

Um diese entscheidende Bedeutung des Selbstwertgefühls, des Selbstbildes, für die psychische Gesundheit des Menschen sollte unbedingt das Pflegepersonal wissen und sich dementsprechend den Heimbewohnern gegenüber verhalten. Manche sicher oft gut gemeinten Anreden wie »Opa«, »Muttchen«, »Oma« und dergleichen tragen eher zur Minderung des Selbstbildes bei. –

Das Gelingen der Anpassung an die Heimsituation hängt jedoch – wie man nachweisen konnte – von einem Zusammenwirken vieler Faktoren ab. Neben der Erwartungshaltung dem Leben im Altenheim gegenüber (BORELLI, 1966; RISTL, 1966; LIEBERMAN, 1965; LIEBERMAN u. LAKIN, 1963 u. a.), der Heimsituation selbst (KENT, 1964; FILER, 1964; DONAHUE, 1953; POLLACK, KAHN und GOLDFARB, 1958, 1960; WACHS, 1956; WEIL, 1953 u. a.) spielt noch die bisherige Lebenssituation eine große Rolle. Zufriedenheit mit dem bisherigen Schicksal und das Gefühl, seine Ziele weitgehend verwirklicht zu haben, erleichtern die Anpassung. Ebenso gewinnen bestimmte Persönlichkeitsvariablen – wie höhere Intelligenz, größere Aktivität, u. a. – neben einem besseren Gesundheitszustand an Bedeutung. Besonders deutlich zeigt sich auch in unseren Studien – entsprechend den Ergebnissen von GRANICK und NATREMOW (1961), BURGESS (1957), NEWMAN-ANDERSON (1965), daß Personen mit starker sozialer Kontaktfähigkeit, die auch schon vor der Heimaufnahme in stärkerem Maße soziale Kontakte pflegten, sich schneller an das Heimleben gewöhnen konnten und ihre größere Zufriedenheit kundtaten, als jene Personen, deren generelle Kontaktschwierigkeit auch schon im früheren Lebensalter hervortrat.

6.4.5. Zur Frage der Institutionalisierungseffekte

Die Untersuchungen über mögliche Auswirkungen des Heimaufenthalts auf die Bewohner gruppieren sich um die Feststellungen, daß

1. das *Selbstgefühl* erheblich beeinträchtigt werde. Durch den Heimaufenthalt komme der alte Mensch zu einer negativen Selbsteinschätzung (LIEBERMAN u. LAKIN, 1963; MASON, 1954; ROSNER, 1966; GAITZ, 1966; ESTES u. SCHOOLER, 1966; DAVIS, 1962 u.a.).

2. Weiterhin glaubte man nachweisen zu können, daß auch die *Anpassungsfähigkeit* nachlasse. Das Aufgeben bestimmter sozialer Rollen mit dem Heimeintritt und der damit verbundene Funktionsverlust (TARTLER, 1961; ESTES und SCHOOLER, 1966; TUCKMAN und LORGE, 1952; u. a.) wird u.a. dafür verantwortlich gemacht.

3. Man stellte fest, daß mit dem Heimübertritt der Umfang der

Sozialkontakte merklich abnimmt und das Ausmaß der *generellen Aktivität* nachlasse (ROSENFELT, KASTENBAUM und SLATER, 1964; u.a.) und es so zu einem deutlichen Altersabbau der Persönlichkeit komme.

4. Schließlich glaubte man, daß sich der *Zeitbezug* verändere. Durch den Eintritt ins Altenheim erfahre die Zukunftsorientierung eine Begrenzung (FINK, 1957; DUDA, 1964 u.a.) und die subjektive Sicht der Vergangenheit eine Veränderung (TOBIN, 1966).

Allerdings sind in diesem Zusammenhang einige methodenkritische Bemerkungen angebracht. Wir müssen davor warnen, bestimmte Verhaltensweisen, die man bei Heimbewohnern häufiger antrifft als bei Privatwohnenden (und auf derartigen Vergleichsuntersuchungen beruhen viele dieser Feststellungen) vorschnell als »Institutionalisierungseffekte« zu deuten. Eine Reihe von Studien zeigen (vgl. auch LIEBERMAN, 1965; POLLACK, KAHN, GERBER und GOLDFARB, 1960; TOWNSEND, 1964; SCOTT, 1955; u. a.), daß solche Verhaltensweisen nicht ausschließlich *Folgen* des Heimaufenthaltes sind, sondern in den *Ursachen*, in den *Gründen*, die zum Heimaufenthalt führen, mit verankert sind.

Vor verallgemeinernden Aussagen bezüglich der Auswirkung des Heimaufenthalts ist ohnehin größte Vorsicht geboten, zumal Art und Struktur der Heime recht unterschiedlich sind, so daß von daher stark differenzierende Aussagen nötig werden. Gruppenvergleichende Untersuchungen machten deutlich, daß weniger das Ausmaß der Sozialkontakte bzw. die erfahrene emotionale Zuwendung das Erleben und Verhalten der Heimbewohner bestimmt, als vielmehr das Ausmaß der gebotenen Anregungen, der Vielfalt sensorischer Reize und der möglichen Abwechslung innerhalb eines Heimes (WEINSTOCK u. BENNETT, 1968, 1969) – Tageslaufanalysen von vergleichbaren Gruppen in drei recht unterschiedlich geführten Altenheimen machten auf die Auswirkungen sensorischer Deprivation aufmerksam, die mit Unzufriedenheit, negativer Stimmungslage, Depression, dem Gefühl der Sinnlosigkeit, äußerst geringer Zukunftsorientierung, geringer Anregbarkeit und Desinteresse am Tagesgeschehen einhergeht und so das Bild des »Altersabbaus« bietet. Dort, wo die äußere Reizzufuhr am stärksten war, wo im Tageslauf die Dimensionen »Wechsel« (statt »Gleichförmigkeit«), »fordernd« (statt »gewährend«) und entsprechende Kategorien (THOMAE, 1968) signifikant höher beurteilt wurden, waren sogenannte »Institutionalisierungseffekte« am wenigsten festzustellen.

Diese Erkenntnisse hinsichtlich der Bedeutung einer stimulierenden Umgebung sollten bei der Planung, Einrichtung und Leitung von Altenheimen berücksichtigt werden. Mit Betreuung und Pflege allein ist es oft nicht getan; Maßnahmen der Rehabilitation und der Reaktivierung körperlicher und seelisch-geistiger Kräfte sollten sorgsam geplant werden (vgl. auch hierzu LEERING, 1971; DIATLOWICKI-TOBI, 1972; HYAM, 1969; CAIN, 1969; WHEELER u. WOLCOTT, 1970), so daß unter dem Begriff der »Institutionalisierungseffekte« nicht mehr ausschließlich negative Auswirkungen und Abbauerscheinungen zu fassen sind, sondern auch Rehabilitationserfolge aufzuführen sind.

6.5. Die Auseinandersetzung mit der Beeinträchtigung des gesundheitlichen Wohlbefindens

Problemsituationen im höheren Erwachsenenalter ergeben sich neben der Auseinandersetzung im beruflichen Bereich und neben den vielfältigen Formen der Auseinandersetzung im Bereich sozialer, familiärer und gesellschaftlicher Interaktionen für viele Personen auch im Hinblick auf die Veränderung des gesundheitlichen Wohlbefindens, wenngleich immer wieder betont werden muß, daß Altern heutzutage nicht notwendigerweise mit Krankheit gleichzusetzen ist.

PECK (1956) nannte die »Höherschätzung geistig-seelischer Kräfte über die Höherschätzung körperlicher Kräfte« als eine der wichtigsten Lebensaufgaben, mit der sich der Mensch schon im mittleren Erwachsenenalter konfrontiert sehe, die aber im höheren Alter geradezu zur Auseinandersetzung herausfordere. Bereits nach dem 3. Lebensjahrzehnt ist ein Nachlassen bzw. eine Beeinträchtigung der körperlichen Leistungsfähigkeit und Widerstandskraft wie auch des körperlichen Erscheinungsbildes (der »Attraktivität«) festzustellen. PECK führt hierzu auf Grund seiner Untersuchungen an Männern mittleren Lebensalters aus:

»Einige Menschen klammern sich an ihre körperlichen Kräfte als dem wesentlichen »Instrument«, vermittels dessen sie mit dem Leben fertig werden wollen. Dieses ist für sie auch das wichtigste Element in ihrer Hierarchie der Werte, vor allem was die Definition ihrer selbst, ihr Selbstbild, anbelangt. Da die physischen Kräfte unvermeidlich nachlassen, neigen diese Menschen – wenn sie älter werden – zunehmend zu traurigen Verstimmungen und Bitterkeit, oder sie werden in anderer Weise unglücklich. Darüber hinaus werden sie in ihrer Berufsrolle und ihren sozialen Rollen in zunehmendem Maße erfolgloser, wenn sie versuchen, sich auf ihre physischen Kräfte, die sie ja nicht mehr besitzen, zu verlassen« (PECK, 1969, S. 536).

Aufgabe im mittleren Erwachsenenalter sei es, eine neue Wertskala zu bilden und so zu einer Selbsteinschätzung weniger auf Grund körperlicher als auf Grund seelisch-geistiger Fähigkeiten zu kommen. Als Aufgabe im höheren Erwachsenenalter ergibt sich – nach PECK's

Untersuchungen – die innere Verarbeitung körperlicher Beeinträchtigungen. Jene Betagten, die ein »Verhaftetsein in körperlichen Beschwerden« erkennen lassen, deren Gedanken nur um das beeinträchtigte körperliche Wohlbefinden zentriert sind, erfahren gerade dadurch eine zusätzliche Begrenzung ihres Lebensraumes. Jene Personen aber, die zu einer »Transzendenz des Körperlichen« dringen, die trotz körperlicher Beschwerden sich auch anderen Lebensbereichen zuwenden, die Zufriedenheit in engen zwischenmenschlichen Beziehungen mehr geistiger Art finden, werden diese Lebenssituation weit eher meistern. Auch die »Auseinandersetzung mit dem Gesundheitszustand«, eine der typischen »developmental tasks« des Alters, wird nur dann gelingen, wenn die entsprechende Entwicklungsaufgabe des mittleren Erwachsenenalters, nämlich die Revision der bisher oft vorherrschenden Werthierarchie der Voranstellung körperlicher Fähigkeiten von Werten im seelisch-geistigen Bereich erfolgreich gelöst wurde (PECK, 1956).

6.5.1. Das Ausmaß gesundheitlicher Beeinträchtigung innerhalb der älteren Bevölkerung

Aus sozialpsychologischer Sicht interessiert der Anteil der Kranken und Behinderten bei der älteren Bevölkerung, zumal diese Daten für die verschiedensten kommunalpolitischen Maßnahmen an Relevanz gewinnen. Wenn man sich auch mit SHANAS (1962) gegen das Stereotyp, demzufolge ältere Menschen auch grundsätzlich krank sind, wenden muß, so ergibt sich doch die Notwendigkeit einer differenzierten Erfassung der Formen der Behinderungen. SHANAS stellt fest:

»A common stereotype is that the elderly are indigent, infirm and sick. Some do suffer from these difficulties, but the research evidence clearly showes that the most of the aged are functioning well both mentally and physically. Only 14 per cent of the aged outside institutions can be classified as ›very sick‹« (vgl. auch STREIB, 1967, S. 625)

Vielfach wird der Fehler gemacht, ältere Personen, die in Institutionen leben, von vornherein als »kränklich« zu bezeichnen. Viele Betagte, die zumindest heutzutage in Altenheimen leben, sind bei relativ gutem Gesundheitszustand und viele ältere Menschen, die zu Hause wohnen, leiden unter erheblichen Beeinträchtigungen. In einer neuen Arbeit hat sich SHANAS (1971), auf Daten von Vergleichsuntersuchungen in Dänemark, England, Israel, Polen und den USA gestützt, mit diesem Problem auseinandergesetzt. Dabei zeigte sich zunächst, daß in Israel (5,5%) und Dänemark (5,3%) vergleichsweise mehr über 65jährige in Institutionen leben als in den USA (3,7%) und England

(3,6%). Allerdings erwies es sich auch hier als falsch, das Wohnen in einem Altersheim mit gesundheitlicher Beeinträchtigung gleichzusetzen. Ein besserer Maßstab sei der Vergleich des Anteils aller dauernd »an Bett und Haus gebundenen« über 65jährigen, der immerhin in Israel 15%, in England 14%, in Dänemark und Polen je 10% und den USA 8% beträgt. Rechnet man dieser behinderten Bevölkerungsgruppe noch jene Betagten hinzu, die nur mit Hilfe anderer Menschen das Haus verlassen können (sei es, daß sie in ihrem Rollstuhl gefahren werden müssen, sei es, daß sie beim Gehen eine Stütze einer Person brauchen), so erhöht sich der Anteil der Behinderten in Polen um 16%, in Dänemark um 14%, in England um 8% und den USA um weitere 6%. Diese Daten zeigen, daß der Anteil der Hilfsbedürftigen doch zwischen 20 und 30% liegt, worunter allerdings die 65–75jährigen weniger, die über 75jährigen stärker vertreten sind.

Die Schlußfolgerungen aus diesen Ergebnissen weisen auf die Notwendigkeit gut entwickelter, auf wissenschaftlichen Erkenntnissen beruhender Hilfsprogramme hin, die der jeweiligen Situation des einzelnen gerecht werden und nicht in der Überweisung in ein Altenoder Pflegeheim eine generelle Problemlösung sehen. – Leider fehlen bisher differenziertere Daten über das Ausmaß körperlicher Behinderungen der über 65jährigen in Deutschland.

MUNNICHS (1971) weist in diesem Zusammenhang auf die Schwierigkeiten hin, den Gesundheitszustand älterer Leute zu beurteilen; er stellt kritisch die Frage »wie und was ist Gesundheit während des Alters?« MUNNICHS spricht von der »Kategorie der Bejahrten«, die »zwischen krank und gesund« einzureihen sind, nämlich den »Versorgungsbedürftigen«, die in einigen Aktivitäten des täglichen Lebens (KATZ, 1963) behindert seien.

»Wer versorgungsbedürftig ist – der Betreffende braucht nicht krank zu sein – ist durch eine Reihe ziemlich leicht erkennbarer Hemmnisse feststellbar. Diese bestehen darin, daß er Hilfe braucht in Bezug auf eine oder mehrere der folgenden Verrichtungen: sich baden – sich waschen – sich kleiden – auf die Toilette gehen – ohne Hilfe essen.« (MUNNICHS, 1971, 751/752)

Diese Formen der Behinderungen gelten als Kriterien für eine notwendige Aufnahme in ein Altenheim, wobei allerdings MUNNICHS feststellt: »diejenigen, die mehr als 3 oder 4 Behinderungen haben, gehören nicht mehr in ein Altenheim, sondern vielmehr in ein Pflegeheim« (1971, S. 752).

Auf ein besonderes Charakteristikum gesundheitlicher Beeinträchtigung im höheren Alter wäre zudem noch hinzuweisen, nämlich auf das Phänomen der *Multimorbidität,* dem 1971 das zweite Symposion der Deutschen Gesellschaft für Gerontologie gewidmet war (vgl.

Schubert, 1972). So stellt z. B. Gsell (1966) fest, daß bei älteren Patienten stets mehrere Diagnosen zu stellen sind. Es fanden sich bei 99% der über 70jährigen Patienten mehr als eine Diagnose, bei etwa 75% sogar 4 oder mehr Krankheiten (vgl. auch Tews, 1971, S. 224 ff). Hier sei auf die relevante medizinische Literatur verwiesen, da diese Problematik den Zuständigkeitsbereich der Psychologie überschreitet.

6.5.2. Gesundheitliche Beeinträchtigungen und ihre psychischen Korrelate

Auch im Hinblick auf die Art der Alternsveränderungen im körperlichen Bereich, die mehr oder weniger zur Beeinträchtigung des gesundheitlichen Wohlbefindens führen, muß auf die einschlägige medizinische Literatur verwiesen werden. – Von psychologischem Aspekt aus wird in diesem Zusammenhang eine dreifache Fragestellung relevant:

Einmal die Frage, inwieweit die verschiedenartigsten gesundheitlichen Beeinträchtigungen menschliches Verhalten und Erleben mitbestimmen. Bei der Diskussion um die Veränderung der intellektuellen Leistungsfähigkeit wurde bereits eine Reihe von Untersuchungen erwähnt, die Korrelationen zwischen bestimmten medizinischen Diagnosen einerseits und psychischen Funktionsbereichen andererseits nachweisen konnten.

Hier wäre auch auf die ersten Ergebnisse der Münsteraner Altersstudie (Oberwittler u. Drebes, 1970; Schmitz-Scherzer, Berghoff und Rudinger, 1970) zu verweisen, nach denen z. B. bestimmte psychomotorische Fähigkeiten auch unter Streß besonders dann relativ konstant bleiben, wenn die Personen bei einem Blutdruck im Normalbereich über ein höheres relatives Körpergewicht und einen erhöhten Harnsäuregehalt im Blut verfügen. – Es dürfte wohl an der Problematik der Durchführung solcher interdisziplinär angelegter intensiver Untersuchungen liegen, daß die Frage nach korrelativen Beziehungen zwischen einem spezifischen Zusammenwirken mehrerer körperlicher Symptome einerseits und bestimmten psychischen Strukturen andererseits bisher so wenig erforscht wurde, obwohl die bisher üblichen eindimensionalen Betrachtungsweisen doch recht unbefriedigende Ergebnisse erbrachten. –

Eine zweite Frage, die besonders in der psychoanalytischen Literatur immer wieder aufgegriffen wird, ist jene nach dem Einfluß psychischer Störungen auf das gesundheitliche Wohlbefinden. Wenn auch die psychosomatische Forschung in den letzten Jahren bestimmte Zusammenhänge zwischen psychischen Phänomenen einerseits und typischen

Krankheitsbildern andererseits zum Teil recht differenziert herausarbeiten konnte, so sind doch auch heutzutage unsere Kenntnisse noch recht gering im Hinblick auf relevante Zusammenhänge zwischen der Beeinträchtigung des gesundheitlichen Wohlbefindens einerseits und dem psychischen Alternsprozeß andererseits (BUSSE, 1969; HOFSTÄTTER, 1967; SCHMITZ-SCHERZER u. LEHR, 1971). Ein Trend läßt sich jedoch aufzeigen: Die psychosomatische Forschung, weitgehend an Patienten mittlerer Lebensalter orientiert, versuchte bisher, psychische Störungen – sei es das Erleben von Streß-Situationen oder wie auch immer bedingtes seelisches Fehlverhalten – für körperliche Erscheinungen mit verantwortlich zu machen, wenn nicht sogar als mögliche Ursache für die Beeinträchtigung des gesundheitlichen Wohlbefindens herauszustellen.

Eine dritte Fragestellung, die im letzten Jahrzehnt besonders in den Vordergrund der Forschung rückte, ist jene nach der subjektiven Beurteilung des Gesundheitszustandes und deren möglichen Implikationen.

Ein Ergebnis der verschiedenen Untersuchungen ist die Feststellung einer Divergenz zwischen medizinischer Beurteilung des Gesundheitszustandes und subjektiver Beurteilung.

SACHUK (1963) führte in der UdSSR eine Studie an 1800 Personen über 80 Jahre über Arzturteil und subjektive Einschätzung des Gesundheitszustandes durch. Sie faßte ihre Ergebnisse dahingehend zusammen, daß ältere Personen eher dazu neigen, ihren Gesundheitszustand »mittelmäßig« zu beurteilen: Es haben sich weniger Personen als »ganz gesund« bezeichnet als dies auf Grund des Arzturteils zu erwarten gewesen wäre; andererseits stufte der Arzt auch mehr Personen in die Kategorie »krank« oder »sehr krank« ein, als dies auf Grund der Selbstbeurteilung geschah.

SHANAS, TOWNSEND, WEDDERBURN, FRIIS, MILHOJ und STEHOUWER (1968) führten eine Vergleichstudie in Dänemark, Großbritannien und den USA durch (vgl. auch SHANAS, 1962) und stellten fest, daß in allen 3 Ländern über 50% der über 65jährigen ihren eigenen Gesundheitszustand als »gut« einschätzten, Männer im allgemeinen etwas häufiger als Frauen. Eine einzige Ausnahme bildete die Gruppe der 65–70jährigen Männer, für die gerade das Pensionsalter begonnen hatte; sie selbst schätzten ihren Gesundheitszustand schlechter ein als gleichaltrige Frauen. Personen über 80 Jahre zeigten sich hinsichtlich der Einschätzung ihres Gesundheitszustandes optimistischer als jüngere, was die Autoren unter Hinweis auf die »reference group« erklären, d. h. auf die anderen Personen der gleichen Altersgruppe, mit denen man sich vergleicht. Für die Geschlechtsunterschiede mögen – nach Meinung der Autoren – Rollenerwartungen der Gesellschaft mitverantwortlich sein: Frauen billigt man im allgemeinen eher ein »Kränklichsein« zu als Männern: »They are expected to be stronger than women, hardier, and less complaining. This cultural pattern is followed through the life span and into old age. Consequently, old men in comparison with old women are more likely to say their health is good« (SHANAS et al., 1968, S. 214).

Die Selbstbeurteilung des Gesundheitszustandes richtet sich, wie die Untersuchungen zeigten, weitgehend nach dem Grad der körperlichen Beweglichkeit. Einschränkungen der Beweglichkeit (Lähmungen, Arthritis, Arthrose) und Reduzierung der sensorischen Fähigkeiten (Schwerhörigkeit, Sehuntüchtigkeit) bilden vor allem die Basis für die Selbstbeurteilung.

Jene Personen, die ohne Hilfe außer Haus gehen können, schätzen ihren Gesundheitszustand optimistisch ein; jene, die auf Grund erschwerter Beweglichkeit an das Haus gebunden sind, glauben, daß ihr allgemeiner Gesundheitszustand schlecht sei. Sonstige gesundheitliche Beeinträchtigungen (z. B. Herz-Kreislauf-System; Magen-Darm-Leber-Gallenbeschwerden u. a. m.) werden bei den subjektiven Beurteilungen des Gesundheitszustandes kaum gewichtet.

TOWNSEND erarbeitet einen Index, mit dessen Hilfe sich gesundheitliche Beeinträchtigungen erfassen lassen. Items wie »außer Haus gehen«, »Treppen rauf- und runtersteigen«, »den Haushalt besorgen«, »waschen und baden«, »sich ankleiden«, »Schuhe und Strümpfe anziehen«, »Zehennägel schneiden« wurden – je nach Fähigkeit, dies ohne Schwierigkeiten und ohne jede Hilfe zu verrichten – durch Skores von 0 bis 12 gewichtet (vgl. auch SHANAS et al., 1968).

Vergleicht man die so gewonnenen objektiveren Daten mit der Allgemeineinschätzung des subjektiven Gesundheitszustandes, so finden sich in Dänemark 12% »Gesundheitsoptimisten« und in Britannien 27% von Personen, die sich besser einschätzen, als es auf Grund der Fähigkeiten, im Alltag alleine zurechtzukommen, zutrifft. Der dementsprechende Prozentsatz der »Gesundheitspessimisten« ist in allen Ländern sehr gering. – Weiterhin läßt sich ein Zusammenhang zwischen negativer Beurteilung des Gesundheitszustandes und dem Gefühl der Einsamkeit nachweisen, ebenso ein Zusammenhang zwischen beeinträchtigtem gesundheitlichen Wohlbefinden und negativer Selbsteinschätzung.

Die Bonner gerontologische Längsschnittstudie erbrachte ähnliche Korrelationen. Zunächst zeigte sich auch hier eine Tendenz zum »Gesundheitsoptimismus«; fast 50% der Gesamtgruppe schätzte sich besser ein als es auf Grund des Arzturteils zu erwarten wäre. Ein Vergleich der medizinischen Ausgangsdaten der erfaßten Personengruppe zeigt, daß die 60–65jährigen Männer den besten Gesundheitszustand hatten, gefolgt von den gleichaltrigen Frauen. Die 70–75jährigen wurden hinsichtlich ihres Gesundheitszustandes vom Arzt etwas negativer beurteilt, und zwar die Frauengruppe schlechter als die Gruppe der Männer (vgl. Tab. 24). –

Tabelle 24: Selbsteinschätzung des Gesundheitszustandes im Vergleich zum Arzt-Urteil (prozentuale Verteilung innerhalb der jeweiligen Gruppe):

Einschätzung	Gesamtgruppe	Männer:			Frauen:			Männer u. Frauen	
		60–65	70–75	gesamt	60–65	70–75	gesamt	60–65	70–75
subjektiv schlechter:	24,52	26,78	15,25	20,87	29,62	24,52	26,21	28,18	18,52
entsprechend dem Arzt:	26,44	26,78	23,75	25,22	35,19	26,44	34,95	30,91	28,70
subjektiver besser:	49,04	46,44	61,00	53,91	35,19	49,04	38,84	40,91	52,78
	100%	100%	100%	100%	100%	100%	100%	100%	100%

Ein Vergleich der Daten hinsichtlich des subjektiven gesundheitlichen Wohlbefindens läßt ebenso erkennen, daß die Männer sich gesundheitlich wohler fühlten als die Frauen und weniger über körperliche Beschwerden zu klagen hatten. Interessant ist dabei, daß hier jedoch die ältere Männergruppe sich am gesundesten fühlte und über weniger Beschwerden berichtete als die um ein Jahrzehnt jüngere Männergruppe. Die Gruppe der 60jährigen Frauen schätzte den subjektiven Gesundheitszustand ähnlich ein wie die der gleichaltrigen Männer; die Gruppe der 70jährigen Frauen beurteilte die eigene Gesundheit schlechter. Dabei wurde durchgehend die Tendenz deutlich, sich selbst gesundheitlich besser einzuschätzen, als es dem Arzturteil entsprach. Diese Bessereinschätzung findet sich bei den Männern in stärkerem Maße als bei den Frauen, bei der Gruppe der 70–75jährigen stärker als bei den Jüngeren (vgl. Tab. 24).

Diese Feststellungen bezüglich der unterschiedlichen Beurteilungen des Gesundheitszustandes durch den Arzt und durch die einzelnen Personen selbst werden vor allem dann interessant, wenn man die »Gesundheitsurteile« zu psychischen Daten in Beziehung setzt.

So weisen z. B. die mittels der Intelligenz-Tests erhobenen Werte deutlichere Zusammenhänge zu dem durch den Arzt beurteilten, also zum sog. »objektiven« Gesundheitszustand auf (RUDINGER, 1970). Das gleiche gilt, wie MATHEY (1968, 1970) nachweisen konnte, für jene psychomotorischen Reaktionsleistungen, die unter bestimmter Belastungseinwirkung (Reaktionsgerät nach MIERKE) zustande kommen. »Dies trifft für beide Alters- und Geschlechtsgruppen zu, und zwar in dem Sinne, daß eine Erhöhung des im Belastungsversuch erzielten Leistungsniveaus mit zunehmend besserem Allgemeinzustand konform geht. Besonders ausgeprägt findet sich diese Beziehung in der Gruppe der 70jährigen Männer und Frauen. Bei den für unseren Vergleich weiterhin herangezogenen Klassifizierungen des Blutdrucks unserer Probanden zeigte sich eine signifikante Beziehung zwischen erniedrigtem Blutdruck und verminderter Leistung im Belastungsversuch.« (MATHEY, 1968, S. 227)

Eine Reihe anderer psychologischer Werte, die weniger den Leistungsaspekt betonen, zeigt einen engeren Zusammenhang mit dem *subjektiven Gesundheitszustand.*

THEISSEN (1970) hat das Material unter dem Aspekt des Selbstbildes und Selbsterlebens dieser Personengruppen ausgewertet und konnte für alle Gruppen signifikante Zusammenhänge zum subjektiven gesundheitlichen Wohlbefinden nachweisen; »der vom Arzt diagnostizierte Zustand und die Anzahl der physischen Symptome hingegen erweisen sich als weitgehend unabhängig« (THEISSEN, 1970, S. 174 bis 176). Jene Personen, die sich selbst gesünder fühlten, hatten ein positiveres Selbstbild und schilderten sich als aktiver, unternehmungslustiger, als von der sozialen Umwelt eher bejaht und anerkannt, als unabhängiger, von gehobener Stimmung, zufrieden mit dem Alltag u. a. m. im Vergleich zu jenen Personen, die sich selbst hinsichtlich ihres Gesundheitszustandes negativer einschätzten und mehr Belastungen nannten; – und dies auch dann, wenn der Arzt keine objektiven Anhaltspunkte dafür gefunden hatte. –

SCHMITZ-SCHERZER (1969) konnte einige Beziehungen zwischen dem subjektiven Gesundheitszustand und dem Freizeitverhalten unserer Probanden aufweisen. Je belastender die gesundheitliche Situation erlebt wurde, um so seltener wurden z. B. Reisen unternommen, um so seltener wurden Besuche gemacht, um so mehr ergab sich eine Reduktion des gesamten Freizeitverhaltens, um so mehr war eine gewisse Passivität festzustellen (längere Schlafzeiten u. dergl.). Der vom Arzt festgestellte Gesundheitszustand zeigte in diesem Bereich weniger Zusammenhänge auf als die subjektiven Momente des Erlebens der gesundheitlichen Situation.

LEHR (1967), SCHREINER (1969), PUSCHNER, SCHREINER u. TISMER (1968) konnten Zusammenhänge zwischen gesundheitlichem Wohlbefinden und Art und Ausmaß der Zukunftsorientierung aufweisen. Personen, die sich in gesundheitlicher Hinsicht stärker belastet fühlten (auch wenn objektive Anhaltspunkte hierfür fehlten), äußerten signifikant weniger Pläne und zeigten stärkere Restriktionstendenzen. Sie konnten auch der gegenwärtigen Situation weniger positive Aspekte abgewinnen, sahen ihren Lebensradius eingeschränkt, waren in stärkerem Maße vergangenheitsbezogen und trauerten vielen Dingen nach, die ihnen in früheren Zeiten zugänglich waren (TISMER, 1969). Auch die Art und Weise der Auseinandersetzung mit der Endlichkeit des Daseins, mit der Todesproblematik, läßt höhere Korrelationen zum subjektiven gesundheitlichen Wohlbefinden erkennen als zum »objektiven« Gesundheitszustand.

Diese Ergebnisse lassen sich mit der von THOMAE (1970) postulierten »Kognitiven Theorie des Alterns« erklären, derzufolge nicht die objektiv nachweisbare Veränderung der Lebenssituation (und auch des Gesundheitszustandes) mit Verhaltensänderungen im psychischen Bereich einhergeht, sondern derzufolge vielmehr die Art und Weise, in der das Individuum diese Veränderungen wahrnimmt, von weit größerer Bedeutung für seelische Alternsveränderungen ist. (»The obvious change in the biological structure had no effects as long as it was not perceived. Even if the full truth is withhold the perception of the situation changes the individual completely until some new balance has been attained« THOMAE, 1970, S. 4). Die Art und Weise wiederum, in der auch solche gesundheitlichen Störungen wahrgenommen und als mehr oder minder bedeutsam erlebt werden, wird durch die biographische Gesamtsituation des Individuums bestimmt; d. h., durch bisherige lebenslange Erfahrungen, durch die Persönlichkeitsstruktur, durch innere und äußere Gegebenheiten der gegenwärtigen Lebenssituation mit ihren sozialen Bezügen, wie auch nicht zuletzt durch Art und Ausmaß der individuellen Zukunftsorientierung.

Vielleicht erklärt die Feststellung, daß das subjektive Gesundheitsgefühl, das, wie hier gezeigt wurde, ja keineswegs mit den objektiven medizinischen Daten übereinstimmen muß, die in der Fachliteratur der letzten Jahrzehnte vorliegenden feststellbaren unterschiedlichen Korrelationen physischer und psychischer Daten. Manche Untersuchungen, die die geistige Leistungsfähigkeit im höheren Alter angehen (u. a.: BIRREN et al., 1963; KLONOFF u. KENNEDY, 1966; SPIETH, 1965; – vgl. auch THOMAE, 1968, 1969; LEHR, 1970), aber auch jene, die die Veränderung der Sozialkontakte analysieren (BLUME, 1962; vgl. LEHR und THOMAE, 1968), weisen auf hohe Korrelationen zwischen Gesundheitszustand und Alternsveränderungen im seelisch-geistigen Bereich hin. Andere Studien wiederum – wie u. a. jene von SCHMITZ-SCHERZER, BERGHOFF und RUDINGER (1970) – konnten dagegen kaum Beziehungen zwischen bestimmten Erkrankungen (z. B. der Arteriosklerose, die hinsichtlich der subjektiven Wahrnehmbarkeit sicher stark differenziert) und psychischer Leistung finden.

6.5.3. *Prophylaxe und Therapie*

6.5.3.1. Aktivitätstraining

Das subjektive Gesundheitsgefühl bestimmt in vieler Hinsicht die eigenen Verhaltensweisen auch in Hinblick auf eine Prophylaxe, auf eine Gesundheitsvorsorge. So konnte PALMORE (1970, 1971) anhand der Daten der Duke-Längsschnitt-Studie zeigen, daß »gesunder Lebenswandel« mit besonders hohem gesundheitlichen Wohlbefinden einhergeht, bzw. daß diejenigen Personen, die einen gesunden Lebenswandel führten, sich auch selbst kerngesund fühlten, während jene, die sich kränklich fühlten, weniger Wert auf Gesundheitsvorsorge legten.

Die höchsten Korrelationen ergaben sich – nach PALMORE (1971) – zwischen einem hohen *Ausmaß an aktiver Bewegung* (Sporttreiben, Wandern, Schwimmen usw.) einerseits und gesundheitlichem Wohlbefinden andererseits, das sowohl durch das subjektive Gesundheitsgefühl wie auch durch die Dauer der Bettlägerigkeit und auch durch die Anzahl der Arztbesuche während der Untersuchungszeit definiert wurde. – Bei derartigen Feststellungen erhebt sich allerdings die Frage, ob eine gewisse Passivität und vor allem zu wenig körperliche Bewegung das gesundheitliche Wohlbefinden beeinträchtigen, oder ob umgekehrt ein bereits herabgesetztes gesundheitliches Wohlbefinden den Aktivitätsradius reduziert (vgl. auch CARP, 1971). Sicher handelt es sich dabei um einen Wechselwirkungsprozeß. Immerhin zählt es längst zum festen Wissensbestand der Mediziner, daß Inaktivität der Muskeln, des Bewegungsapparates zur Athropie, zur Gelenkversteifung und allmählich zur »Erlahmung« führt und daß untrainierte Funktionen Dekompensationserscheinungen nach sich ziehen.

Auch DIATLOWICKI-TOBI (1972) kämpft gegen Inaktivitätserscheinungen sogar bei Hemiplegie-Patienten an und fordert die Umgebung auf, den Patienten möglichst viel selbst tun zu lassen, ihm viel abzuverlangen.

Die Forderung einer weitgehenden »Ruhigstellung« und »Schonung« sowohl nach einem Krankheitsfall wie auch als Vorbeugung gegen vorzeitige Abbau-Erscheinungen – wie sie zumindest in Laienkreisen häufig vertreten wird, wie sie aber auch aus den sogenannten »wear-and-tear-Theorien« oder auch aus den heute noch diskutierten »Abnützungs- und Verschleißtheorien« (vgl. BISCHOF: »Adult Psychology«,

1969) ableitbar wird, – hält zumindest in dieser generalisierenden Form einer kritischen Überprüfung nicht stand und ist nur bei ganz speziellen medizinischen Diagnosen gutzuheißen.

Die Aktion »Trimm Dich«, die zur Bewegungsaktivität ermuntert, zählt mit zu den vorbeugenden Maßnahmen. Allerdings sollte man – besonders wenn man unter Gesundheit das psycho-physische Wohlbefinden versteht – diese Aktivierung nicht allein auf den körperlichen Bereich beschränkt bleiben lassen! Auch im seelisch-geistigen Bereich gilt das Wort: »Was rastet, das rostet!« Erinnert sei in diesem Zusammenhang nur an die »dis-use«-Hypothese, mit der man die nachlassende Lernfähigkeit im Alter weitgehend erklären kann (vgl. S. 89), oder auch an die Bedeutung des Trainings und der Stimulation für die Aktivierung und Reaktivierung geistiger Kräfte. Die bereits referierten Untersuchungen zur Frage der Veränderung der geistigen Leistungsfähigkeit weisen auf die Bedeutung dieser Faktoren hin.

Der Wert körperlichen Trainings, der Wert der Aktivierung körperlicher Kräfte und der Abforderungen köperlicher Leistungen sowohl als Geroprophylaxe wie auch als Therapeutikum konnte durch eine Reihe empirischer Studien nachgewiesen werden (vgl. u. a. JOKL, 1954; STEINBACH, 1970, 1971). STEINBACH (1970, S. 98) führt hierzu aus: »Soll sich der Organismus im Sinne einer Förderung seiner Funktionsfähigkeit verändern, dann muß er zunehmenden Belastungen ausgesetzt werden. Es führt keinWeg am Fleiß vorbei.« STEINBACH (1971) sieht durch den Austritt aus dem Berufsleben die Gefahr einer Reduzierung der körperlichen Leistung und Aktivitäten, die zu der Reduzierung sozialer und intellektueller Aktivitäten (durch das Ausbleiben beruflicher Anforderungen) hinzukommt. »Die Folge ist Inaktivitätsatrophie auf allen diesen Gebieten, die eigentlich über das hinausgeht, was altersmäßig und biologisch nötig wäre« (1971, S. 32). Er weist darauf hin, daß manche Maßnahmen der Altenhilfe diese Inaktivität auf dem körperlichen, intellektuellen und sozialen Sektor fördern, z. B. »wenn wir Reservate für die Alten bauen, wenn wir nur Altersheime schaffen, die aus Zimmern bestehen, in denen die Menschen leben können und essen dürfen« (S. 32). Allein das Schaffen entsprechender Einrichtungen genügt nicht; es gelte vielmehr, die bisherigen Alteneinrichtungen »mit Leben (zu) erfüllen, funktionelle Programme den eigentlichen Bauprogrammen« zuzugesellen, um damit eine Optimierung zu erreichen (STEINBACH, 1971, S. 33).

Rehabilitationsmaßnahmen, deren allgemein anerkanntes Ziel es ist, ältere Menschen von fremder Hilfe so unabhängig wie möglich zu machen, bevorzugen heute den Weg des Abverlangens von Leistungen. Maßnahmen, die der Patient nur mehr oder minder passiv zu erdulden hat, sind als weniger wirkungsvoll abzulehnen. Allerdings läßt sich nicht übersehen, daß bei solchen Rehabilitationsmaßnahmen vielfach das Augenmerk bisher etwas einseitig auf den körperlichen Zustand gelenkt wird, oft unter weitgehender Vernachlässigung des seelisch-geistigen Bereiches – wovon man sich u. a. anhand des Lehrstoffs bzw. der Ausbildungsprogramme mancher Schulen, die Beschäftigungstherapeuten heranbilden, überzeugen kann. Aber auch manche Ausbildungsprogramme von Krankenschwestern und Altenpflegerinnen wären unter diesem Aspekt zu überprüfen. Schon jetzt sei festgestellt: Das Training geistiger Funktionen ist für das Wohlbefinden des Menschen von eminenter Wichtigkeit und sollte, um wirkungsvoll zu sein, auch nach körperlichen Krisensituationen (Apoplexie usw.) so bald als möglich einsetzen.

In diesem Zusammenhang wirken sich bestimmte Rollenerwartungen der Gesellschaft, die vom älteren Menschen weitgehend Passivität und Restriktion erwarten (SCHNEIDER, 1970) verhängnisvoll aus, zumal dadurch nachgewiesenermaßen die Leistungsbereitschaft des älteren Menschen sowohl auf körperlichem wie auch auf seelisch-geistigem Gebiet ungünstig beeinflußt wird. Gelernt, sich in seinem Verhalten den Verhaltenserwartungen der Gesellschaft anzupassen, neigt manch einer im höheren Alter zur Inaktivität in diesen Bereichen, besonders, wenn ein persönlicher Hang zur Bequemlichkeit und zu evasiven Reaktionen auf Anforderungen eine solche Einstellung noch begünstigt. Hinzu kommt, daß vielfach eine durch Meiden von Anstrengung bedingte Bewegungsunlust die Bewegungsunfähigkeit mehr und mehr fördert und damit den älteren Menschen in eine stärkere Abhängigkeit von seiner mitmenschlichen Umwelt bringt. Diese Abhängigkeit wird zwar vom älteren Menschen einerseits gefürchtet, andererseits aber oft auch – meistens unbewußt – als Aufforderung an die Umwelt zu stärkerem Beachtetwerden und größerer Fürsorge herbeigesehnt (vgl. hierzu KALISH, 1969; GOLDFARB, 1969; LIPSITT, 1969 u. a.).

6.5.3.2. Ernährungsgewohnheiten

Neben der Aktivität und dem Training körperlicher und geistiger Leistungen kommt im Rahmen einer Prophylaxe und Therapie den Ernährungsgewohnheiten eine große Bedeutung zu. HOLTMEIER hat mit Nachdruck auf die Stellung der Ernährungswissenschaft innerhalb der Geriatrie hingewiesen und festgestellt: »Es wird heute allgemein angenommen, daß es keine Ernährungsform gibt, welche den Menschen verjüngen könnte. Der größte Wert der Beachtung von Ernährungsregeln liegt in der Prophylaxe, d. h. in der Erhaltung der »Gesundheit und Vorbeugung der degenerativen, ernährungsabhängigen Krankheiten im Alter. Je früher diese Regeln gesunder Ernährung und Lebensweise beachtet werden, desto größer sind die Lebenserwartungen« (HOLTMEIER, 1968, S. 122). Sind erst einmal degenerative Alternsveränderungen eingetreten, vermögen diätetische Maßnahmen nur noch wenig zu ändern.

Die Wichtigkeit richtiger Ernährungsweisen wird dann deutlich, wenn man Statistiken der Todesursachen analysiert. HOLTMEIER (1968) weist – unter Bezugnahme auf LEUTNER – darauf hin, daß im Zeitraum von 1924 bis 1961 Herz-Kreislauf-und Gefäßleiden wie auch bösartige Krankheiten eine stark ansteigende Tendenz erkennen lassen. Herz-Kreislauf-Krankheiten wurden 1924 zu 14,8% als Todesursachen angegeben, 1961 jedoch in 41,1% der Todesfälle genannt. »Gerade bei den genannten degenerativen Herz-Kreislauf-Gefäßleiden wie Koronarkrankheiten, Hypertension, zentrale Gefäßveränderungen, handelt es sich um ernährungsbeeinflußbare Krankheiten, die in besonderem Ausmaß durch Übergewicht gefördert werden.« (HOLTMEIER, 1968, S. 116)

Anhand von Krankenkassen-Statistiken hat man einen Zusammenhang zwischen Übergewicht und geringerer Lebenserwartung festgestellt (HOLTMEIER, 1968; LEUTNER, 1967; NÖCKER, 1962; BÖHLAU, 1971; GLATZEL, 1971; KALISH, 1969; WANNENWETSCH, 1971 und viele andere). Die Tatsache, daß mehr als jeder 3. Sterbefall in der BRD im Zusammenhang mit einer ernährungsabhängigen Krankheit gesehen werden muß, unterstreicht den Ausspruch Max BÜRGER's: »Dein Bauch ist dein Tod!« und auch die Mahnung SHAKESPEARES: »Laß ab vom Schlemmen, wisse, daß das Grab dir dreimal breiter gähnt als anderen Menschen.«

Auf die Bedeutung einer altersgerechten Ernährung wird gerade in letzter Zeit seitens der Medizin und der Ernährungswissenschaftler immer wieder hingewiesen, die Erforschung der psychischen Aspekte der Ernährungsgewohnheiten im Alter steckt jedoch noch in ihren Anfängen. Dennoch läßt sich schon heute die Hypothese aufstellen, daß eine Korrelation zwischen bestimmten Essensgewohnheiten einerseits und seelischen Streß-Situationen, Gefühl der Langeweile und Unausgefülltheit, geringer Aktivität und eingeengtem Interessenshorizont andererseits besteht. Freilich ist das Bemühen um eine altersgerechte Ernährung für manchen Betagten auch eine Frage der Information und der Fähigkeit, diese Informationen zu verarbeiten. Darüber hinaus stehen tiefverwurzelte Vorurteile, denenzufolge nur eine »kräftige Kost« körperliche Kräfte schaffe, oft einem solchen gesundheitsgerechten Verhalten entgegen.

Durch empirische Studien konnte PALMORE (1971) Zusammenhänge zwischen Körpergewicht und gesundheitlichem Wohlbefinden aufweisen. Jene Personen, die ihr Gewicht regelmäßig kontrollierten und deren Gewicht im Normbereich lag, waren während der Untersuchungszeit signifikant weniger bettlägerig krank als Personen mit Untergewicht; Personen mit Übergewicht erwiesen sich aber auch hier als am stärksten krankheitsanfällig.

Im Zusammenhang mit Fragen der Ernährungsgewohnheiten treten zwei Aspekte in den Vordergrund: Die Überernährung, d. h. die Einnahme sehr kalorienreicher Kost oft bei gleichzeitigem Mangel an lebenswichtigen Nährstoffen wie Eiweiß, Vitaminen und Mineralstoffen – und die Unterernährung, Mangelernährung oder Essensverweigerung. Probleme der Ernährungsweisen und Ernährungsgewohnheiten sind eigentlich durch interdisziplinäre Forschungen anzugehen: medizinische, physiologische, biologische und chemische Aspekte wären genau so zu erforschen wie ökonomische, soziologische, psychologische und pädagogische Fragen des Ernährungsverhaltens.

Für eine Klärung spezieller Fragen des Zusammenhangs zwischen bestimmten Nahrungsmitteln und Nährstoffen einerseits und Formen gesundheitlicher Beeinträchtigung andererseits erklären wir uns nicht zuständig.

Auch die Frage, in welchem Ausmaß eine bestimmte Ernährungsweise psychisches Verhalten beeinflußt (GLATZEL, 1971; HOWELL und LOEB, 1969; BELL, 1958; SCRIMSHAW und GORDON, 1968) ist schwer zu beantworten, zumal derartige Fragen vorwiegend in Tierversuchen angegangen wurden, Einzelaspekte (vor allem der Mangel- und Unterernährung in Kriegszeiten) auch im Hinblick auf die kindliche Entwicklung. HOWELL und LOEB (1969) weisen allerdings darauf hin, daß häufig bestimmte Verhaltensweisen älterer Menschen, die leicht als »normaler psychischer Abbau« und »emotionale Labilität« gedeutet werden und sich in einer gewissen Müdigkeit, Gleichgültigkeit, Gedächtnisschwäche, leichten Verwirrtheitszuständen und erhöhter Ängstlichkeit äußern, auf falsche Ernährung – sei es auf ein Nicht-Einhalten der Diätvorschriften oder auf Mangelernährung zurückzuführen seien.

Experimentelle Untersuchungen an den Universitäten in Minnesota und Pennsylvania haben nachgewiesen, daß ein sich über 60–90 Tage erstreckender Mangel an Vitaminen des Vitamin-B-Komplexes bei gesunden Erwachsenen Erscheinungen der Konfusität und der herabgesetzten Urteilsfähigkeit in psychologischen Testsituationen und sogar in intellektuellen Fähigkeiten (bei Gedächtnis- und Problemlöseaufgaben) hervorruft (HOWELL u. LOEB, 1969, S. 54). Dabei reagierten ältere Personen auf derartige Mangelerscheinungen stärker als jüngere (SWANSON, 1964; RALLI, 1952).

Auch GLATZEL (1971) erwähnt einen Zusammenhang zwischen zweckmäßiger ausreichender Ernährung und der Fähigkeit zum logischen Denken und zur konzentrierten Beobachtung und geistiger Leistungsfähigkeit; und SCRIMSHAW (1969) stellt fest:

»Es wird immer deutlicher, daß die Qualität und Quantität der Nahrung, die wir zu uns nehmen, nicht nur die Gesundheit und das körperliche Wachstum beeinflußt, sondern auch die geistigen Fähigkeiten und die soziale Entwicklung.« (SCRIMSHAW, 1969, S. 23).

Dieser Zusammenhang wurde zunächst in Tierexperimenten nachgewiesen. Um 1920 wurden die ersten Rattenexperimente durchgeführt, die zeigten, daß schlechte Ernährung 1. das körperliche Wachstum beeinträchtigte, aber auch 2. über das zentrale Nervensystem wirkt: frühe schlechte Ernährung geht einher mit späterem schlechten Lernen, mit schlechteren Gedächtnisleistungen. (Experiment: schlecht- und gut ernährte Ratten wurden in ein Labyrinth gesperrt; guternährte fanden schneller den Ausgang als schlechternährte; ihr Anpassungsverhalten und ihr Orientierungsverhalten war besser!) oder: Ratten wurden im Käfig eingesperrt, wobei nur durch bestimmte Betätigung am Gitter sich dieses öffnete, so daß man an die Nahrung herankam. Diese Betätigung am Gitter mußte »gelernt« werden. Ergebnis: jene Ratten, die in ihrer »Kindheit« schlecht ernährt wurden, lernten viel langsamer als die in ihrer Kindheit gut ernährten Ratten, auch wenn zur Zeit des Versuchs das rein äußerliche Ernährungsdefizit aufgeholt war und der körperliche Zustand beider Gruppen vergleichbar war, erbrachten die ehemals schlechter ernährten Ratten schlechtere Lernleistungen. Von daher könnte man eine Auswirkung schlechter Ernährung in »früher Kindheit« auf das »spätere Leben«, speziell auf das Lernverhalten vermuten.

Von diesen Befunden ausgehend, folgert SCRIMSHAW (1969): »Was nützt es, wenn wir Programme für die Verbesserung der Ernährungssituation von Schulkindern aufstellen! Dann ist es zu spät! Die kritische Phase liegt in den ersten 3 Lebensjahren; da können sich irreversible Schäden einstellen!«

Zu ähnlichen Feststellungen gelangten STOCH und SMYTHE (1963), die eine Gruppe von Kindern über mehrere Jahre hinweg beobachteten. Sie haben festgestellt, daß schlechter ernährte Kinder in Intelligenztests ständig schlechter abschnitten, und zwar auch noch nach einem Zeitraum von 10 Jahren, als bereits durch Zusatzernährung der körperliche Zustand weitgehend ausgeglichen war. Vor allen Dingen jene Aufgaben, die räumliche Vorstellung verlangten, Wahrnehmungsaufgaben und Aufgaben, die auch Abstraktionsfähigkeit, die Beobachtung und Kombinationsfähigkeit verlangten, wurden schlechter gelöst. Die Periode des größten Risikos für die Entwicklung sei die Zeit bis etwa zu drei Jahren. Hier können Schäden entstehen, die nur sehr schwer wieder gut zu machen sind. –

Allerdings sollte man bei der Bewertung derartiger Ergebnisse bedenken, daß eine schlechte Ernährung meist in einem bestimmten Umfeld sozialer, ökonomischer, medizinischer und pädagogischer Faktoren erscheint, die ebenso das Wachstum, die Verhaltensweisen des Kindes und die Lernfähigkeit beeinflussen können! Dabei ist es schwer, ein Ursache-Wirkungs-Verhältnis zu konstatieren. Es läßt sich lediglich ein Zusammenhang zwischen schlechter Ernährung einerseits, schlechtem körperlichen Zustand und verzögerter seelisch-geistiger Entwicklung andererseits nachweisen.

An entsprechenden Forschungen im Hinblick auf die Situation älterer Menschen fehlt es bisher. –

Die Frage hingegen, welche situativen und biographischen Bedingungen und welche persönlichkeitsspezifischen Verhaltensweisen bestimmte Ernährungsweisen und Eßgewohnheiten bestimmen, läßt sich eher beantworten. Zwar erfassen auch hier die meisten empirischen Studien das Ernährungsverhalten in der Kindheit. So schließt man z. B. von Eßschwierigkeiten bei Kindern, von der Verweigerung der Nahrungsaufnahme auf Störungen im Bereich mitmenschlicher Kontakte und deutet ein solches Verhalten leicht als Wunsch des Kindes nach stärkerer mütterlicher Zuwendung und Beachtung. Andererseits kann man in der kritischen Ablehnung bestimmter Nahrungsmittel den Wunsch nach Selbstbestimmung und Selbständigkeit zum Ausdruck gebracht sehen.

Einstellungen zur Ernährung und Ernährungsgewohnheiten im Alter haben neuerdings HOWELL und LOEB (1969) untersucht, die unter anderem feststellten, daß diese in gewissem Sinne »a product of child-rearing« seien. In der Monographie »Nutrition and aging« sind die wichtigsten Erkenntnisse relevanter Forschungen zusammengetragen. Es wird deutlich gemacht, wie sehr Einkommen, Wohngegend, Herkunft, Lebensstil, kulturelle Momente und auch das Sozialverhalten die Ernährungsgewohnheiten – d. h. den Kauf und Erwerb von Nahrungsmitteln, die Zubereitung der Kost, die Art und Weise der Mahlzeit – mitbestimmen. Methodische Probleme zur Erfassung der Ernährungsgewohnheiten werden besprochen; dabei wird aufgezeigt, daß bei der üblichen Befragung Gesetze der »social desirability« eine große Rolle spielen. Besonders Frauen geben oft, wenn sie nach ihren Essensgewohnheiten befragt werden, an, was sie essen sollten, und nicht was sie wirklich zu sich nehmen.

Die Autoren betonen weiterhin, daß man Ernährungsprobleme im Alter nicht nur unter dem Gesichtspunkt der Mangelernährung und der überreichlichen Ernährung sehen soll, sondern, daß auch die Nahrungsaufnahme durch Zahn- und Geschmacksprobleme mitbestimmt wird; daß es oft an den motivationalen Bedingungen fehlt, besonders wenn das Essen nicht mehr unter dem Aspekt der Sozialkontakte bzw. der »Zubereitung für andere« gesehen werde. Schließlich spielen biochemische Vorgänge und die Kostverwertung eine große Rolle; manch ein älterer Mensch mißt seine »Produktivität« an spezifischen Gegebenheiten des Verdauungssystems.

Man konnte nachweisen, daß eine Vielzahl kultureller Faktoren die Essensgewohnheiten bestimmen. In der Präferenz bestimmter Speisen und der Abneigung gegenüber anderen wie auch in der spezifischen (keineswegs immer gesunden!) Zubereitung sieht man konsolidierende Momente, die eine Gruppenidentität herbeiführen, bzw. verstärken. So schätzt man, je nach Wohngegend und Landschaft, seine »typischen heimatlichen Speisen«, die einem das Gefühl des »Dazugehörens« vermitteln. Sowohl die Art der Nahrung wie auch die Essensgewohnheiten bzw. Essenszeiten sind eher Ausdruck eines bestimmten Brauchtums als Ausdruck physiologischer Bedürfnisse. –

Man konnte außerdem nachweisen, daß die Art der familiären Kontakte das Verhalten in der Ernährungssituation bestimmt. HOWELL und LOEB (1969) meinen, daß ein »Zusammenleben im Alter« oft nur bedeutet »gemeinsames Essen«, daß vielfach die Partnerschaftskontakte auf die Mahlzeit reduziert seien und daß somit der Mahlzeit in verstärktem Maße eine »soziale Funktion« zukomme (»the meal as a social event«). Das Essen wird damit zum Medium sozialer Interaktion. Hierdurch kommen Sozialisationseffekte zustande, so daß ein Essen in Isolation oft Depressionen hervorrufen kann, besonders wenn in dieser Situation – evtl. durch eine besondere Speise oder Zubereitungsart – Erinnerungen an frühere Zeiten der Gemeinsamkeit hervorgerufen werden. –

Einerseits können durch die Essenssituation Depressionen hervorgerufen werden, andererseits führen – wie STENBACK (1965) nachweist – Depressionen oft zur Nahrungsverweigerung. Bestimmte Belastungssituationen wirken sich oft schädlich auf die Ernährungssituation aus. HOWELL und LOEB (1969) glauben Zusammenhänge zwischen Änderung der Ernährungsgewohnheiten und der Auflösung der Familie nachweisen zu können. Die Hausfrau sieht ihre typischste Aufgabe häufig in der Zubereitung der Mahlzeit für ihre Lieben. »To the mother, whose primary role has been one of nurturance strongly characterized in meal preparation for her family, the absence of children in the home may well have its greatest impact on her food shopping and preparation activities« (HOWELL u. LOEB, 1969, S. 47). Ein besonders krasser Wechsel der Ernährungsgewohnheiten ist mit der Verwitwung festzustellen. Jede Mahlzeit, die alleine eingenommen werden muß, rufe den Verlust des Partners erneut ins Bewußtsein, so daß man häufig dazu neige, nur so nebenbei ein Brot aus der Hand zu essen, um das Gefühl der »Desolation« (dem plötzlichen Alleingelassenwerden) zu vermeiden. Daß derartige Ernährungsgewohnheiten weder gesund noch altersgerecht sind, liegt auf der Hand.

Bei der Nahrungsaufnahme wirken eine Reihe irrationaler Komponenten mit; man sieht z. B. bei Eßschwierigkeiten im Alter Parallelen zum kindlichen Verhalten, das durch Verweigerung der Nahrungsaufnahme das Interesse der Umwelt auf sich zieht. – Eine gewisse »Vielfräßigkeit« könnte man dementsprechend als Ersatz für Frustrationen auf anderen Gebieten deuten. Dies fällt im Alter um so mehr ins Gewicht, als hier offenbar sonstige zur Mäßigung und Diät motivierende Faktoren, die im jüngeren Erwachsenenalter vor derartigen »Ersatzhandlungen« schützen, wegfallen (wie z. B. der Wunsch nach gutem Aussehen, Gewichtskontrolle), wie RALLI (1952) festgestellt hat. Derartige motivierende Faktoren einer gesunden Ernährungsweise fanden sich bei Frauen häufiger als bei Männern.

Die festgestellte Ablehnung neuartiger unbekannter Speisen und die Abneigung älterer Leute gegenüber allzu abwechslungsreicher Kost glaubt man damit erklären zu können, daß die »Erinnerung an frühere familiäre Situationen«, die bis in die Kindheit zurückreichen und das Versorgtwerden durch die Mutter ins Gedächtnis zurückrufen, im höheren Lebensalter als größte Befriedigung erlebt wird:

»Food becomes a symbolic vehicle through which reminiscence of things past can become psychological realities for present concerns. Food becomes, in other words, highly personalized to the older individual, not only in the choice and manner of eating but in its visual appearance as well« (HOWELL u. LOEB, 1969, S. 49).

Wenn man das Ernährungsverhalten älterer Menschen beeinflussen will, gilt es zunächst festzustellen, welche Erlebniskomponenten bei der Mahlzeit eine Rolle spielen. Jene Personen, bei denen Essen »Erinnerung an früher« bedeutet, wird man schwer von ihren alten Gewohnheiten abbringen. Bei dieser Personengruppe sind am meisten Tabus bezüglich der Schädlichkeit bestimmter Speisen und am meisten Vorurteile bezüglich eines besonderen Wertes bestimmter Nahrungsmittel zu bekämpfen. An 2. Stelle wird die lebenserhaltende Wirkung der Nahrung genannt, obwohl die Einstellung »wir essen, um zu leben« von vielen Älteren umgemünzt werde in eine Einstellung »wir leben, um zu essen«. Hier hätte eine Beeinflussung zu versuchen, andere Aspekte des Alltags als »lebenswert« erscheinen zu lassen. – Eine dritte Gruppe von Personen sieht – wie HOWELL und LOEB festgestellt haben – in der Mahlzeit in erster Linie ein beziehungsstiftendes, sozialverbindendes Moment. Für diese Personen wird das Alleinessen im besonderen Maße als Deprivation erlebt; das Fehlen menschlicher Kontakte wird bei ihnen manchmal zur Ursache der Verweigerung der Nahrungsaufnahme.

Dieses hier nur vage angedeutete Geflecht psychischer und sozialpsychologischer Momente, die das Essensverhalten mitbestimmen, läßt deutlich werden, wie schwer eine Einstellungsänderung älterer Personen in bezug auf Ernährungsgewohnheiten zu erreichen ist. Traditionelle Lehrmethoden erwiesen sich hierbei als wenig wirkungsvoll. Die Ergebnisse der LEWIN'schen Studien zu Einstellungsänderungen im Ernährungsbereich könnten etwas weiter helfen: Diskussionen in kleinen Gruppen sind wirkungsvoller als Gruppenlehrgänge oder individuelle Instruktionen.

»Learning as a continuing dialogue of acts between giver and receiver, may be the method of choice in transferring and establishing new knowledge and behaviors to older persons« (HOWELL u. LOEB, 1969, S. 66)

Ergebnisse mehrerer Studien über Ernährungsgewohnheiten und Ernährungsfragen zeigen, daß ältere Personen im Vergleich zu jüngeren Altersgruppen auf diesem Gebiet relativ uninformiert sind (JALSO, BURNS und RIVERS, 1965) und auch wenig interessiert bzw. stark mit stereotypen Vorstellungen bezüglich einer schädlichen oder auch einer besonders heilsamen Wirkung spezieller Nahrungsmittel oder spezifischer Zubereitungsart belastet. Neben dem Lebensalter fand man eine Beziehung zwischen derartigen verfestigten Einstellungen zum Bildungsniveau (SHERWOOD, 1967). Generell ist jedoch festzustellen, daß früh gelernte Verhaltensgewohnheiten in bezug auf die Nahrungsaufnahme auch dann noch konstant bleiben, wenn andere Verhaltensweisen sich längst geändert haben.

»It will be recalled that evidence points to the importance of early learning on food beliefs and practices and the persistence of such habits even when other Behavior patterns have changed.« (HOWELL u. LOEB, 1969, S. 68)

Zu ähnlichen Ergebnissen gelangt KALISH (1969) auf Grund seiner Studie über Ernährungsgewohnheiten bei 3 Generationen von aus Japan eingewanderten Amerikanern. Sowohl bezüglich des Nahrungsverbrauchs, der Zubereitungsart, der äußeren Form der Mahlzeit wie auch der sozialen Werte, die mit der Mahlzeit in Zusammenhang gebracht werden, unterschieden sich die College-girls in keiner Weise von ihren Großmüttern, obwohl sie viele der übrigen traditionellen Verhaltensweisen und Lebensgewohnheiten ihres Ursprungslandes längst aufgegeben hatten.

In diesem Falle wird – trotz Informationen über gesunde Ernährungsweise – eine traditionelle Verbundenheit stärker wirksam. Im allgemeinen läßt sich aber ein Zusammenhang zwischen Informationsgrad und Ernährungsverhalten aufweisen, wobei sich ältere Personen – wie auch solche von geringerer Schulbildung – weniger informiert zeigen. Darüber hinaus stellte PALMORE (1971) auf Grund seiner Erhebung bei 50 000 älteren Personen fest, daß das Alleinleben mit einer schlechteren Ernährungsweise einhergeht; offenbar halten größere Haushalte eher zu einer regulären Kochweise an. Weiterhin wirkten die Küchenausstattung (fließendes Wasser, Herd, Kühlschrank) wie auch die Einkaufsmöglichkeiten (frische Lebensmittel) determinierend auf die Ernährungsweise. –

Die geringe Informiertheit über Erkenntnisse der Ernährungswissenschaft hat auch WIEKEN (1970) für die ältere Bevölkerung in der BRD feststellen müssen. Während von den unter 40jährigen knapp 40% sich über Ernährungsfragen gut informiert zeigten, waren es nur 13% der über 60jährigen. WIEKEN weist nach, daß heutzutage in der BRD Ernährungsprobleme weniger in der Notwendigkeit eines Mangelausgleichs etwa bei Eiweiß-Defizit gesehen werden müssen, sondern eher in einer zu reichlichen Nahrungszufuhr, insbesondere in zu hohem Fettkonsum.

Daß der Ernährung im Rahmen der Geroprophylaxe und Rehabilitation eine große Bedeutung zukommt, ist allgemein anerkannt. Eine Beeinflussung der Menschen im Hinblick auf eine Veränderung der Ernährungsweise ist jedoch äußerst schwierig und setzt die Kenntnis der spezifischen Lebensbedingungen der Einzelnen voraus. Vor allem scheint es darauf anzukommen, den persönlichen Bedeutungsgehalt oder »Symbolcharakter« der Nahrungsaufnahme zu erfassen und ihn bei Maßnahmen einer Verhaltensänderung besonders zu berücksichtigen. In manchen Fällen bedarf es dazu sicher psychoanalytischer Techniken und psychotherapeutischer Fähigkeiten.

6.5.3.3. Psychotherapeutische Maßnahmen

Eine Rehabilitation bzw. Therapie des älteren Menschen erfordert oft neben vielseitigen medizinischen und physiotherapeutischen Maßnahmen und neben Umstellungen in der Ernährungsweise auch psychotherapeutische Hilfen. Auf dem Gebiet der Psychotherapie im Alter steht die Forschung noch etwas zurück; Studien konzentrieren sich vorwiegend auf die Diagnose und Bestandsaufnahme der Situation Älterer; therapeutische Aspekte treten vielfach dabei in den Hintergrund. Es scheint geradezu, als ob »Alter und Psychotherapie« ein Widerspruch in sich sei.

Diese etwas traurige Bilanz könnte man einmal als Folge einer Forderung oder gar einer gewissen Überbetonung methodischer bzw. methodologischer Voraussetzungen für jede wissenschaftliche Forschung sehen. Man könnte sie auch als Flucht von der Praxis hin zu den Computerlisten deuten, um einer Auseinandersetzung mit praktischen oder praxisnahen Altersproblemen zu entgehen. – Aber auch das Fehlen von Planstellen für praktisch arbeitende klinische Psychologen in den verschiedenen Alteneinrichtungen und der somit entsprechend geringe Bedarf an ausgebildeten spezialisierten Kräften mag mit ausschlaggebend sein.

LAWTON (1970) hat kürzlich in der von KASTENBAUM neugegründeten Zeitschrift »Aging and human development – an International Journal of Psychosocial Gerontology« anhand einer kritischen Analyse der Publikationen der letzten Jahre auf diesen – auch in den USA beobachteten – Mißstand hingewiesen.

Die Vernachlässigung des psychotherapeutischen Aspekts in der Gerontologie kann zum Teil dadurch erklärt werden, daß man – von einem Defizit-Modell des Alterns ausgehend – jeden Therapieerfolg von vorneherein ausschließt.

Was man hinsichtlich sozialer Unterschiede in bezug auf die Behandlungsart festgestellt hat, nämlich, daß etwa 25% der Fälle der sozial untersten Schicht (vgl. HOFSTÄTTER, 1967, S. 251) ausschließlich mit pharmakologischen Beruhigungsmitteln behandelt werden, während die »Dialektischen Therapien« den sozial angehobeneren Schichten vorbehalten bleiben, scheint auch für das höhere Lebensalter zuzutreffen. – Denn zumindest die klassische Form der Psychotherapie setzt den geistig aufgeweckten und psychisch voll funktionsfähigen Menschen voraus, der zu differenzierter verbaler Kommunikation fähig ist. Die Annahme, daß das Älterwerden grundsätzlich Einbußen dieser Fähigkeiten bedeutet, daß zudem Steuerungsmechanismen des Individuums abgebaut werden und somit eine »Ich-Schwäche« in den verschiedenen Enthemmungsphänomenen (wie sie uns bei Demenzerscheinungen bekannt sind) zutage tritt, schließt von vorneherein eine psychotherapeutische Behandlungsform aus.

Die hier in diesem Band berichteten Ergebnisse der neueren internationalen psychologischen Forschung stellen jedoch dieses Defizit-Modell sehr in Frage und verneinen eine generelle, ausschließlich altersbedingte Abnahme geistiger Fähigkeiten. Auf dem Hintergrund dieser Feststellungen muß heute auch die Situation des älteren Menschen im Hinblick auf seine psychotherapeutische Beinflußbarkeit positiver beurteilt werden.

Die ersten Sammelreferate über die Erfolge verschiedener Kurzformen der Psychotherapie im höheren Alter bestätigen dies bereits. Nach LAWTON (1970) erwiesen sich vor allem bestimmte auf die Lebenssituation des Menschen im höheren Alter zugeschnittene Formen der Milieutherapie als besonders aussichtsreich. Die adäquate Einstellung des älteren Menschen auf die (häusliche) Umgebung und die Einstellung der (häuslichen) Umgebung auf den älteren Menschen ist dabei das Hauptziel. – Weiterhin dürfte der Beitrag neuerer lernpsychologischer Forschung für eine psychotherapeutische Beeinflussung der älteren Menschen bedeutsam werden. Wesentlich sind dabei u. a. die Erkenntnisse von ROTTER (1954), wonach der Wert einer Bekräftigung und damit die Lernwirksamkeit von der Erwartung des Individuums in Hinblick auf die wahrscheinlichen Konsequenzen seines Verhaltens abhängt (vgl. WEINERT, 1971). Verhaltenstherapeutisch gesehen ergibt sich danach die Notwendigkeit, nicht nur »äußere« Verhaltenssymptome zu beeinflussen, sondern auch die kognitive Struktur des Lernenden unter Berücksichtigung lerntheoretischer Prinzipien zu verändern (vgl. u. a. BREGER u. MCGAUGH, 1965).

Bestimmte biographische Grundsituationen können im höheren Alter krisenauslösend wirken und psychotherapeutische Hilfen notwendig erscheinen lassen. Dabei tritt einmal die Thematik der Umstrukturierung des Selbstbildes, die zu einer neuen Identitätsfindung zwingt, hervor. Hier wird es oft nötig sein, durch therapeutische Maßnahmen zu einer Korrektur des Selbstbildes beizutragen; zu einer Korrektur im Sinne einer Realitätsorientierung, die sowohl eine positiv überzeichnete Selbsteinschätzung wie die – häufiger vorkommende – negative Selbsteinschätzung ausgleicht. OBERLEDER (1970) hat in der von ihm empfohlenen Krisentherapie – die sich seinen Untersuchungen zufolge als besonders erfolgreich herausstellte, da gerade in Zeiten eines »Zusammenbruchs« eine maximale Beinflußbarkeit gegeben sei, zu ganz drastischen Maßnahmen gegriffen, mit denen er eine »Erziehung zur Realitätsanerkennung« erreichte.

So wurden z. B. Patienten unter anderem aufgefordert, in einen Handspiegel zu schauen und zu beschreiben, was sie sahen. Sie sollten sich selbst – zunächst das Äußere, in einem 2. Schritt die innere Situation – real sehen und beschreiben. Die Therapie-Gruppe korrigierte die Feststellungen, sei es, daß sie auf übersehene Fehler aufmerksam machte, – sei es, daß man tröstend darauf hinwies, ähnliche »Gebrechen« auch zu haben.

Das Hauptanliegen dieser Therapieform war, die Betagten zur aktiven Verarbeitung der Krise zu bringen; bei ihnen eine Auseinandersetzung mit der Situation anzukurbeln und einer »schicksalsergebenen« passiven Einstellung (»Das ist halt im Alter so, das ist mir von Gott bestimmt, das muß ich hinnehmen«) in gleichem Maße entgegenzuarbeiten wie bestimmten Verdrängungssymptomen bzw. positiv überzeichneten Umdeutungen der Situation.

Unter den krisenauslösenden Momenten, die therapeutische Maßnahmen im höheren Lebensalter oft erforderlich machen, wäre sodann die Umstrukturierung des sozialen Lebensraumes zu nennen. Hier hätte eine therapeutische Hilfe in erster Linie bei der Korrektur der Erwartungshaltung im Hinblick auf soziale Kontakte anzusetzen. Zweifelsohne geht hier die von OBERLEDER (1970) geforderte »Realitätserziehung« mit dem Erwecken von Verständnis für die Menschen der Umgebung Hand in Hand; es kommt darauf an, den älteren Menschen von seinem Verhaftetsein und ausschließlichem Zentriertsein an die eigene Person zu lösen und ihm auch zu zeigen, daß der Ältere in seinem sozialen Bezugssystem nicht nur der Nehmende, sondern durchaus auch der Gebende sein kann.

Schließlich ist vielfach im höheren Lebensalter eine Umstrukturierung des persönlichen Lebensraumes zu bewältigen, mit der vor allem eine Umstrukturierung des Zukunftsbezuges einhergeht (vgl. LEHR, 1971). Umstellungen in der äußeren Lebenssituation führen vielfach zu einer Auseinandersetzung mit der Endgültigkeit des eignen Geschicks, mit der Endlichkeit des Daseins (THOMAE, 1962; PECK, 1956; vgl. auch ERLEMEIER, 1972). – HAHN (1968), MUNNICHS (1966) und auch wir konnten beobachten, daß diese Thematik häufig verdrängt wird und eine Realitätsflucht in die Vergangenheit gesucht wird, die eine Auseinandersetzung mit der Gegenwartssituation verhindert. Oder aber die Endlichkeitsthematik wird so übermäßig bestimmend, daß sie den noch verbliebenen Verhaltensspielraum eingrenzt und zur völligen Passivität führt.

Da wir wissen, daß die subjektive Wahrnehmung der Gegenwartssituation (und nicht die objektiven Bedingungen derselben) die Verhaltensweisen der älteren Menschen bestimmen (THOMAE, 1970), käme es in solchen Fällen darauf an, im therapeutischen Gespräch den Betagten zu einer anderen Sichtweise seiner gegenwärtigen Situation zu bringen.

Die Resultate unserer Untersuchungen zeigen, daß jene Personen stärker vergangenheitsorientiert sind, die die Problematik der gegenwärtigen Lebenssituation nicht bewältigt haben. Hohe Korrelationen zwischen der »Unzufriedenheit mit der gegenwärtigen Lebenssituation« und »starkem Verhaftetsein in der Vergangenheit« lassen vermuten, daß der allgemein als »altersspezifisch« herausgestellte starke »Vergangenheitsbezug Betagter« nur eine Folge bzw. Ausweichreaktion vor einer als so stark belastend erlebten Gegenwart ist, die eine Ausrichtung in die Zukunft blockiert. – Diese »Altersspezifität« des starken Verhaftetseins in der Vergangenheit müssen wir jedoch insofern bezweifeln, als unsere biographischen Studien von Personen mittleren Lebensalters ebenso bestätigen: eine Flucht in die verklärt erscheinende Vergangenheit ist immer dann gegeben, wenn die gegenwärtige Belastungssituation eine Schwelle überschritten hat, jenseits derer Zukunftshoffnungen und -planungen dem Einzelnen nicht mehr möglich sind.

Von diesen Feststellungen aus gesehen wird eine gewisse Umdeutung des Verständnisses der Psychotherapie bei älteren Menschen notwendig: Obwohl allgemeiner Annahme zufolge »der ältere Mensch in der Vergangenheit lebt«, kommt es jetzt bei therapeutischen Maßnahmen weniger darauf an, die Vergangenheit zu bewältigen und Dinge, die man vielleicht als 5jähriger verdrängt hat, zu verarbeiten, als dem Menschen bei der Auseinandersetzung mit seiner Gegenwartsproblematik zu helfen und ihm dadurch den Blick in die Zukunft zu öffnen.

Nicht primär eine »Verarbeitung der Vergangenheit« sollte die Aufgabe psychologischer oder therapeutischer Hilfe im Alter sein, sondern eine »Verarbeitung der Gegenwart« und vor allem eine »Verarbeitung der Zukunft«. Anstelle einer nur vergangenheitsorientierten Psychotherapie hat nun eine zukunftsgerichtete Psychotherapie zu treten, deren Aufgabe es ist, die spezifische Lebenssituation dem Einzelnen bewußt zu machen und – wenn nötig – eine Korrektur seiner Erwartungshaltungen zu bewirken! Dabei kommt es darauf an, sowohl die Möglichkeiten wie auch die Begrenzungen seines Lebensraumes aufzuzeigen und diese in die Zukunftsplanung mit einzubeziehen, damit keine auf falschen Voraussetzungen und irrealen Einschätzungen aufgebaute Erwartungshaltung dem Älteren die Realitätsanpassung erschwert oder gar unmöglich macht.

Der »diagnostische Akt«, der einer solchen Beratung oder Therapie vorauszugehen bzw. sie zu begleiten hat, sollte einmal auf biographischem Hintergrund zu erfassen versuchen, welche Bedeutung eine bestimmte Belastung oder Problematik für den einzelnen in seiner momentanen Lebenssituation hat, sodann aber vor allem auf die Erfassung seiner speziellen Fähigkeiten und Möglichkeiten zur Bewältigung der Alltagssituation gerichtet sein, was hier sicher sinnvoller ist als die Bewußtmachung verdrängter Wünsche und Bedürfnisse.

Ähnlich fordert auch SCHULTE (1971), älteren Menschen bei der Bewältigung der Gegenwartssituation zu helfen: Es kommt »auf ein gegenwartsbezogenes Leben an, dem auch in neuen sozialen Verankerungen gewisse Zukunftsperspektiven eingeräumt werden ... Es kommt darauf an, ihn zu stützen und zu ermutigen, ohne die Situation zu verhüllen. Der Ältere kann durch nichts so gefördert werden, wie da-

durch, daß man ihn fordert, ihm etwas zutraut und zumutet ...«
(1971, S. 83). Freilich wird das Erleben der Gegenwartssituation von
der eigenen Vergangenheit bestimmt, vor allem – wie SCHULTE nachweist – oft von der Feststellung belastet »daß man überhaupt nicht
gelebt hat und das Angebot des Lebens vertan ist, bevor es sich überhaupt erst hat entfalten können« (1971, S. 83). Daraus leitet SCHULTE
als Konsequenz für die präventive Gerontopsychiatrie ab, »von früh
an die Bereitschaft zum intensiveren Leben (womit nicht Ausleben gemeint ist) nicht erst von der Erfüllung bestimmter Voraussetzungen
abhängig zu machen. Sowohl die falsche Erwartungseinstellung dem
Leben gegenüber als auch das fruchtlose Zehren von der Vergangenheit gehen am gegenwärtigen Leben in der Konfrontierung mit seinen
Gegebenheiten vorbei« (1971, S. 83). Es gilt den Älteren zu einer
Akzeptierung sowohl seiner gegenwärtigen Situation als auch bestimmter gegebener Grundbedingungen des Lebens (zu denen auch
der Abschied gehört) zu bringen.

7. Zusammenfassende Schlußbetrachtung

Der vorliegende Band hat versucht, die empirisch fundierten Ergebnisse der neueren Forschungen über das Erwachsenenalter und Alter zusammenzutragen, zu ordnen und somit den Entwicklungsverlauf menschlicher Entwicklung in der »zweiten Lebenshälfte« darzustellen. Dabei ergaben sich – dem Forschungsstand gemäß – Schwerpunkte, die einmal die Frage der Veränderungen der geistigen Leistungsfähigkeit betrafen, sodann die Fragen der Persönlichkeitsveränderungen im höheren Alter wie auch spezielle Fragen der Veränderungen im beruflichen Bereich, im familiären Bereich, im Bereich der sonstigen sozialen Kontakte und im Bereich der Wohnsituation. Auf all diesen Gebieten galt es, auf Grund methodisch abgesicherter Aussagen die Situation des älteren Menschen zu erhellen, die vielfach in der Realität des Lebens nicht mit den weitverbreiteten und immer wieder neu genährten Vorstellungen vom alten Menschen in der Gesellschaft übereinstimmt. *Wenn das Buch zu einer Korrektur bzw. zu einer modifizierenden Betrachtung des einseitigen, oft verzerrt gezeichneten Bildes des älteren Menschen in unserer Gesellschaft beiträgt, hat es eine wichtige Aufgabe erfüllt.*
Weiterhin sollte mit diesen Ausführungen gezeigt werden, wie schwer es ist, überhaupt generalisierende Aussagen über den Alternsprozeß bzw. über die Entwicklung im Erwachsenenalter zu machen. Hier sind so viele höchst individuelle, persönlichkeitsspezifische Komponenten zu berücksichtigen und eine Vielzahl ganz spezieller ureigenster Erfahrungen während des bisherigen Lebenslaufs, die das Verhalten und Erleben im Erwachsenenalter bestimmen. Darüber hinaus spielt die gegenwärtige Lebenssituation im Geflecht ihrer situativen und sozialen Bezüge eine entscheidende Rolle. *Auf diese höchst individuelle Form der Alternsprozesse hinzuweisen, sollte eine weitere Aufgabe dieser Schrift sein.* –
In diesem Zusammenhang wurde wiederholt an mehreren Stellen des Buches darauf hingewiesen, daß weniger die objektiven Gegebenheiten einer Situation das Verhalten und Erleben bestimmen, sondern daß vielmehr die Art und Weise, wie das Individuum diese aufnimmt, wie das Individuum bestimmte Sachlagen gewahr wird und erlebt, verhaltensmodifizierend wirken. Thomae (1970) hat die Bedeutung einer kognitiven Persönlichkeitstheorie für das Altern aufgezeigt und in drei Postulaten zusammengefaßt:
1. Eine Verhaltensänderung des Individuums im höheren Erwachse-

nenalter kovariiert stärker mit der *erlebten* Veränderung als mit der *objektiven* Veränderung der Situation;

2. Die Art, in der die situativen Veränderungen erlebt werden, ist einmal von dominanten Bedürfnissen und Erwartungen des Individuums, sodann aber auch von den Erwartungen der Gruppe bzw. der Gesellschaft, dem das Individuum angehört, abhängig.

3. Die Anpassung des Individuums an das Älterwerden ist eine Funktion des Gleichgewichts zwischen den kognitiven und motivationalen Systemen des Individuums (THOMAE, 1970).

Die Bedeutung dieser kognitiven Theorie bzw. des subjektiven Wahrnehmens der Situation auf das Verhalten des Individuums wurde besonders im letzten Abschnitt bei der Diskussion um die Auseinandersetzung mit gesundheitlichen Problemen deutlich. Im Rahmen der Erörterung möglicher therapeutischer Maßnahmen wurde herausgestellt, wie sehr die richtige Sicht der Gegenwart und die Verarbeitung der Gegenwart dazu beitragen können, das Leben in jeder Situation zu akzeptieren.

Eine reale Sicht der Lebenssituation im höheren Alter sollte auch die Auseinandersetzung mit der Endlichkeit des Daseins nicht scheuen. Diese Problematik wurde wiederholt in diesem Buch angesprochen; dennoch wird vielleicht mancher Leser ein eigenes Kapitel vermissen. Freilich, die psychologische Literatur zum Todesproblem ist sehr umfangreich, wie ERLEMEIER (1972) in seinem Sammelreferat belegen konnte. Die meisten Untersuchungen gehen der Frage der Einstellungen zum Tod nach (ERLEMEIER, 1972; FEIFEL, 1955; JEFFERS und VERWOERDT, 1969; KOGAN und WALLACH, 1961; LIEBERMAN, 1965, 1966, 1970; MUNNICHS, 1966; RHUDICK und DIBNER, 1961; RILEY, 1963; SWENSON, 1959, 1961; TEMPLER, 1971 u. a.). So hat z. B. SWENSON festgestellt, daß von den über 60jährigen 45% eine positive Einstellung zum Tode haben und das Lebensende durchaus als etwas Selbstverständliches in ihren Zukunftsbezug miteinbeziehen, 44% Gedanken an den Tod verdrängten und 10% furchtsam-ängstliche Einstellungen erkennen ließen, wobei religiöse Überzeugungen in stärkerem Maße bei jenen Personen zu finden waren, die das Lebensende bewußt akzeptiert hatten. Die Feststellungen von MUNNICHS (1966) lassen ähnliche Tendenzen deutlich werden, zeigen darüber hinaus auch noch die Bedeutung der biographischen Situation und der Bejahung der Gegenwart in ihren sozialen und situativen Bezügen für eine gelassene akzeptierende Einstellung zum Lebensende.

Auf diese und andere Studien (SHNEIDMAN, 1963; CHRIST, 1961; RILEY, 1968 u. a.) verweisend, gelangt ERLEMEIER (1972) auf Grund seiner Analyse zu der Feststellung: »Einstellungen zum Lebensende sind demnach auf dem biographischen Hintergrund zu interpretieren, der offenkundig selbst zu ihrer Entstehung und Prägung beigetragen hat« (S. 38). –

Methodisch abgesicherte Untersuchungen von Menschen in ihrer allerletzten Lebensphase verbieten sich zumindest jenen verantwortungsbewußten Forschern, die mit Ehrfurcht vor dem menschlichen Leben stehen.

Hier sollte sich die empirische Wissenschaft ihre Grenzen eingestehen.

8. Nachtrag zur fünften Auflage

Seit der ersten Auflage dieses Buches sind zwölf Jahre vergangen –
zwölf Jahre, in denen die Alternsforschung in den verschiedensten Disziplinen einige neue Ansätze oder auch Weiterentwicklungen erkennen
läßt. Die Reihe, in der das vorliegende Buch erscheint und in der bereits
1971 die »Soziologie des Alterns« (TEWS, 2. A. 1974) herausgebracht
wurde, konnte zwischenzeitlich erweitert werden um eine »Psychiatrie
des Alterns« (OESTERREICH, 1975) und eine »Biologie des Alterns«
(PLATT, 1976).

Darüber hinaus sind einige andere wissenschaftliche Abhandlungen über
den Alternsprozeß zu nennen, von denen neben den Übersichtsbänden
von HAUSS und OBERWITTLER (1975), von MARTIN und JUNOD (1975)
und auch von v. HAHN (1975) zu Fragen der Geriatrie in der Praxis
und dem Band EITNER, RÜHLAND, SIGGELKOW (1975) zur Gerohygiene – hauptsächlich die vier Bände der »Life-span-developmental
Psychology« (Bd. I GOULET u. BALTES 1970, Bd. II BALTES u. SCHAIE
1973, Bd. III NESSELROADE u. REESE 1973, Bd. IV DATAN u. GINSBERG
1975) hervorzuheben wären. Erwähnenswert sind vor allem auch die
Berichte über die Duke-Längsschnittstudie (PALMORE, Bd. I 1970 u.
Bd. II, 1974) wie auch über die »BLSA«, die »Bonner Längsschnitt
Studie des Alterns« (THOMAE 1976), die wie auch die anderen bekannten gerontologischen Längsschnitt-Studien das Konzept einer »Differentiellen Gerontologie« begründen. In all diesen Studien zeigt sich sehr
deutlich, daß Schulbildung, Ausgangsbegabung, berufliches Training,
stimulierende Umgebung bzw. bestimmte »ökologische Bedingungen«
wie auch eine Reihe von biographischen Momenten zu dem Ausmaß von
Konstanz und Veränderung im psychischen Bereich, das bei der Erfassung von Entwicklungsverläufen im 7. und 8. Lebensjahrzehnt festgestellt wurde, in engerer Beziehung stehen als das kalendarische Alter.

8.1. Altern als soziales Schicksal

Vor 5 Jahren haben wir auf das in der Gesellschaft verbreitete negative
Bild vom alten Menschen (S. 248 ff.) hingewiesen und die Feststellung
»Altern ist heute primär soziales Schicksal und erst sekundär funktionelle oder organische Veränderung« (THOMAE 1968) durch eine Reihe
von Untersuchungsergebnissen belegt. Die Hoffnung, daß dieses Buch
zur Korrektur dieses verzerrt gezeichneten Bildes beitragen möge (vgl.
S. 297), hat sich bisher zumindest noch nicht eindeutig erkennbar erfüllt.

Auch heutzutage neigt man noch dazu, ältere Menschen generalisierend als eine »Problemgruppe« der Gesellschaft zu bezeichnen und ihnen – neben anderen sogenannten »Randgruppen« (wie z. B. den körperlich und geistig Behinderten, den Obdachlosen, den Sucht- und Drogenabhängigen oder sogar den Delinquenten) zumindest verbal besondere Beachtung zu schenken. Abgesehen davon, daß es doch recht absurd erscheint, etwa $^1/_5$ der Bevölkerung als Randgruppe abzustempeln und somit die gesamte ältere Generation in eine Außenseiterrolle abzudrängen, zeigt sich immer mehr, daß jede nach dem Lebensalter vorgenommene Klassifikation sehr problematisch ist. Für soziologische Betrachtungen ist das Lebensalter jedoch immer noch ein entscheidendes Gruppierungsmerkmal, wovon die »Altersgrenze« zeugt. Der Altersbeginn ist danach am Pensionierungs- bzw. Rentenalter orientiert, wobei die inzwischen erreichte »Flexibilität« zwar als politischer Erfolg gewertet wird, deren Realisierung jedoch – sei es durch die derzeitige wirtschaftliche Situation, sei es durch zum Teil unsaubere Propagandamaßnahmen – nur im Sinne einer Vorverlegung und damit eines vorzeitigen Altersbeginns, d. h. einer vorzeitigen Übernahme von »Außenseiterrollen«, zustande kommt und somit den Erfolg fragwürdig erscheinen läßt (vgl. Lehr 1969, 1973).

Belege für das *negative Altersstereotyp* auch aus den letzten Jahren häufen sich. Eine Wiederholungsuntersuchung bei 14jährigen zum Thema »wenn ich 60 bin, dann . . .« (vgl. S. 251 dieses Buches), die 1975 im Rahmen der von der Stadt Leverkusen durchgeführten Aktion »Leben im Alter« ermöglicht wurde und durch einen Mal- und Fotowettbewerb erweitert wurde, erbrachte ein ähnlich einseitig negativ akzentuiertes Bild des hilfsbedürftigen, kranken und hinfälligen Menschen, der einsam ist, sich langweilt, keine Aufgaben mehr hat und eigentlich nur auf den Tod wartet.

Kürzlich hat Schenda, dessen Ausführungen übrigens besser sind, als es der verhängnisvoll wirkende und das negative Stereotyp verstärkende Titel seines Buches »Das Elend der alten Leute« (1972) ist, eine Analyse des Bildes alter Menschen in Märchen vorgelegt (1975). Danach haben die Alten kein allgemein akzeptiertes Recht auf das Altwerden und Altsein. Vor allem die alte Frau wird als »Sozial-Leiche« abgestempelt (oft als Hexe, abgesondert im Walde lebend, durch Bosheit, Häßlichkeit und Wertlosigkeit gekennzeichnet, Unheil stiftend), der ältere Mann hingegen wird wenigstens gelegentlich (z. B. als Rübezahl, als guter Geist) noch eher akzeptiert. – Armut und Alter scheinen zusammenzugehören. Sicher tragen solche Quellen, die oft unbewußt wirken, zu einer Fixierung des negativen Altersbildes bei.

In den letzten Jahren wurden systematische Analysen der Werbung vorgenommen: Rigidität, Festhalten am Gewohnten, Unorientiertsein über neuere Entwicklungen, charakterisieren danach das Bild der älteren Frau; das eines auf Medikamente zur Vitalisierung angewiesenen Menschen, eines Zahnprothesenträgers, bestenfalls eines stillen Genießers von Alkohol und Schokolade das des älteren Mannes. HORN und NAEGELE sind aufgrund einer erneuten Analyse (1975) mit der Pharma-Werbung bzw. der Werbung für medizinische Präparate sehr hart ins Gericht gegangen: »Die eingehende Untersuchung der bildlichen und textlichen Werbeaussagen auf Erscheinung, Gesundheitszustand, sozialen Status, Tätigkeit, soziale Kontakte des alten Menschen usw. führte zu dem Ergebnis, daß die Werbung vom Defizit-Modell des Alters ausgeht und somit die vorherrschenden negativen Altersstereotype verstärkt. Deren Existenz ist notwendiger Bestandteil des ökonomischen Ziels nach Absatzerhöhung, denn nur die Internalisierung des negativen Altersbildes garantiert langfristig den Absatz der medizinischen Produkte.«

Analysen von Fernsehsendungen und Illustrierten zeigen, daß auch diese Organe einseitig ein negatives Bild vom Altern vermitteln. Wenn von 35 Fernsehbeiträgen, die anläßlich des Preisausschreibens des Wilhelmine-Lübke-Preises 1975 eingesandt wurden, über 50% die Thematik »Altenheim« haben anklingen lassen und etwa 85% die Thematik der Not, Armut, Hilfsbedürftigkeit, der Einsamkeit und des Verlassenseins streiften, – dann ist das doch eindeutig eine Verzerrung der Realität; – vielleicht eine, die in bester Absicht geschieht, um die Gesellschaft »wachzurütteln«, – aber eine, die dem Älteren zweifellos mehr Schaden als Nutzen bringt! (Vgl. LEHR u. OLBRICH 1976).

Schließlich wären auch manche wissenschaftlich anmutenden Veröffentlichungen vor allem von Seiten der Sozialwissenschaften über den älteren Menschen im Arbeitsprozeß zu nennen (vgl. kritische Darstellung bei LEHR 1975), deren empirische Grundlagen entweder nicht immer deutlich werden oder aber deren methodisches Vorgehen wissenschaftlich derart unhaltbar ist, daß man den Vorwurf einer »Manipulation von Forschungsergebnissen« – die zwar eine Forderung nach einer höheren »Qualität« oder »größeren Humanität« des Arbeitslebens untermauern sollen, aber auch wieder das Gegenteil erreichen – nicht unterdrücken kann. Hier wäre beispielsweise der vom Bundesminister für Arbeit und Sozialordnung im Mai 1974 herausgegebene Bericht zur »Qualität des Arbeitslebens« zu nennen, der auf einer vom INFAS-Institut durchgeführten Repräsentativerhebung beruht, die zum Ziel hatte, die Qualität und Humanität im Arbeitsleben, die sich in der Arbeitszufriedenheit niederschlägt, zu erfassen. Hier ist methodenkritisch an der Konstruktion der Fragen wie auch an der Interpretation der Ergebnisse manches einzuwenden. So wird die Arbeitszufriedenheit u. a. zu erfassen versucht mit den Fragen »Was macht Ihnen am meisten *Sorge?*« (S. 97); oder: »Im allgemeinen hat jeder Arbeitsplatz seine guten und schlechten Seiten. Wie ist das bei Ihnen? Was finden Sie an Ihrer jetzigen Arbeitsstelle eher *schlecht* oder *störend?*«, wobei eine Liste von 9 möglichen Störquellen vorgelegt wird (S. 168); oder man fragt: »Was *stört* Sie am meisten an Ihrem Vorgesetzten? Würden Sie mir zwei der Gesichtspunkte hier auf dieser Karte nennen?« (S. 192).

Abgesehen davon, daß die positiven Gegenfragen fehlen (wie: was macht Ihnen am meisten Spaß? was sind die guten Seiten Ihres Arbeitsplatzes; was schätzen Sie an Ihren Vorgesetzten) werden etwaige Ergebnisse, die keine Unzufriedenheit bestätigen, noch sehr einseitig kommentiert oder interpretiert. Die referierte Feststellung einer umfassenden Sekundäranalyse von Arbeitszufriedenheitsstudien, nach der der Anteil der »Unzufriedenheit immer nur zwischen 10 und 20% liegt (KAHN 1972), wird dahingehend interpretiert, daß sich ein Teil der Zufriedenen eben »mit bestimmten Defiziten der Arbeitsumwelt abgefunden« habe (S. 3).

Die Feststellung, daß Ältere die fast suggestiv gestellte Frage »Was stört Sie, was ärgert Sie am meisten an Ihrem Vorgesetzten? Würden Sie mir zwei dieser Gesichtspunkte hier auf dieser Karte nennen« (– mangelnde menschliche Aufgeschlossenheit, mangelnde Informationsbereitschaft, Ungerechtigkeit, scharfe dauernde Kontrollen, mangelnde Sachkenntnis, Ausnutzen der Mitarbeiter, Weiß nicht – keine Angabe –) zu 50% mit »weiß nicht« beantworten, daß »scharfe, dauernde Kontrolle« nur von 6% der über 50jährigen, von 15% der unter 25jährigen genannt wird, daß »mangelnde Sachkenntnis« von 8% (10% unter 25jährigen), und »Ungerechtigkeit« ebenfalls von nur 8% (15% der unter 25jährigen) genannt wird, wird wie folgt kommentiert:

»Vergleicht man jüngere und ältere Arbeitnehmer miteinander, so fällt auf, daß jüngere stärker als ältere Arbeitnehmer Ungerechtigkeit und scharfe, dauernde Kontrolle am Vorgesetzten kritisieren. Ihr Gerechtigkeitsgefühl ist noch ausgeprägter und ihr Autonomiebedürfnis ist stärker als das der älteren Arbeitnehmer, deren Sensibilität durch langjährige Anpassungsprozesse im Betrieb verringert worden ist«. (S. 193)

Auch die im März 1974 unter dem herausfordernden Titel »Überforderung durch Tempo, Lärm, Licht, Schmutz« veröffentlichte DGB Studie zur Situation der Arbeitnehmerinnen von 45–65 Jahren trägt zur Verzerrung der Beurteilung der Situation Älterer bei. Hier wurden 10 000 Fragebogen versandt; der Rücklauf betrug 2500, also 25%! (auswertbar waren 2286, also 22,9%). – Eine solch niedrige Rücklaufquote verbietet von vornherein generalisierende Aussagen, da die Antwortenden eine Auswahlgruppe darstellen, was KIESAU (1974) offenbar übersehen hat.

Auf die Frage, ob man sich bezüglich seiner beruflichen Leistungsfähigkeit überfordert fühlt (nach einer »Unterforderung« wurde gar nicht gefragt!), antworteten 35,5% mit »ja« (43,8% der Arbeiterinnen, 27,8% der Angestellten); 59% mit »nein« (48,8% und 71,9%); 5,5% gaben keine Antwort. Ein Katalog von 17 möglichen Ursachen der Überforderung wurde vorgegeben. Von den antwortenden 811 Frauen (von 10 000 Befragten = 8,11%) kreuzten 335 »zu schnelles Arbeitstempo« an, 277 »familiäre Pflichten«, 272 »körperliches Unwohlsein«, 259 »Lärm, Licht, Schmutz«.

Dies waren die 4 ersten Rangplätze der 17er Skala. Mit anderen Worten: Die Tatsache, daß von 10 000 Befragten 3,4% über zu schnelles Arbeitstempo klagten und 2,6% Lärm, Licht und Schmutz nannten, führte zu der Zeitungsüberschrift »Viele berufstätige ältere Frauen leiden stark unter Streß« und trägt dazu bei, das Bild des älteren Arbeitnehmers weiterhin negativ zu verfärben (denn ältere, die zu leicht unter Streß leiden – hierzu fehlen die Vergleichsdaten von Jüngeren – stellt man lieber erst gar nicht ein).

Ich bezweifele nicht die gute Absicht der Initiatoren, für den Älteren etwas Gutes tun zu wollen, Verbesserungen für ihn herauszuschlagen, die Arbeitssituation zu vermenschlichen, zu humanisieren! Sie haben jedoch nicht gesehen, daß sie damit eine Abwertung der älteren Arbeitskräfte bewirken und dadurch für alle älteren Arbeitnehmer(innen) die Lage nur erschweren, – also das Gegenteil von dem erreichen, was beabsichtigt war!

Wir sehen also, wie von den unterschiedlichsten Seiten in unserer Gesellschaft das negative Bild des älteren Menschen immer wieder verstärkt wird! Unsere Gesellschaft reiht somit den älteren Menschen auch heute noch von vornherein in eine »Problemgruppe« ein und läßt durch diese Zuordnung für viele Älterwerden erst zu einem Problem werden.

Auf diese Bedeutung der sozialen Umwelt hat SCHAEFER (1975) mit Nachdruck aufmerksam gemacht, wenn er im Bereich der sozialen Kontakte bzw. der sozialen Interaktion das Hauptrisiko für den älteren Menschen sieht und betont, daß die »psychische Reaktion auf die soziale Umwelt ein Krankheitsfaktor« ist. SCHAEFER weist »Rückkoppelungsprozesse« nach, denen zufolge Erwartungen der sozialen Umwelt wirklich Gesundheit und Leistung mindern, was wiederum zur Senkung des sozialen Prestiges des Älteren führt und dann auch wirklich eine psychosomatische Leistungseinbuße herbeiführen kann. SCHAEFER stellt die Forderung auf, diesen Rückkoppelungsprozeß in seiner Wirkung umzukehren: Die Gesellschaft solle dem Älteren so entgegentreten, daß sein Selbstvertrauen gestärkt und auf diesem Wege sein gesundheitliches Wohlbefinden und damit einhergehend auch seine Leistungsfähigkeit gefördert werde. Altersrisiken könne man nur in Grenzen mit einer Gerontologischen Pharmakologie begegnen; »es scheint nur gewiß, daß man die Altersrisiken mindestens sicherer durch eine veränderte Einstellung zum alten Menschen senken kann« ist das Fazit der SCHAEFER'schen Analyse (1975). Im gleichen Zusammenhang spricht LANDWEHRMANN (1975) von den Älteren als von einer »gemachten Problemgruppe«. Ältere Menschen sind in unserer Gesellschaft nicht generell eine Problemgruppe, sondern sie werden durch ein falsches Altersbild erst dazu abgestempelt und dann – auf dem Wege eines Rückkoppelungsprozesses, wie SCHAEFER zeigte – auch dazu gemacht! Allerdings ist eine solche Fehleinschätzung bzw. Abwertung durch die soziale Umwelt nicht das einzige soziale Problem. Man weist immer wieder auf *die soziale Benachteiligung der älteren Generation* hin und vergißt dabei offenbar, daß soziale Benachteiligungen verschiedener Art – sei es in finanzieller Hinsicht, sei es im Hinblick auf Wohnung, Gesundheit, Freizeitmöglichkeiten, Bildung und Sozialkontakte – jeweils nur bestimmte, durch jeweils spezifische Merkmale zu charakterisierende Gruppen der Altenpopulation treffen. Aus diesem Grunde ist – genau wie für die Psychologie (THOMAE 1973, 1976) – eine *differentielle Soziologie des Alterns* zu fordern.

Womit ist das zu belegen? Nach der im Februar 1976 veröffentlichten Statistik des Statistischen Bundesamtes zur *Bevölkerungsstruktur* sind von den 62,1 Millionen Einwohnern der Bundesrepublik 19,8% 60 Jahre und älter, 14% 65 Jahre und älter. Während dabei der Anteil der über 60jährigen Männer nur 16,1% ausmacht (derjenige der über 65jährigen nur 11,1%), sind 23,3% der gesamten weiblichen Bevölkerung älter als 60 Jahre und 16,7% älter als 65 Jahre. – Während bei der Gesamtbevölkerung das Verhältnis Männer / Frauen: 100 / 109 beträgt, kommen bei der Gruppe der über 65jährigen auf 100 Männer 160 Frauen, wobei nach Vorausberechnungen (in die Kriegsausfälle und höhere Lebenserwartungen miteinbezogen sind) die Proportionsverschiebungen von 1980 bis 1990/95 noch deutlicher hervortreten werden. Während der Anteil der Ledigen in der Männergruppe jenseits der 65 Jahre bei ca. 4% liegt, findet man ihn bei knapp 11% der Frauen. Der Anteil der Verwitweten ist bei den 60–65jährigen Frauen 6 mal so hoch wie in der entsprechenden Altersgruppe der Männer, bei den 65–70jährigen etwa 5mal so hoch, den 70–75jährigen 3 mal so hoch und auch bei den über 75jährigen immerhin noch doppelt so hoch wie in der entsprechenden Männergruppe.

Wenn darüber hinaus zur *Haushaltsstruktur bzw. Wohnsituation* festgestellt wird, daß von allen Ein-Personen-Haushalten in der Bundesrepublik fast die Hälfte aus der Gruppe der über 65jährigen stammt und daß Einpersonenhaushalte häufiger von Frauen (71,2%) als von Männern (28,8%) geführt werden, und daß von diesen 72,2% Frauen mehr als zwei Drittel – nämlich 54,5% – älter als 65 Jahre sind, dann beleuchten diese Angaben zusätzlich sehr deutlich die Situation der älteren Frau. Dabei gilt für Deutschland genau wie für andere europäische Länder: Einpersonenhaushalte von Betagten findet man in der Stadt häufiger als auf dem Land; Drei- und Mehrgenerationenhaushalte – in der Bundesrepublik 2,7% (649 000) aller 23,6 Millionen Haushalte – sind häufiger auf dem Land als in städtischen und großstädtischen Gegenden vertreten.

Doch Einpersonenhaushalte/Dreigenerationenhaushalte sollte nicht der einzige hier relevanten Aspekte sein. Fragen wir nach der *Ausstattung der Wohnung*, so finden sich eindeutige Benachteiligungen der älteren Bevölkerung (vgl. auch TISMER et. al. 1975), besonders in den ländlichen Gegenden (z. T. ohne Bad und Toilette innerhalb der Wohnung – vgl. HUGUES 1975). Auch bestimmte Geräte, die die Haushaltsführung erleichtern, finden sich bei Älteren – und zwar jenen der niederen sozialen Schicht und jenen, die in Einpersonenhaushalten oder auch Zweipersonenhaushalten leben – seltener als in Haushalten von Jüngeren (ROSENMAYR 1976). Das gleiche trifft zu für die verschiedensten Informationsquellen – von Fernsehapparat über Rundfunkgerät bis zur Tageszeitung und dem Vorhandensein von Büchern. – Diese genannten Defizite in der Wohnsituation sind innerhalb der genannten Gruppen bei Frauen häufiger auffindbar als bei Männern; innerhalb der Frauengruppe jedoch am stärksten bei verwitweten »Nur-Hausfrauen«, während sowohl verwitwete ehemalige Berufstätige wie auch alleinlebende (ledige) ehemalige Berufstätige unter diesen Defiziten weniger zu leiden haben.

Schon hier kristallisiert sich heraus, was ROSENMAYR 1976 eine *»kumulative Benachteiligung« bestimmter Gruppen älterer Menschen* (aber keinesfalls *der* älteren Menschen) nennt, wobei auch nach seiner Analyse das »geballte Auftreten von Nachteilen« bei den alleinstehenden und alleinlebenden Frauen besonders der niedrigen sozialen Schicht, die nie einen Beruf ausgeübt haben, deutlich wird.

Auch GEISSLER (1975) hat in seinen Abhandlungen zur »Neuen Sozialen Frage« auf die besondere Benachteiligung der Älteren, besonders der alleinstehenden älteren Frauen hingewiesen. Freilich, ein Einkommen von über 800,– DM monatlich wird (laut Statistischem Bundesamt 1972) von 33% der älteren Männer erreicht, aber nur von 8% der über 65jährigen Frauen. Niedrigsteinkommen sind in ländlichen Gegenden häufiger anzutreffen als in städtischen. Alleinstehende sind generell mehr belastet als Nicht-Alleinstehende; aber innerhalb der Gruppe der

Alleinstehenden (Ledige, Geschiedene, Witwer und Witwen) bilden die nie berufstätig gewesenen Witwen das Schlußlicht. – Hier wird die Problematik der Witwenrente deutlich: Falls die Frau vor dem Mann stirbt, erhält dieser seine Rente in voller Höhe weiterbezahlt; falls aber der Mann vor seiner Frau stirbt, erhält diese nur ca. 60% seiner Rente. Von hier aus wird die Diskussion um die Einführung der sog. »Partnerrente« verständlich, wenngleich diese keinesfalls alle Probleme löst (vgl. LEHR 1976), da oft mangelndes geistiges Training (vgl. S. 72 f.), Reduzierung des Interessenradius auf den häuslichen Bereich und Zentrierung der Sozialkontakte allein auf die Familie gerade die ältere verwitwete »Nur-Hausfrau«, die nie einen Beruf hatte oder ihn zum Zeitpunkt der Familiengründung aufgegeben und nie wieder aufgenommen hatte, die Lage dieser Gruppe älterer Frauen erschwert. Diese Defizite außerhalb des finanziellen Bereiches werden aber mit der Partnerrente keinesfalls aufgehoben; im Gegenteil, derartige Maßnahmen könnten sogar dazu führen, daß manche jüngere Frau sich gegen eine Berufstätigkeit entscheidet. Die (Wiederaufnahme der) Berufstätigkeit ist aber, wie unsere Untersuchungen belegen, die beste Geroprophylaxe! Diese kurze Analyse hat gezeigt, daß es falsch ist, ältere Menschen generell als Problemgruppe abzustempeln. Sie hat ebenso gezeigt, daß es gewisse Benachteiligungen im Alter gibt, sowohl im Hinblick auf die finanzielle Situation, die Wohnungssituation, die gesundheitliche Situation, im Hinblick auf das Ausmaß der erlebten Einsamkeit, auf Informationsmittel und sogenannte »Bildungsmöglichkeiten«. Diese und vielleicht noch andere hier aufgezählte Benachteiligungen sind jedoch *keineswegs über die gesamte Altenpopulation verstreut*, sondern kumulieren sich in bestimmten Gruppen und werden somit zur »Mehrfach-Benachteiligung«. Eine solche Kumulation sozialer Benachteiligung findet sich eher

bei Rentnern und Pensionären als bei Berufstätigen,
bei älteren Betagten als bei jüngeren Betagten,
bei Personen mit nur Volksschulbildung als bei solchen mit besserer Schulbildung und besserer Berufsqualifikation,
bei jenen, die in kleinen Landgemeinden wohnen, als bei jenen, die in Städten und Großstädten wohnen,
bei Alleinlebenden als bei jenen, die in Mehrpersonenhaushalten leben,
bei Frauen als bei Männern,
bei nie berufstätig gewesenen Frauen stärker als bei früher berufstätig gewesenen Frauen.
Kommen die hier aufgezählten Merkmale zudem noch zusammen: also z. B. bei der nie berufstätig gewesenen verwitweten Frau, die selbst nur Volksschulbildung hat, bereits über 70, 75 Jahre ist, in einem schlecht

ausgestatteten Einpersonenhaushalt auf dem Land lebt, dann tritt diese kumulative Benachteiligung am krassesten hervor.

Fragen wir nun nach der *»komplexen Kausalität« dieser »kumulativen Benachteiligung«,* dann läßt sich – mit ROSENMAYR (1976) – die These einer *»gesellschaftsbedingten Selbstverursachung«* vertreten. Im einzelnen wären dabei folgende Gründe aufzuzählen:

1. Die seitens der Gesellschaft vorzeitiger einsetzende und stärker negativ akzentuierte Altersabwertung von Personen der niederen sozialen Schicht; ebenso die stärkere und frühzeitiger einsetzende Altersabwertung der Frauen im Vergleich zu Männern.

   Die Glorifizierung der traditionellen weiblichen Rolle als »Frau und Mutter« trug sicher mit dazu bei, die Frau nur zwischen 20 und 45 Jahren als »vollgültigen Menschen« anzuerkennen – und hinterher gewissermaßen aufs »Abstellgleis« zu schieben.

2. Die finanzielle Schlechterstellung, die durch die einseitige Propagierung einer vorzeitigen Altersgrenze nur eine Verstärkung erfährt. Hiervon machen sozial niedere Schichten wiederum eher Gebrauch als sozial höhere Schichten, ohne dann – im Gegensatz zu den höheren Schichten – einen anderen Aktivitätskreis zu finden. – Für das schlechtere Einkommen der Älteren gegenüber den Jüngeren sind außerdem die – bei Landbewohnern und Frauen noch in verstärktem Maße auftretende – geringere Schulbildung, die damit einhergehende geringere Berufsqualifizierung und bei Frauen die häufigeren Berufsunterbrechungen aufgrund eines traditionellen Rollenverständnisses verantwortlich zu machen (vgl. LEHR 1969).

3. Die schlechtere gesundheitliche Situation, die das gleiche Gefälle erkennen läßt, und die bei der niederen Schicht häufiger auftritt: Hier haben bereits EITNER und TRÖGER (1971), EITNER et al (1975) nachgewiesen und ROSENMAYR (1976) auch für Österreich bestätigt, daß der schlechtere Gesundheitszustand nicht etwa als Folge zu großer Beanspruchung zu sehen ist, sondern als Folge eines lebenslangen Fehlverhaltens, als Folge mangelnder Gesundheitsvorsorge (vgl. auch S. 175/176 dieses Buches). Es sind nun einmal die niederen sozialen Schichten (und verstärkt die Landbewohner), die – obwohl es für sie kein Kostenproblem ist – den Gang zum Zahnarzt scheuen, die bestimmte Hygiene-Maßnahmen nicht beachten, die sich weniger sportlicher Betätigung und körperlichem Training zuwenden. Auch hier sind es wieder besonders die Frauengruppen, die von angebotenen Vorsorgeuntersuchungen keinen Gebrauch machen und dazu neigen, es mit der Tabletteneinnahme nicht so genau zu nehmen und auch die vorgeschriebene Diät nicht einzuhalten. Falsche Ernährungsgewohn-

heiten findet man in dieser Population auch besonders verbreitet (vgl. LEHR 1972, DUMPERT und LEHR 1975).

4. Die – sowohl schicht- wie auch geschlechtsspezifische – Geringschätzung von vor allem außerhäuslichen Sozialkontakten während des ganzen Lebens bzw. die Zentrierung auf innerfamiliäre Kontakte, die im Alter zur Isolation führen kann. Diese Isolation wiederum mag als Mitverursachung für geringere geistige Anregung und geringere Stimulation gesehen werden.

5. Die Interessenarmut dürfte weiterhin zur Kausalität sozialer Benachteiligungen beitragen, u. a. auch zur Einsamkeit. GOLDFARB (1969) hat nachgewiesen, daß »Einsamkeit eine Funktion der Langeweile« ist und somit Interessenarmut auch für Einsamkeitsgefühle verantwortlich zu machen sei. – Was das Ausmaß und die Differenziertheit der Interessenstruktur anbetrifft, wird in der Freizeitforschung (vgl. SCHMITZ-SCHERZER 1969, 1973, 1974) das aufgezeigte Gefälle (Schicht – Wohnort – Geschlecht) immer wieder deutlich, wobei finanzielle Aspekte keineswegs den Ausschlag geben. Interessen sollten in der Jugend entwickelt werden, im mittleren Lebensalter gepflegt werden und sollten – auch bei der Frau! – über Küche und Herd, über Heim und Familie hinausgehen.

6. Ein weiterer Punkt wäre die geistige Trägheit, der geringere Gebrauch von Informationsmitteln und Bildungsgütern. Auch dieser geht nicht etwa in erster Linie auf die finanzielle Schlechterstellung bestimmter Gruppen zurück, sondern auf die geringere Wertschätzung derselben, wie auch ROSENMAYR (1976, S. 215) deutlich werden ließ. – Der Wert der Informationsquelle Zeitung wird von jenen Gruppen, bei denen man von einer »kumulativen Benachteiligung« sprechen kann, nicht erkannt. Man ist vielfach zu bequem zum Lesen und zum Erarbeiten von Einsichten (z. B. in wirtschaftspolitische und außenpolitische Vorgänge); Einsichten, die einem durchaus möglich wären! Aber wer erwartet diese z. B. von einer alten Frau schon!

7. Schließlich fehlt es oft an einer rationalen, zukunftsbezogenen Art des Denkens und Handelns, die sowohl durch eine Vorbereitung auf das Alter, durch eine rechtzeitige Auseinandersetzung mit der zukünftigen Lebenssituation wie damit einhergehend auch durch Anschaffung von bestimmten Haushaltsgegenständen einer »kumulativen Benachteiligung« im Alter vorbeugen könnte, bzw. bestimmte Formen kumulativer Benachteiligung verhindern könnte.

Diese hier nur angedeuteten Ursachen greifen ineinander und bedingen bzw. verstärken sich gegenseitig. Eine solche »komplexe Kausalität« geht einmal zu Lasten der Gesellschaft, dann aber auch in nicht unerheblichem Ausmaß zu Lasten des einzelnen Individuums, so daß man hier von einer »gesellschaftsbedingten Selbstverursachung« sprechen kann. Es sind einmal die Rollenerwartungen der Gesellschaft, die auf dem Wege eines lebenslangen Sozialisationsprozesses bestimmte Gruppen von Individuen im Hinblick auf geringere geistige und körperliche Aktivität, auf ausschließliche Familienzentriertheit, auf geringeren Zukunftsbezug, auf Verzicht auf die Durchsetzung eigener Ansprüche hin prägen. – Es ist aber auch das Individuum selbst, das für Fehlverhaltensweisen, für Unterlassungen und dergleichen selbst verantwortlich zu machen ist. Die Ursachen für manche der aufgezeigten Benachteiligungen sind bei den einzelnen selbst zu suchen und wären durch eine richtige – keineswegs kostspieligere! – Lebensführung zweifelsohne zu verhindern. Es wäre auf jeden Fall falsch, der ökonomischen Situation allein die Schuld für die Entstehung von einzelnen Problemgruppen alter Menschen in unserer Gesellschaft zuzuschieben und zu glauben, allein durch Aufbesserung der finanziellen Situation Abhilfe schaffen zu können. Sicher sind derartige Maßnahmen notwendig, aber keinesfalls ausreichend!

Es gilt vielmehr, von den verschiedensten Seiten aus gegen das weitverzweigte Netz von gesellschaftsbedingten, selbstverursachten Fehleinstellungen, die für *manche* Personen Altern zu einem Problem werden lassen, anzugehen. Es gilt, gegen Inaktivität und Restriktion im körperlichen, seelisch-geistigen und sozialen Bereich anzugehen, zumal diese Momente die Problemlage spezifischer Gruppen älterer Menschen mitverschulden oder zumindest verstärken. Einmal ist hier zweifelsohne bei der Erziehung in Kindheit und Jugend anzusetzen: von früh an muß der einzelne lernen, einer kumulativen Benachteiligung im Alter vorzubeugen. Gleichzeitig aber muß auch die Gesellschaft lernen, festverankerte, stereotype Rollenerwartungen – sei es im Hinblick auf den alten Menschen, sei es im Hinblick auf die Rolle der Frau – aufzugeben bzw. zu modifizieren, um einer jeden Geroprophylaxe nicht geradezu entgegenzuwirken.

8.2. *Altern als ökologisches Problem*

Die eben gemachten Feststellungen über die Bedeutung der Wohnsituation – d. h. der Ausstattung der Wohnung, der Wohngegend – weisen ebenso auf neue Aspekte in der Gerontologie hin, die zumindest seit dem 9. Internationalen Kongreß für Gerontologie 1972 in Kiew stärker in den Vordergrund gerückt wurden und neuestens unter der Bezeichnung »Ökogerontologie« diskutiert werden. Ökologische Faktoren, Umweltbedingungen verschiedenster Art – Wohnsituation, Klima,

Landschaft, Verkehrsanlage, Transportprobleme von den nicht funktionierenden Rolltreppen, über die zu hohen Treppenstufen bei Bahn und Bus bis hin zur Reduzierung von Straßenübergängen durch ungünstig verteilte Verkehrsampeln – führen dazu, das Verhalten zu beeinflussen und vielfach aktive Verhaltensweisen gerade älterer Menschen in erheblichem Maße zu hemmen (CARP, 1975; CLUFF u. CAMPBELL, 1975; THOMAE, MATHEY u. KNORR, 1976; LAWTON 1970, 1971; BALTES u. BALTES, 1977). *Altern ist dann nicht nur ein biologisches und soziales Problem, sondern Altern ist auch ein ökologisches Problem* (LEHR 1974, 1976; LEHR und OLBRICH 1976; THOMAE 1976; OLBRICH, 1977).

Bisher hat die Forschung noch relativ wenig Wert auf eine gezielte Erfassung der Umweltbedingungen gelegt. Vor allem wurden hauptsächlich Makrobedingungen – d. h. Stadt-Land-Unterschiede (LAWTON et. al. 1971), regionale Unterschiede (CANTOR u. MAYER 1976, CARP 1975; SHANAN, 1975), bestenfalls noch zusätzlich die Wohngröße und Wohnform erfaßt. Mikrobedingungen (Gestaltung des Wohninneren, Telefonausstattung, Schrebergarten, Spaziermöglichkeiten) hat man hingegen bei uns kaum beachtet. Zweifellos hat das Aufkommen der »Interventionsgerontologie« (BALTES 1973) das Augenmerk verstärkt auf die ökologischen Variablen des inneren Lebensraumes gelenkt.

Wir wissen heute, daß ökologische Bedingungen die Kompetenz im Verhalten der einzelnen beeinflussen. LAWTON hat die »docility«-Hypothese formuliert, nach der mit zunehmender Kompetenz von Individuen die erklärte Varianz zugunsten von Umgebungsfaktoren abnimmt. Das heißt mit anderen Worten: je kompetenter einer ist, je weniger behindert er ist, je wohler er sich fühlt, umso weniger werden Umweltfaktoren bedeutsam; aber dementsprechend: je schlechter einer dran ist (sei es in bezug auf das gesundheitliche Wohlergehen, auf geistige Wachheit und Interessierbarkeit, auf soziale Kontaktfähigkeit), umso bedeutsamer werden für ihn ökologiche Faktoren. Dieser Einfluß der Umwelt kann sich sowohl in verstärktem fördernden Sinne wie auch in verstärktem hemmenden Sinne bemerkbar machen. Der Ökologie ist bei kompetenten Betagten eine weitgehende Einflußlosigkeit auf deren Verhalten zuzuschreiben, bei weniger Kompetenten steigt der Einfluß, bis er sogar zu *dem* Determinationsfaktor des Verhaltens werden kann. Gerade die Ergebnisse der Interventionsgerontologie zeigen sehr eindrucksvoll, wie sehr durch eine optimale Gestaltung der Umwelt im Sinne eines »enrichment« psychologische Pozesse angeregt, aufrecht erhalten und gefördert werden.

Hierzu kurz einige Daten: Zunächst lassen schon statistische Erhebungen ein Stadt-Land-Gefälle deutlich werden: Entgegen allgemeiner

Auffassung findet man bei auf dem Land wohnenden Älteren keineswegs ein höheres psychophysisches Wohlergehen. Das kann mehrere Gründe haben: Nachweislich ist der Prozentsatz derjenigen, die unterhalb der »poverty-line« leben, bei den Landbewohnern um etwa ein Dreifaches größer als bei den Stadtbewohnern (BLUME 1968); nachweislich ist bei den älteren Landbewohnern die Wohnsituation (Bad, WC) schlechter. Nachweislich sind Landbewohner auch in bezug auf Leistungen der offenen Altenhilfe (Essen auf Rädern, fahrende Bibliothek und dergleichen mehr) benachteiligt (vgl. auch ROSENMAYR 1971; LEHR 1976, OLBRICH 1976).

Darüber hinaus aber ist – auch aufgrund unserer Bonner Gerontologischen Längsschnittstudie – festzustellen, daß der Anregungs- und Stimulationsgrad, die geistige Aktivierung, die zur Erhaltung geistiger Fähigkeiten notwendig ist, mit zunehmender Größe des Wohnortes und zunehmender Zentralität der Wohnlage als stärker erlebt wird. Die Größe der Wohnung, die Anzahl der Räume, regelmäßiges Zeitunglesen, Verfügbarkeit über Telefon und Auto ging ebenso mit einem erhöhten psychophysischen Wohlbefinden einher, – auch wenn man Schulbildung und sozialen Status als möglicherweise intervenierende Variable mit berücksichtigte. Allerdings zeigt es sich, daß Männer offenbar diese ökologischen Bedingungen, den Anregungsgehalt der Umgebung, mehr auszunutzen wissen als Frauen.

Dabei werden jedoch nicht nur die objektiven Umweltgegebenheiten wichtig, sondern vor allem die Art und Weise, wie der einzelne diese erlebt, was sie für ihn persönlich bedeuten (ROSENMAYR 1976; THOMAE 1976; OLBRICH 1977; LEHR und OLBRICH 1976). Es kommt darauf an, wie dem Individuum seine dingliche Umwelt kognitiv repräsentiert ist, wie es persönlich in seiner spezifischen Situation die Umwelt wahrnimmt (vgl. Postulat I der kognitiven Theorie des Alterns, THOMAE 1970). Mit anderen Worten: Psychologisch bedeutsam ist die Möglichkeit, den persönlichen Lebensraum auszuweiten, sich den verschiedensten sozialen und sachlichen Interessen zuwenden zu können. Eine solche Erweiterung des Lebensraumes scheint generell zu einer aktiven Auseiandersetzung mit der Lebenssituation in stärkerem Maße herauszufordern. Unsere Bonner Gerontologische Längsschnittstudie weist sehr hohe Korrelationen zwischen verschiedenen ökologischen Variablen und den Persönlichkeitsdimensionen Aktivität, Stimmung und Sicherheit auf; diejenigen, die in zentraler Wohnlage wohnen, lassen eine größere Anregbarkeit und eine positivere Stimmungslage erkennen als diejenigen, die peripher wohnen. Auch die Wohnortgröße korreliert mit höherer Anregbarkeit und größerer Sicherheit (LEHR und OLBRICH 1976, OLBRICH 1977).

Hier deutet sich an, was SCHOLING und GÜNTHER (1976) am Umwelt-
faktor »Höhenklima« demonstriert haben: Die Notwendigkeit einer
differenzierenden Betrachtungsweise auch in der Ökologie; denn der
objektiv gleiche Umweltreiz kann je nach den gegebenen individuellen
Dispositionen unterschiedliche Reaktionen auslösen. Ein Befund, der
die Notwendigkeit einer »differentiellen Gerontologie« (THOMAE 1976)
unterstreicht.

8.3. Die Frage nach den Bedingungen für »erfolgreiches Altern« und Langlebigkeit

Die Bedeutung sozialer und ökologischer Faktoren wird durch jene
neueren Forschungen unterstrichen, die nach den Voraussetzungen und
Bedingungen eines »successful aging«, eines »erfolgreichen Alterns«,
d. h. des Erreichens eines hohen Lebensalters bei psycho-physischem
Wohlergehen fragen. Die Thematik der »Langlebigkeit« wurde in diesem Buch (S. 111 ff.) bereits diskutiert. Neuere Erkenntnisse wären
hier nachzutragen.
LIBOW (1974) wertete die Daten der Bethesda-Längsschnittstudie (BIR-
REN et al. 1963) aus und verglich die Gruppe derjenigen, die nach
11 Jahren zur 4. Wiederholungsuntersuchung kamen, mit den in der
Zwischenzeit Verstorbenen. Ein Vergleich der »Survivors« mit den
»Non-survivors« zeigt, daß neben einer Reihe biologisch-physiologi-
scher Daten die Überlebenden einen höheren IQ hatten, sowohl im verbalen Bereich wie im Handlungsteil; eine bessere Anpassung bzw. Auseinandersetzung mit Alltagsproblemen, die im Alter auftauchen, wie
auch schnelleres Reaktionsvermögen erkennen ließen. Darüber hinaus
zeichnete sich schon zu Untersuchungsbeginn das Alltagsverhalten der
»Survivors« durch größere Komplexität und Variabilität aus, d. h. auf
den verschiedensten Interessengebieten war eine größere Aktivität zu
verzeichnen. Jene, die in der Zwischenzeit verstorben waren, hatten
schon vor 11 Jahren über eine stärkere Verarmung der Umgebung,
über Eintönigkeit und Langeweile geklagt.
Neben der Bethesda-Studie wäre die »Normative aging study« zu nennen, in der einige tausend Personen mittleren und höheren Lebensalters
über die Veterans Administration in Boston/Massachusetts mit »Tau-
senden von Maßen« erfaßt wurden. Auch hier war das Ziel »to investi-
gate a broad spectrum of aging processes in initially healthy individuals«
(BELL u. Mitarb. 1966). ROSE und BELL haben aufgrund dieser Daten
unter Berücksichtigung des Todesalters eine methodisch abgesicherte
Studie unter dem Titel »Predicting longevity« (1971) vorgelegt.

An Persönlichkeitsvariablen korrelieren mit Langlebigkeit: wenig Aufregung, positive Zuwendung zu anderen, Haushalten mit seinen Kräften wie auch soziale und ökologische Faktoren. Andere Studien sprechen dem Gesundheitszustand die größte Bedeutung zu (RICHARDSON 1973, MÜLLER 1975), wobei allerdings bei MÜLLER die Ausgangsstichprobe aus einer psychogeriatrischen Population besteht; darüber hinaus wurden psychologische und soziale Variablen nur sehr bedingt erfaßt. Insofern ist bei der Interpretation dieser Ergebnisse größte Vorsicht geboten.

Versucht man trotz aller Abweichungen in Detailfragen die Resultate der verschiedenen Studien zusammenzufassen, so zeigen sich nahezu übereinstimmend bei den »Survivors« eine zu Beginn der jeweiligen Längsschnittstudie festgestellte höhere Aktivität, mehr Komplexität und Variabilität im Tagesablauf, ein weitreichenderer Zukunftsbezug, eine positiv getönte Stimmungslage und ein größeres Ausmaß an Sozialkontakten. Darüber hinaus geht Langlebigkeit mit einer besseren Schulbildung, einem »angesehenen Beruf« und größerer beruflicher Aktivität einher, mit einem höheren sozialen Status und – zumindest bei Männern – mit höherer Intelligenz.

Die entsprechende neuere Auswertung der Duke-Studie weist auf unterschiedliches Gesundheitsverhalten und unterschiedliche Gesundheitsvorsorge hin, wobei den »locomotor activities« eine große Bedeutung zukommt. Bei einer Interpretation der Zusammenhänge zwischen Sehfähigkeit und Langlebigkeit machen ANDERSON und PALMORE (1974) mit Recht darauf aufmerksam, daß durch eine gute Sehfähigkeit auch der soziale Bereich begünstigt wird (Teilnahme an Gruppenaktivitäten), außerdem die emotionale Sicherheit und somit ein »Statusgefühl« günstig beeinflußt werde. Sehschwierigkeiten hingegen reduzieren Freizeitaktivitäten und Sozialkontakte und können sich so auch auf das Selbstbild auswirken. – Die Daten der Duke-Studie zeigen einmal einen Zusammenhang zwischen höherer Intelligenz und Langlebigkeit auf, versuchen aber auch der Frage nachzugehen, ob sich vor dem Lebensende »terminal changes in intelligence« andeuten (WILKIE und EISDORFER 1974). Die Autoren stellen fest: »As discussed by GRANICK, 1971 in a review of the cognitive aspects of longevity, health status and various social or demographic factors appeared to be predominant predictors of longevity although there was strong evidence to indicate that cognitive functioning may also be a good psychological predictor of survival. There is, in fact, evidence that a marked decrement in intellectual performance is associated with death within one to five years«. Dabei ist das Ergebnis nicht uninteressant, demzufolge in jener Gruppe, die einen niedrigen IQ (unter 85) hatte, sich »Survivors« und »Non-survivors« nicht unterschieden; innerhalb der Gruppe mit mittlerem IQ (85–115) schnitten »Survivors« im verbalen Teil sehr signifikant besser ab, nicht aber im Handlungsteil. Innerhalb der Gruppe mit hohem IQ (über 116) zeigte sich vor dem Lebensende der deutlichste Abstieg der »Non-survivors«, sowohl im verbalen Teil ($p < 0.5$) wie besonders stark im Handlungsteil ($p < 1$). »Long-term-survivors are characterized by high intelligence, sound financial status, well maintained health, and intact marriages«, ist die Schlußfolgerung des Berichtes von PFEIFFER (1974), der aus dem Material der Duke-Längsschnittstudie sehr sorgsam 4 gut ausgewählte kleine Stichproben – 17 long-lived woman, – 17 short-lived woman, – 20 long-lived men, – 20 short-lived men, auswählte und als Untersuchungszwillinge zusammenstellte. »Throughout the study, long-lived women are compared only with short-lived women and long-lived men with short-lived men. It is well known that sex has a major determining influence on life expectancy as well as on a number of the other factors which were examined.« Die berichteten Ergebnisse sind sehr vielseitig und zeigen z. T. erhebliche Unterschiede zwischen Männern und Frauen. So schätzen sich z. B. langlebige und kurzlebige Frauen bezüglich ihres Gesundheitszustandes sehr ähnlich ein (kein Unterschied hinsichtlich des Gefühls der Beeinträchtigung, der Anzahl der Tage im Krankenbett, des Verzichts auf bestimmte Tätigkeiten), während Männer hier sehr signifikante Unterschiede zwischen Langlebigen und Kurzlebigen erkennen lassen. Ähnliches trifft für die Beurteilung der finanziellen Situation heute – und im Alter von 55 Jahren – zu, die bei Frauen gar nicht, bei Männern sehr stark zwischen »Survivors« und »Non-survivors« unterscheidet. Nachdem so eine Reihe von Variablen gefunden wurde, die zwischen »Survivors« und »Non-survivors« unterscheidet, versuchte man zu bestimmen, welche dieser Variablen am meisten zur Aufklärung der Varianz beitragen. Bei Frauen wird 36% der Gesamtvarianz erklärt durch den Gesamt-IQ, die empfundene Veränderung des Gesundheitszustandes, den Familienstand, die Beurteilung der physiologischen Funktionen und die Veränderung der finanziellen Situation. Bei Männern erklären 52% der Gesamtvarianz der finanzielle Status, die empfundene Veränderung des Gesundheitszustandes, die Beurteilung der physiologischen Funktion, die Veränderung der familiären Situation und der Familienstand. »A number of other factors were also significantly correlated with longevity but did not make a significant independent contribution to the total variance of longevity.« (1974, S. 280.) This study »suggests that there is no single factor which determines longevity but rather a *constellation of biological, psychological, and social factors,* amounting to what may best be described as elite status«. Die Duke-Studie belegt, daß Personen mit höherer Intelligenz, finanzieller Sicherheit, gesundheitlichem Wohlbefinden und – besonders bei Frauen – intakter Ehe eine größere Lebenserwartung haben.

Allerdings ist auf Unterschiede zwischen der Männer- und der Frauengruppe hinzuweisen, aber auch auf unterschiedliche Prediktoren bei der 60er- und 70er-Gruppe. Wenn es auch heißt: »Cardiovascular disease is by far the greatest killer among both, men and women in this age group«, so ist doch die Tatsache erstaunlich, daß »work satisfaction« an die 2. Stelle der Prediktoren tritt. »Thus suggests that maintaining a satisfying and meaningful social role may contribute to longevity by providing physical exercise, intellectual stimulation, gratifying and supportive social relationships, and a general motivation to take care of oneself and increase his longevity.« »The final significant predictor of longevity among the total group was the happiness-rating made by the social worker. This indicates that one's overall mental attitude may have a significant psychosomatic effect on longevity.« – Womit wieder einmal ein Beitrag zur kognitiven Theorie des Alterns (THOMAE 1969, 1971) geleistet wäre.

Inzwischen haben auch die Daten der 1965 begonnenen Bonner Längsschnittstudie unter diesem Aspekt eine Analyse erfahren (LEHR und SCHMITZ-SCHERZER 1976). Die Ursprungsstichprobe von 222 Männern und Frauen reduzierte sich nach 8 Jahren auf 121. 45 Personen; d. h. 20,5% der Gesamtstichprobe war zwischenzeitlich verstorben, 57 verweigerten die Teilnahme, teils aus Krankheitsgründen, teils aus (Pflege-) Verpflichtungen anderer Familienmitgliedern gegenüber. Bei der Frauengruppe betrug der Anteil der in den 7 Jahren Verstorbenen 18,2%, bei der Männergruppe 22%; innerhalb der Gruppe der 60–65jährigen sind 13,5% verstorben, in der Gruppe der 70–75jährigen waren es dagegen 28%.

Wie auch bei den bereits referierten Untersuchungen interessierte uns die Frage, ob und inwiefern sich die Gruppe der »Überlebenden« von den »Verstorbenen« unterscheidet. Ein erster Vergleich ausgewählter Daten der Erstuntersuchung 1965 beider Gruppen erfolgte unter Anwendung des chi²-Tests und korrelativer statistischer Ansätze. Sodann gelangte der kovarianzanalytische Ansatz zur Anwendung, um etwaige Unterschiede zwischen den Gruppen statistisch abzusichern (vgl. LEHR u. SCHMITZ-SCHERZER 1976). Die durch den Internisten in der Ausgangsuntersuchung 1965 erhobenen Daten zum Gesundheitszustand erbrachten nur sehr geringfügige Unterschiede zwischen den Überlebenden und Verstorbenen. Zwar zeigt ein Vergleich der Mittelwerte der Gesamtgruppe bei den Verstorbenen leicht erhöhte Anzeichen sklerotischer Veränderung (1,6 einer 5er-Skala bei den Überlebenden, 1,8 bei den

Verstorbenen), jedoch keine Unterschiede in der ärztlicherseits vorgenommenen Gesamtbeurteilung des Gesundheitszustandes (2,8 : 2,9), bezüglich der Herzinsuffizienz, der Sehfähigkeit, des Bewegungsapparates; ebenso fand sich kein Unterschied bezüglich des Ausmaßes der Medikamenteneinnahme und der im letzten Jahr beanspruchten ärztlichen Behandlung. Lediglich die bei den Verstorbenen als schlechter beurteilte Hörfähigkeit ist hervorzuheben. Die Exploration der Befragten selbst, die auch der Feststellung der subjektiv erlebten Belastung auf gesundheitlichem Gebiet nachging, erbrachte bei den Überlebenden sogar eine Höherbelastung (Mittelwert 4,9 einer 7-Punkte-Skala) als bei den Verstorbenen (3,5). Aufgrund der Kovarianzanalyse der Daten von 1965 wird noch einmal deutlich, daß die inzwischen Verstorbenen sich durch eine schlechtere Hörfähigkeit von den Überlebenden stark unterscheiden, wobei Männer offenbar stärker benachteiligt sind als Frauen. Außerdem wird abgesichert, daß die Verstorbenen signifikant seltener ärztliche Hilfe im letzten Jahr in Anspruch nahmen als die Überlebenden.

Ein Vergleich der beim HAWIE und seinen Untertests von beiden Gruppen erzielten Mittelwerte erbrachte folgendes: Während beim Gesamttest von den Überlebenden durchschnittlich 95,8 Punkte erzielt wurden, waren es bei den Verstorbenen nur 84,2; im Verbalteil betrug die Punktdifferenz 4,9 Punkte, im Handlungsteil 6,7, war also erheblich stärker. In den Untertests zeigte sich die größte Differenz beim Mosaiktest (1,7), gefolgt vom Figurenlegen (1,5) und allgemeinem Verständnis (1,3), Bilderänzen (1,3) und Zahlensymboltest (1,3). Am wenigsten unterschieden sich die Langlebigen von den Verstorbenen im rechnerischen Denken (0,5) und Zahlennachsprechen (0,8). Bei der varianzanalytischen Auswertung traten Unterschiede zwischen Verstorbenen und Nichtverstorbenen am deutlichsten im Verbalteil hervor, ebenso beim Figurenlegen und rechnerischen Denken. – Die mit Hilfe des RIEGEL-Fragebogens festgestellten Differenzen traten bei einer varianzanalytischen Auswertung nur leicht hervor, hingegen wurde die beim MIERKE-Reaktionsgerät beobachtete Besserleistung der Überlebenden durch die Varianzanalyse eindeutig bestätigt.

Ein Vergleich der Mittelwerte der Gesamtgruppe der Überlebenden und Verstorbenen hinsichtlich der beurteilten Persönlichkeitsdimensionen läßt vor allem Unterschiede im Hinblick auf Aktivität und Stimmung deutlich werden. Die Varianzanalyse läßt erkennen, daß Langlebige aktiver sind, von besserer Stimmung und auch einen höheren Grad an Angepaßtheit erkennen lassen; außerdem ergeben sich bei geschlechtsspezifischer Betrachtung Unterschiede hinsichtlich der Sicherheit. – Fragen wir nach Ausmaß und Erleben der Sozialkontakte, d. h.

nach der innerhalb der einzelnen Rollen gezeigten Aktivität und der Zufriedenheit mit dieser, so muß festgestellt werden, daß sich hinsichtlich des Ausmaßes der Sozialkontakte keine Korrelate zur Langlebigkeit ergeben. Allerdings finden sich bezüglich des Gefühls, gebraucht zu werden, signifikante Unterschiede. Überlebende fühlten sich schon 1965 in einem weit stärkeren Maße von anderen Menschen gebraucht (5,9) als Verstorbene (4,8).

Sicher weisen diese Forschungsergebnisse (vgl. auch S. 111–117 dieses Buches) auf interessante Zusammenhänge hin, vor allem auf die primäre Bedeutung der geistigen Aktivität. Dennoch erscheint es beim gegenwärtigen Stand der Forschungslage immer noch verfrüht, Theorien oder auch nur Gesetzmäßigkeiten, die mit einer langen Lebenserwartung in Beziehung stehen, daraus abzuleiten. Vor allem muß man bedenken, daß sich eine Reihe von möglicherweise auf eine höhere Lebenserwartung Einfluß nehmenden Faktoren biologischer, psychologischer, sozialer und ökologischer Art gegenseitig beeinflussen und so in einem komplizierten Wechselspiel wirksam werden, wie es an folgendem Modell verdeutlicht werden soll (vgl. Abb. 19).

Dieses Modell zeigt, wie eine genetische Komponente (1) und ökolo-

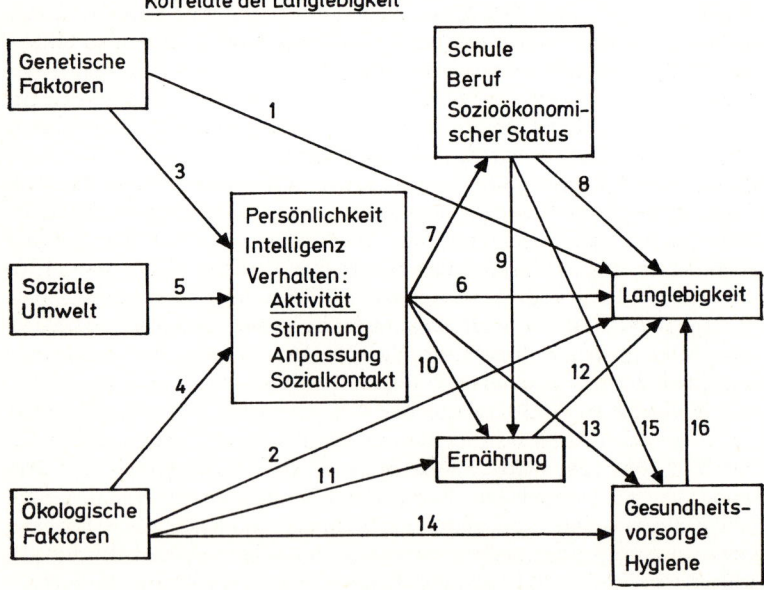

Abb. 19:   Korrelate der Langlebigkeit.

gische Faktoren (2) einmal direkt die Langlebigkeit zu beeinflussen vermögen, sodann auch (3 + 4) auf die Intelligenz und die Persönlichkeitsstruktur bzw. die Aktivität sich auswirken. – Intelligenz- und Persönlichkeitsstruktur sind aber auch ganz maßgeblich durch die soziale Umwelt (5), die Erziehungsweisen der Eltern, geprägt. Intelligenz und Persönlichkeitsstruktur wiederum scheinen die Langlebigkeit sowohl direkt (6) als auch indirekt zu beeinflussen, indem sie (zumindest bei Männern) mit besserer Schulbildung (7) und höherem sozialen Status einhergehen, die beide (8) als direkte Korrelate der Langlebigkeit gesehen werden. Die bessere Schulbildung schafft außerdem – neben Intelligenz, Persönlichkeit und bestimmten Umweltgegebenheiten – die Voraussetzung für eine qualifiziertere Beruftätigkeit, die wiederum über den sozioökonomischen Status mit der Langlebigkeit in Beziehung steht. Der soziale Status (9) gewährleistet im Zusammenhang mit einer entsprechenden Persönlichkeitsstruktur (10) und sonstigen Umweltgegebenheiten (11) eine sinnvollere Ernährung, die ebenso als Voraussetzung der Langlebigkeit (12) gesehen werden kann, wie auch die durch die Persönlichkeitsstruktur (13), durch ökologische Faktoren (14), sozioökonomischen Status (15) bedingte stärkere Gesundheitsvorsorge und größere Hygiene (16).

Dieses Modell, das sich sicher noch vervollständigen bzw. ergänzen ließe, soll das komplizierte Wechselspiel und Zusammenwirken einzelner Variablen deutlich machen. – Es sollte zeigen, daß die Eruierung von Vorhersagekriterien für die Erreichung eines hohen Lebensalters jetzt auch innerhalb der Psychologie zu einem aktuellen Forschungsthema geworden ist. Longitudinalstudien haben es ermöglicht, eine Reihe von Zusammenhängen zwischen verschiedenen psychischen, körperlichen, sozialen und ökologischen Merkmalen einerseits und einer längeren Lebensdauer andererseits aufzuzeigen. Gerade diese Ergebnisse lassen die Forderung nach einer differentiellen Gerontologie erneut deutlich werden und zeigen »Patterns of Aging«, Altersformen, die durch sehr differierende Lebensschicksale und Lebensgewohnheiten im somatischen und psychischen Bereich und durch ganz bestimmte soziale und ökologische Bedingungen bestimmt sind und so zu einem erfolgreichen Altwerden beitragen.

Da die verschiedenen Determinanten jedoch untereinander in sehr komplizierten Wechselwirkungsprozessen zu sehen sind, bedarf es vieler weiterer, breit angelegter Studien, die schon bei der Erhebung der Daten alle möglicherweise intervenierenden Variablen berücksichtigen; es bedarf weiterhin eines sehr sorgfältigen methodischen Vorgehens bei der Auswertung der Daten unter Anwendung multivariater Verfahren, um Klarheit in diesem Prozeß zu gewinnen (vgl. auch SCHMITZ-SCHER-

ZER 1976). Die meisten bisher vorliegenden Erkenntnisse zu dieser Problematik basieren auf Einzelvergleichen, die das komplexe Beziehungsgefüge vernachlässigen. Etwaige Maßnahmen zur Erreichung einer Langlebigkeit haben deshalb frühestmöglich anzusetzen und von den verschiedensten – biologischen, physiologischen, medizinischen, psychologischen, sozialen und ökologischen – Faktoren auszugehen. Dabei ist zu bedenken: Langlebigkeit ist in gewissen Grenzen genetisch bedingt, also als endogen anzusehen; Langlebigkeit ist aber mit Sicherheit auch durch das Zusammenwirken unterschiedlicher Umwelteinflüsse bedingt, ist also exogen beeinflußbar – und das von früher Kindheit an!

8.4. Psychologische Intervention – eine neue Aufgabe der Gerontologie

Ein weiterer Themenbereich, der innerhalb der letzten 5 Jahre in der Gerontologie deutlicher hervortrat, ist jener der »Intervention«. Von einer Kritik an den meist einseitig medizinisch-biologisch ausgerichteten Rehabilitationsmaßnahmen ausgehend, forschte man nach möglichen Ursachen für die Vernachlässigung sozialer und psychologischer Aspekte. Bei einem ersten Symposion der Amerikanischen Gerontologischen Gesellschaft, das sich mit Strategien einer psychologischen Intervention im höhren Alter befaßt hatte, machte LABOUVIE (1973) den sicher zum Teil berechtigten Vorwurf, daß man sich bisher in der Forschung nahezu ausschließlich auf die Beobachtung und Beschreibung von Altersveränderungen beschränkt und sich mit der Kategorisierung der verschiedenen Erscheinungsformen weitgehend begnügt habe. Eine Erklärung für festgestellte Altersveränderungen habe man kaum gesucht, da man von der Annahme ausging, sie seien endogen bedingt, sie seien auf biologische Prozesse zurückzuführen, die man lange Zeit für irreversibel hielt. Diese theoretische Ausgangslage habe Psychologen blind gemacht für etwaige praktische Maßnahmen im Hinblick auf Beeinflussungsmöglichkeiten psychischer Altersveränderungen.

Erst die sich langsam durchsetzende theoretische Erkenntnis, daß ein Zusammenwirken mehrerer Ursachen – und vor allem sozialpsychologischer und ökologischer Momente – das Verhalten im Alter bestimmt, öffnet den Weg für Interventionsmaßnahmen.

Auch von anderer Seite wird ein ähnlicher Vorwurf erhoben: GUTMANN, GOTTESMAN und TESSLER (1973) sprechen von einer »Revolution« in der psychologischen Altersforschung; einer Revolution, die eine Abwendung von einer zu starken Methodengläubigkeit und Methodenverhaftetheit – die immer eine Verengung des Blickwinkels bedeute – bringt und eine Hinwendung zu den eigentlichen Problemen des alternden Menschen verlangt: »as a part of this revolution, investigators are remembering that their business is not only to explain the variance in already existing data« (S. 419).

Der Trend, der in der jüngsten amerikanischen psychologischen Alternsforschung deutlich wird, zeigt eine gewisse Distanzierung von einem bislang vorherrschenden Methoden-Diktat; eine Distanzierung von einer einseitig nur auf Analyse und Beschreibung von Alternsprozessen ausgerichteten Forschung zugunsten einer stärkeren Betonung von Fragen nach praktischen Konsequenzen, nach praktischen Maßnahmen zur Beeinflussung der Alternsprozesse. So versucht BALTES (1973) ein Konzept der »Interventionsgerontologie« zu entwickeln, welches Altern nicht nur beschreiben und erklären will, sondern welches »intervenieren« möchte, Alternsvorgänge verändern möchte. Man möchte nicht erst »rehabilitieren«, sondern durch rechtzeitig einsetzende Interventionsmaßnahmen einem Abbau vorbeugen und erreichen, daß Rehabilitationsmaßnahmen nicht so oft nötig werden.

So sehr dieser Trend amerikanischer Alternspsychologie einerseits zu begrüßen und diesen Ideen grundsätzlich zuzustimmen ist, so sehr müssen wir andererseits vor einem übertriebenen Enthusiasmus warnen und die Notwendigkeit solider Grundlagenforschung als Ausgangspunkt für Interventionsmaßnahmen unterstreichen.

Es wäre wohl nichts gefährlicher, als laienhaft und ohne Zurkenntnisnahme von Forschungsergebnissen herumzuexperimentieren und »in Intervention bzw. Rehabilitation zu machen«. Schon jetzt: Jeder Interventionsmaßnahme hat eine gründliche Persönlichkeits- und Situationsanalyse vorauszugehen.

Darum die Frage: Was hat die psychologische Grundlagenforschung bisher dazu getan ,die Ausgangsbasis für Interventionsmaßnahmen vorzubereiten?

Das wichtigste Ergebnis der bisherigen Grundlagenforschung ist in diesem Zusammenhang die heute abgesicherte Erkenntnis, derzufolge Altern – psychologisch gesehen: das Verhalten und Erleben im Alter – nur zu einem geringen Teil biologisch bedingt ist bzw. durch den Gesundheitszustand determiniert ist, hingegen durch Umweltfaktoren – d. h. durch soziale und ökologische Momente – weitgehend bestimmt ist. Diese Feststellung erst öffnet den Weg zu Interventionsmaßnahmen. Denn eine Entwicklung, die vornehmlich durch Umweltvariablen ausgelöst ist, läßt sich auch durch Veränderungen der Umwelt beeinflussen – zumindest weit mehr als eine Entwicklung, die durch biologische Veränderungen herbeigeführt wurde und deren Irreversibilität weitgehend anzunehmen ist. Das heißt konkret: ein Verhalten älterer Personen, das durch Verhaltenserwartungen der sozialen Umwelt herbeigeführt wurde, läßt sich durch Veränderung eben dieser Verhaltenserwartungen beeinflussen bzw. rückgängig machen.

So konnten amerikanische Untersuchungen (u. a. McCLANNAHAN 1973) nachweisen, daß Ärzte und Pflegepersonal vielfach von älteren Menschen Unbeweglichkeit, geringe Motorik, geringe Mobilität, wenig soziale Interaktion, dumpfes Dahindösen, Teilnahmslosigkeit als typische Zeichen des Alternsprozesses erwarteten – und durch diese Erwartungen ein solches Verhalten der Betagten nur verstärkten. Gelang es, die Verhaltenserwartungen der Umwelt zu beeinflussen und Schwestern und Ärzte davon zu überzeugen, daß Altern nicht unbedingt Teilnahmslosigkeit und Passivität bedeuten muß, – im Gegenteil, daß sie auch von älteren Patienten Interesse, Aufgeschlossenheit, Aktivität grundsätzlich erwarten konnten, – dann wurden auch Verhaltensänderungen der Betagten nachweisbar.

Mit anderen Worten: *Interventionsmaßnahmen haben zunächst einmal in der sozialen Umgebung des älteren Menschen anzusetzen,* – sei es bei Ärzten, bei Pflegepersonal oder in der Familie – die oft aus wohlgemeinter Fürsorge Abbauprozesse fördert (durch eine Art »overprotection-Haltung«), statt durch ein Herausfordern zu intervenieren, Abbauprozessen vorzubeugen.

Verschiedene Studien zeigten weiterhin, daß hier ein im Hinblick auf Beweglichkeit, Mobilität und soziale Interaktion gezielt eingesetztes Interventionsprogramm sogar bei Pflegefällen nachweislich bereits innerhalb von 3 Monaten erhebliche Erfolge verzeichnen konnte. Es wurden verschiedene *prothetische* Maßnahmen (von der spezifischen Raumgestaltung, der Anordnung der Sitzmöbel, der Bevorzugung kleiner eckiger Tische statt größerer runder Tische bis hin zur Orientierungserleichterung für dekompensierte Patienten durch verschiedenfarbige Zimmertüren und entsprechende Ansteckbroschen für die Patienten) eingesetzt. Derartige Veränderungen in der Umgebung führten, wie man nachgewiesen hat, zu einer verstärkten Aktivität, zu einer größeren Bewegungsbereitschaft und damit zu einer stärkeren sozialen Interaktion und einer breiteren Skala der Verhaltensweisen: sie reaktivierten. Gezielte therapeutische Maßnahmen wie z. B. die Organisation von Wettrennen für Rollstuhlfahrer oder das Aussetzen eines Preises für Patienten, die weitere Strecken herumgelaufen sind (gemessen durch einen am Bein angebrachten Schrittzähler) – begleiten dabei diese dinglichen Umweltveränderungen und verstärken die Modifizierung des Verhaltens, die Reaktivierung und damit das psychologische Wohlbefinden! – Diese Studien von McCLANNAHN (1973) und LOEW und SILVERSTONE (1973) sind nur ein Beispiel für viele Bemühungen, die den Trend der jüngsten amerikanischen Forschung deutlich werden lassen.

Fest steht damit: Interventionsmaßnahmen haben neben der sozialen Umgebung auch die »sachliche« oder »dingliche« Umwelt mit einzubeziehen.

Darüber hinaus sind es weitere Ergebnisse der Grundlagenforschung, die die *Ziele von Interventionsmaßnahmen* erst definieren helfen: Vor allem die Ergebnisse der Intelligenzforschung haben gezeigt, daß Stimulation, Training von körperlichen und geistigen Fähigkeiten wie auch ein großes Ausmaß von Sozialkontakten bzw. sozialer Aktivität einem Abbauprozeß im Alter entgegenwirken können. Es gilt, die Eigeninitiative bei Älteren – auch Heimbewohnern – zu entwickeln und sie von einem nur passiven Konsum gebotener Vortrags- und Veranstaltungsprogramme nach und nach abzubringen (BAYNE 1971). Auch Maßnahmen zur Ermöglichung einer größeren Realitätsorientierung (BARNS u. Mitarb., 1973, ROUTH 1970) werden diskutiert.

Auf diesen Erkenntnissen der wissenschaftlichen Grundlagenforschung basierend sollten Interventionsprogramme – in Heimen, Krankenhäusern, Tageseinrichtungen, aber auch in der Familie – darauf gerichtet sein, eine Veränderung der Umgebung im Sinne zusätzlicher Stimulation, zusätzlicher Anregung und Aktivierung zur Förderung der kognitiven und sozialen Fähigkeiten herbeizuführen. –

Gezielte Interventionsprogramme bedienen sich verschiedener Interventionstechniken, unter denen neben individuell erarbeiteten Trainingsprogrammen und verschiedenen Formen der Gruppenarbeit das operante Konditionieren, das Bekräftigungslernen, besonders herausgestellt wird. Hier sollen verschiedene auf die individuellen Bedürfnisse abgestimmte Arten von Belohnungsmaßnahmen für jede Verhaltensänderung in die gewünschte Richtung erfolgen (HOYER 1973); – eine Technik der Verhaltensmodifizierung, die im Hinblick auf eine Beeinflussung der Entwicklung im Kindesalter durch eine Vielzahl experimenteller Untersuchungen erprobt und in entsprechenden Institutionen erfolgreich angewandt worden ist.

Bisher liegen jedoch nur einige wenige Untersuchungen zur Planung, Durchführung und Bewertung von Interventionsprogrammen vor. LAWTON (1970) gibt einen geschichtlichen Überblick über derartige Bemühungen in Institutionen und zeigt, wie zunächst eine Reihe von Studien nur von einzelnen Variablen des Milieus, der Umgebung ausgingen und diese wiederum mit einzelnen Persönlichkeitsvariablen der Betagten korrelierten. So hat bereits COSIN (1958) gezeigt, wie ein gezieltes Aktivitätsprogramm selbst bei psychisch gestörten älteren Patienten deren Verhaltensniveau gehoben hatte, wobei allerdings die Konstanz der äußeren Anforderung notwendig war; FILER und O'CONNELL (1962) wiesen in ihren Untersuchungen die Wirksamkeit von arbeitsorientierten Anforderungen, die mit einem gezielten Belohnungsprogramm gekoppelt waren, nach. Ähnlich fanden auch GOTTESMAN u. Mitarb. (1968), daß eine produktive bezahlte Tätigkeit im Hinblick auf eine Aktivierung des Gesamtverhaltens sich als wirksamer erwies als eine allgemeine Beschäftigungstherapie.

Doch bei diesen Arbeiten bemängelt LAWTON (1970) zurecht, daß ein gezieltes Interventionsprogramm nicht nur von einer einzigen Variablen bzw. einer einzigen Maßnahme oder Veränderung ausgehen kann. Es gilt vielmehr, multidimensionale Ansätze zu suchen, d. h. von den verschiedensten Seiten gleichzeitig Anstrengungen zu machen, von einem breiten Spektrum von Einwirkungsmöglichkeiten auszugehen. Die Untersuchungen, die diese Forderung berücksichtigt haben (DONAHUE u. Mitarb. 1960, PAPPAS u. Mitarb. 1958, SKLAR u. O'NEIL 1961), zeigten zwar eindeutige Gesamterfolge im Hinblick auf das Wohlbefinden der Betagten, erlauben jedoch keine eindeutige Aussage darüber, welche Teilaspekte des Gesamtprogramms am ehesten für die Verhaltensänderung verantwortlich gemacht werden können.

So lassen sich auch heute noch nicht mit Bestimmtheit detaillierte Angaben darüber machen, welche Einzelmaßnahmen derartige Interventionsbestrebungen bei welchen Personen begünstigen. Schließlich ist in diesem Interventionsprozeß das Individuum mit seiner spezifischen Persönlichkeitsstruktur als intervenierende Variable mit zu berücksichtigen. BEATTIE u. BULLOCK (1963/64), ANDERSON u. Mitarb. (1969) und schließlich PINCUS und WOOD (1970) berücksichtigten in ihren Untersuchungen sowohl institutionelle wie auch individuelle Merkmale. Anforderungen der Umgebung, anregungsreiches stimulierendes Milieu und soziale Integration erwiesen sich dabei generell als die entscheidenden Faktoren einer günstigen Intervention. Erfolge derartiger Interventionsmaßnahmen lassen sich bisher bei kognitiven Prozessen (geistige Wachheit, größere Umweltorientierung) nachweisen. Sprache und Intelligenz, aber auch das Selbsterleben, die Einstellung zu sich selbst, zeigen positive Veränderungen; Aktivität und Initiative wie auch die Einstellung zu anderen Menschen und Art und Ausmaß sozialer Interaktion sind beeinflußbar.

Sicher sind dies Ergebnisse von Einzelstudien, die durch weitere Untersuchungen erhärtet werden müssen. Sicher lassen sich auch nicht alle Maßnahmen, die sich in bestimmten Gegenden in den USA als erfolgreich erwiesen, auf Westeuropa, auf die Bundesrepublik ohne weiteres übertragen. Dennoch können wir uns nur wünschen, daß diese Erkenntnisse auch bei uns mehr und mehr bekannt werden und nicht etwa durch eine Art Verdrängungsmechanismus – der vielleicht durch negative Altersstereotypien, vielleicht auch aus der Furcht vor zusätzlichen Anstrengungen und Ausgaben zu erklären ist – gar nicht erst wahrgenommen oder von vornherein angezweifelt werden.

In Deutschland sind Erfahrungen mit solchen Programmen selten. Die ersten Ansätze finden wir in Hamburg, außerdem auch in Saarbrücken. Zweifellos stehen der Realisierung solcher Programme mehrere Hindernisse entgegen: Einmal wären methodische Probleme der Forschung zu nennen. Selbst wenn es einem Wissenschaftler gelingt, Veränderungen aufzuzeigen, eine zunehmende Modifizierung des Verhaltens, eine zunehmende Reaktivierung nachzuweisen, dürfte es methodisch nicht ganz leicht sein, derartige »Interventionseffekte« auf bestimmte Ursachen zurückzuführen (Lawton 1970). Weiterhin dürfte die Durchführung von Interventionsprogrammen oft an der Einstellung mancher Ärzte, des Pflegepersonals oder auch mancher Heimleiter scheitern, die derart von einer Irreversibilität des Altersabbaus überzeugt sind, daß sie von vornherein derartige Anstrengungen für vergebliche Mühe halten. Darüber hinaus hat man – zumindest bei Untersuchungen in den USA – auch festgestellt, daß »ruhige« Patienten beliebter sind, weniger Mühe dem Pflegepersonal bereiten – denn der »aktivierte« Patient ist keineswegs immer bequem!

Weiterhin dürften finanzielle Überlegungen der Realisierung von Interventionsprogrammen im Wege stehen.

Die Interventionsmaßnahmen sollen jedoch nicht nur dazu dienen, etwaige Abbauerscheinungen im Alter rückgängig zu machen, die knapp 3% in Altenheimen Wohnenden und in Pflegeheimen untergebrachten Betagten zu rehabilitieren, sondern sollen einen Abbauprozeß von vornherein zu verhindern suchen, schließen also Maßnahmen der *Geroprophylaxe* im weitesten Sinne mit ein.

Genau wie Rehabilitation kann auch Geroprophylaxe heutzutage nicht mehr einseitig als Aufgabe der Medizin und medizinischer Hilfswissenschaften gesehen werden und allein auf den körperlichen Bereich beschränkt bleiben. Eine *»Vorbereitung für das Altern«* im seelisch-geistigen und sozialen Bereich ist zweifellos notwendig. »Lernen für das Alter«, »Lernen im Alter« ist eine Thematik, die auch in der populärwissenschaftlichen Altersliteratur in den letzten 5 Jahren zum Teil überstrapaziert wurde. Über das Altern zu reden und zu schreiben ist in den letzten Jahren modern geworden!

So sehr man sich einerseits über das zunehmende Interesse auch mancher Fachhochschulen für das Gebiet der Gerontologie freuen kann, so sehr muß man andererseits bedauern, daß die durch Diplomarbeiten oder »Erfahrungsberichte praxisorientierter Seminararbeiten« entstehende Literaturfülle keineswegs immer einer Ausweitung der wissenschaftlichen Forschung entspricht. Vielfach ist geradezu eine Scheu vor empirischer Forschung festzustellen; manche Seminar-Leiter begnügen sich heutzutage lieber mit Re-Analysen vorhandener Daten und bitten dazu andere noch forschende Institute um das von ihnen erhobene Datenmaterial. Andere Autoren begnügen sich mit Dritt- und Viertaufgüssen von Literaturberichten, ohne wenigstens die Primärliteratur einmal in der Hand gehabt zu haben, – wenn man nicht sogar nur theoretische Reflexionen oder methodologische Begründungen der Unmöglichkeit einer Alternsforschung anbietet.

Wie bereits erwähnt, stellen neuere Trends der Alternspsychologie – besonders der Interventionsgerontologie – die Forderung nach praktischen Maßnahmen zur Verbesserung der Lebenssituation älterer Menschen deutlich heraus.

Diese Forderung nach praxisorientierter Forschung ist unbedingt zu begrüßen, sie macht jedoch psychologische Grundlagenforschung keineswegs überflüssig. Im Gegenteil, praktische Maßnahmen sind nur dann sinnvoll, wenn sie auf Ergebnissen der Grundlagenforschung aufbauen. Unverantwortbar dem älteren Menschen gegenüber ist es jedoch, Anweisungen für die Praxis herauszugeben, die einer jeden wissenschaftlichen Fundierung entbehren oder teilweise sogar den wissenschaftlichen Erkenntnissen widersprechen. Gerade auf dem Gebiet der Ausbildung von in der praktischen Altenarbeit Tätigen wie auf dem breiten Gebiet der Vorbereitung für das Alter, des Lernens für das Alter und des Lernens im Alter, wird hier viel gefehlt. Auch manche psychotherapeutisch orientierten Gruppendynamiker vermitteln ihrer Klientel in Ausbildungsprogrammen ein Altersbild, das dem der 2–3% behinderten alten Menschen entspricht.

Die wissenschaftliche Erkenntnis, daß ein positives Selbstbild und positives Selbsterleben geradezu Voraussetzung für ein »erfolgreiches Altern« – d. h. ein Älterwerden bei psychophysischem Wohlbefinden – ist, wird offenbar verdrängt, wenn man in Broschüren und Schriften, die von manchen Kommunen, von Behörden, von Bund, Ländern und Städten herausgegeben werden, und die für die Älteren Orientierungs- und Lebenshilfe bedeuten sollen, diese auf dem Niveau eines Vorschulkindes oder bestenfalls dem eines Schulanfängers anspricht.

Sicher ist es bei der bereits festgestellten und durch die Forschungen der letzten 5 Jahre immer wieder erneut belegten sehr großen Variationsbreite der Erlebnis- und Verhaltensweisen Betagter nahezu unmöglich, in Wort und Schrift »alle 60jährigen« oder »alle 70jährigen« anzusprechen. So sehr die verschiedensten Versuche der Aktivierung älterer Menschen (WINTER 1976, HUBBARD 1976, RADEBOLD 1976, SITZMANN 1976) einerseits zu begrüßen sind, so sehr muß jedoch andererseits auf die »Grenzen der Altenbildung« (TEWS 1976) hingewiesen werden wie

auch vor euphorisch klingenden Erfolgsmeldungen von Altenbildungs-
kursen, deren Effektivität überhaupt nur sehr schwer methodisch sauber
zu erfassen ist, gewarnt werden (vgl. hierzu SCHNEIDER 1977). Allein
mit der Einführung von Begriffen der »Gerontagogik« und dem Aus-
arbeiten theoretischer Konzepte ist es nicht getan!
So sind die letzten 5 Jahre einmal gekennzeichnet durch einen in immer
stärkerem Ausmaß zu beobachtenden Trend auf dem Gebiet der Alters-
vorbereitung bzw. der »Weiterbildung im Dritten Lebensalter«. Der
letzte 10. Internationale Kongreß für Gerontologie 1975 in Jerusalem
hatte eines seiner insgesamt 56 Symposien dem Thema »Education
throughout the lifespan« gewidmet. Hier wurde deutlich hervorgehoben,
daß Bildungsmaßnahmen im Alter in erster Linie das Ziel haben sollten, sich mit den Problemen des Älterwerdens sinnvoll und aktiv auseinanderzusetzen (ANDERSON 1975, HELANDER 1975), wobei die Notwendigkeit des Lernens zur Existenzerhaltung in unserer durch einen
rapid sich vollziehenden technischen und gesellschaftlichen Wandel gekennzeichneten Zeit ebenso herausgestellt wurde wie auch die Lernfähigkeit, die durch eine Reihe neuerer Lernexperimente bestätigt wird
(vgl. auch CESA-BIANCHI 1975, OLECHOWSKI 1976, HARTINGER 1976,
NAYLOR u. HARWORD 1976, LÖWE u. ALMEROTH 1975). Dennoch
wurde sowohl in den Referaten wie auch in den sich anschließenden
Diskussionen heftig Kritik an den verschiedenen Vorbereitungsmaß-
nahmen für das Älterwerden geäußert, die vor allem vorwiegend nur
jene Personen erfassen, die einer besonderen Schulung weniger bedürfen,
hingegen jenen Personenkreis, dem sie Hilfe bringen wollen, nicht an-
sprechen. Bezeichnend hierfür ist, daß HUBBARD (1975) ihrer Analyse
entsprechender Maßnahmen in mehreren Europäischen Ländern den
Titel gab: »Pre-Retirement-Education – Facts and Fancy«.
Auf internationaler Ebene besteht heute eine seltene Einigkeit im Hinblick auf eine große Forschungslücke bezüglich pädagogischer Maßnahmen für das höhere Erwachsenenalter, der jedoch eine Vielfalt von wenig
abgesicherten Versuchen und Experimentierübungen gegenüberstehen
(wie es im übrigen auch der 10. Kongreß der Deutschen Gesellschaft für
Gerontologie, 1976, deutlich werden ließ). Zunächst einmal sollten
Wissenschaftler sich aufgerufen fühlen, die Thematik des Lernens in die
gerontologische Grundlagenforschung mit einzubeziehen und Erkenntnisse der Lernpsychologie auf empirischem Wege zu erarbeiten, die
dann den Praktikern an die Hand gegeben werden können. Unter diesem Aspekt ist die im Januar 1976 erfolgte Neugründung der internationalen Vierteljahresschrift »Educational Gerontology« (Hemi-
sphere Publ. Corp., Washington) sehr zu begrüßen.

8.5. Die inter- und intraindividuelle Variabilität der Alternsvorgänge

Die Einsicht in die hohe intraindividuelle und interindividuelle Variationsbreite biologischer, psychischer und sozialer Funktionen und die vergleichsweise geringe Bedeutung des kalendarischen Alters führte schon in der 1. Auflage dieses Buchs zu dem Schlußwort (S. 297): »Auf diese höchst individuelle Form der Alternsprozesse hinzuweisen sollte eine weitere Aufgabe dieser Schrift sein«.

Diese hier vorgelegte 3. Auflage bekräftigt die Feststellung individueller Alternsformen und hebt die interindividuelle Variabilität der Alternsprozesse deutlich hervor, ebenso aber auch die intraindividuell verschiedenen Verlaufsformen der mit dem Lebensalter einhergehenden Veränderungen in den einzelnen Bereichen der Persönlichkeit. Die Forschungsergebnisse fordern geradezu heraus, den »Mythos«, der sich in der stereotypen Auffassung vom Defizit-Modell des Alterns niederschlägt, zu bekämpfen. »... it is a myth to assume that decline is necessary, *general* (across abilities) and *universal* (across persons)« stellen BALTES und SCHAIE (1976, S. 721) in ihrer kritischen Auseinandersetzung mit HORN und DONALDSON (1976) fest.

Die Ergebnisse gerontologischer Forschung der letzten Jahre – sei es im Bereich der Psychologie (THOMAE 1976, LEHR 1976) oder auch der Medizin (SCHUBERT 1968, 1969), der Psychiatrie (OESTERREICH 1975) oder der Soziologie (ROSENMAYR 1976) – verleihen der Forderung nach einer differentiellen Gerontologie noch mehr Gewicht. Eine generelle und universelle Gesetzmäßigkeit psychischer Alternsvorgänge ist in Frage zu stellen. Individuellen »Patterns of Aging«, individuellen spezifischen Verlaufsformen des Alterns ist weit mehr Beachtung zu schenken, als es bisher geschehen ist!

Daß bisher differentielle Aspekte des Alternsprozesses so wenig beachtet wurden, hat methodische Gründe: intra- und interindividuelle Unterschiede, d. h. spezifische Verlaufsformen des Alterns, lassen sich nur durch Longitudinalstudien erfassen – und diese sind nun einmal kostspielig, zeitaufwendig und mühsam, und bereiten darüber hinaus unter methodologischen Aspekten erhebliche Schwierigkeiten (vgl. WOHLWILL 1970, RUDINGER 1975, RUDINGER und SCHMITZ-SCHERZER 1976, PECK 1975, OLBRICH u. FISSENI 1975 – vgl. auch LEHR u. WEINERT 1975). Aber sie sind unbedingt notwendig; denn »erst wenn wir mehr um die normale Variationsbreite von Alternsformen und ihren vielfältigen Bedingungen wissen, wird die gerontologische Wissenschaft in der Lage sein, das Leben im Alter effektiver zu beeinflussen« (THOMAE 1976). Es kommt in Zukunft darauf an, durch breit angelegte Längsschnittstudien die Mehrdimensionalität der individuellen Verlaufsformen des Älterwerdens aufzuzeigen und das Bedingungsgefüge inter- und intraindividueller Varianten zu erhellen. Es gilt »Alternsformen«, typische Prozesse in ihrem Verlauf, herauszuarbeiten und deren biographische und situative Bedingungen (in die Gesundheitszustand, Persönlichkeit, soziale und ökologische Momente mit eingehen) zu erfragen.

Älterwerden erfordert eine Adaptation im intellektuellen, sozialen und emotional-affektiven Bereich. Art und Grad dieser Anpassung in diesen Dimensionen werden durch biologische soziale und persönlichkeitsspezifische Gegebenheiten bestimmt und erfahren zudem durch epochale, biographische und situative Aspekte ihr besonderes Gepräge (THOMAE 1976). Gelingt es, das mehrdimensionale Bedingungsgefüge zu erfassen, das die intra- und interindividuell unterschiedlich verlaufenden Anpassungsprozesse im intellektuellen, sozialen und emotional-affektiven Bereich mitbestimmt, dann wären Grundlagen für die Vorhersage und auch Beeinflussung des Alternsvorgangs unter Berücksichtigung seiner individuellen Varianten gegeben. Der Weg, der zu diesem Ziel führt, ist jedoch noch weit und beschwerlich.

Literatur

AARONSON, B. S.: Personality stereotypes of aging. J. Gerontol., 21, 1966, 458–462

ADLER, A.: Über den nervösen Charakter. Grundzüge einer vergleichenden Individualpsychologie. 4. A., Bergmann, Wiesbaden, 1928

AEBLI, H.: Grundformen des Lehrens, Klett, Stuttgart, 1961

ALLPORT, G. W.: The individual and his religion. Macmillan, New York, 1950

ALLPORT, G. W.: Personality: A psychological interpretation, 1937
Dt. übersetzt und herausgegeben von v. BRACKEN, H.: Persönlichkeit, Struktur, Entwicklung und Erfassung der menschlichen Eigenart. Klett, Stuttgart, 1949

AMES, L. B. et al.: Rorschach responses in old age. Paul B. Hoeber, New York, 1954

ANASTASI, A.: Länge des Schulbesuchs und Intelligenz. In F. WEINERT (Hg.): Pädagogische Psychologie, Kiepenheuer u. Witsch, Köln, 1967, 524–528

ANDERSON, J. E. (Hg.): Psychological aspects of aging. Amer. Psychol. Ass., Washington, 1956, 42–53

ANDERSON, J. E.: The use of time and energy. In: J. E. BIRREN (Hg.): Handbook of aging and the individual. 1959, Univ. of Chicago Press, Chicago, 769–796

ANDERSON, W. F.: Experiences in training for retirement at Glascow. In: Proc. VIIth Intern. Congr. Gerontology, Bd. 6, Wien, 1966, 61–64

ANGLEITNER, A.: Rigidität im Alter. Phil. Diss., Bonn, 1972

Arbeitsgruppe Alternsforschung Bonn: Altern – psychologisch gesehen. Westermann, Braunschweig, 1971

ARMSTRONG, E. B.: The possiblity of sexual happiness in old age. In: H. G. BEIGEL (Hg.): Advances in Sex Research. New York, 1963

ARNHOFF, F. N. u. I. LORGE: Stereotypes about aging and the aged. Sch. and Soc., 88, 1960, 70–71

ARNHOFF, F. N., H. V. LEON u. I. LORGE: Cross-cultural acceptance of stereotypes towards aging. J. soc. Psychol., 63, 1964, 41–58

ARNOLD, W. u. R. BERGLER: Psychologische Gründe der Arbeitslosigkeit älterer Angestellter. Lüneburg, 1955

ASH, Ph.: Pre-retirement counseling. Gerontologist, 6, 1966, 97–99

ASTRAND, P. O.: Experimental studies of physical working capacity in relation to sex and age. Kopenhagen, 1952

ATCHLEY, R. C.: Retirement and leisure participation: continuity or crisis? Gerontologist, 11, 1971, 13–17

ATCHLEY, R. C.: Retirement and work orientation. Gerontologist, 11, 1971, 29–36

AXELSON L. J.: The marital adjustment and marital role definitions of husbands of working and nonworking wives. Marriage, Fam. Living, 25, 1963, 189–195

BAER, D. J.: Factors in perception and rigidity. Percept u. motor skills, 19, 1964, 563–570

BALTES, P. B.: Longitudinal and cross-sectional sequences in the study of age and generation effects. Hum. Dev., 11, 1968, 145–171

BARTLETT, F. C.: Remembering: a study in experimental and social psychology. Cambridge Univ. Press. Cambridge, 1932

Bartlett, F. C.: The learing of experimental psychology upon human skilled performance. Brit. J. Indust. Med., 8, 1951, 209–217

Bartlett, F. C.: Psychological aspects of aging. In: Ciba-Foundation Colloquia on aging 1, Little, Brown + Co., Boston, 1955, 209–213.

Bauer, B.: Ergebnisse und Probleme psychologischer Leistungsprüfungen bei alternden Menschen. Präkl. Ergeb. Psychol., 16, 1966

Baumert, G.: Deutsche Familien nach dem Kriege. Roether Verl., Darmstadt, 1954

Baumert, G.: Changes in the family and the position of older persons in Germany. Intern. J. of Comparative Sociology, 1, 1960

Bekker, L. de Moyen u. Ch. Taylor: Attitudes toward the aged in a multi-generational sample. J. Gerontol., 21, 1966, 455–457

Belbin, R. M.: Difficulties of older people in industry. Occup. Psychol., 27, 1953, 177–190

Belbin, R. M.: Older people and heavy work. Brit. J. Indust., Med., 12, 1955, 309–319

Belbin R. M.: Training methods of older workers. In: The employment of older worker. Paris, 1966

Belbin, R. M.: Middle age: what happens to ability? In: W. A. Owens: (Hg.): Middle age. Brit. Broadc. Comp., London, 1967

Bell, E. C.: Nutritional deficiencies and emotional disturbances. J. of Psychol., 45, 1958, 47–74

Belson, W.: Volunteer bias in test-room groups. Publ. Opin. Quart, 24, 1960, 115–126

Bengtson, V. L.: Occupational differences in retirement: patterns of role-activity and life-outlook among Chicago teachers and steel-workers. In: R. Havighurst et al. (Hg.): Adjustment to retirement, Van Gorcum, Assen, 1969, 53–70

Benny, M., A. P. Gray u. R. H. Pear: How people vote. Grove Press Inc., New York, 1956, 227 ff.

Berelson, B. R., P. F. Lazarsfeld u. W. N. McPhee: Voting. Univ. Chicago Press, Chicago, 1954, 383–384

Bergius, R.: Lernen und Denken. In: Hdb. d. Psychol., I, 2, Hogrefe, Verlag f. Psychol., Göttingen, 1964

Bergler, R.: Psychologie stereotyper Systeme – ein Beitrag zur Sozial- und Entwicklungspsychologie. Huber, Bern u. Stuttgart, 1966

Bergler, R.: Selbstbild u. Alter. Ber. 1. Kongr. Dt. Ges. Gerontologie, Steinkopff, Darmstadt, 1968, 156–169

Bergler, R.: Einstellungen zur Modernität in verschiedenen Lebensaltern. Ber. 2. Kongr. Dt. Ges. Gerontologie, Steinkopff, Darmstadt, 1970; 144 bis 151

Berkowitz, B. u. R. E. Green: Changes in intellect with age: V. differential changes as functions of time interval and original score. J. Genet. Psychol., 53, 1965, 179–192

Beyer, G. H.: Living arrangements, attitudes and preferences of older persons. Ber. 5. Intern. Kongr. Gerontology, San Francisco, 1960

Beyer, G. H.: Economic aspects of housing for the aged. Ithaca, New York, 1961

Birren, J. E.: A factorial analysis of the Wechsler-Bellevue-scale given to an elderly population. J. consult. Psychol., 19, 1952, 399–405

Birren, J. E.: Handbook of aging and the individual. Chicago Univ. Press, Chicago, 1958

Birren, J. E.: A brief history of the psychology of aging. Gerontologist, 1, 1961, 69–77

Birren, J. E.: Adult capacities to learn. In: R. G. Kuhlen (Hg.): Psychological background of adult education. Center for Study of Liberal Education for Adults, Chicago, 1963, 8–42

Birren, J. E.: The psychology of aging. Englewood cliffs. N. J., Prentice Hall, 1964

Birren, J. E.: Age changes in speed of behavior: its central nature and physiological correlates. In: A. T. Welford u. J. E. Birren (Hg.): Behavior, aging and the nervous system. Thomas, Springfield, Ill., 1965, 191–216

Birren, J. E. u. J. Botwinick: Speed of response as a function of perceptual difficulty and age. J. Gerontol., 10, 1955, 433–436

Birren, J. E., J. Botwinick, A. D. Weiss u. D. F. Morrison: Interrelations of mental and perceptual tests given to healthy elderly men. In: J. E. Birren et al. (Hg.): Human aging. Bethesda, M., 1963, 143–156

Birren, J. E., R. N. Butler, S. W. Greenhouse, L. Sokoloff u. M. R. Yarrow: Human aging: a biological and behavioral study; Nat. Inst. of mental health, Bethesda, Maryland, 1963

Birren, J. E. u. D. F. Morrison: Analysis of the Wais subtest in relation to age and education; J. Gerontology 16; 1961, 363–369

Bischof, L. B.: Adult psychology. Harper + Row, New York, 1969

Bixby, L. E.: Retirement age and pension provisions. Proc. VIIIth Intern. Congr. Gerontol., Bd. 1, Washington, D. C., 1969, 310–313

Bixby, L. E. u. Irelan, L. M.: The social security administration program of retirement research. Gerontologist, 9, 1969, 143–147

Blauner, R.: Occupational differences in work satisfaction. In: W. Galenson u. S. M. Lipset (Hg.): Labor and trade unionism – an interdisciplinary reader. John Wiley, New York, 1966, 333–359

Blenkner, M.: Social work and family relationships in later life. In: Ethel Shanas u. G. F. Streib (Hg.): Social structure and the family. New York, 1965, 46–59

Blenkner, M.: The normal dependencies of aging. In: R. A. Kalish (Hg.): The dependencies of old people. Univ. of Michigan, Ann Arbor, 1969; 27–37

Blood, R. O., Jr. u. D. M. Wolfe: Husbands and wives: the dynamics of married living. Free Press, Glencoe, Ill., New York, 1960

Blume, O.: Alte Menschen in einer Großstadt, Schwarz & Co., Göttingen, 1962

Blume, O.: Möglichkeiten und Grenzen der Altenhilfe. Mohn, Tübingen, 1968

Blume, O.: Problematik von Aussagen über ältere Arbeitnehmer im Betrieb. actuelle gerontologie 2: 1972, 103–119

Böhlau, V.: Zur Problematik der Ernährung im Alter. ›mda‹ Medizin des alternden Menschen, 1, 1971, 237–241

Böhlau, V. (Hg.): Alter und Psychotherapie. Schattauer Verlag, Stuttgart, 1971

Böhlau, V.: Neue Gesichtspunkte zur Rehabilitation im Rahmen der Geriatrie. Ztschr. f. Gerontologie, 5, 1972, 9–17

Bondy, C.: Pubertät als sozialkulturelles Phänomen. In: O. W. Haseloff u. H. Stachowiak (Hg.): Moderne Entwicklungspsychologie. Berlin, 1956; 89–96

Boor, W. de: Neuere Arbeiten über Psychologie und Psychopathologie des

Selbstmordes und der Selbstbeschädigung (1949) In: CH. ZWINGMANN (Hg.): Selbstvernichtung, Akad. Verlagsges., Frankfurt, 1965, 13–32

BORELLI, F.: Particular aspects of the adaptability of the aged in the rest homes of the National Institute for Pensioners in Italy. In: Proc. VIIth. Intern. Congr. Gerontol., 6, Wien, 1966, 327–335

BOTWINICK, J.: Cautiousness in advanced age. J. Gerontol., 21, 1966, 347 bis 353

BOTWINICK, J.: Cognitive processes in maturity and old age. Springer Publ. Co., New York, 1967

BOTWINICK, J. u. J. E. BIRREN: Mental abilities and psychomotor responses in healthy aged men. In: J. E. BIRREN et al. (Hg.): Human aging. Bethesda, Maryland, 1963, 97–108

BOTWINICK, J. u. J. E. BIRREN: A follow-up study of card sorting performance in elderly men. J. Gerontol., 20, 1965, 208–210

BOTWINICK, J., J. F. BRINLEY u. J. E. BIRREN: Set in relation to age. J. Gerontol., 12, 1957, 300–305

BOTWINICK, J., J. F. BRINLEY u. J. S. ROBBIN: The effect of motivation by electrical shocks on reaction time in relation to age. Am. J. Psychol., 71, 1958, 408–411

BOTWINICK, J., J. F. BRINLEY u. J. S. ROBBIN: The interaction effects of perceptual difficulty and stimulus exposure time on age difference in speed and accuracy of response. Gerontologia, 2, 1958, 1–10

BOTWINICK, J., J. S. ROBBIN u. J. F. BRINLEY: Reorganization of perceptions with age. J. Gerontol., 14, 1959, 85–88

BOTWINICK, J., J. S. ROBBIN u. J. F. BRINLEY: Age differences in card sorting performance in relation to task difficulty, task set and practice. J. exp. Psychol., 59, 1960, 10–18

BOTWINICK, J. u. N. THOMPSON: Components of reaction time in relation to age and sex. J. genet. Psychol., 108, 1966, 175–183

BOTWINICK, J. u. N. THOMPSON: Age differences in reaction time: an artifact? Gerontologist, 6, 1968, 25–28

BOWLBY, J.: Maternal care and mental health. Genf, WHO. Monogr. Ser., 2, 1951

BRACKEN, H. V.: Die Altersveränderungen der geistigen Leistungsfähigkeit und der seelischen Innenwelt. Z. Altersforschung, 1, 1939, 256–266

BRACKEN, H. V.: Wandlungen der menschlichen Persönlichkeit im mittleren und höheren Alter. Stud. Gen., 5, 1952, 306–315

BREEN, L. Z. u. J. L. SPAETH: Age and productivity among workers in four Chicago companies. J. Gerontol., 15, 1960

BREGER, L. u. I. L. McGAUGH: Critic and reformulation of ›learning theory‹ approaches to psychopathology and neuroses. Psychological Bulletin, 63, 1965, 333–358

BRENGELMANN, J. C.: Extreme response set, drive level and abnormality in questionnaire rigidity. J. ment. sci., 1960, 171–186

BRENGELMANN, J. u. L. BRENGELMANN: Deutsche Validierung von Fragebogen der Extraversion, neurotischen Tendenz und Rigidität. Z. exp. u. angew. Psychol., 7, 1960, 291–331

BRITTON, J. H.: Dimensions of adjustment of older adults. J. Gerontol., 18, 1963, 60–65

BRITTON, J. H.: Limits of optimal functioning in superior old adults. In: Sh. CHOWN u. K. F. RIEGEL (Hg.): Psychological functioning in the normal aging and senile aged, 1, Karger, Basel u. New York, 1968,151– 153

Britton J. H. u. J. O. Britton: Survival of older adults and their personality and adjustment. Proc. 8th Intern. Congr. Gerontol., 2, Washington, D. C., 1969, 62

Bromley, D. B.: Some experimental tests of the effects of age on creative intellectual output. J. Gerontol., 11, 1956, 74–82

Brown, R. G.: Family structure and social isolation of older persons. In: E. Palmore (Hg.): Normal aging. Duke Univ. Press, Durham, N. C., 1970, 270–277

Brown, R. R.: Effect of age on the speed power relationship with reference to tests of intelligence. J. educ. Psychol., 29, 1938, 413–418

Bühler, Ch.: Das Seelenleben der Jugendlichen. 2. Aufl. Jena, 1924

Bühler, Ch.: Kindheit und Jugend (1928) Hogrefe, Göttingen, 4. Aufl., 1967

Bühler, Ch.: Der menschliche Lebenslauf als psychologisches Problem. (1933) 2. A., Verlag f. Psychol., Göttingen, 1959

Bürger, M.: Altern und Krankheit. 3. A., Thieme, Stuttgart, 1957

Bürger, M.: Altern und Krankheit als Problem der Biomorphose. Münchner Med. Wschr., 104, 1962, 1657

Bürger-Prinz, H.: Endzustände in der Entwicklung hyperthymer Persönlichkeiten. Nervenarzt, 21, 1950

Bürger-Prinz, H.: Persönlichkeitswandlungen im Klimakterium. In: O. W. Haseloff u. H. Stachowiak (Hg.): Moderne Entwicklungspsychologie, Berlin 1956; 114–118

Burgess, E. W.: Probleme des alternden Menschen in der modernen amerikanischen Gesellschaft. Kölner Zt. f. Soziologie u. Sozialpsychol., 3, 1957, 447–460

Burgess, E. W. et al.: Occupational differences in attitudes toward aging. J. Gerontol., 13, 1958, 203–206

Burgess, E. W. u. M. Mack: Retirement planning inventory. Industrial Relation Center. Chicago, 1957

Buric, O. u. A. Zecevic: Family authority, marital satisfaction and the social network in Yugoslavia. Marriage Fam. Liv., 29, 1967, 325–336

Busse, E. W.: Psychophysiological reactions and psychomotoric disorders related to physical changes in the elderly. Proc. 8th Intern. Congr. Gerontol., 2, Washington, 1969, 195–197

Busse, E. W. u. C. Eisdorfer: Twothousand years of married life. In: E. Palmore (Hg.): Normal aging. Duke Univ. Press, Durham N. C., 1970, 266–269

Cain, C.: Determining the factors that effect rehabilitation. J. Amer. Geriat. Soc., 6, 1969, 17

Cameron, P.: Ego strength and happiness of the aged. J. Gerontology, 22, 1967, 199–202

Campbell A.: Politics through the life cycle. The Gerontologist, 11, 1971, 112–117

Canstatt, 1839 (Zit. n. Steudel, J.: Alter, Altersveränderung und Alterskrankheiten – historischer Abriß)

Carp, F. M.: On becoming an exdriver: prospect and retrospect. Gerontologist, 11, 1971, 101–103

Carp, F. M.: Walking as a means of transportation for retired people. Gerontologist, 11, 1971, 104–111

Carus, C. G.: Vorlesungen über Psychologie, gehalten im Winter 1829/1830 zu Dresden. Darmstadt, 1958

Casler, L.: Perceptual deprivation in institutional settings. In: G. Newton

u. S. Levine (Hg.): Early experience and behavior. Thomas, Springfield, Ill., 1968, 573–626

Cattell, R. B.: Occupational norms of intelligence and standardization of an adult intelligence scale. Brit. J. Psychol., 25, 1934, 1–28

Cattell, R. B.: The measurement of adult intelligence. Psychol. Bull., 40, 1943, 153–193

Cattell, R. B.: Theory of fluid and crystallized intelligence: a critical experiment. J. educ. Psychol., 54, 1963, 1–22

Cauer-Klingelhöffer, L.: Die Frau als Mitarbeiterin in der chemischen Industrie. Betriebliche Sozialpolitik, 12, Wiesbaden, 1966

Cavan, R. S., E. W. Burgess, Havighurst, R. J., H. Goldhamer: Personal adjustment in old age. Chicago, Science Research Associates, 1949

Charcot, 1868: (Zit. n. Steudel J.: Alter, Altersveränderung und Alterskrankheiten – historischer Abriß)

Charles, D. C.: Effect of participation in a pre-retirement program. Gerontologist, 11, 1971, 24–28

Chombart de Lauwe, M. J. et al.: La femme dans la société, son image dans difiérents milieux sociaux. Centre National de la recherche scientifique. Paris, 1963

Chown, S.: Rigidity, a flexible concept. Psychol. Bull., 56, 1959, 195–223

Chown, S. M.: Age and the rigidities. J. Gerontol., 16, 1961 353–362

Chown S.: Rigiditätsarten und Lebensalter. In: H. Thomae u. U. Lehr (Hg.): Altern – Probleme und Tatsachen. Akad. Verlagsges., Frankfurt, 1968, 203–226

Chown, S., E. Belbin u. S. Downs: Programmed instruction as a method of teaching paired associates to older learners. J. Gerontol., 22, 1967, 212–219

Christ, A. E.: Attitudes toward death among a group of acute geriatric psychiatric patients. J. Geront., 16, 1961, 56–59

Cicero: Cato maior de senectute

Ciucă, A.: Longevity and environmental factors. Gerontologist, 7/4, 1967, 252–256

Ciucă, A.: Occupational and recreational activities for older people. Proc. 8th Intern. Congr. Gerontol., 2, Washington, D. C., 1969, 77

Ciucă, A. u. E. Mustată: Preparing for retirement. Proc. 8th. Intern. Congr. Gerontol., 2, Washington, D. C., 1969, 63

Clark, B. D.: Adult education in transition. Univ. Press, Berkeley u. Los Angeles, 1968

Clark, F. u. A. Dunne: Aging in industry. London, 1955

Clauss, G. u. H. Hiebsch: Kinderpsychologie, Volk und Wissen, Berlin, 1961

Clay, M. H.: A study of performance in relation to age in two printing works. J. Gerontol., 11, 1956, 417–424

Clay, M. H.: The older worker and his job. London, 1960

Cohen, J.: The factorial structure of the Wais between early adulthood and old age. J. consult. Psychol., 21, 1957, 283–290

Comfort, A.: The process of ageing. New Amer. Library, New York, 1964

Comfort, A.: Theories of aging. Proc. 8th. Intern. Congr. Gerontol., 1, Washington, 1969, 3–6

Conrad, H. S.: General information, intelligence and the decline of intelligence. J. Appl. Psychol., 14, 1930, 592–599

Conrad, H. S.: The measurement of adult intelligence and the requisites of a general intelligence test. J. Soc. Psychol., 2, 1931, 72–86

Courbon, P.: Sur la psychologie de la vieillesse. Psychol., 24, 1927, 455–463

Cowdry, E. (Hg.): Problems of aging. Williams and Wilkins, Baltimore, 1939

Cox, D., K. M. Dyce-Sharp u. D. H. Irvine: Women's attitudes to repetitive work. National Inst. industr. Psychol., London Rep. No. 9, 1953

Craik, F. J. M.: Age differences in short-term-memory. In: S. Chown u. K. Riegel (Hg.): Psychological functioning in the normal aging and senile aged. 1, Karger, Basel u. New York, 1968, 44–47

Crossman, E. R. u. J. Szafran: Changes with age in the speed of information intake and discrimination. Experientia Supplementum, 4, 1956, 128 bis 135

Crovitz, E.: Reversing a learning deficit in the aged. J. Gerontol., 21, 1966, 236–238

Csehszombathy, L. u. R. Andorka: A Budapesti Nyngotijasok Helyzete és Problémái. Budapest, 1965

Cumming, Elaine u. W. E. Henry: Growing old, the process of disengagement. Basic Books Inc., New York, 1961

Curtis, H. J.: Biological mechanisms of aging. Thomas, Springfield, Ill., 1966. Dt. Übersetzung: Das Altern – die biologischen Vorgänge. Fischer, Stuttgart, 1968

Damianopoulos, E.: A Formal statement of disengagement theory. In: E. Cumming u. W. E. Henry (Hg.): Growing old, the process of disengagement. Basic Books, New York, 1961

Daric, J.: Survey of the employment of elderly workers in France. In: Old age in the modern world, Report on the 3rd Intern. Congr. Gerontol., London, 1955, 295–299

Davidson, W. R. u. K. R. Kunze: Psychological, social and economic meanings of work in modern society; their effects on the worker facing retirement. Gerontologist, 5, 1965, 129–133

Davidson D. u. Kruglov, L.: Personality characteristics of the institutionalized aged. J. consult Psychol., 16, 1952, 5–11

Davies, K.: Human relation at work. McGraw Hill, London, 1962

Davis, D. R. u. C. Griew: Age and vigilance. In: A. T. Welford u. J. E. Birren (Hg.): Behavior aging and the nervous system. Springfield, Ill., 1965, 54–59

Davis, R. W.: The relationship of social preferability to the self-concept in an aged population. J. Gerontol., 17, 1962, 431–435

Deininger, D.: Statistische Ergebnisse über die Lage der älteren Menschen. Ber. 3. Kongr. d. dt. Ges. f. Gerontologie, Steinkopff, Darmstadt, 1970, 186–203

Dennis, W.: Predicting scientific productivity in later maturity from records of earlier decades. J. Gerontol., 9, 1954, 465–467

Dennis, W.: Age and achievement: a critique. J. Gerontol., 11, 1956, 331–333

Dennis, W.: Creative productivity between the ages of 20 and 80 years. J. Gerontol., 21, 1966, 1–8

Desroches, H. F. u. B. D. Kaiman: Stability of activity participation in an aged population. J. Gerontol., 9, 1964, 211–214

Diatlowicki-Tobi, A.: Informationen für Angehörige von Hemiplegie-Patienten. Ztschr. f. Gerontol., 5, 1972, 23–31

Dietrich, G.: Kriminelle Jugendliche, Bouvier, Bonn, 1960

Dimpflmeier, H.: Warum Frauen Monotonie-Arbeiten vorziehen. Mensch und Arbeit, 5, 1965, 144–146

DONAHUE, W.: A study of socialization of old people. Geriatrics, 8, 1953, 656–666

DONAHUE, W., H. L. ORBACH u. O. POLLAK: Retirement: the emerging social pattern. In: C. TIBBITTS (Hg.): Handbook of social gerontology. Univ. of Chicago Press, Chicago, 1960, 330–397

DOWNES, J.: The longitudinal study of families as a method of research. Milbank mem. Ed. quart. Bull., 30, 1952, 101–118

DOWNS, S.: Age in relation to part and whole learning. J. Gerontol., 20, 1965, 479–482

DRAKE, J. T.: Some factors influencing students' attitude toward old people. Social Forces 35, 1956/57, 266–271

DREHER, G.: Die Anpassung an die Pensionierung als psychologisches Problem. Phil. Diss., Bonn, 1969

DREHER, G.: Adjustment to retirement – a study of two occupational groups. Proc. 8th Intern. Congr. Gerontol., Washington, D. C., 2, 1969, 64

DREHER, G.: Auseinandersetzungen mit dem bevorstehenden Austritt aus dem Berufsleben. In: R. SCHUBERT (Hg.): Geroprophylaxe, Infektions- und Herzkrankheiten, Rehabilitation und Sozialstatus im Alter. Steinkopff, Darmstadt, 1970, 118–124

DREVER, J. u. W. D. FRÖHLICH: Wörterbuch zur Psychologie, München, 1968

DUDA,E.: Untersuchung zur Lebenssituation Betagter, die in einem Altenheim wohnen (unveröf. Examensarbeit), Bonn, 1964

DURAND-FARDEL, 1854: (Zit. n. STEUDEL, J.: Alter, Altersveränderung u. Alterskrankheiten – historischer Abriß)

DUYKER, H. C. J.: Die soziale Normierung der menschlichen Entwicklung. Schweiz. Ztschr. Psychol., 15, 1956

EBBINGHAUS, H.: Über das Gedächtnis. Duncker u. Humblodt, Leipzig, 1885

EISDORFER, C.: Rorschach rigidity and sensory decrement in a senescent population. J. Gerontol., 15, 1960, 188–190

EISDORFER, C.: The WAIS performance of the aged: A retest evaluation. J. Gerontol., 18, 1963, 169–172

EISDORFER, C.: Verbal learning and response time in the aged. J. Genet. Psychol., 107, 1965, 15–21

EISDORFER, C.: New dimensions and tentative theory. Symposium on learning and memory. Gerontologist, 7, 1967, 14–18

EISDORFER, C. u. L. D. COHEN: The generality of the WAIS standardization for the aged. J. abnorm. soc. Psychol., 62, 1961, 520–527

EISDORFER, C. u. C. SERVICE: Verbal rote learning and superior intelligence in the aged. J. Gerontol., 22, 1967, 158–161

EITNER, S.: Der Einfluß von Berufstätigkeit und Arbeitsbedingungen auf das Altern. Proc. 7th Intern. Congr. Gerontol., 6, Wien, 1966, 193–196

EITNER, S. u. A. TRÖGER: Zur Problematik des zeitweiligen und dauernden Verlustes der Arbeitsfähigkeit im produktiven Alter. Arbeit und Leistung, 21, 1967, 65–69

EITNER, S. u. A. TRÖGER: Soziale Risikofaktoren im Aspekt der gerohygienischen Konzeption. Ztschr. f. Alternsforschung, 21, 1968, 1–19

EITNER, S., TRÖGER, A. und E. MASIUS: Schwerarbeit u. Alter im mehrdimensionalen Aspekt; Ztschr. f. Alternsforschg. 25, 1971, 139–150

ELLISON, D. L.: Work, retirement and the sick role. Gerontologist, 8, 1968, 189–192

ENGELMAYER, O.: Pädagogische Entwicklungs- und Lebenshilfe. München, 1956

EPSTEIN, L. A. u. J. H. MURRAY: The aged population of the United States. Government Printing Office, Washington, 1967

EPSTEIN, L. E. u. J. H. MURRAY: Employment und retirement. In: B. L. NEUGARTEN (Hg.): Middle age and aging. Chicago Univ. Press, Chicago, 1968, 354–356

ERFMANN, I.: Beitrag zur Erhellung biographischer Auslösesituationen. Psyche, 17, 1964, 621–644

ERIKSON, E. H.: Growth and crises of the health personality. In: M. J. SENN (Hg.): Symposium on the healthy personality. New York, 1950, 91–146

ERLEMEIER, N.: Rorschachbefunde im höheren Alter. Ztschr. f. Gerontol., 1, 1968, 296–310

ERLEMEIER, N.: Rorschach-Befunde im höheren Lebensalter. Phil. Diss., Bonn, 1969

ERLEMEIER, N.: Psychologische Forschungen zum Todesproblem. Ztschr. f. Gerontol., 5, 1972, 32–49

ERLEMEIER, N. u. A. ANGLEITNER: Untersuchungen zur »Rigidität« im höheren Alter. Ztschr. f. Gerontol., 4, 1971, 194–207

ESSER, R.: Das Bild des 40- und 60jährigen Menschen bei deutschen Schulkindern, (unveröff. psychol. Examensarbeit), Bonn, 1971

ESTAPÉ, R. u. B. STEINMANN: Rehabilitation in der Geriatrie. Ztschr. f. Gerontol., 5, 1972, 5–8

ESTES, C. L. u. K. H. SCHOOLER: Effects of residential mobility and changed physical environment on the individuals adjustment to the aging process. In: Proc. 7th Intern. Congr. Gerontol., Wien, 1966, 259–262

EXNER, F.: Kriminologie, 3. A., De Gruyter, Berlin, 1949

EYSENCK H. J.: Persönlichkeitstheorie und psychodiagnostische Tests. Diagnostica 11, 1965, 3–27

EYSENCK, S. B. G. u. EYSENCK, H. J.: Rigidity as a function of introversion and neuroticism. Intern. J. soc. Psychiatr., 8, 1962, 180–184

FEIFEL, H.: Attitudes toward death: a psychological perspective. J. consult. clin. Psychol., 33, 1969, 292–295

FILER, R. N. und O'CONNELL, D. D.: Motivation of aging persons. J. Gerontol., 19; 1964, 15–22

FILLENBAUM, G. G.: Retirement planing programs – at what age and for whom? Gerontologist, 11, 1971, 33–36

FILLENBAUM, G. G.: On the relation between attitude to work and attitude to retirement. J. Gerontol., 26, 1971 b, 244–248

FINK, H. H.: The relationship of time perspective to age, institutionalization and activity. J. Geront., 12, 1957, 414–417

FISCHER, 1754: (Zit. n. STEUDEL, J.: Alter, Altersveränderung und Alterskrankheiten – historischer Abriß)

FLEMING, CH. E.: The age factor in the Sheffield Cutlery Industry. Vita Hum., 6, 1963, 177–212

FLOREA, A.: The new status of old people in the family and their relationships; in: FROM HANSEN (Hg.): Age with a future, Kopenhagen, 1964, 455–458

FLOREA, A.: Attempted suicide of the aged in an urban area. Proc. 7th Intern. Congr. Gerontol., 2, Washington D. C., 1969, 65

FORM, W. H. u. J. A. GESCHWENDER: Social reference basis of job satisfaction: the case of manual workers. Mer. Soc. Rev., 27, 1962, 228–237

FORSCHUNGSINSTITUT für Sozialpolitik der Universität Köln: Wiedereingliederung älterer Arbeitsloser in die Wirtschaft Nordrhein-Westfalens, Köln, 1969

FOSKETT, J. M.: Social structure and social participation. Amer. soc. Rev., 20, 1955, 431–438

FOSTER, J. C. und G. A. TAYLOR: The applicability of mental tests to persons over fifty years of age. J. Appl. Psychol., 4, 1920, 39–58

FOULDS, G.A.u. C. J. RAVEN: Normal changes in mental abilities of adults as age advances. J. Ment. Sc., 94, 1948, 133–142

FRANK, L. K.: Gerontology. J. Gerontol, 1, 1946, 1–2

FRANKE, H.: Das Wesen der Polypathie bei 100jährigen. Ber. Symposion d. dt. Ges. f. Gerontol., (Diagnostische und therapeutische Probleme der Multimorbidität in der Geriatrie), Nürnberg, Febr. 1971

FREEDMAN, D. G.: An evolutionary approach to research on the life cycle. Hum. Dev., 14, 1971, 87–99

FREEMAN, J. T.: The first fifty years of Geriatrics (1909–1959). Geriatrics, 15, 1960, 216–217

FREEMAN, J. T.: Nascher: Excerpts from his life letters and works. Gerontologist, 1, 1961, 17–26

FRENKEL-BRUNSWIK, E.: Studies in biographical psychology. Character and Personality, 5, 1936, 1–34

FREUD, S.: Gesammelte Werke. Bd. 1–17, Imago Publ. Co., London, 1940 bis 1952

FREUD, S.: Jenseits des Lustprinzips (1920) In: J. STRACHEY (Hg.): Gesammelte Werke, 13, Imago Publ. Co., London, 1940–1952

FRICKE, H.: Zur Erkundung der Motivation in der Erwachsenenbildung zu Beginn der Qualifizierung. Unveröff. Diplomarbeit, Univ. Leipzig, 1968

FRIEBEL, H. D.: Zur Erforschung didaktischer Besonderheiten des Erwachsenenunterrichts. Gesellschaftswissenschaftliche Pädagogik, 1, 1954

FRIEDMAN, E. u. R. HAVIGHURST: The meaning of work and retirement. Univ. of Chicago Press, Chicago, 1954

FRÖHLICH, W. D., J. BECKER, V. L. BENGTSON u. A. BIGOT: The problem of cross-national reliability of ratings, some tentative approaches and findings. In: R. HAVIGHURST et al. (Hg.): Adjustment to retirement. Van Gorcum, Assen, 1969, 18–34

FRÖHLICH, W. D., U. LEHR u. P. R. REICHERTZ: Probleme der Beurteilung der psychischen Wirkung eines Geriatrikums. In: R. SCHUBERT (Hg.): Herz und Atmungsorgane im Alter. Ber. 1. Kongr. d. Dt. Ges. f. Gerontologie, Steinkopff, Darmstadt, 1968, 186–190

FRÖHNER, R., M. v. STACKELBERG u. W. ESER: Familie und Ehe; Probleme in den deutschen Familien der Gegenwart. Bielefeld, 1956

GAFAFER, W. M. u. SITGREAVES, R.: The age factor in disabling morbidity 1940–1944: experience in a public utility company. Publ. Health Report, 60, 1945, 1477–1462

GAIZT, CH. M.: The implications of institutional care of the elderly patient. Bd. 6. Proc. 7th Intern. Congr. Gerontol., Wien, 1966, 23–26

GALEN v. PERGAMON: (Zit. n. STEUDEL, J.: Alter, Altersveränderung und Alterskrankheiten – historischer Abriß)

GALTON, F.: Inquiries into human faculty and its development. Macmillan + Co., London, 1883

GALTON, F.: On the anthropometric laboratory at the late International Health Exhibition. J. Anthropol. Inst., 14, London, 1885, 205–221, 275 bis 287

GEIST, H.: The psychological aspects of retirement. Ch. Thomas, Springfield, Ill., 1968

GERATS, J.: Frauenarbeit und Rentabilität im Betrieb. In: R. SCHRÖDER (Hg.): Probleme der berufstätigen Frau. Thieme, Leipzig, 1957, 64–68

GERFELDT, E.: Differenzierte Krankheitsanfälligkeit und Lebensalter. Vita Hum., 1, 1958, 19–42

GIANOPULOS, A. u. H. E. MITCHELL: Marital disagreement in working wife marriages as a function of husband's attitude toward wife's employment. Marriage Fam. Liv., 19, 1957, 373–378

GIESE, F.: Erlebnisformen des Alterns. Marhold, Halle/Saale, 1928

GILBERT, J. G.: Mental efficiency in senescense; Arch. Psychol. 27; New York, 1935

GILBERT, J. G.: Memory loss in senescence. J. abnorm. soc. Psychol., 36, 1941, 73–86

GILMER, B.: Industrial psychology. London, 1961

GILMER, H.: Psychological aspects of women in industry. Personnel Psychol., 10, 1957, 439–452

GINZBERG, E. et al.: Occupational choice. Columbia Univ. Press, New York, 1951

GLANZER, M. u. R. GLASER: Cross-sectional and longitudinal results in a study of age-related changes. Educ. Psychol. Measurement. Zit. n. J. E. BIRREN (Hg.): Handbook of aging. Chicago, 1959, 736

GLATZEL: Die Ernährung in der technischen Welt. Hippokrates Verlag, Stuttgart, 1971

GLICK, P. C.: The life cycle of the family. Marriage Fam. Living, 17, 1955, 3–9

GOLDE, P. A. B. u. N. KOGAN: A sentence completion procedure for assessing attitudes toward old people. J. Gerontol., 14, 1959, 355–363

GOLDFARB, A. I.: Psychodynamics and the three-generation family. In: E. SHANAS u. G. F. STREIB (Hg.): Social structure and the family. Englewood Cliffs, New Jersey, 1965, 10–45

GOLDFARB, A. U.: The psychodynamics of dependency and the search for aid. In: R. H. KALISH (Hg.): The dependencies of old people. Univ. of Michigan Press, 1969, 1–15

GOLDFARB, W.: An investigation of reaction time in older adults and its relationship to certain observed mental test patterns. Columbia Univ., Teach. Coll. Contr. Educ., 331, New York, 1941

GOODRICK, D. L.: Learning and extinction of a complex maze habit for mature, young, and senescent Wistar Albino rats. J. Gerontol., 23, 1968, 289 bis 304

GORDON, M. S.: Work and patterns of retirement. In: R. W. KLEEMEIER (Hg.): Aging and leisure. New York, 1961, 16–53

GORDON, S. K. u. W. E. VINACKE: Self- and ideal self-concepts and dependency in aged persons residing in institutions. J. Gerontol., 26, 1971, 337–343

GOTTSCHALDT, K.: Zwillingsuntersuchungen vom zweiten bis zum sechsten Lebensjahrzehnt. In: R. SCHUBERT (Hg.): Bericht d. 1. Kongr. d. dt. Ges. f. Gerontol., Steinkopff, Darmstadt, 1968, 176–185

GOULET, L. R. u. P. B. BALTES: Life-span developmental psychology. London, Academic Press, 1970

GRANATH, S. u. J. HELANDER: On some interdisciplinary factors in functional assessment in Gerontology. In: P. M. Paillat u. M. E. Bunch (Hg.): Age, work and automation. Karger, Basel, 1970, 2–10

Granick, S. u. J. E. Birren: Cognitive functioning of survivors versus non-survivors: 12 years follow up of healthy aged. Proc. 8th Intern. Congr. Gerontol., 2, Washington, D. C., 1969, 67

Granick, S. u. A. S. Friedman: The effect of education in the decline of test performance with age. J. Gerontol., 22, 1967, 191–195

Granick, R. u. L. D. Natremow: Preadmission isolation as a factor in adjustment to an old age home. In: P. H. Hoch u. J. Zubin (Hg.): Psychopathology of aging. Kap. 18, New York, 1961

Griew, S.: A study of accidents in relation to occupation and age. Ergonomics, 2, 1958, 17

Griew, S.: Anpassung an Arbeitsanforderungen (1964) dt. Übersetzung: RKW-Schriftenreihe »Ältere Arbeitnehmer«, Berlin–Köln, 1966

Griew, S. u. D. R. Davis: The effect of aging on auditory vigilance performance. J. Gerontol., 17, 1962, 88–90

Griew, S. u. W. A. Tucker: The identification of job activities associated with age differences in the engineering industry. J. Appl. Psychol., 42, 1958, 278

Groffmann, K. J.: Die Entwicklung der Intelligenzmessung. In: R. Heiss (Hg.): Handbuch der Psychologie, 9, Hogrefe, Göttingen, 1964, 143–184

Groffmann, K. J.: Life-span development psychology in Europe: past and present. In: L. B. Goulet u. P. B. Baltes (Hg.): Life-span developmental psychology. Academic Press, London, 1970, 53–68

Grombach, H.: Psychologische, soziale und klinisch-medizinische Determinanten zur Einstellung zum Altenwohnheim. Proc. IXth Intern. Congr. Gerontol., Kiew, 1972

Gruhle, H. W.: Das seelische Altern. Ztschr. f. Altersforschung, 1/2, 1938, 89–95

Gruhle, H.: Selbstmord. Thieme, Leipzig, 1940

Gsell, O.: Alter und Krankheit. Das Altern – Fakten und Probleme, Göttingen, 1966, 72–89

Guth, H. u. A. L. Vischer: Die alten Leute in Basel-Stadt. Basel, 1963

Gutjahr, W. u. J. Mehl: Die Intelligenzentwicklung im Alter. Verh. Ges. exp. med. d. DDR, 2, Biologie des Lebensalters, Dresden, Leipzig, 1963

Guyer, W.: Wie wir lernen. Zürich, Stuttgart, 1960

Hahn A.: Einstellungen zum Tod und ihre soziale Bedingtheit. Enke, Stuttgart, 1968

Hall, C. S. u. Lindzey, G.: Theories of personality. Wiley, New York, 1957

Hall, H.: To retire or not? In: C. Tibbitts u. W. Donahue (Hg.): Aging in today's society. Prentice Hall, Englewood Cliffs, N. 7, 1960, 345–399

Hall, St.: Adolescence. Appleton, New York, 1904

Hall, St.: Senescence – the last half of life. New York, 1922

Hambitzer, M.: Schicksalsbewältigung und Daseinsermöglichung bei Körperbehinderten. Bouvier, Bonn, 1962

Hansen, P., From (Hg.): Age with a future. Munksgaard, Kopenhagen, 1964

Haseloff, O. W.: Persönlichkeit und Lebensschicksal des alten Menschen in psychosomatischer Betrachtung. In: O. W. Haseloff u. H. Stachowiak (Hg.): Moderne Entwicklungspsychologie, Berlin, 1956, 119–131

Hastenteufel, R.: Geschlechtsspezifische Rollendifferenzierungen in deutschen Lesebüchern. Unveröff. Examensarbeit, Bonn, 1971

HAUPT, K.: Formen der sozialen Eingliederung Vertriebener. Vita Hum., 2, 1959, 35–64

HAVIGHURST, R. J.: Human development and education. New York, 1953

HAVIGHURST, R. J.: Flexibility and the social roles of the retired. Amer. J. Social., 1954, 309–311

HAVIGHURST, R. J.: Dominant concerns in the life. In: L. SCHENK-DANZINGER u. H. THOMAE (Hg.): Gegenwartsprobleme der Entwicklungspsychologie. Hogrefe, Göttingen, 1963

HAVIGHURST, R. J.: Successful aging. In: C. TIBBITTS u. W. DONAHUE (Hg.): Processes of aging. Williams, New York, 1963, 299–320

HAVIGHURST, R. J.: Social class perspectives on the life cycle. Hum. Dev., 14, 110–124, 1971

HAVIGHURST, R. J., J. M. S. MUNNICHS, B. L. NEUGARTEN u. H. THOMAE (Hg.): Adjustment to retirement: a crossnational study. van Gorcum, Assen (Holland), 1969

HAVIGHURST, R. J., B. NEUGARTEN u. SH. TOBIN: Disengagement and patterns of aging. Gerontologist, 4, 1964, 24

HAVIGHURST, R. J. u. E. SHANAS: Retirement in four professions. J. Gerontol., 8, 1953, 212–222

HECKHAUSEN, H.: Leistungsmotivation. In: H. THOAME (Hg.): Handb. d. Psychol., 2, Motivation. Göttingen, Hogrefe, 1965, 602–702

HECKHAUSEN, H.: Die Interaktion der Sozialisationsvariablen in der Genese des Leistungsmotivs. In: C. F. GRAUMANN (Hg.): Hdb. f. Psychol., 7/2, Sozialpsychologie, Hogrefe, Göttingen, 1972

HECKHAUSEN, H. u. I. ROELOFSEN: Anfänge und Entwicklung der Leistungsmotivation im Wetteifer des Kleinkindes. Psychol. Forsch., 26, 1962, 313 bis 397

HEDRI, A.: Psychological and social stress in the elderly as reflected by suicide. Proc. 7th Intern. Congr. Gerontol., 2, Washington, 1969, 68

HELANDER, J.: On age and mental test behavior. Acta Psychol. Gothoburgensia, Göteburg, 1967

HENRY, W. E.: The theory of intrinsic disengagement. In: P. FROM HANSEN (Hg.): Age with a future. Munksgaard, Kopenhagen, 1964, 419–424

HENRY, W. E.: The role of work in structuring the life cycle. Hum. Dev., 14, 1971, 125–131

HERON, A.: Immediate memory in dialling performance with and without simple reversal. Quart. J. exp. Psychol. Cambridge, 14, 1962, 94–103

HERON, A.: Retirement attitudes among industrial workers in the sixth decade of life. Vita Hum., 6, 1963, 152–159

HERON, A. u. S. CHOWN: Semi-skilled and over forty. J. Occup. Psychol., 34, 1960, 264–274

HERON, A. u. S. CHOWN: Aging and the semi-skilled. M. R. C. Memo, 40, London, H. M. S. O., 1961

HERON, A. u. S. CHOWN: Age and function. Churchill Ltd., London, 1967

HETZER, H.: Kind und Jugendlicher in der Entwicklung. Schroedel Verl., Berlin, 1956

HEYMAN, D. K. u. F. C. JEFFERS: Wives and retirement: a pilot study. J. Gerontol., 23, 1968, 488–496

HÖHN, E.: Das berufliche Fortkommen von Frauen. Verl. f. Wissenschaft, Wirtschaft und Technik, Goedel, Frankfurt, 1964

HÖHN, P.: Untersuchungen über Ursachen und Dauer der Arbeitsunfähigkeit bei den Frauen. VEB Berlin, 1956

HOFBAUER, H., V. R. BINTIG u. W. DADZIO: Materialien zur Arbeitslosigkeit älterer Arbeitnehmer in der BRD. Mitteilungen aus Arbeitsmarkt- und Berufsforschung, 1, 1968, 357–386

HOFMANN, A. CH. u. D. KERSTEN: Frauen zwischen Familie und Fabrik. Pfeiffer, München, 1958

HOFSTÄTTER, P. R.: Tatsachen und Probleme einer Psychologie des Lebenslaufs. Z. angew. Psychol., 53, 1937, 273–333

HOFSTÄTTER, P. R.: The changing composition of »intelligence«. J. Genet. Psychol., 85, 1954, 159–161

HOFSTÄTTER, P. R.: Psychologie, Fischer, Frankfurt, 1967

HOLLAND, H. C.: The spiral after-effect and the rigidity – dysthymia hypothesis. Acta Psychol., 22, 1964, 100–108

HOLTMEIER, H. J.: Die Ernährung des alternden Menschen. Thieme, Stuttgart, 1968

HOLTMEIER, H. J.: Die Bedeutung der Ernährungswissenschaft in der Geriatrie. 1. Kongr. d. Dt. Ges. f. Gerontol., Steinkopff, Darmstadt, 1968, 115 bis 122

HOMBURGER, A.: Zur Gestaltung der normalen menschlichen Motorik und ihrer Beurteilung. Ztschr. ger. Neurol. u. Psychiatrie, 85, 1923, 274–314

HORN, J. L. u. R. B. CATTELL: Age differences in primary mental ability factors. J. Gerontol., 21, 1966, 210–220

HOWELL, S. C. u. M. B. LOEB: Nutrition and aging. Gerontologist, 9, 1969, 1–122

HUFELAND, 1796 (Zit. n. STEUDEL, J.: Alter, Altersveränderung und Alterskrankheiten – historischer Abriß)

HULICKA, I. M.: Short term learning – retention efficiency as a function of age and health. J. Amer. Geriat. Soc., 1967 a, 15, 285–294

HULICKA, I. M.: Age changes and age differences in memory functioning. Gerontologist, 7, 1967 b, 46–59

HULICKA, J. M. u. J. L. GROSSMAN: Age-group comparisons for the use of mediators in paired-associate learning. J. Gerontol., 22, 1967, 46–51

HYAM, H.: Psychological factors in rehabilitation of the elderly. Geront. Clinica, 11, 1969, 3ff

INSTITUT FÜR DEMOSKOPIE ALLENSBACH: Berufliche Fortbildung und Wiedereingliederung von Arbeitnehmerinnen. Allensbach, 1968

JALSO, S. B., M. M. BURNS u. J. M. RIVERS: Nutritional beliefs and practices. J. of the American Dietetic Ass., 47, 1965, 263–268

JANSEN, W.: Die Vorbereitung auf das Altenheim. ›actuelle gerontologie‹, 1, 1971, 285–289

JARVIK, L. F.: Biological differences in intellectual functioning. Vita Hum., 5, 1962, 195–203

JARVIK, J. F.: Survival and psychological aspects of aging in man. In: WOOLHOUSE (Hg.): Aspects of the biology of ageing. Symposia of the Soc. f. exp. biology, Cambridge Univ. Press, 1967

JARVIK, L. F. u. A. FALEK: Intellectual stability and survival in the aged. J. Gerontol., 18, 1963, 173–176

JARVIK, L. F., F. J. KALLMANN u. A. FALEK: Intellectual changes in aged twins. J. Gerontol., 17, 1962, 289–304

JARVIK, J. F., F. J. KALLMANN, I. LORGE u. A. FALEK: Longitudinal study of intellectual changes in senescent twins. In: C. TIBBITTS u. W. DONAHUE (Hg.): Social and psychological aspects of aging. Columbia Univ. Press, New York, 1962, 839–859

Jebsen, R.: Amerikanische Erfahrungen auf dem Gebiet der industriellen Frauenarbeit. Zbl. Arbeitswiss., 8, 1947, 145

Jeffers, F. C. u. A. Verwoerdt: Factors associated with frequency of death thoughts in elderly community volunteers. Proc. 7th Intern. Congr. Gerontol., Wien, 1966, 6, 149–152

Jeffers, F. C. u. A. Verwoerdt: How the old face death. In: E. W. Busse (Hg.): Behavior and adaption in late life. Boston, 1969

Jerome, E. A.: Age and learning – experimental studies. In: J. E. Birren (Hg.): Handbook of aging. Chicago, 1959, 655–696

Jerome, E. A.: Delay of heuristic abilities in the aged. In: C. Tibbitts u. W. Donahue (Hg.): Social and psychological aspects of aging. Cal. Univ. Press, New York, 1962, 808–823

Jokl, E.: Alter und Leistung. Berlin u. Göttingen, Springer, 1954

Jones, H. E.: Age changes in adult mental abilities. In: Old age in the modern world. Livingstone, London, 1955, 267–274

Jones, H. E.: Intelligence and problem-solving. In: J. E. Birren (Hg.): Handbook of aging. Chicago, 1959, 700–738

Jones, H. E. u. H. S. Conrad: The growth and decline of intelligence: a study of a homogeneous group between the ages ten and sixty. Genet. Psychol. Monogr., 13, 1933, 223–298

Juch, M.: Zur Erkundung der Motivation Erwachsener bei Beginn der Qualifizierung. Unveröff. Diplomarbeit, Universität Leipzig, 1968

Jung, C. G.: Psychologische Typen (1926). 8. A. Rascher, Zürich, 1950

Jung, C. G.: Die Beziehungen zwischen dem Ich und dem Unbewußten. 5. A. Rascher, Zürich, 1950

Junker-Seeliger, H.: Berufserwartungen und Berufserfahrungen der erwerbstätigen Frau. RKW-Rationalisierung; 17, 1966, 266–267

Kahne, H. R., C. M. Ryder u. L. S. Snegiriff: Age and absenteism. Arch. Indust. Health, 15, 1957, 134–147

Kalish, R. A. (Hg.): The dependencies of old people. Univ. of Michigan Press, 1969

Kalish, R. A.: Psychosocial aspects of nutritional behavior: a comparative study. Proc. 7th Intern. Congr. Gerontol., Washington, D. C., 1969, 2, 70

Karsten, A.: Probleme der Alternsforschung, Psychol. Rundschau, 16 1965 1–27

Karsten A. u. A. Bauer: Soziale Integration der älteren Landbevölkerung in der BRD. Proc. 7th Intern. Kongr. Gerontol., Wien, 1966; Bd. 8, 362–363

Kaser, P.: Ältere Arbeitnehmer in der Industrie Nordrhein-Westfalens. Westdeutscher Verlag, Köln, Opladen, 1966

Kastenbaum, R. D. u. P. Cameron: Cognitive and emotional dependency in later life. In: R. A. Kalish (Hg.): The dependencies of old people. Univ. of Michigan Press, 1969, 39–57

Katz, S.: Studies of illness in the aged. The Index of ADL; J. A. M. A. Ohio, 1963, 185–914

Kay, H.: The effect of position in a display upon problem solving. Quart. J. Exp. Psychol., 6, 1954, 155–169

Kay, H.: Some experiments on adult learning. In: Old age in the modern world. Livingstone, Edinburgh, 1955, 259–267

Keevil-Rogers, P. u. M. M. Schnore: Short term memory as a function of age in persons of above average intelligence. J. Gerontol., 24, 1969, 184 bis 188

KEHRER, FR. A.: Vom seelischen Altern. (1939), 2. A. Münster, Aschendorff, 1952

KEHRER, F. A. jr.: Die Psychoneurotik der zweiten Lebenshälfte: In: V. E. FRANKL, V. E. v. GEBSATTEL u. I. H. SCHULTZ (Hg.): Handbuch der Neurosenlehre und Psychotherapie, 2, München, Berlin, 1959, 384–427

KELLNER, W.: Soziologische Ursachen eines hohen Krankenstandes. In: H. STIRN u. H. PAUL (Hg.): Der Aussagewert des Krankenstandes, Bartmann, Frechen, 1963, 91–94

KELLNER, W.: Soziologische Situationen und Krankheiten. Arbeit u. Leistung, 21, 1967, 169–171, 188–192, 204–208

KELLY, G.: Psychology of personal constructs. Norton, New York, 1955

KENT, E. A.: Role of admission stress in adaption of older persons in institutions. Psych. Abstr., 38, 2, 1964

KERCKHOFF, A. C.: Nuclear and extended family relationships: a normative and behavioral analysis. In: E. SHANAS u. G. STREIB (Hg.): Social structure and the family. Prentice Hall, Englewood Cliffs, 1965, 93–112

KERCKHOFF, A. C.: Husband-wife expectations and reactions to retirement. In: I. H. SIMPSON u. J. C. MCKINNEY (Hg.): Social aspects of aging. Duke Univ. Press, Durham, 1966, 160–172

KETTELL, M. E.: Rorschach indicators of senility in geriatric patients. In: C. TIBBITTS u. W. DONAHUE (Hg.): Social and psychological aspects of aging. New York, London, 1962, 639–643

KING, H. F.: The response of older rural craftsmen to individual training. J. Gerontol., 10, 1955, 207–211

KING, H. F.: An attempt to use production data in the study of age and performance. J. Gerontol., 11, 1956, 410–416

KINSEY, A. C., W. B. POMEROY u. C. R. MARTIN: Sexual behavior in the human male. W. B. Saunders, Philadelphia, 1948

KINSEY, A. D., W. B. POMEROY, C. R. MARTIN u. P. H. GEBHARD: Sexual behavior in the human female. W. B. Saunders, Philadelphia, 1953

KIRIHARA, H.: General intelligence test and its norm. 1. Standardization of intelligence tests for children, adolescents and adults. 2. Mental development of the Japanese. Rep. Inst. Sc. Labour, Japan, 25, 1934, 1–22

KLEIN, V.: Working wifes; a survey of facts and opinions concerning the painful employment of married women in Britain. Institut of Personnel Manage, 1959

KLIGLER, D.: The effect of employment of married women on husband and wife roles: a study in cultural change. Unpubl. doc. diss. Yale Univ., 1954

KLONOFF, H. u. M. KENNEDY: A comparative study of cognitive functioning in old age. J. Gerontol., 21, 1966, 239–243

KLOPFER, W. G.: The application of the Rorschach technique to geriatrics. In.: B. KLOPFER et al. (Hg.): Developments in the Rorschach technique. 2, New York, 1956, 195–212

KNOLL, J. H., SIEBERT, H. u. G. WODRASCHKE: Erwachsenenbildung am Wendepunkt. Der Bochumer Plan als Beitrag zum dritten Bildungsweg. Heidelberg, 1967

KOGAN, N.: Attitudes toward old people: the development of a scale and an examination of correlates. J. abnorm. soc. Psychol., 62, 1961, 44–54

KOGAN, N. u. SHELTON, F. C.: Images of »old people« and »people in general« in an older sample. J. genet. Psychol., 100, 1962, 3–21

KOGAN, N. u. M. A. WALLACH: Age changes in values and attitudes. J. Geront., 16, 1961, 272–280

KORCHIN, S. J. u. H. BASOWITZ: Age differences in verbal learning. J. abnorm. soc. Psychol., 54, 1957, 64–49

KOSA, J., L. D. RACHIELE u. C. C. SCHOMMER: Sharing the home with relatives. Marriage and Family Living, 22, 1960, 129–135

KOSSORIS, H. D.: Relation of age in industrial injuries. Month. Labor Rev., 51, 1940, 789–804

KOSSORIS, H. D.: Absenteism and injury experience of older workers. Month. Labor Rev., 67, 1948, 16–19

KRAUSS, St.: Der seelische Konflikt. Stuttgart, 1933

KREPS, J. M.: Job performance and job opportunity: a note. Gerontologist, 7, 1967, 24–27

KROH, O.: Psychologie der Oberstufe. Langensalza, 1932

KUCHER, W.: Die Wertung des Lebensalters bei den Naturvölkern. Vita Hum., 4, 1961, 22–56

KUHLEN, R. G.: Aging and life-adjustment. In: J. E. BIRREN (Hg.): Handbook of aging and the individual. Univ. of Chicago Press, Chicago, 1959

KUHLEN, R. G.: Age and intelligence. Vita Hum., 6, 1963, 113–124

KUHLEN, R. G.: Needs, perceived need satisfaction opportunities and satisfaction with occupation. J. Appl. Psychol., 47, 1963, 56–64

LAFFIN, K.: Untersuchungen zur Erkundung der Motivation Errwachsener zu Beginn der Qualifizierung. Unveröff. Diplomarbeit, Univ. Leipzig, 1968

LAKIN, M.: Formal characteristics of human figure drawings by institutionalized and non-institutionalized aged. J. Gerontol., 15, 1960, 76–78

LAMBERT, U.: Lebensalter und Unfallhäufigkeit – Beobachtungen in einem chem. Großbetrieb. Zbl. Arb. med. Arb.schutz, 11, 1961, 185–188

LANDA, L. N.: Algorithmierung im Unterricht. Volk und Wissen, Berlin, 1969

LANE, B.: Attitudes of youth toward the aged. J. Marriage Fam. Liv., 26, 1964, 229–231

LANGE, K.: Forschung und Planung in der Altershilfe. Eigenverl. d. Dt. Vereins f. öffentl. u. priv. Fürsorge, Frankfurt, 1964

LANGERMANN, U. v.: Reaktionsformen auf Belastungssituationen bei älteren Menschen. Phil. Diss., Bonn, 1970

LANSING, A. I.: General biology of senescence. In: J. E. BIRREN (Hg.): Handbook of aging and the individual. Univ. Chicago Press, Chicago, 1959, 119–135

LAUBE, H.: Frauen haben's schwerer – Vorurteile hemmen Aufstieg. Der Arbeitgeber, 18, 1966, 458–459

LAURENCE, M.: Sources of satisfaction in the lives of working women. J. Geront., 16, 1961, 163–167

LAWTON, M. P.: Gerontology in clinical psychology and vice-versa. Aging and Human Dev., 1, 1970, 147–159

LEERING, C.: Bedingungen für eine erfolgreiche Reaktivierung im Pflegeheim. ›actuelle gerontologie‹, 1, 1971, 755–758

LEHMAN, H. C.: Age and achievement. Princeton Univ. Press, Princeton, N. Jersey, 1953

LEHMAN, H. C.: The relationship between chronological age and high level research output in physics and chemistry. J. Gerontol., 19, 1964, 157–164

LEHMAN, H. C.: The production of masterworks prior to the age 30. Gerontologist, 5, 1965, 24–29

LEHMAN, H. C.: The most creative years of engineers and other technologists. J. Genet. Psychol., 108, 1966, 263–277

LEHMANN, G.: Praktische Arbeitsphysiologie, Stuttgart, 1953

LEHNER, G. F. u. KUBE, E.: The dynamics of person adjustment. Englewood Cliffs, N. Y., Prentice Hall, 1955

LEHR, U.: Veränderung der Daseinsthematik der Frau im Erwachsenenalter. Vita Hum., 4, 1961, 193–228

LEHR, U.: Freizeit aus psychologischer Sicht. In: Berliner Landesausschuß f. gesundheitl. Volksbelehrung. (Hg.): Der Mensch und seine Freizeit. Berlin, 1962, 29–48

LEHR, U.: Zur Problematik des Menschen im reiferen Erwachsenenalter – eine sozialpsychologische Interpretation der »Wechseljahre«. Psychiatrie, Neurologie u. Med. Psychol., 18, 1966, 59–62

LEHR, U.: Sozialpsychologische Aspekte der Heimübersiedlung älterer Mitbürger. Blätter der Wohlfahrtspflege, 113, Stuttgart, 1966, 1–8

LEHR, U.: Attitudes toward the future. Hum. Dev., 1967, 230–238

LEHR, U.: Die Acceleration der Entwicklung als biologisches und sozialpsychologisches Problem. Ztschr. f. Entwicklungspsychologie und Pädagogische Psychologie, 1, 1969, 55–70

LEHR, U.: Probleme der Anpassung an die Pensionierung unter psychologischem Aspekt – Ein Beitrag zur Frage der Flexibilität der Altersgrenze. Ber. Symposion d. Dt. Ges. Gerontol. (Nürnberg, 1968), Steinkopff, Darmstadt, 1969, 53–59

LEHR, U.: Die Familie im Sozialisationsprozeß – Gutachten erstattet dem BMJFG, Bonn, 1970; Kohlhammer Verlag, Stuttgart, 1973

LEHR, U.: Die Frau im Betrieb. In: A. MAYER u. B. HERWIG (Hg.): Handbuch der Psychologie, 9, Betriebspsychologie, 2. A., Hogrefe, Göttingen, 1970, 736–777

LEHR, U.: Berufliche Entscheidungen im Leben der Frau – psychologische Aspekte. In: Der Berufsrhythmus im Leben der Frau. – Vorträge der Jahrestagung des Dt. Akademikerinnenbundes. Mainz, Oktober, 1970, 8–24

LEHR, U.: Institutionalisierung älterer Menschen als psychologisches Problem – Ergebnisse der empirischen Forschung. Kongr. Ber. d. Dt. Ges. Gerontol., (Nürnberg, 1968), Steinkopff, Darmstadt, 1970, 344–352

LEHR, U.: Probleme der geistigen Leistungsfähigkeit im höheren Alter. Ärztl. Praxis, 22, 1970, 4985–4900

LEHR, U.: Zur Psychologie des Alterns – Stereotypien und Erkenntnisse. actuelle gerontologie, 1, 1971, 17–24

LEHR, U.: Psycho-gerontologische Forschung in Deutschland – Rückblick und Ausblick. Ztschr. Gerontol., 4, 1971, 1–7

LEHR, Psychologische Aspekte einer Psychotherapie im Alter. In: V. BÖHLAU (Hg.): Alter und Psychotherapie, Schattauer Verlag, Stuttgart, 1971, 65 bis 77

LEHR, U.: Das Problem der Sozialisation geschlechtsspezifischer Verhaltensweisen. In: C. GRAUMANN (Hg.): Sozialpsychologie, 7/2 des Handbuchs f. Psychol., Hogrefe, Göttingen, 1972, 886–954

LEHR, U. u. G. DREHER: Psychologische Probleme der Pensionierung. Kongr. Ber. Dt. Ges. Gerontol. (Nürnberg, 1967), Steinkopff, Darmstadt, 1968, 234–252

LEHR, U. u. G. DREHER: Determinants of attitudes toward retirement. In: R. J. HAVIGHURST, J. M. A. MUNNICHS, B. L. NEUGARTEN u. H. THOMAE (Hg.): Adjustment to retirement – a cross-national study. Gorcum, Assen, 1969, 116–137

LEHR, U., G. DREHER u. R. SCHMITZ-SCHERZER: Der ältere Arbeitnehmer im

Betrieb. In: A. MAYER u. B. HERWIG (Hg.): Handbuch der Psychologie, 9, Betriebspsychologie, 2. A., Hogrefe, Göttingen, 1970, 778–827

LEHR, U., R. ESSER u. K. RAITHELHUBER: Das Bild des 40- und 60jährigen bei 10- und 14jährigen Kindern; actuelle gerontologie, I; 1971, 705–710

LEHR, U. u. H. MERKER: Jugend von heute in der Sicht des Alters – ein Beitrag zum Generationenproblem. Kongr. Ber. Dt. Ges. Gerontol., Steinkopff, Darmstadt, 1970; 232–239

LEHR, U. u. I. PUSCHNER: Untersuchungen über subjektive Alternssymptome. Vita Hum., 6, 1963, 57–86

LEHR, U. u. G. RUDINGER: Strukturen der sozialen Teilhabe im höheren Lebensalter. Kongr. Ber. Dt. Ges. Gerontol., (Nürnberg, 1969), Darmstadt, 1970, 81–84

LEHR, U. u. R. SCHMITZ-SCHERZER: Psychologische Störfaktoren des modernen Arbeitslebens im mittleren und höheren Lebensalter. Ztschr. Gerontol., 3, 1969, 183–194

LEHR, U. u. R. SCHMITZ-SCHERZER: L'état de bonne santé et le processus psychique du vieillissement. Médecine et hygiène, 29, 1971, 1–6

LEHR, U. u. R. SCHMITZ-SCHERZER u. H. THOMAE: Psychologischer Befund, subjektiver Gesundheitszustand, internistischer Befund; Ärztl. Praxis, 1972

LEHR, U. u. R. SCHMITZ-SCHERZER u. H. WENNEMAR: Die Einstellung zum Altenheim – erste Ergebnisse der Münsteraner Studie. Unveröff. Forschungsbericht, Bonn, 1970

LEHR, U. u. H. THOMAE: Eine Längsschnittuntersuchung bei männlichen Angestellten. Vit. Hum., 1, 1958, 100–110

LEHR, U. u. H. THOMAE: Konflikt, seelische Belastung und Lebensalter. Westdt. Verlag, Köln, Opladen, 1965

LEHR, U. u. H. THOMAE: Psychologische Gesichtspunkte zum Problem der berufstätigen Frau im mittleren Lebensalter. In: P. HÜLSMANN et al. (Hg.): Gesundheit und Erwerbstätigkeit der Frau im mittleren Lebensalter, Bartmann, Frechen, 1966, 25–61

LEHR, U. u. H. THOMAE: Die Stellung des älteren Menschen in der Familie. In: G. WURZBACHER (Hg.): Die Familie als Sozialisationsfaktor, Enke, Stuttgart, 1968, 104–132

LEHR, U. u. H. THOMAE: Studien zum Lernprozeß Erwachsener – Gutachten erstattet dem Deutschen Bildungsrat, 1970

LEIBRAND, W.: Ciceros Schrift »Cato maior de senectute«. Ztschr. Gerontol., 1, 1968, 5–10

LEONARD, J. A.: Some experiments on the temporal relation between information and action. Unpubl. thesis, Cambridge Univ. (Zit. n. A. T. WELFORD: Psychomotor performance. In: J. E. BIRREN (Hg.): Handbook of aging and the individual. Chicago, 1959, 562–613)

LEVINE, R. A.: The psychoanalytic study of lives in natural social settings. Hum. Dev., 14, 1971, 100–109

LEWIN, K.: Field theory in social psychology. In: M. MARX (Hg.): Psychological theory, New York, 1951

LEWIN, K.: Vorsatz, Wille und Bedürfnis. Psychol. Forschung, 7, 1926

LIEBERMAN, M. A.: Depressive affect and vulnerability to environmental change in the aged. In: E. BUSSE, F. JEFFERS (Hg.): Proceedings of Seminars, 1961–1965; Duke University Council on Gerontology, Durham, 1965, 328–335

LIEBERMAN, M. A.: Psychological correlates of impending death: some preliminary observations. J. Geront., 20, 1965, 181–190

Lieberman, M. A.: Observations on death and dying. Gerontologist, 6, 1966, 70–72

Lieberman, M. A.: The contributions of studies of death to the psychology of aging. Proc. 8th Intern. Congr. Gerontol., Washington, D. C., 1969, 1, 271–274

Lieberman, M. A. u. J. M. Falk: The remembered past as a source of data for research on the life cycle. Hum. Dev., 14, 1971, 132–141

Lieberman, M. A. u. M. Lakin: On becoming an institutionalized aged person. In: R. H. Williams, C. Tibbitts u. W. Donahue (Hg.): Proc. of aging. New York, 1963, 475–503

Light, B. H. u. J. H. Amick: Rorschach responses of normal aged. J. proj. Techn. Pers. Assess., 20, 1956, 185–195

Lipman, A.: Role conceptions and morale in couples in retirement. J. Gerontol., 16, 1961

Lipman, A.: Loss of status in retirement. Gerontologist, 6, 1964, 22

Lipsitt, D. R.: A medical-psychological approach to dependency in the aged; in: R. A. Kalish (Hg.): The dependencies of old people; Univ. of Michigan, Ann Arbor, 1969, 17–25

Livingstone, E.: Attitudes of women operatives to promotion. Occup. Psychol., 27, 1953, 191–199

Löwe, H.: Der Lerneffekt in Abhängigkeit von Aktivität und Motivation. Habilitationsschrift. Karl-Marx-Univ., Leipzig, 1968

Löwe, H.: Aktivität und Lernerfolg bei Erwachsenen und Jugendlichen. Probleme und Ergebnisse der Psychol., 28, 1969, 69–74

Löwe, H.: Einführung in die Lernpsychologie des Erwachsenenalters. VEB, Berlin, 1970

Löwe, H.: Beiträge zur Erwachsenenqualifizierung. Volk u. Wissen, Berlin, 1971

Lohmann, S.: Die Lebenssituation älterer Menschen in der geschlossenen Altersfürsorge. Vincentz-Verlag, Hannover, 1970

Lorge, I.: The influence of the test upon the nature of mental decline as a function of age. J. educ. Psychol., 27, 1936, 100–110

Lorge, I.: Psychometric, evaluation of mental status as function of mental test. Amer. J. Orthopsychiatr., 10, 1940, 56–59

Lowe, F. E. u. T. C. McCormick: Some survey sampling biases. Publ. Opin. Quart., 19, 1955, 303–315

Lowenthal, M. F.: Social isolation and mental illness in old age. In: P. From Hansen (Hg.): Age with a future. Munksgaard, Kopenhagen, 1964, 463 bis 470

Luchins, A. S. u. E. A. Luchins: Rigidity of behavior. Oregon, 1959

Mack, M.: An evaluation of a retirement planning program. J. Gerontol., 13, 1958, 198–202

Maddox, G. L.: Some correlates of differences in self-assessment of health status among elderly. J. Gerontol., 17, 1962, 180–185

Maddox, G. L.: Fact and artifact: evidence bearing on disengagement theory. Hum. Dev., 8, 1965, 117–130

Maddox, G. L.: Persistence of life style among the elderly. Proc. 7th Intern. Congr. Gerontol., Wien, 1966, 309–311

Maddox, G. L.: Retirement as a social event in the United States. In: J. G. McKinney u. F. Vyver (Hg.): Aging and social policy. Appleton Century, New York, 1966, 119–135

Maddox, G. L. u. C. Eisdorfer: Zusammenhänge zwischen Aktivität und

Stimmung bei älteren Menschen. Soc. Forces, 40, 1963, 254–260; dt. in: H. THOMAE u. U. LEHR (Hg.): Altern – Probleme und Tatsachen (Reader), Akadem. Verlagsges., Frankfurt, 1968, 235–252

MAEDER, A.: Krisenjahre bei Mann und Frau zwischen 40 und 55. Zürich, 1933

MAIER, O.: Lebensalter und Straßenverkehrsanpassung. Akad. Verlagsges., Frankfurt, 1961

MARANON, G.: L'âge critique, etude pathogénique et clinique. J. Sanjurjo d'Arellano, Paris, 1934

MARQUART, I.: Vorstellungen über die Pensionierung bei Arbeitern, Angestellten und Akademikern. Unveröff. Examensarbeit, Bonn, 1965

MASON, E. P.: Some correlates of selfjudgements in the aged. J. Gerontol., 9, 1954, 324–337

MATHEY, F. J.: Reaktionen auf eine Belastungssituation im höheren Alter. In: R. SCHUBERT (Hg.): Beiheft zur Ztschr. Gerontol., 1, Herz und Atmungsorgane im Alter, Psychologie und Soziologie in der Gerontologie. Steinkopff, Darmstadt, 1968

MATHEY, F. J.: Reactions to experimental stress in old age. Geriatrics Digest. A Summary of the World's Literature on Preventive Geriatrics., 6, 1969

MATHEY, F. J.: Längsschnittuntersuchungen zur Frage der psychophysischen Leistungsfähigkeit im höheren Alter. In: R. SCHUBERT (Hg.): Ber. 2. Kongr. Dt. Ges. Gerontol., Steinkopff, Darmstadt, 1970, 254–262

MATHEY, F. J.: Psychische Reaktionen auf experimentelle Belastungssituationen – Ergebnisse longitudinaler Studien. ›actuelle gerontologie‹, 1, 1971, 103–109

McFARLAND, R. A. u. A. L. MOSELEY: Human factors in highway transport safety. Boston, Harvard School, 1954

McFARLAND, R. A. u. O'DOHERTY, B.: Work and occupational skills. In: J. E. BIRREN (Hg.): Handbook of aging and the individual, Chicago Univ. Press, Chicago, 1959, 452–500

McFARLAND, R. A., G. S. TUNE u. A. T. WELFORD: On the driving of automobiles by older people. J. Gerontol., 19, 1964, 190–197

MEAD, M.: Coming of age in Samoa. Penguin books, Mitcham, 1961

MEIER, H.: Freizeit und soziale Schicht. Unveröff. Diplomarbeit. Soziol. Sem. Univ. Köln, 1957

MEILI, R.: Lehrbuch der psychologischen Diagnostik. Huber, Bern, Stuttgart, 1965

MEINER, A.: Lob des Alters. Insel Verl., 1965

MERKER, H.: Die Einstellungen Erwachsener zur Jugend von heute – eine empirische Erkundungsstudie. Phil. Diss., Univ. Bonn, 1971

METCHNIKOFF, E.: The prolongation of life. New York, G. P. Putnam's Sons, 1908

METZGER, W.: Psychologie. Darmstadt, 1954

METZGER, W.: Stimmung und Leistung, die affektiven Grundlagen des Lernerfolgs. Münster, 1965

MIERKE, K.: Wille und Leistung. Hogrefe, Göttingen, 1955

MILES, C. C.: The influence of speed and age on intelligence scores of adults. J. Genet. Psychol., 10, 1934, 208–210

MILES, C. C. u. W. R. MILES: The correlation of intelligence scores and chronological age from early to late maturity. Am. J. Psychol., 44, 1932, 44–78

MILHOJ, P.: Trends of retirement in an industrial society. Proc, 8th Intern. Congr. Gerontol., 1, Washington, D. C., 1969, 317–319

MILLER, D. C. u. W. H. FORM: Industrial society. Harper, New York, 1951

MILLER, M. B.: Unresolved feeding and nutrition problems of the chronically ill aged. Gerontologist, 11, 1971, 329–336

MOERS, M.: Frauenerwerbsarbeit und ihre Wirkungen auf die Frau. Bitter, Recklinghausen, 1948

MOERS, M.: Die Entwicklungsphasen des menschlichen Lebens. Henn, Ratingen, 1953

MOL, F.: Beiyloeding van ouderdomswaardering. Een experimentele studie bij eerstejaars-studenten. GAWEIN, Tijdschrift voor Psychol., 16, 1968, 86 bis 128

MOL, F. u. M. WIMMERS: »Fluid« Intelligenz im Alter. ›actuelle gerontologie‹, 1, 1971, 159–165

MORSE, N. C.: Satisfactions in the white-collar job. Univ. of Michigan, Ann Arbor, Michigan, 1953

MORSE, N. C. u. F. S. WEISS: The function and meaning of work and job. Am. Soc. Rev., 20, 1955

MÜLLER, CH.: Alterspsychiatrie, Stuttgart, Thieme, 1967

MÜLLER, G. E. u. A. PILZECKER: Experimentelle Beiträge zur Lehre vom Gedächtnis. Erg. 1, Ztschr. Psychol., Barth, Leipzig, 1900

MÜLLER, K. V.: Die Angestellten in der hochindustrialisierten Gesellschaft. Westdt. Verlag, Köln, Opladen, 1957

MUNNICHS, J. M. A.: Het verschil in handelingswijze van bejaarden en volwassenen. Univ., Nijmegen, Gawein, 5, 1956, 143–147, 170–181

MUNNICHS, J. M. A.: De buitenshuis werkende vrouw en haar werkgever. In: De niet aanwezige huisvrouw. Paul Brand, Hilversum, Antwerpen, 1962, 149–168

MUNNICHS, J. M. A.: Loneliness, isolation and social relations in old age. Vita Hum., 7, 1964; 228–238

MUNNICHS, J. M. A.: A short history of psychogerontology. Hum. Dev., 9, 1966, 230–245

MUNNICHS, J. M. A.: Old age and finitude. Karger, Basel, 1966, Auszug in: H. THOMAE u. U. LEHR (Hg.): Altern – Probleme und Tatsachen. Akad. Verl.Ges., Frankfurt, 1968, 579–612

MUNNICHS, J. M. A.: Beurteilung der Validität im Alter. ›actuelle gerontologie‹, 1, 1971, 751–754

MURRAY, H. A. et al.: Explorations in personality. New York, Oxford Univ., Press, 1938

MURRELL, K. F. H.: Industrial aspects of aging. Ergonomics, 5, 1962, 147–153

MURRELL, K. F. H.: Ergonomics – man in his working environment. Capmann & Hall, London, 1965

MURRELL, K. F. H.: The adaption of job requirements to older workers. In: The employment of older workers, OECD, Paris, 1966

MURRELL, K. F. H u. B. FORSAITH: Age and timing in movement. Occupt. Psychol., 34, 1960, 275–279

MURRELL, K. F. H. u. S. GRIEW: Age structure in the engeneering industry: a study of regional effects. Occup. Psychol., 32, 1958, 86–88

MURRELL, K. F. H., P. POWESLAND u. B. FORSAITH: A study of pillardrilling in relation to age. Occup. Psychol., 36, 1962, 45–49

MUTHESIUS, H. (Hg.): Die Mutter in der heutigen Gesellschaft. Gesamtbericht über den Dt. Fürsorgetag, 1963 in München. Grote, Köln, Berlin, 1964

MYRDAL, A. u. V. KLEIN: Women's two roles, home and work. (Routledge and

Kegan, London, 1956); Dtsch: Die Doppelrolle der Frau in Familie und Beruf. Kiepenheuer u. Witsch, Köln, 1960

NASCHER, I. L.: The wretches of povertyville. New York, 1909

NESSWETHA, W.: Formen der Reaktion auf Konflikte. Phil. Diss., Bonn, 1964

NEUGARTEN, B. L.: Adult Personality: a developmental view. Hum. Dev., 9, 1966, 61–73

NEUGARTEN, B. L.: Middle age and aging. Univ. Chic. Press, Chicago, 1968

NEUGARTEN, B. L.: Introduction to the Symposium: Models and methods for the study of the life cycle. Hum. Dev., 14, 1971, 81–86

NEUGARTEN, B. L. u. J. W. MOORE: The changing age-status system. In: B. L. NEUGARTEN (Hg.): Middle age and aging. Univ. Chic. Press, Chicago, 1968; 5–28

NEUGARTEN, B. L., V. WOOD et al.: Women's attitudes toward the menopause. Vita Hum., 6, 1963, 140–151

NEWBOLD, E. M.: A contribution to the study of the human factor in the causation of accidents. Stationery Office, London, 1926

NEWCOMB, TH. M.: Social psychology, Dryden Press, New York, 1950, Dt. Ausgabe: Meisenheim am Glan, 1959

NEWMAN-ANDERSON, N.: Institutionalization, interaction and selfconception in aging. In: A. M. ROSE u. W. A. PETERSON (Hg.): Older people and their social world. Philadelphia, 1965, 245–257

NEWMAN, G. u. C. R. NICHOLS: Sexual activities and attitudes in older persons. In: E. PALMORE (Hg.): Normal aging. Duke Univ. Press, Durham, N. C., 1970, 277–281

NEWTON, G. u. S. LEVINE (Hg.): Early experience and behavior. Thomas, Springfield, Ill., 1968

NIKITIN, V. N.: Russian studies on age-associated physiology, biochemistry and morphology. – historical sketch and bibliography. A. M. Gorki Press, Kharkov, 1958

NIMKOFF, M. F.: Changing family relationships of older people in the US during the last fifty years. In: C. TIBBITTS u. W. DONAHUE (Hg.): Social and psychological aspects of aging – aging around the world. Columbia Univ. Press, New York, London, 1962, 405–414

NÖCKER, J.: Ernährung im Alter: In: H. KAISER (Hg.): Der Mensch im Alter. Umschau Verlag, Frankfurt, 1962, 74–77

NORMAN, L. G.: The health of bus drivers: a study in London transport. Lancet, 2, 1958, 807–812

NORMAN, L. G. u. F. H. SPRATLING: Health in industry: a contribution to the study of sickness absence. London, Butterworth + Co., 1956

NOSOW, S. u. W. H. FORM (Hg.): Man, work and society. Bas. books, Inc., New York, 1962

NUTTIN, J.: Psychoanalyse und Persönlichkeit. Freiburg/Schweiz, Univ. Verl., 1956

NYE, F. I.: Employment status of mothers and adjustment of adolescent children. Marriage Fam. Living, 21, 1959, 240–244

OBERLEDER, M.: Effects of psychosocial factors in test results on the aging. Psychol. Rep., 14, 1964, 383–387

OBERLEDER, M.: Crisis therapy in mental breakdown of the aging. Gerontologist, 10/2, 1970, 111–114

OBERWITTLER, W. u. J. DREBES: Erste Ergebnisse einer epidemiologischen interdisziplinären geriatrischen Studie: In: R. SCHUBERT (Hg.): Aktuelle Probleme der Geriatrie, Geropsychologie, Gerosoziologie und Altenfürsorge. Steinkopff, Darmstadt, 1970, 119–128

O'CONNOR, N.: Children in restricted environments. In: G. NEWTON u. S. LEVINE (Hg.): Early experience and behavior. Thomas, Springfield, Ill., 1968, 530–572

ODELL, CH. E.: Phased retirement. Geriatrics, 1959

ODELL, CH. E.: The trend toward earlier retirement. In: P. M. PAILLAT u. M. E. BUNCH (Hg.): Age work and automation. Karger, Basel, 1970, 33–42

OERTER, R.: Moderne Entwicklungspsychologie. Ludw. Auer, Donauwörth, 1967

OLECHOWSKI, R.: Das alternde Gedächtnis. – Lernleistung und Lernmotivation Erwachsener. Huber, Bern, Stuttgart, 1969

OLIVER, W. R.: Pre-retirement-education. In: C. TIBBITTS u. W. DONAHUE (Hg.): Aging in today's society. New York, 1960

OPGENOORTH, W. P.: Dimensionen des subjektiven Lebensraumes im höheren Alter. Phil. Diss., Bonn, 1971

OPGENOORTH, W. u. H. THOMAE: Die Lebenssituation der älteren Menschen in subjektiver Sicht. Ztschr. f. Gerontol., 3, 1970, 210–215

OSSORIO, P.: Persons. Los Angeles, 1966 (Zit. n. R. KASTENBAUM u. P. CAMERON: Cognitive and emotional dependency in later life, 1969)

OWENS, W. A.: Age and mental abilities: a longitudinal study. Genet. Psychol. Monogr., 48, 1953, 3–54

OWENS, W. A.: Age and mental abilities: a second follow up. J. educ. Psychol., 57, 1966, 311–325

PALMORE, E.: Differences in the retirement patterns of men and women. Gerontologist, 5, 1965, 4–8

PALMORE, E.: Physical, mental and social factors in predicting longevity. Gerontologist, 9, 1969, 103–108

PALMORE, E.: Predicting longevity: a follow-up controlling for age. The Gerontologist, 9, 1969, 247–253

PALMORE, E.: Health practices and illness among the aged. Gerontologist, 10, 1970, 313–317

PALMORE, E. (Hg.): Normal aging. Duke Univ. Press, Durham, N. C., 1970

PALMORE, E.: Variables related to needs among the aged poor. J. of Gerontol., 26, 1971, 524–531

PAN, J. S.: Institutionalization and personal adjustment in old age. Sociol. soc. Res., 37, 1952, 23–27

PAN, J. S.: A comparison of factors in the personal adjustment of old people in protestant church homes for the aged and old people living outside of institutions. J. soc. Psychol., 35, 1952, 195–203

PARREREN, C. F.: VAN: Lernprozeß und Lernerfolg. Westermann, Braunschweig, 1966

PARSONS, T.: Essays in sociological theory. Free Press, Glencoe, Ill., 1954

PARSONS, T. u. R. BALES: Family socialization and interaction process. Free Press, Glencoe, Ill., 1955

PAUL, H.: Krankenstand und Unfall – sozial- und tiefenpsychologische Zusammenhänge. In: H. STIRN u. H. PAUL (Hg.): Der Aussagewert des Krankenstandes. Bartmann, Köln, 1963, 37–71

PAWLIK, K.: Dimensionen des Verhaltens. Huber, Bern, 1968

PAWLOW, I. P.: Die höchste Nerventätigkeit (das Verhalten) von Tieren. Bergmann, München, 1926

Pearlin, L. I.: Alienation from work: a study of nursing personnel. Amer. Soc. Rev., 27, 1962, 314–326

Pearson, K.: The life, letters and labours of Francis Galton. Univ. of Cambridge Press, Cambridge, 1914

Peck, R.: Psychological developments in the second half of life. In: J. E. Anderson (Hg.): Psychological aspects of aging. Amer. Psychol. Ass., Washington, 1956, 42–53 und in: H. Thomae u. U. Lehr (Hg.): Altern – Probleme und Tatsachen. Akadem. Verlagsgesellschaft, Frankfurt, 1968, 530 bis 544

Petzelt, A.: Kindheit – Jugend – Reifezeit. Freiburg, 1951

Pfeiffer, E.: Short-term vs. long-term survival in old age: physical, psychological and social correlates in two polar groups. Proc. 8th. Intern. Congr. Gerontol., 2, Washington, D. C., 1969, 48

Pfeiffer, E., A. Verwoerdt u. H. S. Wang: Sexual behavior in aged men and women. In: E. Palmore (Hg.): Normal aging. Duke Univ. Press., Durham, N. C., 1970, 299–303

Pfeil, E.: Die Berufstätigkeit von Müttern. Mohr, Tübingen, 1961

Pfeil, E.: Mütterarbeit gestern und heute. In: H. Muthesius (Hg.): Die Mütter in der heutigen Gesellschaft, Köln, 1964

Pfister, H. O.: Arbeit, Freizeit und Familie in ihrer Beziehung zum Alter; Referate und Ergebnisse der Arbeitstagung der deutschen Arbeitsgem. f. Jgd.- u. Eheberatung. Nürnberg, 1955

Phelps, C. K.: Getting ready for retirement psychologicaly. Proc. 7th Intern. Congr. Gerontol., 3, Wien, 1966, 65–69

Planek, T. W. u. R. C. Fowler: Traffic accident problems in exposure characteristics of the aging driver. J. Gerontol., 26, 1971, 224–230

Pöggeler, F. (Hg.): Erwachsenenbildung im Wandel der Gesellschaft. Akadem. Verlagsgesellschaft, Frankfurt, 1971

Pollack, M., Kahn, R. u. A. Goldfarb: Factors related to individual differences in perception in institutionalized aged subjects. J. Gerontol., 13, 1958, 192 ff.

Pollack, M., R. Kahn, J. Gerber u. A. Goldfarb: The relationship of mental and physical status in institutionalized aged persons. Amer. J. Psychiatr., 117, 1960, 120–124

Pollman, A. W.: Early retirement: a comparison of poor health to other retirement factors. J. Gerontol., 26, 1971, 41–45

Pongratz, L. J.: Psychologie menschlicher Konflikte. Hogrefe, Göttingen, 1961

Pouplier, M.: Das Bild des 60jährigen Menschen bei 9–14jährigen Kindern (unveröff. Psychol. Examensarbeit), Bonn, 1963

Powell, K. S.: Maternal employment in relation to family life. Marriage Fam. Liv., 23, 1961, 350–355

Prasad, B. S.: The retirement postulate of the disengagement theory. Gerontologist, 4, 1964, 20–23

Preobrazhenskaya, I. et al.: On mnemic activity in elderly persons. Symposion: Memory and action. Proc. Intern. Congr. Psychol. (Moskau, 1966), 168 ff.

Pressey, S. L.: The new division on maturity and old age. – Its history and potential servides. Amer. Psychol., 3, 1948, 107–109

Prus, 1840 (Zit. n. Steudel, J.: Alter, Altersveränderung und Alterskrankheiten – historischer Abriß)

Puschner, I.: Daseinsthemen in verschiedenen Lebensaltern. Ztschr. Gerontol., 1, 1968, 311–327

Puschner, I., M. Schreiner u. K. G. Tismer: Expansion und Restriktion in der Lebensthematik älterer Menschen. Ber. 1. Kongr. Dt. Ges. Gerontol., Steinkopff, Darmstadt, 1968, 204–214

Quetelet, A.: Sur l'homme et le developpement de ses facultés, Paris, 1835

Quetelet, A.: Anthropométric. Paris, 1871

Raimy, V. C.: Self-reference in counseling interview. J. consult. Psychol., 12, 1948, 153–163

Raithelhuber, K.: Das Bild des 40- und 60jährigen Menschen bei deutschen Schulkindern. (Unveröff. psychol. Examensarbeit) Bonn, 1971

Ralli, E. P.: The effect of certain nutritional factors on the reactions produced by acute stress in human subjects. Nutrition Symposium Series, 5, New York, National Vitamin Foundation, 1952, 78–103

Reeder, L. G.: Mailed questionnaires in longitudinal health studies; the problem of maintaining and maximizing responses. J. Hlth. hum., Behav., 1, 1960, 123–129

Rehberg, R. u. J. Neumann: Auswirkungen von Dauerbelastungen auf die Aufmerksamkeit bei industriellen Überwachungsaufgaben. In: Siebenbroot (Hg.): Ber. 2. Kongr. Ges. f. Psychol., in der DDR; Dt. Verlag d. Wissensch., Berlin, 1969, 66–69

Reichard, S., F. Livson u. P. G. Petersen: Aging and personality. London, 1962

Remitz, U.: Professional satisfaction among Swedish bank employees. Munksgaard, Copenhagen, 1960

Renner, M.: Strukturen sozialer Teilhabe im höheren Lebensalter mit besonderer Berücksichtigung der sozialen Bezüge zwischen den Mitgliedern der erweiterten Kernfamilie. Phil. Diss., Bonn, 1968

Révész, G.: Höheres Lebensalter und geistige Leistungskraft. Universitas, 8/5, 1953

Rhudick, P. J. u. A. S. Dibner: Age, personality and health correlates of death concerns in normal aged individuals. J. Geront., 16, 1961, 44–49

Richardson, I. M.: Age and work: A study of 498 men in heavy industry. Brit. J. industr. med., 10, 1953, 269–283

Riegel, K. F.: Ergebnisse und Probleme der psychologischen Altersforschung. Vit. Hum., 1, 1958, 52–64, 111–127, 204–243 u. Vit. Hum., 2, 1959, 213–237

Riegel K. F.: Research designs in the study of aging and the prediction of retest – resistance and death. Proc. 8th Intern. Congr. Gerontol., Washington, D. C., 1969, 455–457

Riegel, K. F. u. R. M. Riegel: A study of changes of attitudes and interests during later years of life. Vita Humana, 3, 1960, 177–206

Riegel, K. F., R. M. Riegel u. G. Meyer: The prediction of retestresisters in longitudinal research on aging. J. Gerontol., 23, 1968, 370–374

Riegel, R. M.: Faktorenanalysen des Hamburg-Wechsler-Intelligenztests für Erwachsene für die Altersstufen 20–34, 35–49, 50–64, und 65 Jahre und älter. Diagnostica, 6, 1960, 41–66

Riegel, R. M. u. K. F. Riegel: A comparison and reinterpretation of factor structures of the W. B. – The Wais and The Hawie on aged persons. J. consult. Psychol., 26, 1962, 31–37

Riesman, D.: Die einsame Masse. Luchterhand, Darmstadt, Berlin, 1956

Riessman, F. u. S. M. Miller: Social class and projective tests. J. proj. Techn. Pers. Assess., 22, 1958, 432–439

Riley, J.: Attitudes toward death, Unpubl. manuscript, 1963, quoted in: M. W. Riley u. A. Foner (Hg.): Aging and society – an inventory of research findings. 1, New York, 1968, 332–337

Riley, M. W. u. A. Foner (Hg.): Aging and society – an inventory of research findings. 1. New York, 1968, 332–337

Ristl, G.: Untersuchung zum Problem der Übersiedlung in ein Altenheim. (Unveröff. Examensarbeit.) Bonn, 1966

Robinson, S.: Experimental studies of physical fitness in relation to age. Arbeitsphysiologie, 10, 1938, 251–323

Rogers, C. R.: Client-centered therapy. Boston. Mifflin Comp., 1951

Rogers, C. R. u. R. Dymond (Hg.): Psychotherapy and personality change. Univ. Chicago Press, Chicago, 1954

Roman, P. u. P. H. Taietz: Organisational structure and disengegement. Gerontologist, 7, 1967, 147–152

Rorschach, H.: Psychodiagnostik. Huber, Bern, 1921

Rose, A. M. u. W. A. Peterson: Older people and their social world. Davis Comp. Philadelphia, P. A., 1965

Rose, C. L.: Secularity in longevity research. Gerontologist, 8, 1968, 29

Rosenfelt, R. H., R. Kastenbaum, Ph. E. Slater: Patterns of shortrange time orientation in geriatric patients. In: R. D. Kastenbaum (Hg.): New thoughts on age. New York, 1964, 291–299

Rosenmayr, L.: Soziologie des Alters. In: R. König (Hg.): Handbuch der empirischen Sozialforschung, 2, Enke, Stuttgart, 1969, 306–357

Rosenmayr, L. u. E. Köckeis: Umwelt und Familie alter Menschen. Luchterhand, Neuwied, Berlin, 1965

Rosner, A.: Stress and the maintenance of self concept in the aged. Bd. 4, Proc. 7th Intern. Congr. Gerontol., Wien, 1966, 313–315

Rosow, I.: The aged, family and friends. Free Press, New York, 1963

Rosow, I.: Social integration of the aged. Free Press, New York, 1967

Roth, E.: Motorische Anpassungsfunktion und Alter. Vit. Hum., 4, 1961, 86 bis 111

Roth, E.: Lernen in verschiedenen Altersstufen. Ztschr. exp. angew. Psychol., 8, 1961, 409–417

Rothacker, E.: Altern und Reifen. Geistige Arbeit, 6, 1939, 1–2

Rothacker, E.: Die Schichten der Persönlichkeit. 3. A., Barth, Leipzig, 1947

Rotter, J. B.: Social learning and clinical psychology. Englwood Cliffs, 1954

Rotthans, K. P.: Der alternde Gefangene. Ztschr. Krim., 54, 1971, 338–344

Rubin, I.: Sex over 65. In: H. G. Beigel (Hg.): Advances in sex research. New York, 1963

Rubin, I.: Sexual life after sixty. New York, London, 1965

Rubinstein, S.: Grundlagen der Allgemeinen Psychologie, Berlin, Volk u. Wissen, 1958

Ruch, F. L.: The differentiative effect of age upon learning. J. Genet. Psychol., 31, 1934, 261–286

Rudinger, G.: Intelligenz im Alter. Phil. Diss., Bonn, 1971

Rudinger, G. u. N. Erlemeier: Längsschnittuntersuchungen zum Problem des Zusammenhanges von Persönlichkeit und Leistung im höheren Lebensalter. Veröfftl. d. Dt. Ges. Gerontol., 3, Steinkopff, Darmstadt, 1970; 240–248

Rybnikov, N. A.: K vopruso o Psikhologií Starosti (Das Problem der Psychologie des Alterns) Zhurnal Psikhologii i. Psikhotekniki, 2, 1929, 16–32

Sachuk, N. N.: Some general studies of the state of health of the aged. Kiew, 1963

SACHUK, N. N.: Experience on the mass social-hygienic examination of the oldest people in varios regions of the USSR. Proc. 8th Intern. Congr. Gerontol., 1, Washington, D. C., 1969, 256–259

SACHUK, N. N.: Population longevity study: sources and indices. J. Gerontol., 25, 1970, 262–264

SAFILIOS-ROTHSCHILD, C.: A comparison of power structure and marital satisfaction in urban Greek and French families. Marriage Fam. Living, 29, 1967, 345–352

SAINSBURY, P.: Der Altersselbstmord. In: CH. ZWINGMANN (Hg.): Selbstvernichtung. Akad. Verlagsges., Frankfurt, 1965, 178–186

SALEH, S. D.: A study of attitude change in pre-retirement period. J. appl. Psychol., 48, 1964, 310–312

SALEH, S. C. u. J. L. OTIS: Sources of job satisfaction and their effects on attitudes toward retirement. J. Indust. Psychol., 1963, 101–106

SALEH, S. D. u. J. L OTIS: Age and level of job satisfaction. Pers. Psychol., 17, 1964, 425–430

SALPÉTRIÈRE, 1840 (Zit. n. STEUDEL, J.: Alter, Altersveränderung und Alterskrankheiten – historischer Abriß)

SAVAGE, R. D. u. P. G. BRITTON: The factorial structure of the WAIS in an aged sample. J. Gerontol., 23, 1968, 183–184

SCHAIE, K. W.: Rigidity – flexibility and intelligence. Psychol., Monogr., 72, 1958

SCHAIE, K. W., F. ROSENTHAL u. R. M. PERLMAN: Differential mental detoriation of factorially ›pure‹ functions in later maturity. J. Gerontol., 8, 1953, 191–196

SCHARMANN, TH.: Arbeit und Beruf. Mohr, Tübingen, 1956

SCHARMANN, TH.: Jugend in Arbeit und Beruf. Juventa, München, 1965

SCHEFFLER, S.: Wiederaufnahme einer Berufstätigkeit bei Frauen. Phil. Diss., Univ. Bonn, 1970

SCHMITZ-SCHERZER, R.: Freizeit und Alter. Phil. Diss., Universität Bonn, 1969

SCHMITZ-SCHERZER, R., W. BERGHOFF u. G. RUDINGER: Erste Ergebnisse einer epidemiologischen interdisziplinären geriatrischen Studie. In: R. SCHUBERT (Hg.): Aktuelle Probleme der Geriatrie, Geropsychologie, Gerosoziologie und Altenfürsorge. Steinkopff, Darmstadt, 1970, 129–137

SCHMITZ-SCHERZER, R. u. U. LEHR: Gesundheitliches Wohlbefinden und psychischer Alternsprozeß. Medizin des alternden Menschen, 6, 1971, 175–178

SCHMITZ-SCHERZER, R., M. RENNER u. M. OLBRICH: Freizeit und Alter. In: R. SCHUBERT (Hg.): Ber. 1. Kongr. Dt. Ges. Gerontol., Steinkopff, Darmstadt, 1968, 252–260

SCHNEIDER, C. J.: Adjustment of employed women to retirement; findings and discussion. Unpubl. manuscript. Creighton University, Omaha, 1966

SCHNEIDER, H.: Einfluß von Bedeutsamkeitsabstufungen innerhalb eines visuellen Signalangebotes auf die Informationsleistung. Probl. u. Ergebn. d. Psychol., 28/29, 1969, 7–10

SCHNEIDER, H. D.: Soziale Rollen im Erwachsenenalter. Thesen Verl., Frankfurt, 1970

SCHOENE, B.: Vorstellungen über die Wohnsituation im höheren Alter. (Unveröff. Examensarbeit), Bonn, 1967

SCHOLZ, H.: Wechselwirkung zwischen Alter und Leistung. afa – Inform., 1/2, 1963, 5–30

SCHORR, A. L.: Filial responsibility in the modern American family. Soc. Sec.

Admin., US Dept. of Health, Education and Welfare, Washington, D. C., 1960

SCHREINER, M.: Zur zukunftsbezogenen Zeitperspektive bei alten Menschen. Phil. Diss., Bonn, 1969

SCHUBERT, R. (Hg.): Herz und Atmungsorgane im Alter. Psychologie und Soziologie in der Gerontologie. Ber. 1. Kongr. Dt. Ges. Gerontol., Nürnberg, 1967, Steinkopff, Darmstadt, 1968

SCHUBERT, R. (Hg.): Flexibilität der Altersgrenze. Symposion Dt. Ges. Gerontol., Nürnberg, 1968, Steinkopff, Darmstadt, 1969

SCHUBERT, R. (Hg.): Aktuelle Probleme der Geriatrie, Geropsychologie, Gerosoziologie und Altenfürsorge. Ber. 2. Kongr. Dt. Ges. Gerontol., Nürnberg, 1968, Steinkopff, Darmstadt, 1970

SCHUBERT, R. (Hg.): Diagnostische und therapeutische Probleme der Multimorbidität in der Geriatrie. Ber. Symposion d. Dt. Ges. f. Gerontol., (Febr., 71 in Nürnberg), Banaschewski-Verl., München, 1972

SCHUBERT, R. u. U. ZYZIK: Die Würde des Alters bei fremden Völkern in Vergangenheit und Gegenwart. Ztschr. Gerontol., 1, 1968, 139–147, 275 bis 280

SCHÜTTMANN, W.: Geriatrische Probleme bei Eignungs- und Überwachungsuntersuchungen an toxischen Arbeitsplätzen. Z. Alternsforschung, 20, 1967, 229–237

SCHULTE, W.: Zur Psychologie, Psychopathologie und Psychotherapie des Alters. In: H. KAISER (Hg.): Der Mensch im Alter. Umschau-Verlag, Frankfurt, 1962, 63–66

SCHULTE, W.: Präventive Gerontopsychiatrie. In: V. BÖHLAU (Hg.): Alter und Psychotherapie. Schattauer Verlag, Stuttgart, 1971, 79–89

SCHULTZ, I. H.: Das Endgültigkeitsproblem in der Psychologie des Rückbildungsalters. Z. ges. Neurol., Psychiat., 167, 1939, 117–126

SCHWARZ, E.: Untersuchungen zur Erkundung der Motivation Erwachsener zu Beginn der Qualifizierung. Unveröff. Diplomarbeit, Univers. Leipzig, 1968

SCOTT, F. G.: Factors in the personal adjustment of institutionalized and non-institutionalized aged. In: Amer. Soc. Rev., 1955, 538–554

SCRIMSHAW, N. S. u. J. E. GORDON (Hg.): Malnutrition, learning and behavior. Cambridge, Mass., M. I. T. Press, 1968

SCRIMSHAW, N. S.: Infant malnutrition and adult learning. In: J. M. SEIDMAN (Hg.): The child, 1969, 23–31

SEIDMAN, J. M. u. G. WATSON: Satisfactions in work. J. consult. Psychol., 4, 1940, 117–120

SEILER, 1799 (Zit. n. STEUDEL, J.: Alter, Altersveränderung und Alterskrankheiten – historischer Abriß)

SELYE, H.: The stress of life. Mc-Graw Hill, New York, 1956

SHAFFER, D. F.: The psychology of adjustment. Boston, Houghton-Mifflin, 1936

SHANAS, E.: The health of older people; a social survey. Cambridge, Mass., 1962

SHANAS, E.: The unmarried old person in the United States: living arrangements and care in illness, myth and fact. Intern. Soc. Science Research Seminar in Gerontol., Markaryd, Schweden, 1963

SHANAS, E.: Family and household characteristics of older people in the United States. In: P. FROM HANSEN (Hg.): Age with a future. Munksgaard, Kopenhagen, 1964, 449–454

Shanas, E.: Social research in aging and social welfare policy. United Nations Symposion, Herzlya, Israel, 1969

Shanas, E.: Measuring the home health needs of the aged in five countries. J. Gerontol., 26, 1971, 37–40

Shanas, E. u. G. F. Streib: Social structure and the family: generational relations. Prentice Hall, Englewood Cliffs, New York, 1965

Shanas, E., P. Townsend, D. Wedderburn, H. Friis, P. Milhoj u. J. Stehouwer (Hg.): Old people in three industrial societies. New York, London, 1968

Sherwood, S.: Sociological aspects of learning and memory. Gerontologist, 7, 1967, 21–22

Shneidman, E. S.: Orientations toward death: a vital aspect of the study of lives. In: R. W. White (Hg.): The study of lives, Englewood Cliffs, N. J., 1963, 201–227

Shock, N. W.: Trends in gerontology. 2. A., Stanford, Calif., 1957

Shock N. W.: A classified bibliography of Gerontology and Geriatrics. Stanford, Calif., 1957

Shock, N. W.: Biological aspects of aging. Intern. Ass. Gerontol., 3, 1962

Siegel, A. E. u. M. B. Haas: The working mother: a review of research. Child Dev., 34, 1963, 513–542

Simons, H. u. D. Mehler u. N. Erlemeier: Aspekte der psychologischen Anpassung im höheren Lebensalter. Ber. 1. Kongr. Dt. Ges. f. Gerontol., Steinkopff, Darmstadt, 1968, 215–223

Simmons, L. W.: The role of the aged in primitive society. New Haven, Conn., 1945

Simpson, I. H., K. W. Back u. J. C. McKinney: Work and retirement. In: I. H. Simpson u. J. C. McKinney (Hg): Social aspects of aging. Duke Univ. Press, Durham, N. C., 1966, 45–55

Singer, M. T.: Personality measurements in the aged. In: J. E. Birren et al. (Hg.): Human aging. Nat. Inst. of mental health. Bethesda, Maryland, 1963, 217–249

dt. in: Thomae, H. u. U. Lehr (Hg.): Altern – Probleme und Tatsachen, Akadem. Verlagsgesellschaft, Frankfurt, 1968, 171–202

Sitzmann, G. H. (Hg.): Lernen für das Alter. Diessen, 1970

Skawran, P. R.: Die Lehre von den Urkräften. Kongr. Ber. Dt. Ges. Psychol., Bonn, 1947, 11 ff.

Smith, H. E.: Family interaction patterns of the aged: a review. In: A. M. Rose u. S. Peterson (Hg.): Older people and their social world. Philadelphia, 1965, 143–161

Smuts, R. W.: Women and work in America. Columbia Univ. Press. New York, 1959

Snygg, D. u. A. W. Combs: Individual behavior: a new frame of reference for psychology. Harper + Ros, New York, 1949

Sobel, I.: Economic changes and older worker utilization patterns. In: P. M. Paillat u. M. E. Bunch (Hg.): Age, work and automation. Karger, Basel, 1970, 43–64

Sopp, H.: Das Betriebsklima als Ursachenfaktor für Krankheiten und Unfälle. In: H. Stirn u. H. Paul (Hg.): Der Aussagewert des Krankenstandes. Bartmann, Köln, 1963, 91–95

Sopp, H.: Sozialmedizinische Aspekte des Krankenstandes. Arbeit und Leistung, 20, 1966, 45–52

Sorenson, H.: Adult ages as a factor in learning. J. educ. Psychol., 21, 1930, 451–459

Speakman, D.: Bibliography of research on changes in working capacity with age. Ministry of Labour and National Service, London, 1956

Spiegelhalter, F. u. F. Schnabel: Die Strukturen des Krankenstandes in der Industrie. Der Arbeitgeber, 10, 1962, 1–7

Spieth, W.: Slowness of dark performance and cardiovascular diseases. In: J. E. Birren u. A. T. Welford (Hg.): Behavior, aging and the nervous system. Springfield, Ill., 1965, 336–400

Spitz, R.: Hospitalism. – The psychoanalytical study of the child, 1, 1945

Spitz, R.: Anaclitic depression. The psychoanal. study of the child, 2, 1946

Spranger, E.: Psychologie des Jugendalters. Quelle + Meyer, Leipzig, 1925

Stanford, E. P.: Retirement anticipation in the military. Gerontologist, 11, 1971, 37–42

Staudacher, H. L.: Rehabilitation und Rezidivprophylaxe von Suizidanten im Alter. Ber. 3. Kongr. Dt. Ges. f. Gerontol., Steinkopff, Darmstadt, 1970, 313–316

Stauder, K. H.: Über den Pensionierungsbankrott. Psyche, 9, 1955, 481 ff.

Stehouwer, J.: Relations between generations and the threegeneration household in Denmark. In: E. Shanas u. G. F. Streib (Hg.): Social structure and the family: generational relations. Prentice Hall, Englewood Cliffs, New York, 1965, 142–162

Steinbach, M.: Physiotherapie aus neuro-psychiatrischer Sicht. In: V. Böhlau (Hg.): Alter und Physiotherapie. Schattauer, Stuttgart, 1970, 97–101

Steinbach, M.: Gesundheit, Leistung und Alter. In: V. Böhlau (Hg.): Alter und Psychotherapie. Schattauer Verl., Stuttgart, 1971, 29–34

Steirer: Untersuchungen über die Nichtrückfälligkeit von Strafgefangenen. Ztschr. Kriminologie, 1968

Stenback, A.: Object loss and depression. Arch. of General Psychiatry, 12, 1965, 144–151

Stern, E.: Anfänge des Alterns. Thieme, Leipzig, 1931

Stern, E.: Der Mensch in der zweiten Lebenshälfte. Rascher, Zürich, 1955

Steudel, J.: Alter, Altersveränderung und Alterskrankheiten – historischer Abriß. In: H. Kaiser (Hg.): Der Mensch im Alter. Umschau, Frankfurt, 1962, 9–12

Stirn, H. u. H. Paul: Der Aussagewert des Krankenstandes. Bartmann, Köln, 1963

Stoch, M. B. u. P. M. Smythe: Does undernutrition during infancy inhibit brain growth and subsequent intellectual development? Arch. Dis. Childhood, 38, 1963, 546

Störmer, A. (Hg.): Geroprophylaxe, Infektions- und Herzkrankheiten, Rehabilitation und Sozialstatus im Alter. Ber. 3. Kongr. Dt. Ges. Gerontol., Nürnberg, 1969, Steinkopff, Darmstadt, 1970

Stokes, R. G. u. G. L. Maddox: Some social factors on retirement adaption. J. Gerontol., 22, 1967, 329–333

Stone, J. L. u. A. H. Norris: Activities and attitudes of participants in the Baltimore Longitudinal Study. J. Gerontol., 21, 1966, 575–580

Streib, G. F.: Participants and drop outs in a longitudinal study. 200–209, 1966

Streib, G. F. u. H. L. Orbach: Aging. In: P. Lazarsfeld et al. (Hg.): The uses of Sociology. Basic Books, New York, 1967, 612–640

Streib, G. F. u. W. E. Thompson: The older person in a family context. In:

C. Tibbitts (Hg.): Handbook of social gerontology. Univ. of Chicago Press, Chicago, 1960, 447–488

Strong, E. K.: Vocational interests of men and women. 3. A. Stanford Univ. Press, Stanford, 1948

Strong, E. K.: Vocational interests eighteen years after college. Univ. Minnesota Press, Minneapolis, 1955

Super, D., J. Crites, R. Hummel et al.: The process of vocational development. (1957) In: J. Seidman (Hg.): The adolescent – a book of readings. Holt, Rinehart + Winston, New York, 1960, 443–455

Sussman, M. B.: The help pattern in the middle class family. Americ. Sociological Rev., 18, 1953, 23–25

Sussman, M. B.: Activity patterns of post parental couples and their relationship to family continuity. J. Marriage Fam. Living, 27, 1955, 338–341

Sussman, M. B.: Intergenerational family relationships and social role changes in middle age. J. Gerontol., 15, 1960, 71–75

Sussman, M. B. (Hg.): Sourcebook in marriage and the family. 2. A., Houghton, Mifflin, New York, 1963

Sussman, M. B.: Realtionships of adult children with their parents in the United States. In: E. Shanas u. G. F. Streib (Hg.): Social structure and the family. Prentice Hall, Englewood Cliffs, New York, 1965; 62–92

Swanson, P.: Adequacy in old age. – Role of nutrition. J. of Home Economics, 56, 1964, 651–658

Swenson, W. M.: Attitudes toward death among the aged. Minnesota Medicine, 42, 1959, 339–402

Swenson, W. M.: Attitudes toward death in an aged population. J. Gerontol., 16, 1961, 49–52

Szafran, J.: Changes with age and with exclusion of vision in performance et an aiming task. Quart. J. Exp. Psychol., 3, 1951, 111–118

Szewczuk, W.: Psychologie des erwachsenen Menschen. Warschau, 1959

Tachibana, K.: Trends in gerontology in Japan. Psychologia, 2, 1959, 150 bis 156

Tachibana, K.: Trends in gerontology and problems of the aged in Japan. Gerontologist, 6, 1966

Talland, G. A.: The effect of age on speed of simple manual skill. J. genet. Psychol., 100, 1962, 69–76

Talland, G. A.: The effect of warning signals on reaction time in youth and old age. J. Gerontol., 19, 1964, 31–38

Talland, G. A.: Age and the immediate memory span. Gerontologist, 7, 1967, 4–9

Talland G. A. (Hg.): Human aging and behavior. Academic Press, New York, London, 1968

Tallmer, M. u. B. Kutner: Disengagement and morale. Gerontologist, 10, 1970, 317–320

Tartler, R.: Arbeit und Tätigkeit am Lebensabend. In: H. Muthesius (Hg.): Die individuelle und soziale Bedeutung einer Tätigkeit für alte Menschen. Köln, Berlin, 1960

Tartler, R.: Das Alter in der modernen Gesellschaft. Enke, Stuttgart, 1961

Templer, D. I.: Death anxiety as related to depression and health of retired persons. J. Gerontol., 26, 1971, 521–523

Terman, L. M. u. M. H. Oden: Genetic studies of genius. 4, The gifted child grows up; twenty five years' follow up of a superior group. Stanford Univ. Press, Calif., 1947

TERMAN, L. M. u. M. H. ODEN: The gifted group at mid-life. Univ. Press, Stanford, Calif., 1959

TEWS, H. P.: Soziologie des Alterns; Bd. I u. II. Quelle und Meyer, Heidelberg, 1971

THALER-SINGER, M.: A conceptual model for rating projective test responses from aged subjects. In: C. TIBBITTS u. W. DONAHUE (Hg.): Social and psychological aspects of aging. New York, London, 1962, 644–649

THEISSEN, CH.: Untersuchungen zum Selbstbild älterer Menschen. Phil. Diss., Univ. Bonn, 1970

THEISSEN, CH.: Das Selbstbild des Alters als Spiegelbild des Altersbildes der Gesellschaft. Ber. Kongr. Dt. Ges. Psychol., Steinkopff, Darmstadt, 1970, 239–246

THIEDING, F.: Der alte Mensch und die Gesellschaft – eine sozial-medizinische Studie. Thieme, Stuttgart, 1965

THOMAE, H.: Die biographische Methode in den anthropologischen Wissenschaften. Stud. Generale, 5, 1952, 163–177

THOMAE, H.: Über Daseinstechniken sozial auffälliger Jugendlicher. Psychol. Forschung, 24, 1953, 11–33

THOMAE, H. (Hg.): Entwicklungspsychologie. Handbuch d. Psychologie, 3, Hogrefe, Göttingen, 1959

THOMAE, H.: Der Mensch in der Entscheidung. Barth, München, 1960

THOMAE, H.: Thematic analysis of aging. In: C. TIBBITTS u. W. DONAHUE (Hg.): Social and psychological aspects of aging. New York, London, 1962, 657–663

THOMAE, H.: Persönlichkeit – eine dynamische Interpretation. 1. A. 1951, 3. A. Bouvier, Bonn, 1966

THOMAE, H.: Psychische und soziale Aspekte des Alterns. Ztschr. Gerontol., 1, 1968, 43–55

THOMAE, H.: Persönlichkeit und Altern. Ber. Kongr. Dt. Ges. Gerontol., (Nürnberg, 1967) Steinkopff, Darmstadt, 1968, 191–203

THOMAE, H.: Das Individuum und seine Welt – Eine Persönlichkeitstheorie. Hogrefe, Göttingen, 1968

THOMAE, H.: Interdisziplinäre Gemeinschaftsarbeit in der Gerontologie. Ztschr. Gerontol., 1, 1968, 273–274

THOMAE, H.: Altern als psychologisches Problem. In: M. IRLE (Hg.): Ber. 26. Kongr. Dt. Ges. Psychol., (Tübingen, 1958), Hogrefe, Göttingen, 1969, 22 bis 36

THOMAE, H.: Theory of aging and cognitive theory of personality. Proc. 8th. Intern. Congr. Gerontol., Washington, 1, 1969, 7–10

THOMAE, H.: Cross-national differences in social participation: problems of interpretation. In: R. J. HAVIGHURST et al. (Hg.): Adjustment to retirement. Gorcum, Assen, 1969, 147–158

THOMAE, H.: Psychische Auswirkungen nach Wallerox-Behandlung im höheren Alter. Nürnberg, 1970

THOMAE, H.: Theory of aging and cognitive theory of personality; Human Development 13; 1970; 1–16

THOMAE, H.: Die Bedeutung einer kognitiven Persönlichkeitstheorie für die Theorie des Alterns. Ztschr. Gerontol., 4, 1971, 8–18

THOMAE, H. u. U. LEHR: Konflikt und Lebensalter. In: L. SCHENK-DANZINGER u. H. THOMAE (Hg.): Gegenwartsprobleme der Entwicklungspsychologie, Hogrefe, Göttingen, 1963, 48–62

THOMAE, H. u. U. LEHR: Altern – Probleme und Tatsachen. Reader, Akad. Verlagsges., Frankfurt, 1968

THOMAE, H. u. U. LEHR: Berufliche Leistungsfähigkeit im mittleren und höheren Erwachsenenalter – eine Analyse des Forschungsstandes. Verlag Schwartz & Co., Göttingen, 1973

THOMAE, H. u. H. SIMONS: Formen der Auseinandersetzung mit Belastungssituationen im mittleren und höheren Lebensalter. Ztschr. exper. angew. Psychol., 1967, 290–312

THOMPSON, W. E.: Pre-retirement anticipation and adjustment in retirement. J. soc. Issues, 14, 1958, 35–45

THOMPSON, W. E. u. G. F. STREIB: Situational determinants: health and economic deprivation in retirement. J. soc. Issues, 14, 1958, 18–34

THOMSON, W. F. u. G. F. STREIB: Meaningful activity in a family context In: R. W. KLEEMEIER (Hg.): Aging and leisure. Oxford Univ. Press, New York, 1961, 177–211

THORNDIKE, E. L.: The law of effect, Am. J. Psychol., 39, 1927, 212–222

THORNDIKE, E. L., E. O. BREGMAN, J. W. TILTON u. E. WOODWARD: Adult learning. McMillan, New York, 1928

THURSTONE, L. L.: The differential growth of mental abilities. Univ. N. Carolina Psychometr. Lab., Chapel Hill, 1955

TIBBITTS, C. (Hg.): Handbook of social gerontology. Univ. of Chicago Press, Chicago, 1960

TIBBITTS, C.: Origin, scope and fields of social gerontology. In: C. TIBBITTS (Hg.): Handbook of social gerontology. Univ. of Chicago Press, Chicago, 1960

TIBBITTS, C. u. W. DONAHUE (Hg.): Social and psychological aspects of aging. Intern. Ass., Gerontol., 1, 1962

TISMER, K. G.: Untersuchungen zur Lebensthematik älterer Menschen. Phil. Diss., Bonn, 1969

TISMER, K. G.: Zur sozialen Lebensthematik im höheren Erwachsenenalter. Ber. 3. Kongr. Dt. Ges. Gerontol., Steinkopff, Darmstadt, 1970, 89–95

TISMER, K. G. u. E. STRUCK: Leistungsmotivation im 7. und 8. Lebensjahrzehnt. actuelle gerontologie, 1, 1971, 739–745

TISMER-PUSCHNER, I: Äußerungsformen sozialbezogener Thematik. In: A. STÖRMER (Hg.): Geroprophylaxe, Infektions- und Herzkrankheiten, Rehabibilation und Sozialstatus im Alter. Steinkopff, Darmstadt, 1970; 96–100

TISMER-PUSCHNER, I.: Die Beachtung normbezogener Eigenschaften und Verhaltensweisen bei Männern und Frauen des 2. bis 8. Lebensjahrzehnts. actuelle gerontologie, 2, 1972

TOBIN, S.: Childhood reminiscence and institutionalization in the aged. Proc. 7th Intern. Congr. Gerontol., Wien, 1966, 6, 215

TÖLLE, R.: Katamnestische Untersuchungen zur Biographie abnormer Persönlichkeiten. Monogr. Ges. Neurol., Psychiat., 116, Springer, Berlin, 1966

TOWNSEND, P.: The family life of old people. Routledge and Kegan, London, 1957

TOWNSEND P.: The last refuge. Routledge u. Kegan, London, 1962

TOWNSEND, P.: The place of older people in different societies. In: P. FROM HANSEN (Hg.): Age with a future, Kopenhagen, 1964, 36–43

TREANTON, J. R.: Travail industriel et viellissement. In: S. PACAUD (Hg.): Le viellissement de fonctions psychologiques et psychophysiologiques. Paris, 1960, 341–351

Trembly, D. u. J. O'Connor: Growth and decline of natural and aquired intellectual characteristics. J. Gerontol., 21, 1966, 9–12

Tröger, A.: Die Konfrontation des alternden Menschen mit dem Phänomen der hohen psychonervalen Beanspruchung unter den Bedingungen des Strukturwandels der Produktion. Ztsch. f. Alternsforschung, 25, 1971, 103 bis 114

Tuckman, J. u. M. Lavell: Self-classification as old or not old. Geriatrics, 12, 1957, 661–671

Tuckman, J. u. I. Lorge: Attitudes toward older workers. J. soc. Psychol., 36, 1952, 149–153

Tuckman, J. u. I. Lorge: The effect of institutionalization on attitudes toward old people. J. abnorm. soc. Psychol., 1952, 337–344

Tuckman, J. u. I. Lorge: Attitudes toward old people. J. soc. Psychol., 37, 1953, 249–260

Tuckman, J. u. I. Lorge: Retirement and the industrial worker: prospect and reality. Columbia Univ. Press, New York, 1955

Tuckman, J., I. Lorge u. G. A. Spooner: The effect of family environment on attitudes toward old people and the older worker. J. soc. Psychol., 38, 1953, 207–218

Tuddenham, R. D., J. Blumenkrantz u. W. R. Wilkin: Age changes on Acct: A longitudinal study of average adults. J. consult. and clin. Psychol. 32, 1968, 659–663

Tunstall, J.: Old and alone; a sociological study of old people. London, 1966

Tyhurst, J. S., L. Salk u. M. Kennedy: Mortality, morbidity and retirement. Amer, J. Publ. Health, 17, 1957, 1434–1444

Uexküll, Th. v.: Die Berufstätigkeit der Frau in psychosomatischer Sicht. Dt. Ärzteblatt, 45, 1960, 1201–1207

Uffland, J. A.: Einfluß des Lebensalters, Geschlechts, der Konstitution und des Berufes auf die Kraft verschiedener Muskelgruppen. Arbeitsphysiologie, 6, 1935, 653–663

Undeutsch, U.: Entwicklung und Wachstum. In: H. Thomae (Hg.): Hdb. d. Psychologie, 3, Entwicklungspsychologie, Hogrefe, Göttingen, 1959, 79 bis 103

Vernon, H. M.: Accidents and their prevention; Cambridge Univ. Press, Cambridge, 1936

Vernon, P. E.: The variation of intelligence with occupation, age and locality. Brit. J. Psychol., 1, 1947, 52–63

Verwoerdt, A., E. Pfeiffer u. H. S. Wang: Sexual behavior in senescence. Geriatrics, 24, 1969, 137–154

Verzar, F. u. E. J. McDougall: Studies in learning and memory in aging rats. Gerontologia, 1, 1957, 65–85

Viebahn, W.: Stellung und Einstellung des alten Menschen zu Arbeit und Arbeitslosigkeit. actuelle gerontologie, 1, 1971, 487–493

Viebahn, W.: Das Bild des alten Menschen im westdeutschen Schullesebuch. actuelle gerontologie, 1, 1971, 711–714

Vischer, A. L.: Das Alter als Schicksal und Erfüllung. Schwabe, Basel, 2. A. 1945

Vischer, A. L.: Seelische Wandlungen beim alternden Menschen; Schwabe, Basel, 1948

Vogel, B. S. u. R. E. Schell: Vocational interest patterns in late maturity and retirement. J. Geront., 23, 1968, 66–70

WACHS, M.: A day activity program in a home and hospital for the aged. Geriatrics, 1956, 220–222

WAGNER, E. E.: Differences between old and young executives on objective psychological test variables. J. Gerontol., 15, 1960, 296–299

WALLACH, M. A. u. N. KOGAN: Aspects of judgements and decision making: inter-relationships and changes with age. Behav. Science, 6, 1961, 23–36

WANNENWETSCH, E.: Rehabilitation im Alter – Möglichkeiten und Ergebnisse. In: V. BÖHLAU (Hg.): Alter und Psychotherapie. Schattauer Verlag, Stuttgart, 1971, 51–63

WASNA, M.: Die Entwicklung der Leistungsmotivation. München, 1970

WATSON, G. u. J. M. SEIDMAN: Dissatisfaction in work. J. soc. Psychol., 13, 1941, 183–186

WECHSLER, D.: The measurement of adult intelligence. Baltimore, 1944

WECHSLER, D.: Manual for the Wechsler adult intelligence scale. Psychol. Corpor., New York, 1955

WEIL, M. W.: An analysis of the factors influencing married women's actual or planned work participation. Amer. Social. Rev., 26, 1961, 91–96

WEIL, M. W.: A study of factors affecting the role and role expectations of women participating or planing to participate in the labor force. Diss. Abstr., 27, 1966, 1125

WEIL, J.: Life in the home for older persons. Geriatrics, 1953, 459–462

WEINERT, F.: Verhaltenstherapeutisch relevante Grundbegriffe der Lerntheorie. Praxis der Psychotherapie, 1971

WEINSTOCK, C. u. R. BENNETT: Problems in communications to nurses among residents of a racially homogeneous nursing home. Gerontologist, 8, 1968, 72–75

WEINSTOCK, C. u. R. BENNETT: The relation between social isolation and related cognitive skills in residents of a catholic and a jewish home for aged. Proc. 8th Intern. Congr. Gerontol., Washington, 1969, 98

WELFORD, A. T.: The psychological refractory period and the timing of high-speed performance. Brit. J. Psychol., 43, 1952, 2–19

WELFORD, A. T.: Aging and human skill. Oxford Univ. Press., London, 1958

WELFORD, A. T.: Psychomotor performance. In: J. E. BIRREN (Hg.): Handbook of aging and the individual. Chicago, 1959, 562–613

WELFORD, A. T.: Industrial work suitable for older people: some British studies. (1966) Dt. in: H. THOMAE u. U. LEHR (Hg.): Altern – Probleme und Tatsachen. Akad. Verlagsges., Frankfurt, 1968, 269–283

WELFORD, A. T. u. J. E. BIRREN: Behavior, aging and the nervous system Thomas, Springfield, 1, 1965

WENNEMAR, H.: Eine Studie zur Lebenssituation der bäuerlichen Bevölkerung im 7. und 8. Lebensjahrzehnt (unveröff. Examensarbeit), Bonn, 1966

WHEELER, P. C. u. L. E. WOLCOTT: The vital considerations in geriatric rehabilitation. J. Amer. Geriat. Soc., 18, 1970

WHITE, R. W. (Hg): The study of lives. New York, Atherton Press, 1964

WIEKEN, K: Ernährungsgewohnheiten und Konsumstil älterer Menschen. Ber. 3. Kongr. d. dt. Ges. f. Gerontol., Steinkopff, Darmstadt, 1970, 221–224

WIENDIECK, G.: Soziale Determinanten des Alters-Suizids. Ber. 3. Kongr. Dt. Ges. f. Gerontol., Steinkopff, Darmstadt, 1970, 125–131

WILENSKY, H. L.: Orderly careers and social participation: the impact of work history on social integration in the middle class. Amer. Sociol. Rev., 26, 1961, 521–539

WILLIAMS, R. H.: Changing status, roles and relationships. In: C. TIBBITTS

(Hg.): Handbook of social Gerontology, Univ. f. Chicago Press, Chicago, 1960, 261–294

WILLIAMS, R. M. jr.: Die amerikanische Gesellschaft; Soziologie einer Nation. Hatje Verl., Stuttgart, 1953

WILMS, D.: Ausbildungsprobleme bei veränderter Struktur der Frauenerwerbsarbeit. RKW-Rationalisierung, 17, 1966, 267–269

WILLOUGHBY, R. R.: Family similarities in mental test abilities. Genet. Psychol., Monogr., 2, 1927, 235–277

WINKLER, W.: Die Auseinandersetzung des alternden Menschen mit dem motorisierten Straßenverkehr. In: R. SCHUBERT (Hg.): Aktuelle Probleme der Geriatrie, Geropsychologie, Gerosoziologie und Altenfürsorge. Steinkopff, Darmstadt, 1970, 37–53

WITKIN, H. A. u. M. B. LEWIS: Personality through perception. New York, 1954

WITTE, M. K., W. STEHENSKAJA et al.: Veränderungen der beruflichen Arbeitsfähigkeit im Zusammenhang mit Alter und Arbeitsbedingungen. In: H. THOMAE u. U. LEHR (Hg.): Altern – Probleme und Tatsachen. Akad. Verlagsges., Frankfurt, 1968, 265–268

WOHLWILL, J. F.: The age variable in psychological research. Psychol., Rev., 77, 1970, 49–64

WOLFBEIN, S. L.: Work patterns of older people. In: H. WILLIAMS, C. TIBBITTS u. W. DONAHUE (Hg.): Processes of aging. Atherton Press, New York, 1963

WOLFBEIN, S. L.: Work force and retirement trends in the older population. Proc. 8th Intern. Congr. Gerontol., 1, Washington, D. C. 1969, 314–316

WOODROW, H.: The ability to learn. Psychol. Rev., 33; 1946, 147–158

WUNDT, W.: Grundzüge der physiologischen Psychologie. 3, Engelmann, Leipzig, 1902/1903

YARROW, L. J.: Maternal deprivation: toward an empirical and conceptual re-evaluation. Psychol., Bull., 58, 1961, 459–490

YARROW, M. R.: Changing in family functioning as intermediary effects of maternal employment. In: A. E. SIEGEL (Hg.): Research issues related to the effects of maternal employment on children. Social Science Research Center, University Park, Penn, 1961, 14–24

YERKES, R. M.: Psychological examening in the United States Army. National Academy of Science, Washington D. C., 1921

YORK, C. M.: Behavioral effeciency in a visual monitoring task as a function of signal rate and observer age. Percept. Mot. Skills, 15, 1962, 404

YOUMANS, E. G. u. M. R. YARROW: Twelve year follow-up study of healthy older men: social psychological data. Proc. 8th Intern. Congr. Gerontol., Washington, D. C., 1969, 84

ZARETZKY, H. H. u. J. L. HALBERSTAM: Age differences in paired – associate – learning. J. Gerontol., 23, 1968, 165–168

Literatur-Nachtrag

ANDERSON, B. u. F. PALMORE: Longitudinal evaluation of ocular function. In: E. PALMORE (Hg.): Normal aging II, Duke University Press, Durham, N. C. 1974, 24–32

ANDERSON, N. N., R. H. HOLMBERG, R. E. SCHNEIDER u. L. B. STONE: Policy issues regarding nursing homes. American Rehabilitation Foundation, Minneapolis 1969

ANDERSON, S. F.: Education as a means to cope with problems of aging. Prog. 10. Intern. Congr. Gerontology, Jerusalem 1975, Vol. I, 343–345

Baltes, M. M. u. P. B. Baltes: The ecopsychological relativity and plasticity of psychological aging. In: J. Schneider u. M. Düker-Schneider (Hg.): Festschrift für E. E. Boesch, Zeitschrift für Exp. u. Angew. Psychol., 1977 (z. Zt. im Druck)

Baltes, P. B.: Strategies for psychological intervention in old age. Gerontologist, 13, 1973, 4–6

Baltes, P. B. u. G. V. Labouvie: Adult development of intellectual performance: Description, explanation, and modification. In: C. Eisdorfer u. M. P. Lawton (Hg.): The psychology of adult development and aging. Washington, D. C., American Psychological Association, 1973

Baltes, P. B. u. K. W. Schaie (Hg.): Life-span developmental psychology: Personality and socialization. Academic Press, New York 1973

Baltes, P. B. u. K. W. Schaie: On the plasticity of intelligence in adulthood and old age; American Psychologist 31, 1976, 720–725

Barns, E. K. u. A. Sack u. H. Shore: Guidelines to treatment approaches – modalities and methods for use with the aged. Gerontologist, 13, 1973, 513–527

Bayne, J. R. D.: Environment modification for the older person. Gerontologist, 11, 1971, 314–317

Beattie, W. M. u. J. Bullock: Evaluating services and personnel in facilities for the aged. In: M. Leeds u. H. Shore (Hg.): Geriatric institutional management. Putnam's, New York 1964

Bell, B., C. L. Rose u. A. Damon: The veterans administration longitudinal study of healthy aging. Gerontologist 6, 1966, 179–183

Bundesministerium für Arbeit und Sozialordnung (Hg.): Qualität des Arbeitslebens (Bunz, A., R. Jansen u. K. Schacht) Bonn, Mai 1974

Cantor, M. u. M. Mayer: Health and the inner city elderly. Gerontologist, 16, 1976, 17–24

Carp, F. M.: Life-style and location within the city. Gerontologist 15, 1975, 27–34

Cesa-Bianchi, M.: Perception in aged. Ztschr. Gerontol., 8, 1975, 109–112

Cluff, P. J. u. W. H. Campbell: The social corridor: An environmental and behavioral evaluation. Gerontologist, 15, 1975, 516–523

Cosin, L. Z., M. Post u. C. Westropp: Experimental treatment of persistent senile confusion. Intern. Journal of Social Psychiatry, 4, 1958, 24

Datan, N. u. C. H. Ginsberg (Hg.): Life-span developmental psychology: Normative life crises. Academic Press, New York 1975

Donahue, W., W. W. Hunter, D. Coons u. H. Maurice: Rehabilitation of geriatric patients in county hospitals. Geriatrics, 15, 1960, 263

Dumpert, H. D. u. U. Lehr: Zum Problem der Anpassung der Ernährungsgewohnheiten im Alter. actuelle gerontologie, 5, 1975, 97–103

Eitner, S., W. Rühland u. H. Siggelkow: Praktische Gerohygiene, Steinkopff Verlag, Dresden 1975

Filer, R. N. u. D. D. O'Connell: A useful contribution climate for the aging. J. of Gerontol., 17, 1962, 51

Geissler, H.: »Neue Soziale Frage« – Zahlen, Daten, Fakten; Mainz, Dokumentation 1975

Gottesman, L. E.: Milieu treatment of the aged in institutions. Gerontologist 13, 1973, 23–26

Gottesman, L. E., J. A. Ciarlo, D. Coons u. W. Donahue: A model for milieu treatment to the elderly. Social rehabilitation service US Dept. of HEW, Washington 1968

GOULET, L. R. u. P. B. BALTES (Hg.): Life-span developmental psychology: Research and theory; Academic Press, New York 1970

GRANICK, S.: Cognitive aspects of longevity. In: E. PALMORE u. F. C. JEFFERS (Hg.): Prediction of life span. Lexington books, Lexington, Mass., 1971, 109–122

GRANICK, S. u. D. PATTERSON (Hg.): Human aging II; an eleven year follow-up biomedical and behavioral study. DHEW Publication No. (HSM) 71-9037, US Government Printing Office, Washington, D. C. 1971

GUTMANN, D., L. GOTTESMAN u. S. TESSLER: Therapeutic and prosthetic living environments for nursing home residents. Gerontologist 13, 1973, 419–423

HAHN, H. P. v.: Praktische Geriatrie. Karger, Basel 1975

HARTINGER, A. F.: Der Einfluß altersbedingter Hörschwäche auf die Intelligenztestleistung. Ztschr. Gerontol., 9, 1976, 25–35

HAUSS, W. H. u. W. OBERWITTLER (Hg.): Geriatrie in der Praxis. Springer Verlag, Berlin 1975

HELANDER, J.: Age, learning capacity, and the need for acquiring knowledge throughout the life span. Proc. 10. Intern. Gerontol., I, Jerusalem, 1975, 346–348

HORN, J. L. u. G. DONALDSON: On the myth of intellectual decline in adulthood; American Psychologist, 31, 1976, 701–719

HORN, M. u. G. NAEGELE: Gerontologische Aspekte in der Werbung. Ztschr. Gerontol., 9, 1976, 463–472

HOYER, W. J.: Application of operant techniques to the modification of elderly behavior. Gerontologist 13, 1973, 18–22

HUBBARD, L. M.: Pre-retirement education – facts and fancy. Proc. 10. Intern. Congr. Gerontology, I, Jerusalem 1975, 349–350

HUBBARD, L. M.: Preparation for retirement in Great Britain. Ztschr. Gerontol., 9, 1976, 91–94

HUGUES, Th.: Die altengerechte Wohnung, Callweg, München 1975

KIESAU, G.: Überfordert durch Tempo, Lärm, Licht, Schmutz. In: DGB (Hg.): Frauen und Arbeit, 213, 1974, 2–28

LABOUVIE, C. V.: Implications of geropsychological theories for intervention: the challenge for the seventies. Gerontologist 13, 1973, 10–14

LANDWEHRMANN, F.: Der ältere Arbeitnehmer – eine gemachte Problemgruppe, Ztschr. Gerontol., 8, 1975, 253–257

LAWTON, M. P.: Institutions for the aged: theory content and methods for research. Gerontology 10, 1970, 305–312

LAWTON, M. P.: Ecology and aging; in: L. A. PASTALAN u. D. H. CARSON (Hg.): Spatial behavior of older people. Ann Arbor, Michigan, 1970, 40–83

LAWTON, M. P. u. M. H. KLEBAN: The aged resident of the inner city. Gerontologist, 11, 1971, 277–283

LEHR, U.: Psychologische Gesichtspunkte zur Ernährung im Alter. In: V. BÖHLAU (Hg.): Alter und Ernährung, Schattauer Verlag, Stuttgart 1972, 53–68

LEHR, U.: Flexibilität der Altersgrenze – psychologische Aspekte. Bayerisches Ärzteblatt, 28, 1973, 437–446

LEHR, U.: Grundlagen, Aufgaben und Methoden der Vorbereitung auf die Pensionierung. In: R. SCHUBERT (Hg.): Bericht über das 3. Symposium der Dt. Gesellschaft für Gerontologie (Nürnberg 1973), Banaschewski Verlag, München 1974, 94–102

LEHR, U.: Psychologische Aspekte des Alterns. In: H. REIMANN u. H. REIMANN (Hg.): Das Alter. Goldmann, München 1974, 103–122

LEHR, U.: Alter und Rehabilitation – psychologische Aspekte. In: V. BÖHLAU (Hg.): Alter und Rehabilitation. Schattauer Verlag, Stuttgart 1974, 86–99

LEHR, U.: Die psychologischen Veränderungen im Alter als Voraussetzung der Rehabilitation. actuelle gerontologie, 5, 1975, 291–304

LEHR, U.: Der ältere Mensch im Arbeitsprozeß – Stereotypien und Tatsachen. Ztschr. Gerontol., 8, 1975, 306–314

LEHR, U.: Der Prozeß der aktiven Auseinandersetzung mit der Lebenssituation im Alter. Ztschr. Gerontol., 8, 1975, 75–80

LEHR, U.: Psychologie der Langlebigkeit. In: V. BÖHLAU (Hg.): Alter und Langlebigkeit. Schattauer Verlag, Stuttgart 1975, 111–146

LEHR, U.: Altern als soziales und ökologisches Schicksal. In: M. BLOHMKE (Hg.): Sozialpathologie, Epidemiologie, Gentner Verlag, Stuttgart 1976, 63–70

LEHR, U.: Benachteiligt von Geburt an? Zur Diskussion der Partnerrente. Zenit, 8, 1976, 10–14 und Zenit, 9, 1976, 14–15

LEHR, U.: Älterwerden in Stadt und Land – psychologische und soziale Aspekte. actuelle gerontologie 7, 1977 (z. Zt. im Druck)

LEHR, U. u. E. OLBRICH: Ecological correlates of adjustment to aging. In: H. THOMAE (Hg.): Patterns of aging. Karger, Basel 1976, 81–92

LEHR, U. u. E. OLBRICH: Television and the elderly. Help the Aged, 1977 (z. Zt. im Druck)

LEHR, U. u. R. SCHMITZ-SCHERZER: Psycho-soziale Korrelate der Langlebigkeit. actuelle gerontologie, 4, 1974, 261–268

LEHR, U. u. R. SCHMITZ-SCHERZER: Survivors and nonsurvivors – two fundamental patterns of aging. In: H. THOMAE (Hg.): Patterns of aging. Karger, Basel 1976, 137–146

LEHR, U. u. F. E. WEINERT (Hg.): Entwicklung und Persönlichkeit – Beiträge zur Psychologie intra- und interindividueller Unterschiede. Kohlhammer, Stuttgart 1975

LIBOW, L. S.: Interaction of medical, biologic, and behavioral factors on aging, adaptation, and survival: an 11 year longitudinal study. Geriatrics, 29, 1974, 75–88

LOEW, C. A. u. B. M. SILVERSTONE: A program of intensified stimulation and response facilitation for the senile aged; Gerontologist 11, 1971, 341–371

LÖWE, H. u. H. ALMEROTH: Untersuchungen zur intellektuellen Lernfähigkeit im Erwachsenenalter. Probleme u. Ergebnisse der Psychol., 53, 1975, 5–36

McCLANNAHAN, L. E.: Therapeutic and prosthetic living environments for nursing home residents. Gerontologist, 13, 1973, 424–429

MARTIN, E. u. JUNOD, J. P. (Hg.): Ein kurzes Lehrbuch der Geriatrie. Huber, Bern 1975

MÜLLER, H. F., B. GRAD u. F. ENGELSMANN: Biological and psychological predictors of survival in psycho-geriatric population. J. Gerontol., 30, 1975, 47–52

NAYLOR, G. u. E. HARWORD: Das akademische Lernen bei alten Menschen. actuelle gerontologie, 7, 1977 (z. Zt. im Druck)

NESSELROADE, J. R. u. H. W. REESE (Hg.): Life-span developmental psychology: Methodological issues. Academic Press, New York 1973

OESTERREICH, K.: Psychiatrie des Alterns (UTB 496). Quelle & Meyer, Heidelberg 1975

OLBRICH, E. u. H. THOMAE: Empirical findings to a cognitive theory of aging; Internal. J. Behav. Developm. 1, 1978, 67–82

OLBRICH, E. u. H. J. FISSENI: Konstanz und Veränderungen der Rollenstruktur im Alter. In: U. LEHR u. F. E. WEINERT (Hg.): Entwicklung und Persönlichkeit. Kohlhammer, Stuttgart 1975, 171–182

OLECHOWSKI, R.: Experimente zur Theorie der Inaktivitätsatrophie intellektueller Funktionen. Ztschr. Gerontol., 9, 1976, 18–24

PALMORE, E. (Hg.): Normal aging II – Reports from the Duke-Longitudinal-Study 1970–1973. Duke Univ. Press, Durham, N. C. 1974

PAPPAS, W., W. P. CURTIS u. J. A. BAKER: A controlled study of an intensive treatment program for hospitalized geriatric patients. J. Am. Geriatrics Soc., 6, 1958, 17

PECK, R. F.: Probleme bei der Messung intra- und interindividueller Differenzen der Begriffsentwicklung innerhalb verschiedener Kulturen. In: U. LEHR u. F. E. WEINERT (Hg.): Entwicklung und Persönlichkeit, Kohlhammer, Stuttgart 1975, 77–88

PFEIFFER, E. Survival in old age; in: PALMORE, E. (Hg.): Normal aging II; Duke Univ. Press, Durham, N. C. 1974, 269–280

PINCUS, A. u. V. WOOD: Methodological issues in measuring the environment in institutions for the aged and its impact on residents. Aging and Human Development, 1, 1970, 117

PLATT, D.: Biologie des Alterns (UTB 546). Quelle & Meyer, Heidelberg 1976

RADEBOLD, H.: Vorbereitung auf das Altern und Hilfe im Alter. Ztschr. Gerontol., 9, 1976, 73–80

RICHARDSON, A.: Social and medical correlates of survival among octogenarics. J. Gerontology, 28, 1973, 207–215

ROSE, CH. u. B. BELL: Predicting longevity. Heath Lexington Books, Lexington, Mass., 1971

ROSENMAYR, L.: Altersprobleme in der ländlichen Region. Kulturberichte (Monatsschrift für Wissenschaft und Kultur des Landes Niederösterreich), April 1971, 1–8

ROSENMAYR, L.: Die soziale Benachteiligung alter Menschen. In: W. DOBERAUER (Hg.): Scriptum Geriatricum. Urban & Schwarzenberg, München 1976, 203–219

ROSENMAYR, L.: Altern im sozial-ökologischen Kontext. actuelle gerontologie, 7, 1977, 289–299

ROUTH, T. A.: Realistic recreation in nursing homes. Therapeutic Recreation Journal, 4, 1970, 23–25

RUDINGER, G.: Die Bedeutung von Längsschnitt- und Querschnittuntersuchungen für die Messung intra- und interindividueller Differenzen. In: U. LEHR u. F. E. WEINERT (Hg.): Entwicklung und Persönlichkeit. Kohlhammer, Stuttgart 1975, 50

RUDINGER, G. u. R. SCHMITZ-SCHERZER: BLSA: Sample and methods. In: H. THOMAE (Hg.): Patterns of aging. Karger, Basel 1976, 12–19

SCHAEFER, H.: Sozialer Kontakt – ein Risiko des älteren Arbeitnehmers. Ztschr. Gerontol., 8, 1975, 258–265

SCHENDA, R.: Das Elend der alten Leute. Patmos Verlag, Düsseldorf 1972

SCHENDA, R.: Alte Leute. In: K. RANKE (Hg.): Enzyklopädie des Märchens. Gruyter Verlag, Berlin 1975, 373–380

SCHMITZ-SCHERZER, R.: Freizeit und Alter. Phil. Diss., Univ. Bonn 1969

SCHMITZ-SCHERZER, R. (Hg.): Freizeit – eine problemorientierte Textsammlung. Akad. Verlagsgesellschaft Frankfurt 1973

SCHMITZ-SCHERZER, R.: Sozialpsychologie der Freizeit. Kohlhammer Stuttgart 1974

Schmitz-Scherzer, R.: Probleme der psychischen Entwicklung im Alter. Habil. Schrift Univ. Bonn 1976

Schmitz-Scherzer, R. et al.: Vorbereitung auf das Alter; Zur Lebenssituation 50–65jähriger Braunschweiger Bürger. Bonn 1976

Schneider, H. D.: Zur Erfolgskontrolle von Vorbereitungsveranstaltungen auf das Alter. actuelle gerontologie, 7, 1977 (z. Zt. im Druck)

Scholing, W. E. u. W. Günthner: Zur Frage der Verträglichkeit des Höhenklimas beim alten Menschen. Ztschr. Gerontol., 9, 1976, 420–432

Shanan, J.: Zeitgeschichtliche Faktoren als Determinanten von Auseinandersetzungsbereitschaft und »Moral« während der mittleren Lebensjahre. Ztschr. Gerontol., 8, 1975, 87–95

Sitzmann, G. H.: Weiterbildung im dritten Lebensalter. Ztschr. Gerontol., 9, 1976, 40–57

Sklar, J. u. F. J. O'Neil: Experiments with intensive treatment in a geriatric ward. In: P. Hoch u. J. Zubin (Hg.): Psychopathology of Aging. Grune & Stratton, New York 1961

Statistisches Bundesamt (Hg.): Bevölkerung und Kultur; Reihe 5, Haushalte und Familien 1975. Kohlhammer, Stuttgart 1976

Tews, H. P.: Grenzen der Altenbildung. Ztschr. Gerontol., 9, 1976, 58–72

Thomae, H.: Kalendarisches und biologisches Alter: Das Problem der Persönlichkeitsänderungen im mittleren und höheren Alter. Der Praktische Arzt, 10, 1973, 1462–1471

Thomae, H.: The »developmental task-approach« to a theory of aging. Contributions from the BLSA. Ztschr. Gerontol., 8, 1975, 125–137

Thomae, H. (Hg.): Patterns of Aging. Findings from the Bonn Longitudinal Study of Aging. Karger, Basel, New York 1976

Thomae, H.: Patterns of »successful aging«. In: H. Thomae (Hg.): Patterns of Aging. Karger, Basel 1976, 147–161

Thomae, H.: Ökologische Aspekte der Gerontologie. Ztschr. Gerontol., 9, 1976, 407–410

Thomae, H., A. Angleitner et al.: Determinanten und Varianten des Alternsprozesses. actuelle gerontologie, 3, 1973, 359–377

Thomae, H., F. J. Mathey u. D. Knorr: Probleme des Straßenverkehrs in der Sicht von älteren Fußgängern. actuelle gerontologie, 6, 1976, 375–378, 391–398

Tismer, K. G., U. Lange, N. Erlemeier u. I. Tismer-Puschner: Psychosoziale Aspekte der Situation älterer Menschen (Bd 28, Schriftenreihe des BMJFG) Kohlhammer Verlag, Stuttgart 1975

Wilkie, F. u. C. Eisdorfer: Terminal changes in intelligence. Gerontologist, 12, 1972, 67–72

Winter, J.: Vorbereitung auf Ruhestand und Alter in der Schweiz. Ztschr. Gerontol., 9, 1976, 81–90

Autorenregister

Die kursiv gesetzten Zahlen beziehen sich auf die Nennung der Autoren
im Literaturverzeichnis

373

380

Sachregister